YOUNG SPIRI

2004/2005
kicker
Fussball Jahrbuch

adidas
BUNDES LIGA

2004/2005

kicker

Fussball Jahrbuch

COPRESS SPORT

Young Spirit

YOUNG SPIRIT

Inhalt

[S] = Statistik

UEFA

Griechische Helden feiern den sensationellen Triumph im EURO-Finale gegen Gastgeber Portugal.

Sinkflug ins Mittelmaß

Quo vadis deutscher Fußball? Mit einem erneuten Vorrunden-Aus bei der EURO in Portugal gipfelte eine enttäuschende, ernüchternde Saison für den deutschen Fußball. Am Ende stand der Rücktritt von Teamchef Rudi Völler.

Zwei Jahre nach dem Gewinn der Vize-Weltmeisterschaft herrscht Depression in Fußball-Deutschland. Zwei Jahre konnte kein Bundesliga-Team das Viertelfinale in den europäischen Klub-Wettbewerben erreichen. Zwei Jahre schleppte sich die Nationalelf, immer noch das unumstrittene Flaggschiff des deutschen Fußballs, durch die Qualifikation, umkurvte mühsam kleine Klippen wie Färöer und Island – um schlussendlich in Portugal im entscheidenden Spiel der EURO an Tschechien zu scheitern. Um es genauer zu sagen: gegen die Reserve der südöstlichen Nachbarn.

Zwei Jahre nach dem Gewinn der Vize-Weltmeisterschaft steht fest, dass nach diesem Erfolg die falschen Schlüsse gezogen wurden. Im Erfolg, so wird nicht nur in Fußballerkreisen gewarnt, werden die größten Fehler gemacht. Unter Aufbietung aller Kräfte, als homogene Einheit, profitierend von einem einfachen Parcours mit Gegnern wie Paraguay, USA und Südkorea, setzte erst der fünfmalige Weltmeister Brasilien im Finale das Stoppschild für das Team von Rudi Völler.

»Der Vize-Weltmeistertitel der Deutschen war nichts anderes als ein Unfall«, lästerte Frankreichs Ex-Nationalkeeper Bernard Lama, Kritiker mit Trainerdiplom in der Grande Nation, die ebenfalls entzaubert aus Portugal zurückkam, schon im Vorfeld der EURO. »Damals wie heute fehlt es der Mannschaft an sportlicher Qualität, zu viele Spieler sind technisch zu limitiert, um in einem solch hochwertigen Turnier wie der EURO mithalten zu können.«

Ein barsches Urteil, dass aber dennoch der bitteren Realität entspricht. »Ja gut«, gestand dann auch nach dem Aus von Lissabon ein Michael Ballack, einer der wenigen Fixpunkte einer insgesamt zahnlosen, scheinbar blutleeren Ansammlung mittelprächtiger Kicker, »es reicht halt nicht!« Und weil das Resultat mit dem Vorrunden-Aus so ernüchternd war, zog Teamchef Rudi Völler nur wenige Stunden später seinen »Rettungs-Fallschirm«, verkündete seinen Rücktritt. Der Nachfolger steht mit Blick auf die Weltmeisterschaft 2006 im eigenen Land vor einer undankbaren Aufgabe: der Aufbau einer verjüngten Mannschaft auf einem instabilen Fundament – und dies binnen von zwei Jahren, ohne dabei ein Wettkampfspiel bestreiten zu können (klammert man den umstrittenen Confederations-Cup im Jahr 2005 einmal aus).

Schon die internationalen Spiele in den Wettbewerben um die Champions League und den UEFA-Cup in den vergangenen zwei Jahren brachten den Beweis, dass der deutsche Fußball nicht mehr konkurrenzfähig ist. Die nach der Papierform machbaren Aufgaben im UEFA-Cup stellten sich als unüberwindbare Hindernisse dar. Groclin Grodzisk, FK Teplice und Dnjepr Dnjepropetrovsk hießen die Furcht einflößenden Gegner von Hertha BSC, Kaiserslautern und dem Hamburger SV, in der zweiten Runde scheiterten dann Schalke 04 an Bröndby IF, Dortmund am FC Sochaux.

Kaum besser machten es die Klubs in der Champions League. Zwar überstanden Bayern München und der VfB Stuttgart halbwegs unfallfrei die Gruppenphase in der europäischen Königsklasse, im Achtelfinale war dann aber Endstation gegen Real Madrid und dem FC Chelsea aus London. Sicher hatten die Bayern die »Galaktischen« aus Madrid fast am Rand einer Niederlage, sicher war der VfB in zwei Spielen gegen Chelsea die bessere Mannschaft, aber wer in 180 Minuten kein Tor schießt, darf sich über ein Aus im Achtelfinale nicht wundern. Die junge Mannschaft des VfB Stuttgart machte mit ihren couragierten Auftritten in der Champions League immerhin noch Mut für die Zukunft.

Der ist auch dringend von Nöten. In der vergangenen Saison fiel die Bundesliga auf Grund des mäßigen Abschneidens in den internationalen Wettbewerben auf Rang 15 in der UEFA-Wertung ab. In der für die Vergabe von Teilnahme-Plätzen relevanten Fünf-Jahres-Wertung konnte zwar Platz vier noch gehalten werden, aber Frankreich ist den Bundesliga-

Flugstunde mit Bayern-Keeper Oliver Kahn.

Klubs auf die Pelle gerückt, während die führenden Nationen Spanien, England und Italien ihren Vorsprung ausbauten.

Bleibt noch das belebende Element der Bundesliga, der nationalen Meisterschaft. Mit über 10 Millionen Zuschauern erlebte sie einen erneuten Boom. Doch die Masse der Fans scheint eher dem Event-Charakter zu frönen, als den oftmals dürftigen Leistungen auf dem Rasen zu huldigen. In dieser breiten, dürftigen Durchschnittlichkeit dürfte wohl auch ein Grund dafür liegen, dass am Ende ein Überraschungsmeister wie Werder Bremen gefeiert wurde.

Damit ist nichts gegen die Arbeit an der Weser gesagt. Im Gegenteil: Hut ab vor Werder, Glückwunsch an Meistertrainer Thomas Schaaf. In aller Ruhe wurde hier mit relativ bescheidenen Mitteln ein dominantes Team geformt. Herzerfrischend offensiv, auffällig nicht nur wegen des knalligen Outfits – auch die Aktionen der Ailtons, Micouds oder Ismaels konnten sich sehen lassen.

Doch auch der Deutsche Meister, der auf seinem Erfolgsweg auch gleich den Pokal und damit das begehrte Double in die Hansestadt holte, stützt sich im Wesentlichen auf ein Gerüst von ausländischen Profis. Nichts Verwerfliches im Zeichen der zunehmenden Globalisierung, aber leider symptomatisch für den deutschen Fußball. Knapp 60 Prozent der an jedem Wochenende im Einsatz stehenden Kicker der deutschen Eliteliga sind Ausländer, können daher der Nationalmannschaft nicht weiterhelfen. Frappierend die Dominanz der ausländischen Torjäger in der Bundesliga.

So darf es niemanden verwundern, dass sich die Leistungsfähigkeit der Nationalmannschaft im permanenten Sinkflug befindet. Die frustrierende EURO in Portugal war eigentlich nur ein weiterer Beweis dafür, dass Deutschland längst im Mittelmaß angekommen ist. Und das ausgerechnet zwei Jahre vor der Weltmeisterschaft im eigenen Land.

Hardy Hasselbruch

Das Wunder an der Weser

Wer hätte das gedacht? Nicht Abonnements-Meister Bayern München machte das Rennen, sondern der SV Werder Bremen. Ein imponierender Auftritt des »Underdogs« – sehr zur Freude von Sportdirektor Klaus Allofs.

Im Olympiastadion gingen die Schüsse nach hinten los

Wie gut, wenn's anders kommt als viele denken. Bayern München, als Double-Gewinner und haushoher Favorit in die Saison 2003/04 gestartet, blieb am Ende nur der zweite Rang in der Bundesliga, was immerhin noch die direkte Qualifikation für die Champions League bedeutete. Werder Bremen gelang die ganz große Wachablösung.

Seit dem 16. Spieltag (3:1 bei Bayer Leverkusen) an der Tabellenspitze, gab die Elf von Trainer Thomas Schaaf die Führung nicht mehr her, wurde mit sechs Punkten Vorsprung Meister und holte sich mit einem 3:2 im Berliner Finale gegen Zweitligist Alemannia Aachen auch noch den DFB-Pokal.

Schon der Rundenstart gelang den Norddeutschen nach Maß. Ein 3:0 bei der hoch gewetteten Hertha mit zwei Treffern von Ailton und einem von Micoud ließ aufhorchen. Am vierten Spieltag waren die Bremer erstmals Erster, am achten noch einmal. Nie standen sie schlechter als auf Rang vier. Auch der Beginn der Rückrunde, vorher eine Schwächeperiode von Werder, verlief diesmal erfolgreich. Die Berliner mussten an der Weser mit 0:4 dran glauben. Wieder war der Brasilianer Ailton mit zwei Toren dabei. Der späteren Torschützenkönig (28) hatte zu diesem Zeitpunkt schon 18 Mal getroffen.

Den Münchner Bayern blieb nur die Verfolgerrolle. Gegen Schlusslicht Eintracht Frankfurt gelang zum Rückrundenauftakt nur ein 1:1. Sechs Punkte Rückstand waren es jetzt. Und im Pokal folgte das peinliche Aus durch das 1:2 in Aachen. Doch noch hoffte der Rekordmeister, dass den Bremern am Ende die Puste doch noch ausgehen werde. Mit

Kopfball-Akrobatik: Stuttgarts Jung-Nationalspieler Kevin Kuranyi setzt mit Wucht zum Kopfball an. Da gibt sogar der Ball nach.

KURANYI
22
STUTTG

Oben: Dynamik im Abstiegskampf: Herthas junger Stürmer Nando Rafael zieht entschlossen vor dem Wolfsburger Stefan Schnoor ab.

Rechtes Bild: Talente im Duell: Bayerns Jung-Nationalspieler Bastian Schweinsteiger und Bremens »Lulatsch« Tim Borowski.

markigen Sprüchen aus der Chefetage wollten die Bayern die Jungs von Thomas Schaaf verunsichern. Doch am 32. Spieltag gingen die Schüsse im Münchner Olympiastadion nach hinten los. Klasnic (19.) nach einem bösen Patzer von Bayern-Keeper Oliver Kahn, Micoud (26.) und Ailton (35.) machten schon in der ersten Halbzeit alles klar, Makaay (56.) gelang nur der Ehrentreffer. Der Titel war Werder sicher, die grün-weiße Raute wurde zum Erfolgssymbol an der Weser. Da änderten auch zwei Niederlagen (2:6 gegen Leverkusen, 1:3 in Rostock) in den letzten beiden Spielen nichts mehr.

Dass Leverkusen nach einer furiosen Rückrunde die Qualifikation zur Champions League noch schaffte, war auch der schwankenden Form des VfB Stuttgart zuzuschreiben. Felix Magaths junge Wilde hatten zwar noch am 33. Spieltag die Bayern mit 3:1 niedergehalten, zum Abschluss gab es aber ein 0:2 bei Bayer, dessen Coach Klaus Augenthaler seinen größten Erfolg als Trainer feiern durfte. Den Schwaben blieb nur die Teilnahme am UEFA-Pokal, zusammen mit der Überraschungsmannschaft VfL Bochum und Pokalfinalist Alemannia Aachen. Für Borussia Dortmund, Schake 04, den Hamburger SV und den VfL Wolfsburg blieb nur der UI-Cup, für den der Tabellen-Neunte Hansa Rostock nicht gemeldet hatte.

Mit Pauken und Trompeten absteigen musste der 1. FC Köln, die mit Abstand schwächste Mannschaft der Runde. Da konnten auch Shootingstar Lukas Podolski im Sturm und Ex-Weltmeister Wolfgang Overath in der Chefetage nichts ändern. Der Absturz in die Zweitklassigkeit kostete schließlich auch den Schweizer Trainer Marcel Koller, der Friedhelm Funkel beerbt hatte, seinen Job. Den war auch Frankfurts Coach Willi Reimann nach dem Abstieg zum Saisonende los. Der Eintracht-Trainer hatte sich am 25. Spieltag beim 0:2 in Dortmund wie Rambo gegen den vierten Schiedsrichter aufgeführt, was ihm 25 000 Euro Geldstrafe und fünf Spiele Innenraumverbot einbrachte. Nicht gerade hilfreich für seine angeschlagene Truppe, die ebenso wie 1860 München den Gang in die Zweite Liga antreten musste. Bei den »Löwen« waren Präsident Karl-Heinz Wildmoser und sein Sohn Heinz, der Geschäftsführer, über einen Skandal mit Untreue, Bestechlichkeit und Steuerhinterziehung in Zusammenhang mit dem Bau der Allianz-Arena gestolpert, in der U-Haft gelandet und ihre Ämter losgeworden.

Seines Jobs ging auch 1860-Trainer Falko Götz nach 25 Spieltagen verlustig, Nachfolger Gerald Vanenburg schaffte es auch nicht, die Klasse zu halten. Bei Hertha BSC durfte Huub Stevens nur 14 Mal ran, dann Andreas Thom für drei Spiele, ehe schließlich Hans Mayer als Retter reüssierte. Beim HSV (Kurt Jara/Klaus Toppmöller), Hannover 96 (Ralf Rangnick/Ewald Lienen), dem 1. FC Kaiserslautern (Erik Gerets/Kurt Jara), Borussia Mönchengladbach (Ewald Lienen/Holger Fach), dem VfL Wolfsburg (Jürgen Röber/Erik Gerets) und Hansa Rostock (Armin Veh/Juri Schlünz) hinterließen die Trainerwechsel keine bleibenden Schäden.

Ob das auch beim VfB Stuttgart so sein würde, war eine der großen Fragen nach der Saison 2003/04. Denn Felix Magath folgte dem Ruf der Münchner Bayern, die ihren Erfolgscoach Ottmar Hitzfeld, der dieses Mal ohne Titel geblieben war, mit halbherzigen Dankesreden verabschiedet hatten.

Weil's anders gekommen war, als viele dachten.

Johan Strotkötter

Das »wahre Wunder von der Weser« nach dem Fehlstart in Pasching

Am Ende war ihnen der Erfolg selbst schon langweilig geworden: Die letzten beiden Saisonspiele setzte Werder in den Sand, mit 2:6 gegen Leverkusen und mit 1:3 in Rostock. Teilweise mit gefärbten Haaren gingen die Bremer da zur Arbeit, ließen die Saison locker ausklingen.

Doch so souverän und folgerichtig die Hanseaten den vierten Titel nach 1965, '88 und '93 bereits am 32. Spieltag mit dem 3:1 ausgerechnet bei Titelverteidiger Bayern München herausgespielt hatten, so sensationell, ja unfassbar mutet der Triumph an, wenn man auf den Saisonbeginn zurückblickt.

»Das wahre Wunder«, so Sportdirektor Klaus Allofs (47), war Werder diesmal gelungen, nachdem die »Wunder von der Weser« unter Trainer Otto Rehhagel speziell in Form spektakulärer Europacup-Erfolge einst sprichwörtlichen Charakter bekommen hatten. In schöner Regelmäßigkeit hatten die Grün-Weißen in den Vorjahren ihre Ziele verpasst (in der Regel den Einzug in den UEFA-Cup), auch diesmal schien Platz fünf schon eine äußerst mutige Vorgabe. Doch im Saisonverlauf entpuppte sich Bremen als das Team der Superlative: Der attraktivste Fußball, die größte Begeisterung, die meisten Tore – und mit Meisterschaft und Pokal gleich zwei Titel.

Dabei war das erste Saisonziel schon verspielt, bevor die Bundesliga-Runde überhaupt begonnen hatte. Im UI-Cup-Hinspiel beim österreichischen Underdog SV Pasching setzte es ein ebenfalls kaum vorstellbares 0:4, drei Tage vor dem Punktspielstart beim Champions-League-Anwärter Hertha BSC Berlin präsentierte sich Werder wie ein Abstiegskandidat. Genau dieses Schockerlebnis indes wurde letztlich zum Ausgangspunkt für den rasanten Höhenflug.

»Noch in der Kabine in Pasching haben wir uns geschworen: So kann und wird es auf keinen Fall weitergehen«, berichtete Abwehrchef Valérien Ismael (28) nach dem Titelgewinn, »da war von einem Moment auf den anderen die Stimmung umgeschlagen«. Von einem pomadigen Laissez-Faire in ein fast fanatisches Erfolgsdenken. Keine 72 Stunden nach dem Bremer Debakel in Österreich bekamen das die hoch gehandelten Berliner schmerzhaft zu spüren. Mit 3:0 siegte der krasse Außenseiter im Olympiastadion.

»Schon da war mir klar: In diesem Jahr würden wir Großes erreichen können«, räumte Regisseur Johan Micoud (30) rückblickend ein.

Überhaupt Micoud! Schon ein Jahr zuvor hatte der geniale Franzose sein Potenzial angedeutet, Werder von einem Team der oberen Mittelklasse zu einer echten Spitzenmannschaft veredeln zu können. Zum einen mit seiner Spielkunst, mit der er Kollegen wie Fabian Ernst (25), Krisztian Lisztes (27) und vor allem den pfeilschnellen Stürmer Ailton (30) derart geschickt einsetzte, dass sich deren Klasse automatisch steigerte. Zum anderen mit seiner Siegermentalität, die er bereits in den Tagen nach seiner Ankunft im September 2002 zum Ausdruck gebracht hatte: »Es gibt doch kein Naturgesetz, dass Werder hinter Bayern oder Dortmund landen muss.«

Im Glauben an die eigene Stärke bekam Micoud nun speziell von drei Neuzugängen Unterstützung, die zunächst nicht unbedingt als Erfolgsgaranten daherkamen, die Mannschaft aber unter dem Strich entscheidend nach vorne brachten: Torwart Andreas Reinke (35), einst mit dem 1. FC Kaiserslautern zwar schon einmal Meister und Champions-League-Teilnehmer, dann aber ausgemustert und beim spanischen Zweitligisten Murcia von der Bildfläche abgetaucht. Rechtsverteidiger Ümit Davala (30), 2002 WM-Dritter mit der Türkei, danach freilich von den Renommier-Klubs AC Milan, Inter und Galatasaray dankend weitergereicht. Und Innenverteidiger Valérien Ismael (28), in der englischen Premier League bei Crystal Palace gescheitert, als Kapitän von Racing Straßburg nach diversen Streitereien mit Trainer Ivan

Oben:
Der Torjäger und die Schale: Werders Brasilianer Ailton präsentiert den Fans im Weserstadion stolz die Trophäe.

Mitte:
Der Käpt'n bei der Landung auf heimischen Boden: Erfolgstrainer Thomas Schaaf schwenkt aus dem Flugzeug lehnend die Werder-Fahne.

Rechts oben:
Empfang beim Bürgermeister: Hennig Scherf umarmt Meister-Trainer Thomas Schaaf.

Rechts:
Das Erfolgs-Duo: Thomas Schaaf und Sportdirektor Klaus Allofs.

Rechts außen:
Siegerpose mit Kultjacke: Thomas Schaaf reckt die Daumen nach oben.

Hasek als »schwieriger Charakter« verschrien. »Diese drei«, bilanzierte Allofs, »haben uns mit zur Meistermannschaft gemacht.«

Obschon rein sportlich gesehen sich nur Ismael als absoluter Volltreffer erwies. Doch Reinke strahlte trotz Unsicherheiten in der Strafraumbeherrschung und teils unorthodoxem Reflexverhalten eine fast beängstigende Ruhe aus, verhalf zudem mit klaren Kommandos seinen Vorderleuten zu Stabilität und Sicherheit. Und an Davala bemängelten seine Chefs zwar die übergroße Zurückhaltung in der Offensive, dafür bewunderten die Kollegen Abgezocktheit und die selbstverständliche Siegesgewissheit des auf seinen vorhergehenden Stationen bereits hoch dekorierten Titelhamsters. Vom ersten Tag an sprach Davala von der Meisterschaft. »Anfangs haben da schon noch einige die Nase gerümpft«, gab Fabian Ernst zu, »aber in relativ kurzer Zeit waren eigentlich alle davon überzeugt«.

Im Kielwasser der souveränen Routiniers schwammen sich schließlich auch alle anderen frei: Ivan Klasnic (24) beispielsweise, im Sommer noch ein Nobody, der an der Seite Ailtons dank Kaltschnäuzigkeit und Spielverständnis (13 Tore, 11 Assists) zu einem Top-Mann der Bundesliga und zum kroatischen Nationalspieler reifte. Oder Fabian Ernst, der trotz der häufigen Mittelfeld-Dominanz eines Johan Micoud dem Werder-Spiel immer wieder seinen Stempel aufdrückte, sich als laufstarker Stratege mit der Fähigkeit zum tödlichen Pass als fester Bestandteil im Kader der deutschen Nationalmannschaft empfahl.

Oder Frank Baumann (28), zuvor ein deutlich zu zurückhaltender Kapitän, der mit seiner Versetzung aus der Innenverteidigung in die defensive Mittelfeld-Zentrale beinahe eine Leistungsexplosion erlebte. Speziell im zweiten Saisonabschnitt, da sich die Gegner zusehends besser auf Werders Offensive eingestellt hatten, wurde Baumann zur großen Leitfigur. Dank herausragendem Stellungsspiel und Zweikampfstärke vor der Abwehr, dank ausgefeilter Technik und imponierender Übersicht beim Umschalten und Verlagern des Spiels.

Nicht zu halten: Schalkes Nico van Kerckhoven versucht Werders Blitz »Toni« Ailton zu stoppen – ein schweres Unterfangen für alle Abwehrspieler der Bundesliga.

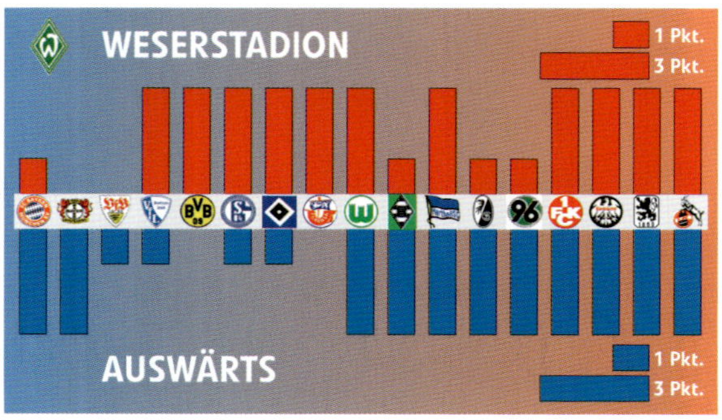

Werders Erfolg war letztlich das Resultat eines perfekten Zusammenspiels aller Beteiligten, inklusive des glücklichen Umstands von gravierenden Verletzungen weitestgehend verschont geblieben zu sein. Die einzige Ausnahme bildete da Krisztian Lisztes, der am 30. Spieltag beim 0:0 in Bochum einen Kreuzbandriss erlitt, vom nachrückenden Tim Borowski (24) in der Endphase der Saison aber glänzend vertreten wurde.

Wie die Verluste in der neuen Saison ausgeglichen werden könnten, schien da schon weitaus fraglicher: Mit Innenverteidiger Mladen Krstajic (30) und Torschützenkönig Ailton (30) verabschiedeten sich zwei der herausragenden Akteure nach Schalke. Frank Fahrenhorst (26) und Miroslav Klose (25) würden sich bei allem Talent schon nach der Decke strecken müssen, um bereits kurzfristig einen adäquaten Ersatz darzustellen. Weshalb auch Sportdirektor Klaus Allofs schon in der Stunde des Triumphes aufzeigte: »Ein Wechsel innerhalb der Mannschaft ist grundsätzlich gut. Aber natürlich stehen wir jetzt vor einer viel schwereren Saison.« Mit dem selbst auferlegten Ziel, hinter dem FC Bayern »so etwas wie die zweite Kraft zu werden. Diese Chance müssen wir jetzt einfach nutzen.«

Thiemo Müller

Mit »Stückwerk« und »Einzel-aktionen« wenigstens in die Champions League

Wenigstens einer hatte Grund zur Freude. Zumindest er durfte sich in Begeisterung baden nach einer sonst wenig erbaulichen Spielzeit. »Der FC Bayern ist zurück in der Champions League«, sagte denn auch der hymnisch verabschiedete Bixente Lizarazu, »nur das zählt.«

Immerhin gab es also den Trostpreis. Die persönliche Abschiedsgala des französischen Welt- und Europameisters, der in seinen sieben Münchner Dienstjahren sämtliche Titel abräumte, mag davon nicht getrübt worden sein; doch auch der Spieler mit der Nummer drei räumte ein, dass dieses sein letztes Jahr »nicht mehr so gut« gewesen sei. Es war schlecht. »Du kannst froh sein, dass du Zweiter geworden bist«, wetterte Franz Beckenbauer in seiner kurzen, aber treffenden Jahresbilanz, »wie sich diese Saison hingezogen hat«, zäh und träge.

Nicht ein einziges Mal in 34 Spieltagen hatten es die vermeintlichen Superstars des FC Bayern geschafft, sich auf Platz eins des Bundesliga-Klassements zu hieven. Dafür reichte es ab dem 19. Spieltag permanent zu Rang zwei. Nicht genug für die Bayern-Ansprüche, die selbstverständlich sind, bei dieser Belegschaft, bei diesen Investitionen. Wer sich den vormals besten Torschützen des Kontinents, Roy Makaay, anlacht und dafür die vereinsinterne Rekordsumme von 18,75 Millionen Euro plus erfolgsabhängige Zusatzkosten ausgibt, darf die entsprechende Rendite einfordern.

Sie kam allein von diesem außergewöhnlich coolen Stürmer, der ohne große Eingewöhnungszeit 23 Treffer erzielte, getrieben von nur diesem einen Ziel: »Ich will das Tor machen, und zwar das wichtige 1:0.« Aber was nützen noch so viele Treffer vorne, wenn hinten zu viele eingefangen werden? Wo Keeper Kahn und Kollegen in der

Am Boden: Ausgerechnet Nationalkeeper Oliver Kahn war den Münchner Bayern nicht immer der erwartet große Rückhalt für seine Mannschaft – ein Bild mit Symbolcharakter.

Ratlos und unzufrieden: Der ausgeschiedene Bayern-Trainer Ottmar Hitzfeld und Manager Uli Hoeneß beim Gastspiel in Stuttgart.

Saison zuvor lediglich in jedem zweiten Bundesligaspiel dem Gegner einen zählbaren Torschuss oder Kopfball gewährt, also 17 Mal effektiv verteidigt hatten, gelangen ihnen in 2003/04 lediglich noch neun gegentorfreie Begegnungen.
Sechs Mal musste der einstmals beste Torhüter der Welt sogar drei Einschläge akzeptieren, er selbst hatte daran wesentlich Schuld. Kahn patzte in nie für möglich geglaubtem Ausmaß, selbst im Letzte-Hoffnung-Spiel gegen Werder Bremen am drittletzten Spieltag ließ er einen Kullerball dilettantisch von der Brust prallen. Die einstmals von ihm wie selbstverständlich gemeisterten so genannten unhaltbaren Schüsse wehrte der Torhüter längst nicht mehr ab. Obendrein verursachten Defizite in der gesamten Defensivabstimmung diese negative Quote. Die Innenverteidiger verbrachten die meisten Spiele in der Einsamkeit, allein gelassen von egoistischen Mitspielern, die zur Befriedigung ihrer Eitelkeiten lieber nach vorne rannten.
Überhaupt die Disziplin! Oder was davon an kümmerlichen Bruchstücken noch übrig geblieben war bei den Problem-Bayern 2003/04. Am pünktlichen Dienstantritt haperte es zuweilen, auch an der Präsenz bei Übungseinheiten selbst am Tag vor dem Spiel, an der Einhaltung medizinischer Termine; ständige Querelen störten die längst zerbrochene Harmonie. Kahn und Michael Ballack, von ihrem milde gewordenen Chef Ottmar Hitzfeld mit allen Großzügigkeiten verwöhnt, genossen alle Freiheiten und wurden von den kritischen Kollegen umso argwöhnischer beäugt. Ballack stehe viel zu sehr im Mittelpunkt, stellten die beiden Franzosen Willy Sagnol und Lizarazu fest; ihnen sind der überzogene Starkult und die deutsche Dauerdiskussion zum Thema Führungsspieler fremd. Lizarazu, erfolgreichster Einzelspieler der Welt und in Frankreichs glorioser Auswahl vergangener Jahre Partner des global besten Fußballspielers Zinedine Zidane führte eben diesen Weltstar immer wieder als Ideal des Mannschaftsspielers an und sagte: »Beim FC Bayern dreht sich zu viel um Ballack.«
Der zweimalige deutsche Fußballer des Jahres seinerseits glaubte sich in der Elf des FC Bayern nicht optimal positioniert und wünschte sich einen offensiven Kreativpartner sowie einen defensiven Abschirmdiener. Plötzlich loderte eine Diskussion auf über Ballacks wahre Rolle auf, Uli Hoeneß veranstaltete diese seltsame Zahlenlotterie: Ballack sei keine Nummer zehn, sondern eine Nummer sechs, also in der defensiven Zentrale

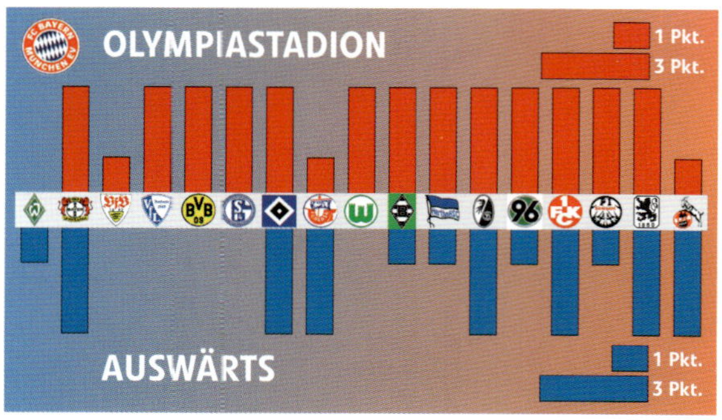

am besten einzusetzen. Ein Videozusammenschnitt hatte diese späte Erkenntnis gezeitigt, in Wahrheit wollten die Bayern-Bosse damit ihren ersten Fußballlehrer Ottmar Hitzfeld bekehren: Er sollte den früher so gerühmten torgefährlichsten Mittelfeldspieler der Welt, Ballack eben, weiter hinten aufstellen, weil den Bossen vor allem Ballacks körperliche Befindlichkeit missfiel.
Uli Hoeneß oder Franz Beckenbauer befanden ihn nicht fit und sagten dies öffentlich, so dass der Spieler mit der Trikotnummer 13 fehlende Rückendeckung beklagte, genauso öffentlich. Turbulenzen um Torhüter Oliver Kahn nährten zudem dieses Durcheinander, das der längst erschlaffte Trainer Ottmar Hitzfeld nicht mehr zu kontrollieren vermochte. Wenn sich Kahn in Stuttgart nach dem dritten Gegentreffer provokativ an der Strafraumlinie in den Rasen legte und so die vergeblich bemühten Kollegen als Versager brüskierte, erzählte Hitzfeld zur Entschuldigung irgendwas von Kahns außerordentlichem Ehrgeiz des Torhüters. Des Trainers Methode, sich immer schützend vor seine Mitarbeiter zu stellen, wurde ihm nicht mehr mit Leistungen auf dem Fußballfeld vergolten.
»Wir sind keine Mannschaft«, gab Jens Jeremies nach dem definitiven Aus im nationalen Titelwettkampf zu. Die frühere Zweckgemeinschaft war in Grüppchen zerbröselt, hier die Franzosen, dort die Südamerikaner, anderswo die Jungen und irgendwo allein Kahn, der Kapitän, der seine Mannschaftskollegen immer häufiger als »die Spieler« bezeichnete. Als er sich in der Champions League gegen Real Madrid (1:1) den Ball unterm Bauch hindurch gegrapscht hatte und einen Tag später erzählte, nun müsse er das Rückspiel eben allein gewinnen, schüttelten die Kollegen nur noch verständnislos den Kopf. Seinen nächsten ebenso spektakulären wie fatalen Fehler gegen Bremen musste er völlig allein verarbeiten, kein Kollege spendete Trost.
Der einstige Chef war zum Außenseiter geworden, sein Nachfolger, der Ballack hätte sein sollen, aber nicht war, konnte sich nicht etablieren. So repräsentierte den FC Bayern in der Saison 2003/04 eine Vereinigung ohne Hierarchie, ohne Disziplin, ohne Elan und ohne Fitness. Die immer nämliche Taktik kam zumeist ängstlich daher, Roy Makaay stand allein vorne als Stürmer, seine wechselnden Partner Claudio Pizarro oder Roque Santa Cruz verschlissen sich im Mittelfeld. So hatte Präsident Franz Beckenbauer bei den Seinen ein Jahr lang »nur Stückwerk« gesehen, also »Einzelaktionen«, die sich nach seinem geschätzten Werturteil nie zu einer Mannschaftsleistung reihten, sondern für »Fußball ohne Spielfreude« standen.
Im Jahr zuvor hatte der kritische Fußball-Ästhet Beckenbauer, als die Kahn, Ballack und Co. die Konkurrenz noch mit 16 Punkten distanziert hatten, diesen qualitativen Verfall auch schon diagnostiziert, »aber damals waren die anderen halt noch schlechter«. In dieser Saison waren zumindest die Bremer besser. Und die Bayern zu Recht am Ende auf Platz zwei notiert. *Karlheinz Wild*

Oben:
Ein Holländer kam, sah und siegte: Roy Makaay kam vor der Saison aus La Coruna und führte sich mit 23 Toren in der Bundesliga ein.

Links:
Nach Krankheit wieder in der Bundesliga: Bayerns Nationalspieler Sebastian Deisler, der lange wegen eines Klinik-Aufenthaltes passen musste.

Klaus Augenthaler: »Wer mir folgt, wird Erfolg haben«

Gibt die Marschrichtung an: Bayer-Trainer Klaus Augenthaler führte das Werksteam wieder zurück auf den Erfolgsweg.

»Mein Leben ist wie eine Achterbahnfahrt«, hatte Bayer-Geschäftsführer Reiner Calmund im Herbst 2001 während der Kokain-Affäre um den damaligen Leverkusener Trainer Christoph Daum gesagt. Nicht ahnend, dass die Achterbahn damals noch gar nicht die Höchstgeschwindigkeit erreicht hatte. Denn das große Auf und Ab sollte erst noch folgen.

Die Bilder gleichen sich. Leverkusener Spieler liegen sich in den Armen, machen mit den Fans die Welle, reißen sich erfreut die Kleider vom Leib und tanzen im Stadion um die Wette. Allein: Der Anlass hätte binnen zwölf Monaten kaum unterschiedlicher sein können. Im Mai 2003 in Nürnberg durfte nach einem 1:0-Sieg gegen den Club der Klassenerhalt gefeiert werden.

Nur ein Jahr später feiern die gut bezahlten Bayer-Profis das, was wesentlich besser zu ihnen passt: Den dritten Platz in der Bundesliga, erkämpft durch einen 2:0-Sieg daheim gegen den direkten Konkurrenten VfB Stuttgart. Zu Champions-League-Musik steigt bei Bayer die große Party, auch wenn sich Calmund in den Stadionkatakomben müht, die Stimmung irgendwie in Grenzen zu halten: »Es ist zwar unfassbar, dass wir letztes Jahr fast abgestiegen sind und nun wieder oben stehen. Aber noch haben wir die Champions League nicht erreicht, sondern nur die Qualifikationsrunde. Wir werden keinen Cent einplanen.«

Er selbst schon mal gar nicht. Denn diese Aussage zählt zu den letzten Sätzen des Reiner Cal-

mund als mächtiger Bayer-04-Boss. Das Sensationelle passiert am 8. Juni: Calmund tritt als Geschäftsführer zurück, verlässt seinen Verein nach 27 Jahren mit sofortiger Wirkung und sorgt damit für ein Beben in Fußball-Deutschland. Gesundheitliche Gründe gibt er an. Er sei platt, sagt Calmund, »ich kann nicht mehr volle Pulle an der Front arbeiten.«

Vergleichweise geräuschlos verlässt neben Calmund auch Manager Ilja Kaenzig den Verein und wird neuer starker Mann von Hannover 96. Konsequenterweise drängt der verbliebene Bayer-Geschäftsführer Wolfgang Holzhäuser sofort auf eine Trennung von Sportdirektor Jürgen Kohler, setzt diese samt einer Millionen-Abfindung durch und ist somit plötzlich nicht mehr ein Schattenmann, sondern der neue Boss des Fußballklubs Bayer Leverkusen. »Ich bin das neue Gesicht«, sagt Holzhäuser, der für diese Aufgabe seinen fürs Jahresende vorbereiteten Wechsel an die Spitze der DFL absagt. Neben Holzhäuser postiert sich Michael Reschke als Sportlicher Leiter – ein Mann, der bis dahin mit Scouting und Jugend-Koordination betraut war. Zudem wird die Position von Trainer Klaus Augenthaler gestärkt, um den Verlust sportlicher Kompetenz nach der Calmund-Ära in Grenzen zu halten. »Bayer ohne Calmund ist zwar kaum vorstellbar«, sagt Augenthaler kurz vor Beginn der ersten Saison ohne »Calli«, aber man habe keine Zeit, herumzujammern: »Es muss und wird weitergehen. Fußball ist Tagesgeschäft.«

Doch nicht nur der Kahlschlag in der Chefetage sorgt für Aufsehen, auch das Gesicht der Mannschaft ändert sich im Verlauf des Sommers gewaltig. Weltmeister Lucio erliegt dem Werben des FC Bayern München und wechselt, wie von Bayer Leverkusen auch fest eingeplant, für zwölf Millionen Euro an die Isar. Yildiray Bastürk unterschreibt bei Hertha BSC, Oliver Neuville in Mönchengladbach.

Dafür werden zwei entscheidende Figuren der furiosen Saison gehalten: Die Angreifer Dimitar Berbatov (16 Tore, neun Assists) und Franca (14 Tore/13 Assists). Vor allem der brasilianische Stürmer trug zu Bayers Aufschwung bei. Ein Jahr zuvor als Mega-Flop abgestempelt, weil dem mit

Emotion pur beim XXL-Manager: Bayer-Manager Reiner Calmund lebt Fußball auf der Tribüne. Nach der Saison verabschiedete er sich überraschend als mächtiger Mann bei Bayer.

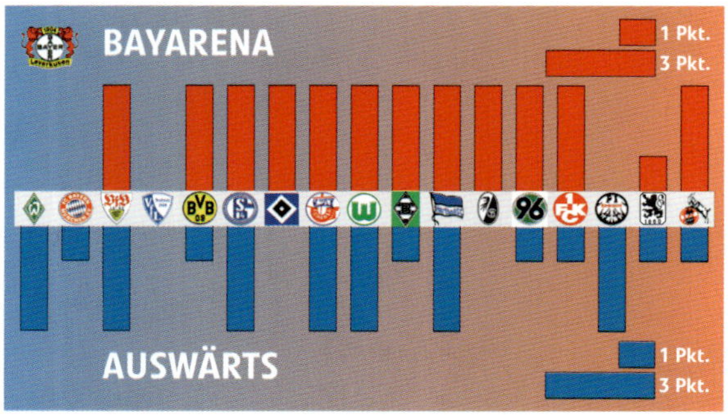

8,5 Millionen Euro teuersten Einkauf der Vereinsgeschichte nichts gelang, lehnte Trainer Klaus Augenthaler einen Verkauf des Angreifers ab: »Franca hat in Brasilien zu viel geleistet. Den will ich wieder hinkriegen.« Franca folgte den Ratschlägen seines Trainers und verdeutlichte damit, was Augenthaler meinte, als er im Mai zuvor nach dem Klassenerhalt sagte: »Wer mir folgt, wird Erfolg haben.«

Ja, der Klaus Augenthaler. Von seinen Vorgängern bei Bayer hebt ihn ab, dass er nicht binnen Stunden zum »Augi« mutierte – wie die Bertis und Toppis zuvor. Vielleicht gerade deshalb brachte der geradlinige Fußball-Lehrer den Erfolg zurück zur großen Bayer-Familie. Mit der nötigen Distanz, Zurückhaltung und dem Sinn fürs Wesentliche. So hofft er nun auch, sich mit dem G-14-Mitglied Bayer Leverkusen in der Spitze etablieren zu können: »Einen besseren Kader hatte ich nie in meiner Trainerkarriere.«

Jean-Julien Beer

Weltmeisterlicher Jubel: Bayers Brasilianer Lucio (rechts) feiert ein Tor kniend, daneben Berbatov und Kapitän Nowotny.

Mit Sammer wie Phönix aus dem Scherbenhaufen

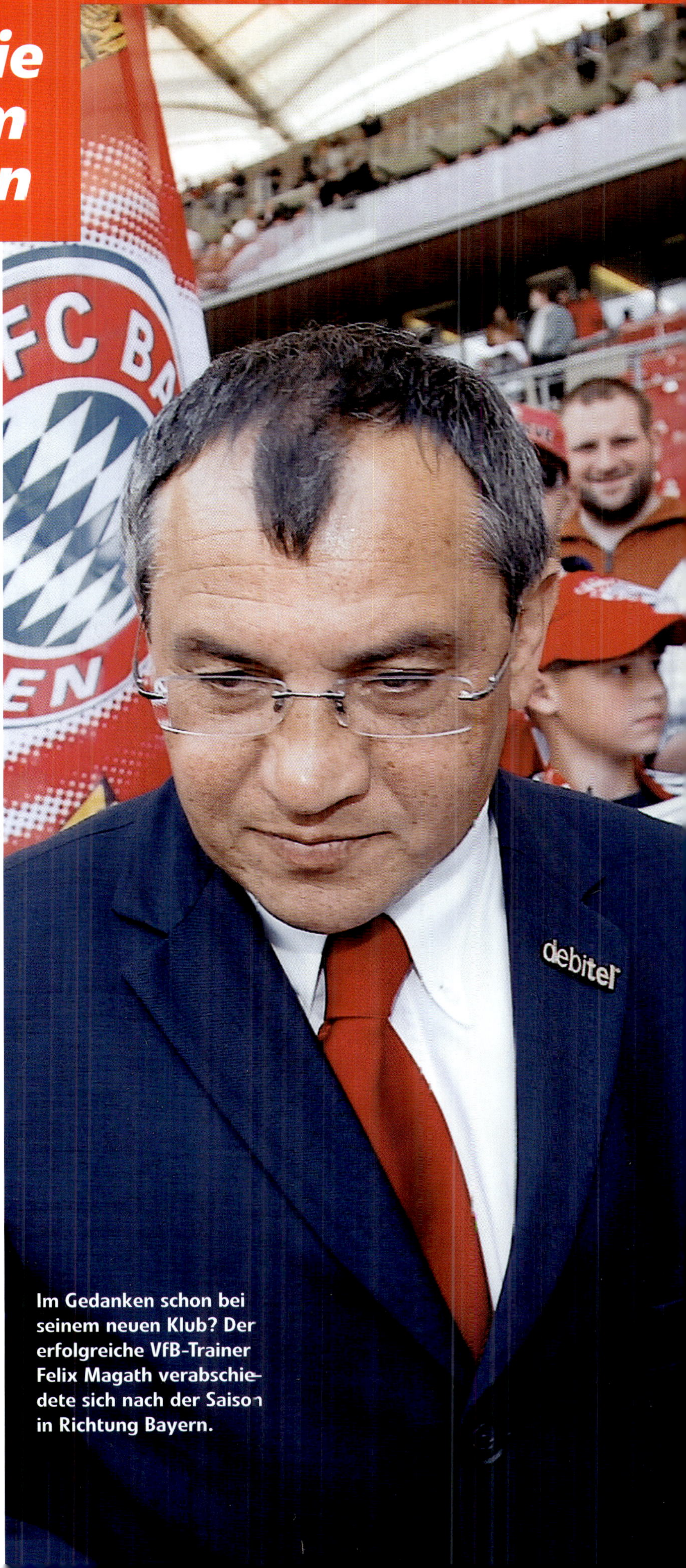

Im Gedanken schon bei seinem neuen Klub? Der erfolgreiche VfB-Trainer Felix Magath verabschiedete sich nach der Saison in Richtung Bayern.

Am Ende standen sie vor dem Scherbenhaufen ihrer Träume. So gut wie immer in der Saison 2003/04 aalte sich der VfB Stuttgart auf einem der drei ersten Tabellenplätze, ein einziges Mal nur im Jahr 2004 überhaupt rutschten die Schwaben aus den Champions-League-Rängen – nach dem 34. und letzten Spieltag.

Die 0:2-Niederlage bei Bayer Leverkusen ließ die Schwaben in letzter Sekunde auf Platz vier absacken und zerstörte die Hoffnungen auf die zweite Champions-League-Teilnahme in Folge. »Wir sind unglaublich enttäuscht«, sagte Nationalstürmer Kevin Kuranyi, »daran werden wir alle noch lange zu knabbern zu haben.«
Es war das fast schon tragische Ende einer turbulenten Saison. »Unglaublich, was in diesem einen Jahr alles passiert ist«, sagt Timo Hildebrand. Der Torhüter selbst hatte den Löwenanteil daran, dass der nach den Abgängen wertvoller Spieler wie Balakov, Dundee, Ganea oder Seitz geschwächte Vizemeister der Vorsaison einen Traumstart hinlegte. Insgesamt 884 Minuten lang hielt der 25-Jährige zum Start seinen Kasten sauber, neuer Rekord in 41 Jahren Bundesliga. 15 Spieltage lang blieben die Schützlinge von Trainer Felix Magath ungeschlagen, und auch in den Gruppenspielen der Champions League, in den Partien gegen Glasgow Rangers, Panathinaikos Athen und Manchester United, schien sich das monatelange Pokerspiel um die vorzeitige Vertrags-Verlängerung der beiden Jung-National-

spieler Andreas Hinkel und Kevin Kuranyi nicht negativ auszuwirken; schon vor dem Gruppenfinale im Old Trafford von Manchester hatte der als Außenseiter gestartete VfB das Achtelfinale erreicht.

Kurz vor Vorrundenschluss dann setzte es mit einem unglücklichen 0:1 beim FC Bayern die erste Bundesliga-Niederlage, der VfB schlitterte in eine Krise. Trotz der Verpflichtung der drei Neueinkäufe Hakan Yakin, Streller und Zivkovic für insgesamt 4,5 Millionen Euro holten die Stuttgarter in den vier Punktspielen des Februars nur zwei von zwölf möglichen Punkten und verspielten dabei die große Chance, erstmals seit 1992 wieder Deutscher Meister zu werden. Gerade die furios gestarteten Hinkel und Kuranyi wirkten plötzlich nur noch wie ein müder Schatten ihrer selbst. »Die Zwei haben eine Klasse schlechter als zuvor gespielt«, sagt Magath und liefert auch gleich die Erklärung: »Sie waren über eine lange Phase einem Ziel, einem neuen Vertrag hinterhergerannt. Als sie ihn hatten, war die Luft raus.«

Es folgte prompt das Aus in der Champions League; ein dummes Eigentor des Portugiesen Fernando Meira besiegelte die 0:1-Heimniederlage gegen einen schwachen FC Chelsea, das 0:0 im Londoner Rückspiel half dem VfB nicht weiter. Mit den in der Königsklasse eingenommenen knapp 20 Millionen Euro im Geldbeutel konnten sich die Schwaben im letzten Saisondrittel voll und ganz auf ihr neues Ziel, den neuerlichen Einzug in die Champions League konzentrieren. Es reichte, siehe oben, nicht: Obwohl der VfB nach 34 Spieltagen 64 Punkte, fünf mehr als bei der Vizemeisterschaft des Vorjahres, auf seinem Konto hatte, muss er nun in der neuen Saison versuchen, seine mittlerweile teuer gewordene Mannschaft durch Zusatzeinnahmen im UEFA-Cup zu finanzieren. »Insgesamt hat die Mannschaft Sensationelles erreicht«, sagt Magath mit Recht, und doch blieb am Ende nur Enttäuschung.

Mit der jeder auf seine eigene Art und Weise umging. Die einen flüchteten in den Urlaub, die Nationalspieler Hinkel, Kuranyi und der Senkrechtstarter Philipp Lahm versuchten den Schock bei der Europameisterschaft abzubauen, wieder andere suchten für immer das Weite. Teammanager Magath hatte schon kurz vor Saisonende nach monatelangem Poker- und Versteckspiel bekannt, dass er seinen bis 2005 laufenden Vertrag nicht erfüllen und vorzeitig als Nachfolger des entlassenen Ottmar Hitzfeld zum Branchenkrösus Bayern München wechseln werde. »Ich will auch als Trainer Deutscher Meister und Europapokalsieger werden. Diese Möglichkeit habe ich bei den Bayern«, sagte der 50-Jährige und brach seine Zelte nach dreieinhalb erfolgreichen Jahren ab. Was Magath nicht aussprach: Dem VfB traut er eine weitere Aufwärtsentwicklung kaum zu. In Marcelo Bordon verloren die Schwaben ihren wichtigsten, weil kopfballstärksten Abwehrspieler; der Brasilianer wechselte, ebenfalls nach monatelangem Pokerspiel, schon ein Jahr vor Auslaufen seines Vertrags zu Schalke 04. Gleichwertigen Ersatz konnte der VfB trotz der erzielten Ablöse von mehr als drei Millionen Euro nicht verpflichten. Immerhin, der neue Trainer trägt einen prominenten Namen. Matthias Sammer, der als Spieler mit dem VfB 1992 die Deutsche Meisterschaft errungen hatte, kehrt zurück. Nur 23 Stunden, nachdem sein Vertrag bei Borussia Dortmund aufgelöst worden war, unterzeichnete der »verlorene Sohn« in Stuttgart einen Dreijahresvertrag. »Wir wollen an die Erfolge der letzten beiden Jahre anknüpfen«, sagt der 36-Jährige. Vor allem mit seinem Namen verbinden sie in Stuttgart nun die Hoffnung auf einen neuerlichen Höhenflug in der Saison 2004/05. Wie Phönix aus dem Scherbenhaufen, sozusagen. *Harald Kaiser*

Oben: Ein Torhüter und sein Rekord: Jung-Nationalspieler Timo Hildebrandt erwies sich beim VfB Stuttgart lange Zeit als unüberwindlich.

Linke Seite: Gute Haltungsnoten im Luft-Duell: Stuttgarts Torjäger Kevin Kuranyi im Zweikampf mit dem Bremer Christian Schulz.

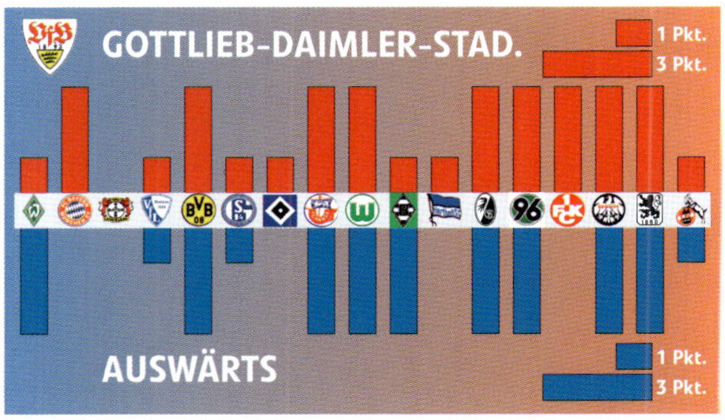

Wie die Fahrt auf einer Traumstraße

Die Fahrt auf der Harley Davidson war schon lange geplant, deutlich bevor der sportliche Erfolg unter Dach und Fach war. Im Sommer düste Peter Neururer gemeinsam mit dem Rest des Bochumer Trainerteams sowie mit dem medizinischen Stab auf schweren Maschinen durch den Westen der USA.

Über die Route 66 zum Beispiel, von Las Vegas nach San Francisco und Los Angeles. Über die Straße der Träume – und irgendwie war die komplette Saison für die Bochumer Anhänger eine Fahrt über eine Traumstraße. Die Entspannung in Kalifornien hatten sich die Motorrad-Freaks redlich verdient. Und reisen dürfen sie auch in der neuen Saison wieder, wenn auch nicht über den großen Teich. Der VfL Bochum im UEFA-Cup – kaum zu glauben. »Da hätte man vor der Saison unter 50 Millionen Fußballfans vielleicht zehn Fantasten gefunden, die ernsthaft an so etwas denken«, rechnet Neururer. Denn der oftmals nur am Rande bemerkte »kleine« Klub im Ruhrgebiet kann nun mal wirtschaftlich nicht mit den großen Nachbarn Schalke und Dortmund mithalten.
Dass der VfL dennoch die beiden Lokalrivalen in der Tabelle hinter sich ließ, zählt zu den größeren Überraschungen im deutschen Fußball. »Das«, findet Neururer, »war eher eine Sensation als der Bremer Meistertitel.« Fuchsig wird der Trainer nur, wenn jemand in Anlehnung an das »Wunder von Bern« bei den Ereignissen rund um die einstmals graue Maus vom »Wunder von Bochum« spricht. »Denn ein Wunder ist das keineswegs, sondern das Ergebnis harter Arbeit.«

Neururer ist der Strippenzieher rund um das Ruhrstadion, und seit er den Taktstock schwingt, geht es steil bergauf beim VfL. Unter anderem, weil er mit seinen Transfers meist richtig liegt und für wenig Geld viel Qualität holte: Jüngst zum Beispiel Thomas Zdebel, der im Mittelfeld zum Volltreffer wurde, wie auch Peter Madsen, der nach einem unglücklichen Halbjahr in Wolfsburg plötzlich aufblühte.
Neururers Bilanz liest sich glänzend: Erst schaffte er quasi in letzter Minute den Bundesliga-Aufstieg und wurde belächelt, als er im ersten Jahr einen einstelligen Tabellenplatz versprach. Er hielt Wort mit Rang neun und erntete dennoch erneut eher ungläubiges Staunen, als er eine weitere Verbesserung in Aussicht stellte. Dass mit Platz fünf selbst seine kühne Prognose übertroffen wurde und die Mannschaft mit 56 Punkten einen neuen Vereins-Rekord aufstellte, hat dann auch die letzten Zweifler überzeugt.
Dabei steckten die Bochumer mitten in der spannenden Rückrunde, als allmählich die ersten Träume vom internationalen Geschäft reiften, einen Schlag weg, der sie auch weg vom Fenster hätte befördern können. Der Kopfstoß von Sunday Oliseh gegen seinen Mannschaftskameraden Vahid Hashemian in der Mannschaftskabine unmittelbar nach dem 0:0 gegen Rostock erhitzte die Gemüter, ebenso wie die Entscheidung der Vereinsführung, den gebürtigen Nigerianer sofort aus dem Verkehr zu ziehen. Denn sehenden Auges nahmen die VfL-Bosse durch den Verzicht auf einen der Schlüsselspieler eine sportliche Schwächung hin – und die Mannschaft geriet nicht aus dem Tritt.
Es folgte ein hart erkämpftes 1:1 bei Hertha BSC Berlin, das Torwart Rein van Duijnhoven nach Saisonende als »wichtigsten Punkt, den wir erkämpft haben«, bezeichnete. »Die Mannschaft hätte auch zerbrechen können. Aber so haben wir gezeigt, dass es weiter nach oben geht.« Daran hat der lange Holländer entscheidenden Anteil. Seine Serien gehen ohnehin in die Bundesliga-Geschichte ein und belegen, dass der VfL vor allem im heimischen Ruhrstadion zu einer Macht wurde: Nur sechs Gegentore fingen sich die Bochumer dort; lediglich Werder Bremen (fünf) kassierte 1992/93 mal weniger Gegentreffer vor eigenem Publikum. Und 911 Minuten, in denen van Duijnhoven in Heimspielen unüberwindlich blieb, stellen sogar eine neue Liga-Bestmarke dar.
Einer der Gründe dafür, warum Bochums Trainer und Mediziner so richtig loskrattern konnten – auf der Straße der Träume.

Oliver Bitter

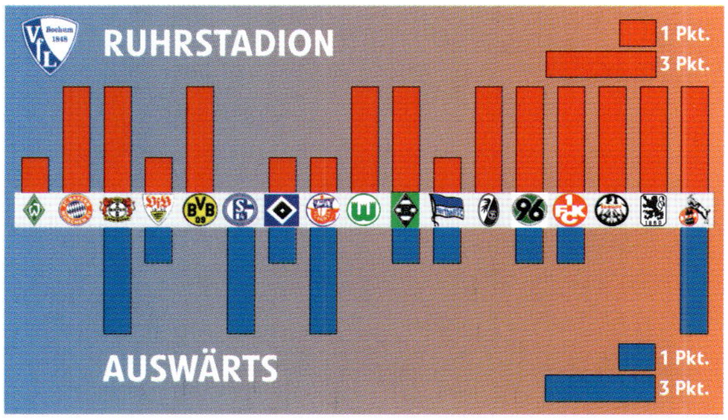

Sicher zugepackt: VfL-Keeper Rein van Duijnhoven erwies sich in der vergangenen Saison als Meister seines Fachs.

Linke Seite: Ein Tänzchen in Ehren: Bochums Trainer Peter Neururer hatte allen Grund zu Freude – er führte die einstmals graue Maus aus dem Revier in den UEFA-Cup.

Borussia Dortmund

Mit Van Marwijk gegen die »zweijährige Abwärtslinie«

Als alles verloren war, sackte Matthias Sammer (37) in sich zusammen wie ein Hochhaus nach der Sprengung. Der Dortmunder Fußball-Lehrer krümmte sich auf seiner Bank zu einem Fragezeichen. Aus dem sonst so temperamentvollen, emotionalen und explosiven Coach der Borussia war jedes Leben gewichen.

Ob Sammer ahnte, was alles auf ihn einstürzen würde? Die beißende Kritik? Die bohrenden Zweifel an seiner Person? An seiner Arbeit? Spürte er damals schon, dass er nach vier Jahren bei der Borussia gehen musste? Er sagte: »Rang sechs ist die schlechteste Platzierung in meiner Trainerlaufbahn. Ich fühle mich verantwortlich.«

Kurz nur ähnelte Sammer in diesen Momenten auf dem Betzenberg seinen rätselhaft leistungsschwankenden Spielern, die ihn in der vorigen Saison häufig im Stich gelassen und die »zweijährige Abwärtslinie«, die Klubchef Dr. Gerd Niebaum zähneknirschend eingestand, fortgesetzt hatten. Lähmendes Entsetzen herrschte, nachdem die Borussia mit ihrem sündhaft teurem Ensemble sogar die Qualifikation für den UEFA-Cup verjubelt hatte.

Zehn Monate zuvor, bei der Saison-Eröffnungsparty, hatte Niebaum noch einen Titel in Aussicht gestellt – und zum Angriff auf Europas Fußball-Giganten geblasen. Des Präsidenten Annahme, der BVB sei auf dem Sprung einer der führenden Klubs auf diesem Kontinent zu werden, erwies sich als der wohl größte Irrtum in einem an Enttäuschungen und Rückschlägen reichen Jahr. »Die Saison hat viele Wünsche offen gelassen«, knurrte Niebaum.

Bei allem Verständnis für die Probleme, die sich am Westfalenstadion hoch auftürmten wie der Mount Everest, ärgerte es ihn maßlos, dass in der Rückrunde »manche Chance zur Wiedergutmachung« leichtfertig vergeben wurden. An Spiele wie gegen Schalke, Stuttgart, Hannover, Freiburg oder Hertha dachte der Jurist.

Den durch Fahrlässigkeit entstandenen Schaden zu reparieren, erfordert die Ausgabe veränderter Grundzahlen und -werte im schwarz-gelben Koordinatensystem. Nach dem Abpfiff der fetten Jahre beginnt eine neue Zeitrechnung. Mit dem neuen Trainer Bert van Marwijk (52), der sich dank einer kräftigen Prise Lockerheit gleich als Gegenentwurf Sammers outete. Mit jungen Spielern. Spieler mit Perspektive sollen zu Hauptdarstellern dieser neuen Ära werden.

Maulhelden, die in den Schlüsselspielen einer Saison durch jeden Charaktertest fallen, mag der Manager nicht länger ungestraft herumstolpern sehen. Eine »Aufbruchstimmung« fordert er von ihnen, »ein Wir-Gefühl und wieder Spaß am Spiel.« Großspurige Meisterschaftsversprechungen verkneifen sich die Bosse der Borussia – das lassen die finanziellen Rahmenbedingungen bis auf weiteres nicht mehr zu (lesen Sie auch Seite 64). Mit dem Verkauf von Torsten Frings (für neun Millionen Euro zum FC Bayern) wurden ein paar Löcher gestopft.

Schließlich sieht sich der Verein nicht am Ende seiner Erfolgsgeschichte angekommen. »Sie wird weitergehen«, beteuert Niebaum. Dass dafür Geduld erforderlich sei, hat der BVB-Chef sicherheitshalber gleich hinterhergeschickt. Die Rückkehr in den Kreis der Großen könne dauern: »Wir rechnen mit einem Bremsweg von mindestens zwei Jahren.«

Thomas Hennecke

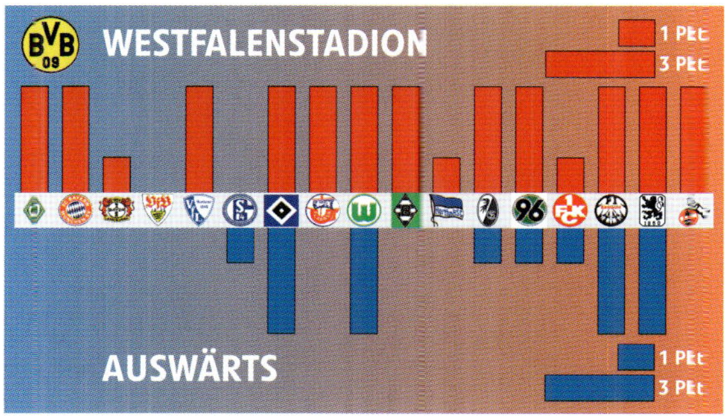

Linke Seite: Abschied nach einer langen Karriere: Borussia Dortmund verabschiedete Kapitän Stefan Reuter nach über 400 Bundesliga-Spielen. Mittlerweile wechselte er ins Management.

Hoffnungsträger aus Serbien und Südamerika

Mit Pauken und Trompeten ging man auf Schalke unter dem neuen Trainer Jupp Heynckes ans Werk. Eher sang- und klanglos ging das erste Jahr zu Ende. Nach erneut großen Enttäuschungen bleiben wie immer die großen Hoffnungen.

Kaum hatte Jupp Heynckes zwei Tage nach seinem Abschied aus Bilbao den Schalker Boden betreten, da beherrschte der Traditionsverein aus dem Revier die bundesweiten Schlagzeilen, als gäbe es keinen FC Bayern mehr. Nach der gescheiterten Pokerei um Real-Star Fernando Morientes und der irrwitzigen Verpflichtung des Glieder Edi aus Pasching hielt vor allem der neu eingeführte Acht-Stunden-Tag nicht nur die bis dahin eher trainingsfaulen Spieler in Atem, sondern auch den königsblauen Anhang, der sich von Heynckes' allerdings nur scheinbar durchdachtem Durchgreifen große Erfolge versprach. Sehr glaubhaft versicherte der erfahrene Trainer, jeden seiner neuen Spieler bis ins Detail zu kennen, seiner Reputation entsprechend.
Erst im Laufe der Saison wurde nach und nach klar, dass der neue Chef auf der Schalker Trainingswiese in diesem Punkt etwas geflunkert hatte. Einige Namen sagten ihm gar nichts, viele spielten nicht auf ihren Positionen und in der Summe spielte in den ersten sechs Monaten keiner auch nur annähernd das, was er kann. Das Ergebnis schockte: Zeitweise Platz 13 in der Bundesliga, eine 3:7-Klatsche im DFB-Pokal bei

Neue Hoffnung in Königsblau: Der Brasilianer Ailton soll Schalke 04 in der neuen Saison in höhere Tabellenregionen schießen.

Aufsteiger Freiburg, ein frühes UEFA-Cup aus gegen Bröndby IF. Die Fans bespuckten ihre Helden und bewarfen sie mit Münzen – ein Bild, dass man in der großen Schalker Familie so lange nicht gesehen hatte.

Neben den Startschwierigkeiten des Trainers Jupp Heynckes wurden zwei Dinge deutlich: Viele Neuzugänge der vergangenen Jahre wurden von den Managern Rudi Assauer und Andreas Müller maßlos überschätzt oder konnten auf Schalke nicht ansatzweise umsetzen, wozu sie geholt wurden. Die Liste mit Namen wie Matellan, Rodriguez, Agali oder Glieder ließe sich beliebig fortsetzen. Deshalb kritisierte Heynckes zwar ungewohnt heftig, aber sicher nicht zu Unrecht, die Personalpolitik seiner Bosse. Und zweitens: Schalke befand sich von der nationalen wie internationalen Spitze wesentlich weiter entfernt, als es alle im Klub glaubten. Dies zeigte nicht nur der letztlich enttäuschende siebte Platz, der Schalke auch unter Jupp Heynckes nur in den UI-Cup führte. Wenigstens setzten junge Talente wie Hamit Altintop (21) oder das Eigengewächs Michael Delura (18) in ihrem ersten Bundesligajahr positive Akzente.

Weil Schalkes Weg aber nach oben führen soll, sehr weit nach oben, sah sich Rudi Assauer zum Handeln gezwungen: Den spektakulären Neuzugängen wie Abwehrchef Mladen Krstajic von Meister Werder Bremen oder Torschützenkönig Ailton folgten weitere Kracher, darunter ein gelernter Spielmacher, der Brasilianer Lincoln. In der Summe ein Potenzial, dass es so auf Schalke zuletzt nicht gab und dass Assauers hohe Ziele ermöglichen soll: »Schalke soll in den nächsten zehn Jahren sieben bis neun Mal unter den ersten Drei landen.«

Viele, die dazu eigentlich beitragen sollten, erleben dieses Unterfangen nicht mehr: Denn Heynckes sortierte nach nur zwölf Monaten gleich ein Dutzend Profis aus. Deutscher, wie vom Chefcoach angekündigt, wurde Schalke dadurch aber auch nicht: Die Neuen kommen aus Serbien und Südamerika.

Jean-Julien Beer

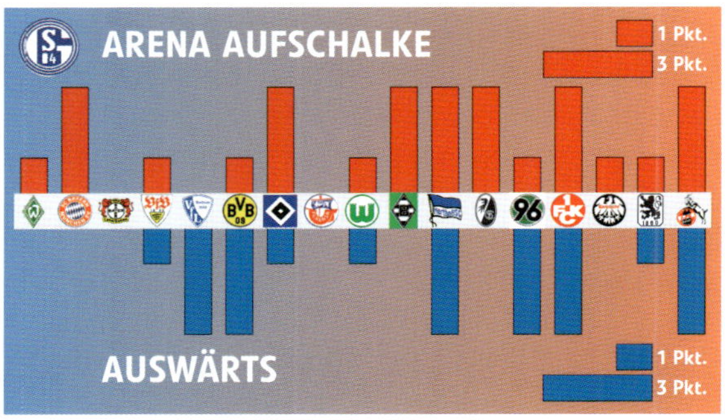

Trainer-Beobachtungen am Rande: Schalkes Torwart-Trainer Oliver Reck, Chefcoach Jupp Heynckes und Assistent Eddy Achterberg.

Mit Mpenza auf eine neue »Riesenrunde«

Leidensmiene nach einer durchwachsenen Saison: Trainer Klaus Toppmöller, der als Nachfolger von Kurt Jara seine Probleme hatte.

Am Ende flossen Tränen. Zumindest bei Hermann Rieger, dem Kultmasseur, der sich beim Hamburger SV verabschiedete. Es war ohnehin eine grandiose Abschiedsfeier beim Saison-Kehraus, der den Hanseaten die Qualifikation für den UI-Cup bescherte.

Mit Nico-Jan Hoogma, mit Rodolfo Esteban Cardoso und Bernd Hollerbach sagten weitere Protagonisten »Tschüs«, die den HSV der Neuzeit geprägt haben. »Unglaublich, mir fehlen die Worte«, sagte der Ur-Bayer Rieger, wobei seine Stimme merklich vibrierte. Nach 26 Dienstjahren beendete der Liga populärster Physiotherapeut, der einen eigenen Fan-Klub sein Eigen nennt, seine Karriere und zieht sich ins geliebte Mittenwald als Skilehrer und Bergführer zurück. Auch das Trio der Profis, das aufhörte, hatte mit den Emotionen zu kämpfen.

Schließlich war es für alle ein bewegtes Jahr. Was Klaus Toppmöller, der Neu-Trainer, mit Blick auf seine Amtszeit als »Riesenrunde« einstufte, war aus Sicht der neutralen Beobachter eher eine verkorkste Spielzeit, mehr noch ein verlorenes Jahr. Der fidele Rheinländer, seit Oktober in Amt und Würden, bezeichnete die Monate an der Alster als »meine bislang schwerste Saison als Trainer«.

Mit Widerständen, auch in den eigenen Reihen, hatte er zu kämpfen, hat er immer noch, wie er selbst erkannt hat. »Toppi«, der Bursche von der Mosel, der hemdsärmelige Typ, der redet, wie ihm der Schnabel gewachsen ist, fühlt sich und seine Arbeit nicht anerkannt. Immer wieder verweist er auf seine Bilanz: Die Elf von Platz 13 auf Platz acht geführt, aus dem Tabellenkeller ins Erdgeschoss des Fußball-Oberhauses. Mit zwölf

Neuer Anlauf in der Bundesliga: Der belgische Stürmer Emile Mpenza gilt als einer der Hoffnungsträger beim Hamburger SV.

Siegen, fünf Remis und acht Niederlagen, so der Trainer, »sind wir in dieser Zeit die fünftbeste Mannschaft der Liga.«
Zahlen, die für ihn sprechen. Zumal es unter seinem Kollegen Kurt Jara zuvor bergab gegangen war. Nach dem vierten Rang des Vorjahrs und dem sensationellen Gewinn des Liga-Pokals im Sommer 2003 deutete vieles darauf hin, dass mit »Käpt'n Kurt« der Erfolgskurs eingehalten wird. Doch es kam anders.
Frühes schmähliches Aus im Europacup, viele Verletzungen, Querelen der Elf mit der Führung, kulminierend in der Prämienstornierung. Jara weg,

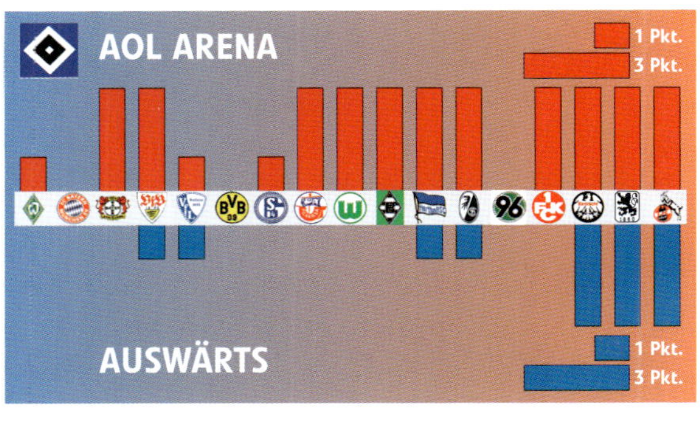

Toppmöller da. Anfangserfolge durch den neuen Mann, der indes auch aneckte. Mit seiner Kritik an den Jungen, seiner Kritik an der Führung, mit seinem Jammern über die bescheidenen und beschränkten Möglichkeiten, was die Finanzen betrifft. Toppmöller ließ mitunter kein gutes Haar an seinem Arbeitgeber, so dass Sportchef Dietmar Beiersdorfer mehr als einmal schluckte: »Der Trainer muss auch im Sinne des Klubs handeln.«
»Das Missverständnis Toppmöller«, so titelte der kicker gegen Saisonende, als sie mal wieder einen Neuanfang versprachen. Nach der »schwarzen Null«, von Klubchef Bernd Hoffmann prophezeit und eingetroffen, will der Verein zwar seinen Sparkurs fortsetzen, dennoch mit Stars wie Emile Mpenza eine neue schlagkräftige Truppe aufbauen. Der Belgier, Sorgenkind in Schalke, wird der neue Blickfang sein.
Immerhin, nachdem mit Hermann Rieger und den anderen die wenigen Stars gegangen sind. So hat der neue HSV doch etwas mehr zu bieten als die WM-Arena im Volkspark als Aushängeschild.

Hans-Günter Klemm

Juri Schlünz: Mit »Wir-Gefühl« zum Kult-Status

Als der Abpfiff zur Saison ertönte, fiel Juri Schlünz die ganze Last der vergangenen Wochen und Monate von den Schultern. Hansas Coach atmete tief durch und sagte schließlich: »Alles geschafft. Das war eine gewaltige Leistung der Mannschaft.«

Schlünz erinnerte sich an jene Tage im Oktober, in denen sich der FC Hansa im freien Fall Richtung 2. Liga befand. An das 1:3 am 9. Spieltag in Wolfsburg zum Beispiel, als die Hoffnung irgendwo auf dem Rasen der Volkswagen-Arena zurückblieb. Wieder hatten sie gut gespielt, aber die Tore schossen die anderen. Und wie so oft brachen sie im Laufe des Spiels ein, spätestens nach dem zweiten Gegentor ging gar nichts mehr. Nur eines war an diesem Tag neu: der Trainer. Juri Schlünz hatte gerade den glücklosen Armin Veh abgelöst, der desillusioniert Richtung Augsburg verschwand.

Schlünz war schon zwei Mal zuvor als Interimslösung eingesprungen, nach den Entlassungen von Zachhuber und Funkel. Erfolgreich war er, aber Chef wollte Schlünz nicht werden, obwohl er die Möglichkeit hatte. Aller guten Dinge sind bekanntlich drei, und der ehemalige Hansa-Kapitän (328 Spiele/63 Tore) sagte zu. Dass die Mannschaft die Kurve bekam, ist dem von Schlünz propagierten Begriff des »Wir-Gefühls« zu verdanken. Denn nachdem auch das Heimspiel gegen Hertha BSC mit 0:1 verloren ging, setzten sich Trainerteam und Mannschaftsrat zusammen. Ergebnis:

Daumen nach oben: Rostock Kapitän Mathias Schober war ein wichtiger Rückhalt im Hansa-Team.

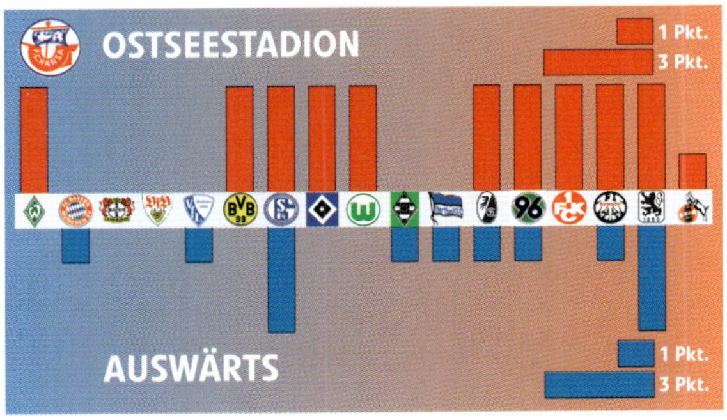

Das System wurde geändert, neue Spieler kamen. Und fortan klappte es. Die Aufholjagd begann, Hansa holte bis zur Winterpause 14 Punkte. Gefeiert wurde nicht nur die Mannschaft, sondern vor allem der Trainer. Die »Juri-Juri«-Sprechchöre hallten durchs Ostseestadion.
Wie früher, als er im Mittelfeld des FC Hansa die Fäden zog. Schon zu Spielerzeiten genoss Schlünz Kult-Status. Weil er nie zu einem anderen Klub wechselte. Und wahrscheinlich auch deshalb, weil er einer von ihnen ist, ein echter Mecklenburger eben. Bescheiden, zurückhaltend, kein Mann für große Sprüche. Der perfekte Trainer für den FC Hansa eben. Ironie des Schicksals, dass er ausgerechnet in Berlin zur Welt kam, dieser lauten und pulsierenden Metropole. Als Schlünz sechs Jahre alt war, siedelte die Familie nach Rostock um – ins Hansa-Viertel, der Heimat der Vereins.
Es war natürlich nicht nur diese Authentizität des 42-Jährigen, die Hansa Rostock letztlich wieder einmal die Klasse retten ließ, sondern die Mischung aus fußballerischem Sachverstand und respektvollem Umgang mit den Spielern. Er behandelte alle gleich, zumindest gab er jedem das Gefühl, wichtig zu sein. Mittelfeldspieler René Rydlewicz: »Er hat ein gutes Gefühl für die einzelnen Situationen.«
Nicht zu vergessen sind natürlich die 20 Saisontore von Martin Max, der sich, wie Schlünz, als absoluter Glücksgriff erwies. So viele Treffer in einer Saison erzielte bei Hansa keiner vor ihm. Kein Barbarez, kein Neuville, kein Agali. Wie das Ganze wohl ohne seine Treffer ausgegangen wäre?
Der 35-Jährige zeigte es auch seinen Kritikern. Gerade denen bei 1860, die ihn nicht mehr haben wollten. Die Quittung gab's am Schluss: Die Münchner stiegen ab. Martin Max wurde gefeiert. In Rostock. *Sebastian Karkos*

Ur-Rostocker als Erfolgsgarant: Nach dem Abgang von Trainer Armin Veh übernahm Juri Schlünz die Verantwortung bei Hansa.

Ernüchterung löst anfängliche Euphorie ab

Es war im August 2003, als der VfL Wolfsburg knapp vor dem großen Ziel scheiterte. Ein 0:1 und 0:2 gegen den AC Perugia in den UI-Cup-Finals beendete die Träume, doch noch über die Hintertür in den UEFA-Cup zu gelangen.

Was damals noch keiner bei den Niedersachsen ahnte: Das späte Aus gegen die Italiener sollte ein Fingerzeig auf die folgende Saison sein. Hoch ambitioniert und mit dem teuersten Kader aller Zeiten schnitt der Klub in der Bundesliga so schlecht wie nie seit dem Aufstiegsjahr 1997/98 ab. Dabei hatte der VfL zunächst aufhorchen lassen. Dank seines Sponsors und Mehrheitseigners Volkswagen hatte man auf dem Transfermarkt einen Coup gelandet, wie er in dieser wirtschaftlich schwierigen Zeit nur noch bei den großen Klubs möglich ist.
Für neun Millionen Euro kam die argentinische Nachwuchshoffnung Andrès D'Alessandro vom Landesmeister und Wolfsburger Kooperationspartner River Plate Buenos Aires. Dem Spielmacher folgte wenig später auch noch der junge Flügelflitzer Juan Menseguez. Gemeinsam mit der brasilianischen Leihgabe Fernando Baiano von Flamengo im Sturm schienen Trainer Jürgen Röber drei Glücksgriffe gelungen.
D'Alessandro brillierte – zumindest phasenweise. In jedem Fall drückte der vorschnell als »Mini-Maradona« bezeichnete Linksfuß dem bis dahin eher beschaulichen Spiel der Wolfsburger einen neuen Stempel auf. Als »VfL Südamerika«, zu dem auch Torjäger Klimowicz aus Argentinien zu zählen

Gebannter Blick auf den Ball: Die Wolfsburger Schnoor, Klimowicz, Thiam, Karhan. Fernando Baiano und Weiser stemmen sich einem Freistoß entgegen.

Rechte Seite: Schweres erstes Jahr: Torhüter Simon Jentzsch konnte nicht immer so überzeugen wie in dieser Situation, in der er entschlossen zupackt.

war, legte der VfL mit herzerfrischendem Angriffsfußball einen viel versprechenden Saisonanfang hin, der im ersten Bundesliga-Sieg über Meister Bayern München (3:2) gipfelte.
Doch nach der Winterpause verpuffte die Euphorie und Aufbruchstimmung recht schnell. Die offensive Spielweise führte mehr und mehr zu einer Vernachlässigung der Defensive, der VfL entwickelte sich zur »Schießbude der Liga«. Hoffnungen auf einen Platz im vorderen Drittel der Tabelle mussten nach einer Talfahrt im Frühjahr schnell begraben werden. Schlimmer noch: Der VfL blieb in der Rückrunde in den Startlöchern hängen, nahm vorübergehend sogar Tuchfühlung zur Abstiegszone auf.
Hatte Jürgen Röber zu Beginn seiner Amtszeit beim VfL einen Fußball entstehen lassen, den man in Wolfsburg bis dahin noch nicht gesehen hatte, so schaffte es der Trainer in der Krise nicht mehr, den Hebel umzulegen, zeigte sich zum Schluss sogar rat- und machtlos, wie die Probleme im Abwehrbereich zu lösen seien. Es kam, wie üblich in der Branche: Der Klub zog die Reißleine, feuerte Röber und fand in dem Belgier Erik Gerets einen Trainer, der zuvor in Kaiserslautern bereits den Ruf als Retter erworben hatte. Mit taktischer Disziplin schaffte der VfL unter Gerets' Regie die Wende zum Besseren.
Einen Grund zum Feiern gab es am Saisonende 2003/04 dennoch in Wolfsburg nicht. Was mit sehenswertem Fußball begann, endete als Enttäuschung, bei der nur das Schlimmste – der Abstieg in die Zweite Liga – vermieden wurde. Fünf Jahre nach der damals völlig überraschenden ersten und bisher einmaligen Qualifikation für den UEFA-Pokal 1999 machte sich im Sommer 2004 beim VfL die ernüchternde Erkenntnis breit, seither sportlich nicht wesentlich vorangekommen zu sein.
Ob aus Trotz oder Ehrgeiz: An den Zielen, sich für das internationale Geschäft zu qualifizieren, hielt die Klubführung um Manager Peter Pander fest. Wieder einmal hohe Ambitionen. Nun sollte es eben 2005 glücken.

Michael Richter

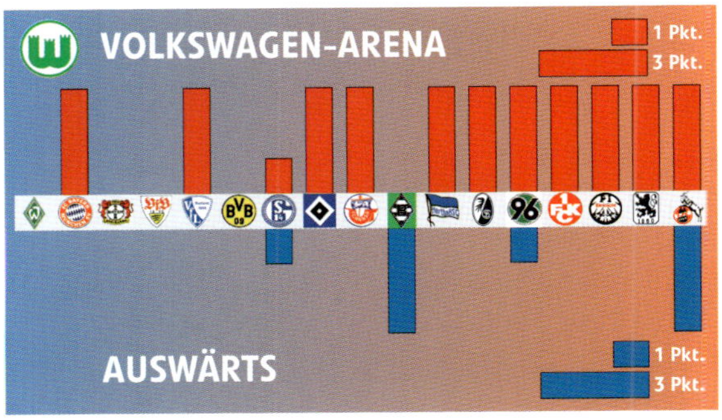

Neue Ziele und neue Perspektiven im Nordpark

Oben: Angespannte Verbissenheit: Der tschechische Mittelfeldmotor Ivo Ulich ist einer der fleißigsten Gladbacher.

Rechte Seite: Neuer Mann im neuen Nordpark: Nationalspieler Christian Ziege kam von den Tottenham Hotspurs zur Borussia.

»Bye-bye Bökelberg« lautete das Motto bei der Abschiedssaison des Kultstadions. Viel fehlte nicht, und es hätte für die Borussia »Bye-bye Bundesliga« geheißen. Während der Bökelberg an jenem 22. Mai 2004 seine Bundesliga-Pforten für immer geschlossen hat, zog der Traditionsklub als Erstligist in das neue Stadion im Borussia-Park ein.

Ein bisschen ruhiger, ein bisschen erfolgreicher sollte sie verlaufen, die dritte Spielzeit seit dem Wiederaufstieg. Endlich mal frei von Abstiegssorgen wollte der Verein durch die Runde kommen, dementsprechend forsch gab das Präsidium vor dem Start Platz neun als Zielsetzung aus. Es blieb ein frommer Wunsch.

Nach nur sechs Spieltagen und einem klassischen Fehlstart mit vier Punkten musste Trainer Ewald Lienen Holger Fach Platz machen. Der Wirbel, den Lienens Entlassung mit anschließender Schlammschlacht in der Öffentlichkeit auslöste, kratzte stark am Image der Borussia. Und an dem des Sportdirektors Christian Hochstätter, den Lienen als Initiator seiner Demission anprangerte.

Mit seinem Vertrauen in Holger Fach lag Hochstätter richtig. Unter Fach setzte nach anfänglichen Schwierigkeiten die sportliche Konsolidierung ein. Vor Rückschlägen blieben die Gladbacher dennoch nicht gefeiht. Der Sechs-Punkte-Vorsprung auf einen Abstiegsplatz in der Winterpause schmolz schlagartig nach einer wei-

teren Talsohle zu Beginn des Jahres 2004. Zudem mussten die Borussia ihre UEFA-Cup-Träume im DFB-Pokal-Halbfinale begraben. Ein 0:1 in Aachen kostete die fast sicher geglaubte Teilnahme am internationalen Geschäft. Immerhin, mit dem Klassenerhalt, der am 33. Spieltag vollendet wurde, vermieden Fach und seine (Feld-)Arbeiter den Albtraum, als Zweitligist in das neue Stadion umzuziehen.
Der fast schon sagenumwobene Bökelberg erlebte beim Saison-Finale gegen Absteiger München 1860 (3:1) schließlich sein letztes rauschendes Fest.
Im Mönchengladbacher Nordpark, Borussias neuer sportlichen Heimat, soll die Zukunft endlich rosiger aussehen. Wirtschaftlich bieten sich durch Vermarktung, Sponsoren und Zuschauereinnahmen ganz andere Ertragsmöglichkeiten als am traditionsreichen, aber veralteten Bökelberg.
So wird erneut der Anlauf unternommen, eine Mannschaft zusammen zu stellen, die sich im Mittelfeld der Liga etabliert und mittelfristig den Blick auf das erste Drittel der Tabelle wagen kann Von altbewährten, aber in die Jahre gekommenen Publikumslieblingen wie Jörg Stiel oder Arie van Lent trennte man sich.
Im Gegenzug wurden einige prominente Namen zur Borussia gelockt. Nationalspieler Christian Ziege von den Tottenham Hotspurs etwa, Oliver Neuville von Bayer Leverkusen oder Milan Fukal vom Hamburger SV. Erfahrene Kräfte, die Talente wie Thomas Broich, Vaclav Sverkos, Enrico Gaede oder Peer Kluge führen sollen. Von dieser Mischung versprechen sie sich in Gladbach den Aufschwung.
»Die Erwartungen an die Mannschaft werden im neuen Stadion größer sein, wenn dort fast 54 000 Zuschauer guten und erfolgreichen Fußball sehen wollen«, sagt Christian Hochstätter. »Also haben wir routinierte Leute geholt, die diesem Druck standhalten können.«
Ob die Rechnung aufgeht? Auf jeden Fall besitzt die Borussia den besten (und teuersten) Kader seit dem Aufstieg. Er steht in der Pflicht, die gestiegenen Ansprüche zu erfüllen.

Jan Lustig

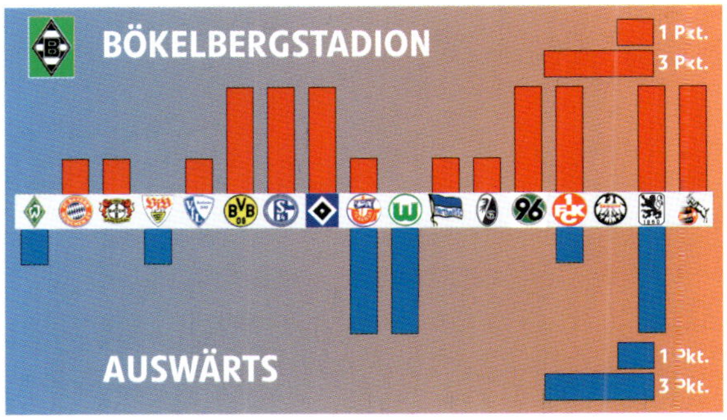

Die Zukunft entsteht aus »dem gepflegten Nichts«

Er saß in seinem Wohnzimmer in Eindhoven und schaute sich im niederländischen Fernsehen das Bundesliga-Spitzenspiel des FC Bayern in Stuttgart an. Zwischendurch sah Huub Stevens im Videotext nach, wie sich Hertha zeitgleich bei 1860 München schlug.

1:1 ging's im Olympiastadion aus, der Klassenerhalt war mit diesem vorletzten Spiel der Saison geschafft, und Stevens beteuerte: »Ich habe gezittert. Ich bin ja mitschuldig geblieben.« Derart kritisches Reflektieren des eigenen Tuns ehrt den Mann, der einst in 18 Länderspielen für das Team Oranje Dienst in der Deckung schob. In den letzten Monaten seiner Amtszeit bei Hertha BSC tat Stevens immer öfter das, was ihn einst als Spieler stark gemacht hatte: Er verlegte sich auf die Kunst des Abwehrens. Den Zugang zu seinen Profis erschwerte dies, sein Umgang mit den Hauptstadt-Medien – vor allem in der täglich abgehaltenen Pressekonferenz – wurde zunehmend rauer. Als Mitte Oktober, nach einem 1:4-Heimdebakel gegen Leverkusen, alle Stevens' Entlassung erwarteten, kreierte Manager Dieter Hoeneß eine neue Form des Krisenmanagements: Weil der damals bereits kontaktierte Hans Meyer absagte, durfte Stevens im Amt bleiben – allerdings musste er dafür die nächsten beide Spiele gewinnen. Er tat's, jeweils in Rostock, in der Liga und anschließend im DFB-Pokal, aber es half Stevens nichts und glücklich wurde er mit dem Ultimatum auch nicht. »Ich war nicht gegen die Vereinbarung«, sagte Stevens später, »aber ich war dagegen, sie öffentlich zu machen.«
Das Aus ereilte den »Knurrer aus Kerkrade« schließlich Anfang Dezember, nach einem 1:6 im DFB-Pokal in Bremen. Die erste Entlassung in Stevens' Karriere überhaupt war die logische Konsequenz einer völlig missratenen Hinrunde. »Wir haben einen so schlechten Fußball gespielt, wie ich es nie für möglich gehalten hätte«, sagte Manager Hoeneß nach Saisonende.
Das war nicht übertrieben: Mit »gähn-manipuliertem« Ballgeschiebe – ohne Mut, ohne Tempo, ohne Risikobereitschaft – versank Hertha in den Niederungen der Liga. In der Abwehr wurde die Rolle des Tölpels so flott weiter gereicht wie ein Staffelstab, im Mittelfeld wurde für den zunächst verletzten und später gesperrten Marcelinho eine Vermisstenanzeige aufgegeben, im Angriff inszenierten Bobic & Co. das gepflegte Nichts. »Kein einziger Spieler«, sagte Hoeneß, »hat in der Hinrunde Normalform erreicht.«

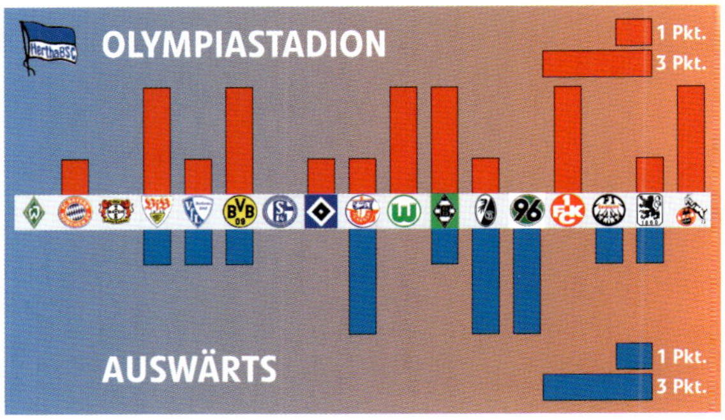

Linke Seite: Mit ihm steht und fällt das Hertha-Spiel: Der Brasilianer Marcelinho ist einer der Schlüsselspieler der im Vorjahr stark gefährdeten Berliner.

Umstrittener Nationalspieler: Neuzugang Fredi Bobic konnte die an seine Verpflichtung geknöpften Erwartungen lange Zeit nicht erfüllen.

Es wurde dann zur Rückrunde, in der Hans Meyer das Zepter übernahm, besser. Torhüter Christian Fiedler, der Gabor Kiraly verdrängte, und Spielmacher Marcelinho boten in der zweiten Halbserie Beeindruckendes. Und mit Madlung, Fathi, Cagara, Chahed und Rafael spielten sich plötzlich Akteure ins Rampenlicht, die so jung aussahen, dass man ihnen am liebsten noch das Klassenzimmer aufschließen mochte. »Um die Zukunft«, sprach Hoeneß, »muss uns nicht bange sein.« Auch die Gegenwart wurde gemeistert – und der Abstieg vermieden. »Die Mannschaft kann es besser als in dieser Saison«, sagte Hans Meyer am Ende.
Die Stadt war dankbar, dass ihr der kauzige Coach sein Alterswerk nicht vorenthalten hatte. Und Meyer-Nachfolger Falko Götz war dankbar, dass er einen Erstligisten übernehmen durfte und die Erwartungen nach einem Jahr voller Ängste auf ein realistisches Maß geschrumpft waren.

Steffen Rohr

Volker Finke spürt noch Luft nach oben

Als Freiburg am vorletzten Spieltag mit einem 0:0 gegen den Hamburger SV den Klassenerhalt auch rechnerisch sicher stellte, fiel allen Beteiligten ein kollektiver Stein vom Herz.

Sicher, der SC hatte in der gesamten Saison nicht auf einem Abstiegsplatz gestanden, und seit dem dritten Spieltag nie einen schlechteren Rang als den zwölften belegt. Und doch blieb eine leichte Ungewissheit bis zum Ende. Denn der Verlust der Erstliga-Zugehörigkeit ist immer schlimm, doch in dieser Saison wäre er im sportlichen Sinne tragisch gewesen. Freiburg feierte am 30. Mai 2004 seinen 100. Geburtstag, und, so sagte Trainer Volker Finke, »in einem solchen Jahr darf man nicht absteigen«. Man stelle sich vor: Am Sonntag, direkt nach dem 34. Spieltag, traf ein gewähltes »Dream-Team« ehemaliger SC-Größen im Dreisamstadion auf die aktuelle Mannschaft. Nicht auszudenken, diese wäre ein Zweitligist gewesen. Aber es ging ja alles gut für die Macher im Breisgau. So sagt Volker Finke denn auch: »Perspektivisch sieht es so aus, als könnte es in den nächsten Jahren so weitergehen. Vielleicht können wir den Klassenerhalt den einen oder anderen Spieltag früher perfekt machen.« Die begründete Hoffnung, dass dies der Fall sein kann, hat der Trainer, weil »bei einigen Spielern leistungsmäßig noch Luft nach oben ist«.
Ein genauer Blick auf den Kader bestätigt diese Einschätzung. Mit Wilfried Sanou (20) sowie den

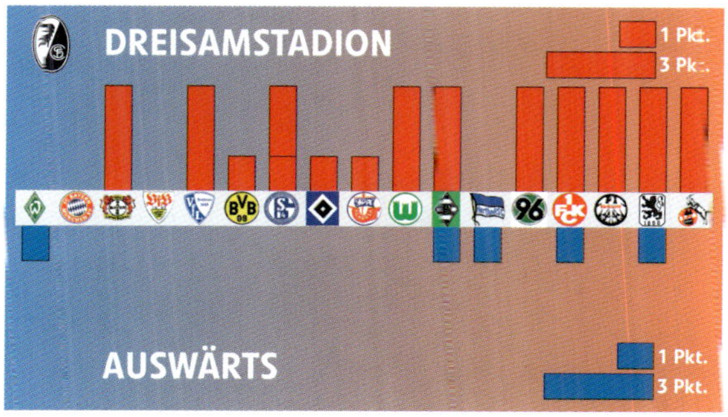

beiden 21-jährigen Sascha Riether und Julian Reinard, die beide die Freiburger Fußballschule durchlaufen haben, wurden, wie schon in der Vergangenheit, wieder drei ganz junge Leute an die Bundesliga herangeführt. Wobei besonders U-21-Nationalspieler Riether ein beeindruckend konstantes Jahr hinlegte, in der Hinrunde keine einzige Sekunde fehlte, und insgesamt auf 33 Einsätze kam.
Aber auch Dennis Kruppke (24), der in der Winterpause geholte nigerianische Nationalverteidiger Seji Olajenbesi (23) oder der Schweizer Bruno Berner (26) und der Holländer Ellery Cairo (25), die allerdings in ihren Heimatländern bereits Erstliga-Erfahrung gesammelt hatte, debütierten im deutschen Oberhaus. Roda Antar (23) und Zlatan Bajramovic (24), der das Interesse des Hamburger SV und des VfB Stuttgart geweckt hatte, aber seinen Vertrag beim SC erfüllen will, können ebenfalls noch nicht als alte Hasen durchgehen: Beide waren vor dem Anpfiff der Saison 2003/2004 jeweils erst auf 23 Bundesligaeinsätze gekommen. Sie alle dürften also noch Entwicklungspotenzial haben. Die zweite starke Fraktion des Kaders bilden Leute, die im besten Fußballeralter und bereits mehrere Jahre in Freiburg sind: Boubacar Diarra, Oumar Kondé, Stefan Müller, Soumaila Coulibaly, Levan Tskitishvili oder Alexander Iashvili zum Beispiel. Vom erweiterten Stamm ging lediglich Andreas Zeyer, der nach über 400 Spielen für den Verein die Fußballschuhe in die Ecke gestellt hat.
Die Mischung passt also sportlich. Und auch finanziell geht es den Freiburgern nicht gerade üppig gut, aber da jahrelang maßvoll und umsichtig gewirtschaftet wurde, ist ein solides Fundament vorhanden. Zudem erschlossen sich weitere Ressourcen: Mit dem neuen Hauptsponsor Suzuki trägt der SC erstmals in seiner Geschichte einen »global player« auf dem Trikot.

Thomas Roth

Linke Seite: Abgehoben: Freiburgs Stürmer Wilfried Sanou, der junge Mann aus Burkina Faso, bewies in seinem ersten Bundesliga-Jahr beim SC seine große Geschmeidigkeit.

In der Ruhe liegt die Kraft: Freiburgs Trainer Volker Finke ist seit 1991 bei den Breisgauern im Amt.

Angespannt im Abstiegskampf: Hannovers Trainer Ewald Lienen, der Vorgänger Ralf Rangnick ablöste und die Niedersachsen rettete.

Ewald Lienen, seine Lehren und ein Lichtblick

Der Abpfiff klang noch im Ohr nach an jenem 15. Mai 2004, dem Tag von Hannovers Rettung. Da blickte Martin Kind schon nach vorn. Nur nicht länger als nötig mit dem zweiten Bundesligajahr aufhalten, war die Devise in Niedersachsens Landeshauptstadt.

Rechte Seite: Torjäger mit Problemen: Thomas Christiansen, vor der Saison aus Bochum gekommen, konnte sich in Hannover nicht wie erwartet durchsetzen.

Denn positiv waren unterm Strich eigentlich nur zwei Dinge: Das Ende mit dem Klassenerhalt und das Ende an sich. Die Erkenntnis, dass sich einiges ändern muss in Hannover, war dem Präsidenten schon während der nicht enden wollenden Achterbahnfahrt durch die Spielzeit 2003/2004 gekommen. »Es war eine Saison, aus der wir unsere Lehren ziehen werden.« Diese: Der Verein muss endlich professionellere Strukturen erhalten, bekam deshalb mit Ilja Kaenzig von Bayer Leverkusen einen neuen Manager, der Unternehmer Kind unterstützen und mittel- oder langfristig gar als 96-Chef beerben soll. Gleichzeitig muss das ständige Kommen und Gehen beim kickenden Personal gestoppt werden. »So kann es nicht weitergehen«, weiß der Präsident, nachdem in den ersten 18 Bundesliga-Monaten 28 Spieler geholt und ebensolche 28 abgegeben wurden. Zum permanenten Kommen und Gehen passt das ewige Auf und Ab im zweiten Jahr. Furios gestartet und von vereinzelten Experten schon in der Verfolgergruppe der Bundesligaspitze eingeordnet, stürzte Hannover 96 nach dem sechsten Spieltag ab. Und zwar rapide. Es war jener Spieltag, nach dem Jan Simak, erst kurz zuvor heimgekehrter verlorener Sohn schon wieder verschwunden war. In seiner tschechischen Heimat unter dem Erschöpfungssyndrom leidend war das »Enfant terrible« abgetaucht. »Wenn so ein Ausnahmekönner und noch dazu ein Mannschaftsspieler wie Altin Lala gleichzeitig wegbrechen, ist das nur schwer zu verkraften«, wusste später Trainer Ewald Lienen.

Der wurde ausgerechnet an Jan Simaks letztem Arbeitstag in Hannover seinen Job los, weil der Tscheche 96 zum 2:0 über Gladbach geführt hatte und kehrte zurück in die Bundesliga zurück, weil sein Ex-Klub Hannover im Rückspiel 1:0 schlug. Danach musste Ralf Rangnick gehen. Der hatte in Hannover einen aufregenden Offensivstil geprägt, war letztlich aber daran auch daran gescheitert, dass nach dem Wegfall von Simak und anderen Leistungsträgern das System und verbliebenes Spielermaterial nicht mehr zusammenpassten. »Ohne Simaks Verschwinden wären wir nie in diese Notsituation gekommen«, sagte Sportdirektor Ricardo Moar. Und Rangnick wäre vermutlich nicht seinen Job los geworden.

Lienen machte nach seiner Inthronisierung das einzig Richtige. Er verpasste einer verunsicherten und teilweise in Einzelteile zerfallenden Mannschaft ein einfaches taktisches Konzept. Das war kein Fußball der Zukunft, aber bedeutete die Rettung in der Gegenwart. Die Weiterentwicklung von Kader und Klub hat sich Klubboss Kind für die Spielzeit 2004/2005 auf die Fahnen geschrieben.

Und für einen zukunftsträchtigen Lichtblick hat Lienen auch während seiner schmucklosen Erste-Hilfe-Maßnahme gesorgt: Per Mertesacker, das Abwehrtalent aus der eigenen Jugend, schaffte unter Lienen den Sprung in die Stammelf. Immerhin einer, der gern auf die vergangene Saison zurückblicken wird.

Sebastian Wolf

uhlsport
AWD-ARENA
1 Pkt.
3 Pkt.
AUSWÄRTS
1 Pkt.
3 Pkt.

Zweckgemeinschaft verliert ihre Vorzeige-Profis

Die »Roten Teufel« versuchen es mit einem Relaunch. Ein neues Gesicht soll dem 1. FC Kaiserslautern in der Saison 2004/05 helfen, den reichlich ramponierten Ruf aufzupolieren. Ein personeller Schnitt als Konsequenz aus zwei Nerven zehrenden Spielzeiten, in denen jeweils nur knapp der Sturz in die Zweitklassigkeit abgewendet werden konnte. Carsten Jancker, Christian Nerlinger, Ioannis Amanatidis, Ferydoon Zandi, Mihael Mikic oder Jürgen Gjasula heißen die Hoffnungsträger für bessere Zeiten auf dem Betzenberg.

Obenauf im Abstiegskampf: Lauterns Tscheche Vratislav Lokvenc erzielte in der Rückrunde wichtige Tore. Danach wechselte er zum VfL Bochum.

Erst mit einem mühevollen 1:1 gegen Borussia Dortmund am letzten Spieltag war der Klassenerhalt gelungen. Aufatmen allerorten. Wegen des späten Glücks der »Roten Teufel« läuteten an diesem Tag sogar die Glocken der Martinskirche in der Altstadt in voller Lautstärke. Bei aller Erleichterung verpassten es die Anhänger nicht, mit den Protagonisten abzurechnen. Bei ihrer finalen Ehrenrunde bekamen die Spieler auf einem überdimensionalen Transparent ihre Saisonleistung nochmals in aller Deutlichkeit vor Augen geführt: »Klassenerhalt geschafft – trotzdem total versagt«.

Damit das leidgeprüfte Pfälzer Publikum nicht ein drittes Mal in Folge zittern muss, gab es personell einen großen Schnitt. Die Zweckgemeinschaft mit Spielern aus zwischenzeitlich 17 (!) Nationen zerfiel. Nicht vielen, die gingen, wurde nachgetrauert. Tränen vergossen wurden allerdings wegen zwei Vorzeigeprofis. Die »Fußball-Götter« Miroslav Klose (zu Werder Bremen) und Vratislav Lokvenc (zum VfL Bochum) werden sie zukünftig vermissen. Als Torjäger, mehr noch als tadellose Sportler, deren Herz am 1. FCK hing!

Lokvenc schenkte Lautern mit seinem achten Saisontor den Klassenerhalt. Mit Wehmut nach vier Jahren nahm auch Kollege und Freund Klose Abschied. Der Nationalspieler ging mit dem Versprechungen, irgendwann zurückzukommen. Und dem Ratschlag: »Team, Trainer, Vorstand – alle müssen wieder dasselbe Ziel haben. Dass jeder sein eigenes Süppchen auf dem Platz kocht, darf nicht mehr sein!«

Der 1. FCK kam gerade noch einmal davon in einer Saison voller Pleiten, Pech und Pannen. Die Hypothek eines Drei-Punkte-Abzugs wegen Verstößen gegen das Lizenzspielerstatut sollte gleich im Auftaktspiel gegen 1860 München ausgeglichen werden. Stattdessen aber nahm die erneute Höllenfahrt mit einer 0:1-Pleite, einem Platzverweis und zwei Verletzten ihren Lauf. Trainer Erik Gerets, zuvor noch als »Retter« gefeiert , geriet aufs Neue in die Schusslinie. Die vom Belgier als Verstärkungen geholten Freund, Mettomo, Vreven, Nurmela und Kosowski entpuppten sich als Flops. Alte und neue Spieler fanden nie zusammen. Von notwendiger Einheit keine Spur. Die Folge der personellen Fehlplanung: Misserfolg in allen Wettbewerben. Raus in Runde eins im DFB-Pokal, ebenso im UEFA-Pokal, Abstiegsangst in der Liga.

Inmitten neuer Turbulenzen kündigte Sanierer René C. Jäggi seinen Vertrag als Vorstandschef zum Saisonende. Schon im Januar mussten die Spieler Hengen, Anfang und Freund gehen. Aussortiert gleich nach Rückrundenbeginn wurde zudem Trainer Gerets, den Kurt Jara ablöste. Es hat nicht viel gefehlt und der Österreicher wäre als Feuerwehrmann gescheitert. Die Zukunft des 1. FCK hing am seidenen Faden. Es wird einige Zeit dauern, bis der Imageschaden behoben und das Vertrauen der Fans zurückerobert ist.

Uli Gerke

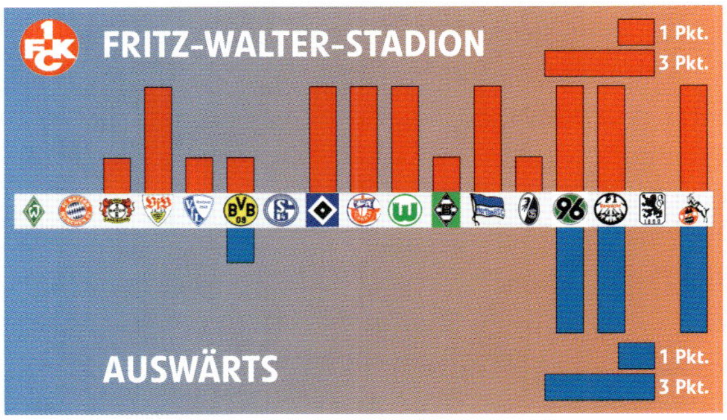

Abschied vom Betzenberg: Nationalspieler Miroslav Klose musste vom 1. FC Kaiserslautern verkauft werden. Meister Werder Bremen sicherte sich die Dienste des Torjägers.

Der »Club« wuchert mit dem slowakischen Pfund

Gestrauchelt, aber nicht gestolpert: Nürnbergs slowakischer Sturmtank Robert Vittek war einer der Topspieler im Aufstiegsjahr.

Da hat er sich wieder in Bewegung gesetzt, der Aufzug, der von der Zweiten in die Beletage des deutschen Fußballs führt. Und mit dem 1. FC Nürnberg ist es ein alter Bekannter, der da sein Ticket gelöst hat – zum sechsten Mal mittlerweile.

Nur dieses Mal, so sind sich alle Beteiligten sicher, wird dies für lange, lange Zeit das letzte Mal gewesen sein. »Wir wollen und werden uns langfristig in der Ersten Liga etablieren«, spricht Boss Michael A. Roth mit dem Brustton der Überzeugung. Das Warum schiebt er sogleich hinterher. Da wäre zum einen die Mannschaft, jung, entwicklungsfähig, zum anderen die umsichtigen, erfolgreichen Macher Trainer Wolfgang Wolf und Manager Martin Bader. »Sie handeln so, als wäre es ihr eigenes Unternehmen. Endlich sind die richtigen Männer am richtigen Platz«, lobt Roth seine leitenden Angestellten in den höchsten Tönen. Wem dies nun seltsam vertraut vorkommt, der muss nur ein paar Jährchen bis zum letzten Aufstieg zurückblättern, bis 2001, um genau zu sein, um verblüffende Parallelen festzustellen. Die Mannschaft damals war auch jung, von einem ehrgeizigen Trainer aufgebaut, und erst am Anfang ihrer Entwicklung. Nicht zu vergessen den Manager, der sich innovativ, dynamisch daran machte, dem Verein Strukturen und den Finanzen eine gesündere Basis zu verpassen. Das Duo Augenthaler/Geenen eben. Jenes Duo, das der Präsident im Frühjahr 2003 vom Hof jagte. »Sie haben mein Vertrauen missbraucht. Sie haben einen Scherbenhaufen hinterlassen«, ereifert er sich noch heute im Rückblick so sehr, dass sich eine Frage nahezu aufdrängt: Sind Wolf/Bader wirklich so viel anders als Augenthaler/Geenen? Oder, anders ausgedrückt: Wo sind zwischen all' den Gemeinsamkeiten die Unterschiede zwischen dem Aufstieg 2001 und dem jetzigen?

Fangen wir mit dem Trainer, der entwicklungsfähigen Mannschaft an: Trainer Wolfgang Wolf hat sie wie einst Klaus Augenthaler aufgebaut, ihr seine Handschrift verpasst. Unter weitaus schwierigeren Bedingungen, denn als Wolf die Mannschaft 2003 vier Spieltage vor dem nahezu feststehenden Bundesliga-Abstieg übernahm, war nach einer total verkorksten Rückrunde in ihr so viel Leben wie in einem Stein. Keines. Gleiches gilt übrigens für den Verein, der damals in tiefer Agonie vor sich hindümpelte. Umstände, die den Wolfschen Erfolg in einem noch besseren Licht dastehen lassen. Doch nun wieder zur Mannschaft. Verspricht sie mehr, als die vor drei Jahren?

Kleiner Präsident ganz stolz: Michael A. Roth, mächtiger Mann des 1. FC Nürnberg, feierte wieder einmal einen Aufstieg mit dem Altmeister.

Sie beruhigt zumindest ein wenig mehr, weil sie in der Breite wie auch in der Offensive besser besetzt ist. Das hängt vor allem mit den im Sommer 2003 verpflichteten Slowaken Marek Mintal (18 Tore) und Robert Vittek (12 Tore) zusammen, die schon nach wenigen Monaten die Begehrlichkeiten anderer Klubs geweckt haben. Allein mit diesen beiden haben die Franken ein Pfund, mit dem sich im Oberhaus wuchern lässt. Dass es dort nur um den Klassenerhalt geht, muss Wolfgang Wolf den zur vorschnellen Euphorie neigenden Franken jedoch jeden Tag aufs Neue klarmachen.

Kein Problem für den Pfälzer, der mit seiner direkten, offenen Art gut ankommt im Frankenland wie auch innerhalb des Vereins. Klaus Augenthaler hatte in diesem Punkt nicht immer ein glückliches Händchen. Dass heute intern Harmonie und Zuversicht vorherrschen, ist Wolfs Verdienst wie auch das von Manager Martin Bader.

Was sich nicht verändert hat beim 1. FCN: Die enge Finanzlage. Zwar plagen ihn im Vergleich zu anderen Bundesligisten gering anmutende langfristige Schulden in Höhe von »nur« rund fünf Millionen Euro, doch da auf der Habenseite das Vereinsvermögen gleich Null ist, wiegen diese fünf Millionen Euro eben doch sehr schwer. Oder um es mit Martin Bader zu sagen: »Wir müssen den Spagat meistern, die sportliche Substanz nach und nach zu verbessern, ohne den Schuldenstand zu erhöhen.« Ein gutes Stück weit ist dieser Spagat bereits gelungen, wie der aktuelle Kader beweist.

Christian Biechele

Jubel der Aufstiegshelden: Ausgelassene Freude der Nürnberger Profis, die den erneuten Aufstieg schafften.

Ein Prosit auf den Aufstiegstrainer: Mit reichlich Bier wird Bielefelds Trainer Uwe Rapolder gefeiert.

Rekord-Aufsteiger dank Glücksgriff Uwe Rapolder

Da sind sie wieder, die Ostwestfalen. Zum siebten Mal gelang dem DSC Arminia Bielefeld der Sprung in die Bundesliga. Damit ist der Klub der Rekord-Aufsteiger in Deutschlands Eliteliga.

Und auch wenn es schon als Gewohnheit erscheint, das sofortige Comeback von Deutschlands Fahrstuhl-Mannschaft Nummer eins war nach dem Abstieg im Vorjahr alles andere als selbstverständlich. »Dass wir es geschafft haben, war unvorstellbar«, blickt Torhüter Mathias Hain auf die Aufstiegssaison zurück.
Die Voraussetzungen für den Wiederaufstieg schienen anfangs nicht gegeben. »Zum Saisonstart habe ich nicht daran geglaubt. Wir saßen beim Trainingsauftakt mit 13 oder 14 Spielern in der Kabine, davon zwei Torhüter. Alle Neuen waren unbeschriebene Blätter. Und dann hieß es: Wir wollen aufsteigen!« Die widrigen Startbedingungen sollten sich als Schlüssel erweisen. »Da es holprig in die Saison ging, sind wir als Mannschaft eng zusammen gerückt«, resümiert Hain. Zum mannschaftlichen Zusammenhalt kamen drei Nachverpflichtungen, die der Arminia deutlich mehr Substanz einflößten: Marco Küntzel (Gladbach), Peter Gabriel (Kaiserslautern) und Isaac Boakye (Kumasi/Ghana). »Das waren Glücksgriffe. Die drei haben uns menschlich und fußballerisch nach vorne gebracht«, so Kapitän Hain. Besonders der routinierte Gabriel (31) als Abwehrchef, der die Lücke füllte, die Kapitän Bastian Reinhardt mit seinem Wechsel zum HSV nach dem Abstieg riss, und der 22-jährige Boakye, der als Nobody in 26 Spielen 14 Treffer erzielte, waren Eckpfeiler des Erfolges.
Doch diesen musste sich die Arminia hart erarbeiten. Trainer Benno Möhlmann suchte zu Saisonbeginn noch seine Idealformation, für die ihm Boakye und Gabriel erst verspätet bereit standen. Der Wechsel auf die Viererkette gelang nicht ohne Reibungsverluste. Nur vier Punkte aus vier Spielen – ein Fehlstart. Das Experiment wurde schnell beendet. Ein starker Zwischenspurt brach-

te Bielefeld zwar Mitte der Vorrunde auf Platz eins. Doch Möhlmanns Prognose (»Es muss alles optimal laufen, wenn wir oben mitspielen wollen«) schien sich zu bestätigen. Am 15. Spieltag sah Arminia von Platz acht der Konkurrenz hinterher.
Als die Ostwestfalen auch nach 20 Spielen dort rangierten, erfolgte die Trennung von Möhlmann. Sportdirektor Thomas von Heesen übernahm für zwei Partien, ehe Uwe Rapolder neuer Chef-Trainer wurde. Ein Glücksgriff. Einem Auftakt-Remis gegen Regensburg (0:0) folgten sechs Siege in Serie. Rapolders 4–4–2 mit offensiven Außen im Mittelfeld passte ideal zum Personal. Diesem verlangte Rapolder mit seiner auf frühes Stören und Pressing ausgerichteten Taktik auch körperlich alles ab, puschte es in zwei Kurztrainingslagern physisch und psychisch zu Höchstleistungen.
Der Bielefelder Aufstieg nötigt umso mehr Respekt ab, da der Verein fast die ganze Saison unter wirtschaftlichen Zwängen und den damit verbundenen Querelen litt. Seit Oktober dominierten Begriffe wie Liquiditätsengpass und Gehaltsverzicht die Schlagzeilen um Arminia. Im Februar erst einigten sich Verein und Spieler darauf, dass die Profis Teile ihres Gehaltes bis Saisonende stundeten und diesen nur im Falle des Aufstiegs nachgezahlt bekämen. Selbst Aufstiegsprämien aus der Spielzeit 2001/2002 standen nach Saisonende 2004 noch aus.
Dem zu Folge gestaltete sich auch die Personalpolitik für die Bundesliga. An kostenintensive Hochkaräter wagt man in Bielefeld nicht zu denken. So wurden zum Beispiel in Markus Schuler (Hannover 96), Clodian Duro (Rizespor), Michael Fink (VfB Stuttgart-Amateure) und Delron Buckley (VfL Bochum) entweder unbekannte Spieler verpflichtet oder solche, die bei ihren alten Vereinen nicht mehr zu ersten Wahl zählten. Die einzige Form von Risiko, die Arminia auf dem Transfermarkt eingehen kann – und muss.
So wundert auch die Zielsetzung nicht. »Man darf nicht immer nur vom Abstieg reden«, wünscht sich zwar Mathias Hain, »aber unser Ziel muss Platz 15 sein.« Den Titel »Rekord-Aufsteiger« würde Arminia nämlich allzu gerne abgeben – als dauernder Bundesligist.

Stephan von Nocks

Duell um den Aufstieg: Bielefelds Patrick Owomoyela stemmt sich mit aller Macht gegen den Nürnberger Vittek.

Konkurrenzfähiger Spaßfußball unter Jürgen Klopp

Verantwortlich für den Aufstieg: Trainer Jürgen Klopp hat es nach mehreren vergeblichen Anläufen endlich geschafft und die Mainhessen ins Oberhaus geführt.

Mainz bleibt Mainz, wie es siegt und lacht – unter diesem Motto steht für den 1. FSV Mainz 05 die erste Bundesligasaison in der 99-jährigen Vereinsgeschichte.

»Wir wollen Bundesligaspieler ausbilden, nicht kaufen«, formuliert Trainer Jürgen Klopp das Credo. Auf ähnliche Weise hatte sich der Klub in der 90-er Jahren in der zweiten Liga etabliert, war in diesem Sommer dort der dienstälteste Verein, gehörte dem »Unterhaus« 14 Jahre lang an. Fuß zu fassen in der Zweiten Liga war dem Mainz 05 vor 1990 aber nicht auf Anhieb gelungen. Es wäre verwunderlich, wenn der Sprung in die Bundesliga auf Anhieb länger dauern würde. Das hatte man allerdings auch Energie Cottbus 2000 vorhergesagt – es wurden drei Spielzeiten daraus.

Der Verein aus der Lausitz ist kein Vorbild für die Rheinhessen, die lieber auf den Spuren des SC Freiburg und des FC St. Pauli wandeln. Freiburg, was die sportliche Entwicklung betrifft, schließlich hat sich der 1993 aufgestiegene Klub zu einer festen Erstligagröße gemausert – mit zweimal einem Jahr Unterbrechung. Aber warum St. Pauli? »Wir haben bereits ein wenig Kultstatus erreicht. Nach unserem Aufstieg sind an zwei Abenden hintereinander weit über 30 000 Leute regelrecht ausgeflippt in der Stadt. Wir werden auch weiterhin ein Verein zum Anfassen sein. Weder die Verantwortlichen, noch der Trainer, noch die Spieler werden sich in irgendeiner Weise zurückziehen, nur weil wir in der ersten Liga spielen«, verspricht Harald Strutz. »Wir werden uns nicht vergleichen mit alteingesessenen Vereinen. Wir wollen Farbtupfer setzen. Wir wollen den Weg, den

wir eingeschlagen haben, diesen Spaßfußball, weitergehen mit einer Mannschaft, die konkurrenzfähig ist«, ergänzt der Präsident.
Wie schmal der Grat zwischen der Bundesliga und Zweiten Liga ist, haben die Mainzer mehrfach erfahren. Waren Sie doch 2003 und 2002 nur hauchdünn am Aufstieg gescheitert. Kein Wunder, dass ihnen diesmal fast die gesamte Fußballnation die Daumen drückte. Sympathie-Punkte sammelte Mainz 05 zudem durch Trainer Jürgen Klopp. Der 37 Jahre junge Blondschopf mit Nickelbrille verwöhnt die Fußballfans durch herzerfrischenden Offensivfußball, daran soll sich in der Bundesliga wenig ändern.
Personell gibt es wenig Veränderungen. Im Sturm ersetzt der US-Nationalspieler Conor Casey (zuletzt Karlsruher SC) »Aufstiegsheld« Michael Thurk, der sich schon frühzeitig für einem Wechsel zu Energie Cottbus entschieden hatte. Für Innenverteidiger Manuel Friedrich, der nur von Werder Bremen ausgeliehen war, kommt Nikolce Noveski (Erzgebirge Aue). Als linker Außenverteidiger ergänzt Benjamin Weigelt (Rot-Weiß Essen) die bisherige Stammkraft Marco Rose. Im linken offensiven Mittelfeld beziehungsweise Sturm kann Neuzugang Ranisav Jovanovic (Dynamo Dresden) eingesetzt werden.
Wenig Bundesligaerfahrung, viel Engagement und große Begeisterung – so versucht Mainz 05 die Gratwanderung. In der rheinland-pfälzischen Landeshauptstadt, wo im ausgebauten Bruchwegstadion (Kapazität 18 700 Zuschauer) alle 17 Heimspiele ausverkauft sein werden, ist die Mannschaft der Star. Auch unter den Trainern und in der Vereinsführung wird Teamgeist groß geschrieben. So legt »Teamchef« Klopp, der zwar studierter Diplom-Sportlehrer ist, aber nur den Trainer-A-Schein besitzt, großen Wert auf die Teamarbeit mit Fußballlehrer und Co-Trainer Zeljko Buvac und Torwarttrainer Stephan Kuhnert. Seit Februar 2001 arbeiten die drei gemeinsam. Klopp war damals über Nacht nach elf Jahren als Spieler zum Trainer gemacht worden. Sicher nicht die schlechteste Entscheidung … *Michael Ebert*

Mit Mainz endlich in der Bundesliga gelandet: Torjäger Benjamin Auer, der zuvor be Borussia Mönchengladbach nicht den Durchbruch schaffte.

Ailton – Campione! Gedanken des Glücksgefühls

Die große Ehre für den passionierten Torjäger: Werders Brasilianer Ailton erhält von kicker-Redakteur Hans-Günter Klemm die Torjäger-Kanone.

»Ailton – Campione!« Sein Glücksgefühl schrie er heraus. An jenen Tagen im Mai, als seine Glückseligkeit vollkommen war. Erst jene Partie bei den Bayern, als Werder den Titel perfekt machte. Dann jenes Spiel in Rostock, als er persönlich als Torschützenkönig feststand. Zuletzt das Pokal-Finale in Berlin, als zur Schale noch der Pott kam. Ailton – gleich drei Mal Campione!

»Es ist diese totale Erleichterung, die ich mit den Fans teile«, hat Ailton in einem Interview mit »Finale«, dem Saisonabschlussheft des kicker, seine Gedanken des Glücksgefühls nach einem Torerfolg konkreter beschrieben. Gleich 28-mal in der Meisterschaft überkamen ihn diese Empfindungen. 28 Tore – Ailtons neue Bestmarke. Erstmals seit 1985, als Werders Sportdirektor Klaus Allofs für Köln 26 Treffer erzielte, traf ein Stürmer der höchsten deutschen Spielklasse so häufig.

In den letzten beiden Partien der Meisterrunde ging der treffsichere Angreifer indes leer aus. Obwohl er sich dieses Ziel gesetzt hatte: »30 Tore möchte ich schon machen. Ich will mit Thierry Henry gleichziehen.« Der große Franzose, in Diensten des englischen Multiklubs Arsenal, hat somit den Wettbewerb um den Goldenen Schuh gewonnen, den Europas Kanoniere alljährlich austragen.

Ailton schaffte es nicht ganz, musste es bei der Torjägerkanone des kicker bewenden lassen. Goldene Schuhe trägt er aber auch ohne diesen Titel. Ausrüster Nike fertigte für ihn das Modell »Mercurial Vapor II« an, erst in Rot und Blau, dann in Silber, schließlich in Gold. Seinen Goldenen Schüssen angemessen.

Als schönstes Tor bezeichnet der 30-Jährige »meinen Heber in Bochum«, als das wichtigste »natürlich das 3:0 im entscheidenden Spiel gegen Bayerns Olli Kahn, dieser Super-Schlenzer.« Die Liste seiner Kunstschüsse ist lang. »Ich hasse die Momente, wenn ich eine Riesenchance vergeben habe«, hat Ailton mal gesagt. Zum Glück kamen diese Momente nicht so häufig vor im letzten Jahr. Ob er mit seiner Trefferquote zufrieden sei? Ailton, dieser Emotionsmensch, der seine Gefühle auslebt, lässt seine Mimik sprechen. Über beide Wangen strahlt er und sagt: »Schauen Sie sich mein Gesicht an! Muss ich diese Frage noch beantworten.«

Sein Lachen ist sein Markenzeichen. Sein Lachen überstrahlte in dieser Saison alles. Der Vollblut-Fußballer aus Brasilien, seit Oktober 1998 in Bremen, startete durch wie noch nie. Mit einer fantastischen Explosivität und einer famosen Schnelligkeit gesegnet, mit einem Torriecher ausgestattet, mit einem linken Fuß begnadet, zählte der aus Mexiko für den norddeutschen Bundesligisten verpflichtete Profi neben dem Niederländer Roy Makaay (23 Tore) und dem Deutschen Martin Max (20 Tore) zu dem Besten, was die Bundesliga im Angriffszentrum zu bieten hatte.

Lachen am Ende einer Erfolgssaison, aber auch Tränen. Ailton geht, verändert sich zu Schalke, wo er schon im Herbst 2003 unterschrieben hatte. »Am liebsten würde ich in Bremen bleiben«, hat er mehr als einmal im Freundeskreis verraten. Ein Wechsel mit viel Wehmut, der ihm gewiss viel Geld garantiert. Aber auch Glück?

Zu Beginn seines Gastspiels fühlte er sich auch an der Weser unglücklich. »Senor Magath«, den er noch heute so schön beschimpfen kann, hatte sich verguckt, Ailtons Talente nicht wahrgenommen, ihn auf die Tribüne platziert. Es folgte eine lange Zeit, bis der »Kugelblitz« heimisch wurde. Es folgte mitunter auch Zoff mit Sportdirektor Allofs oder auch mit Trainer Thomas Schaaf, als Ailton seine Extravaganzen übertrieb und mal wieder zu spät aus dem Urlaub zurück kam.

Erst in seinem letzten Jahr ist Ailton, dieser auffälligste aller Stürmer der Liga, dieser Dressmann-Typ und dieser Macho, der immer ein wenig übergewichtig wirkt, so richtig und rundherum glücklich geworden.

Ailton – Campione bei Werder!

Hans-Günter Klemm

YOUNG SPIR
Kappa

Thomas Schaaf: Ein Hauch von innerer und äußerer Distanz

Nachdenklich und konzentriert: Der Meistertrainer in einer für ihn typischen Pose.

»Titel«, sagte Thomas Schaaf (43) als Trainer des Spitzenreiters Werder kurz vor Rückrundenstart, »Titel sind mir nicht wichtig.« Prompt hielt Schaaf vier Monate später gleich zwei Trophäen in Händen: Die Meisterschale und den DFB-Pokal.

Bei seiner im Winter getätigten Aussage wollte der Erfolgscoach »dennoch prinzipiell bleiben«. Freilich: »Es ist schon fantastisch, diese Begeisterung mit zu erleben, die um uns herum entstanden ist.« Schaaf selbst wirkte in all dem grün-weißen Trubel stets gefasst, in sich ruhend, eher wie ein neutraler Beobachter als wie eine der Hauptpersonen im Zentrum der Ovationen. Ob nach dem 3:1 in München, dem 3:2-Sieg im Berliner Pokalfinale gegen Aachen oder den ausschweifenden Feierlichkeiten mit Zehntausenden enthusiastischen Fans vorm Bremer Rathaus.
Typisch, dass Schaaf beim spontanen Empfang am Bremer Flughafen nach dem die Meisterschaft entscheidenden Sieg bei den Bayern die Menschenmassen mit seiner Videokamera filmte, statt sich wie die Spieler im Rausch der Emotionen treiben zu lassen. Der Hauch von innerer wie äußerer Distanz, der sich stets auch in Schaafs öffentlichen Kommentaren und Analysen niederschlug, war dem Coach in den Jahren zuvor noch als Leidenschaftslosigkeit ausgelegt worden. Jetzt wurde die Gelassenheit, die persönliche Zurücknahme zum anerkannten Erfolgsrezept und zum persönlichen Gütesiegel des Meistermachers. Schaaf lebte die totale Konzentration aufs Wesentliche vor, »auf das, was wir beeinflussen können«.
Ihr entsprang nach Dafürhalten vieler die imponierende Nervenstärke in der entscheidenden Saisonphase, als vorübergehend die Ergebnisse nicht mehr stimmten und die Einschüchterungsversuche der Konkurrenz aus München immer lauter wurden. Schaaf blieb sich treu, gegen alle Kritik, und durfte sich am Ende bestätigt fühlen. Auch in punkto taktischer Ausrichtung seiner Elf. Jahrelang hatte er schon versucht, sein bevorzugtes System mit Vierer-Abwehrkette zu installieren, mit der Begründung die Mannschaft solle sich »schließlich weiterentwickeln«. Dennoch scheiterte

das Modell ein ums andere Mal an internem Widerstand, erzeugt namentlich durch Defensiv-Chef Frank Verlaat. Nach dessen Abschied und der Verpflichtung von Valérien Ismael hatte Schaaf endlich das passende Personal, seine Vorstellungen durchzusetzen. Dazu zählte auch die »magische« Mittelfeld-Raute, mit quasi vier Spielmachern beziehungsweise »Ballverteilern«, um in Schaafs Jargon zu bleiben. Das Resultat: Schneller Kurzpass-Fußball, fast permanentes Pressing und tödliche Pässe durch die Mitte – exakt die Handschrift, die Schaaf seinem Team seit eh und je aufzudrücken suchte.

Eines allerdings gelang dem selbst so betont unscheinbar daherkommenden Schaaf dagegen nicht: Sich dem Fokus von Öffentlichkeit und Medien nach Möglichkeit zu entziehen. Gerade durch sein unaufdringliches Auftreten avancierte der Werder-Trainer zur Kultfigur. Eigentlich kein Wunder: In einer Branche, die nicht selten von Selbstdarstellern geprägt, hat Schaafs Nonchalance schon wieder etwas von Extravaganz.

Der Norddeutsche Rundfunk widmete Schaaf eine eigene Comedy-Show im Radio, der mausgraue Kapuzen-Pulli, den der Coach am Spielfeldrand trug, war in allen Fan-Shops über Monate ausverkauft. Begleiterscheinungen, die Schaaf – natürlich – mit einem selbstironisch-belustigten Lächeln zur Kenntnis nimmt. Ebenso wie die Einschätzung seines Sportdirektors Klaus Allofs (47), er sei »nun in die Gilde der absoluten Top-Trainer Deutschlands aufgestiegen«. Doch mit diesem Prädikat wird Schaaf fortan leben müssen. Ebenso wie mit den beiden Titeln.

Thiemo Müller

Jubel im Olympiastadion von München: Durch den Sieg über die Bayern kann Thomas Schaaf mit den Seinen feiern.

Dynamisch und immer auf dem Sprung: Der ehemalige Werder-Profi ist noch ganz schön fit.

Nachbeben statt schöner, neuer Fußballwelt

Abgang von der Bundesliga-Bühne: Traurig verlässt der Münchner Löwe Markus Schroth den Gladbacher Bökelberg.

Von wegen, schöne neue Fußballwelt: In Köln, Frankfurt, München entstehen derzeit für die Weltmeisterschaft 2006 einige der schönsten und modernsten Fußballarenen. Nur der sportliche Erfolg der dortigen Vereine kann mit den Baufortschritten in den neuen Stadien nicht mithalten.

Kommende Saison kommen Wacker Burghausen statt Borussia Dortmund, Rot-Weiß Erfurt statt Bayern München. Die »Sechziger« tragen ihre Heimspiele gar wieder im alten Stadion an der Grünwalder Straße aus.

Mit dem 1. FC Köln, Eintracht Frankfurt und 1860 München hat es drei Traditionsvereine erwischt. Wieder einmal. Ihr Ziel für 2004/2005 ist klar: der direkte Wiederaufstieg. Wenn es ins WM-Jahr 2006 geht, wollen Köln und Frankfurt wieder erstklassige Mannschaften besitzen. Wie der Aufstieg zu bewerkstelligen ist, darüber gibt es unterschiedliche Auffassungen.

Köln stand drei Spieltage vor Schluss als erster Absteiger fest. Obwohl der Aufsteiger zu Saisonbeginn mit viel Vorschusslorbeer in Liga eins empfangen worden war. Geräuschlos ging der erneute Abstieg nicht von statten. Nirgendwo gab es diesen Sommer so heftige »Nachbeben« wie am Rhein.

Wolfgang Overath wurde neuer Präsident und brachte gleich einen neuen Trainer mit, Huub Stevens. Auch finanziell will Köln beim Projekt Wiederaufstieg in die Vollen gehen. Mit einem Etat von über 20 Millionen Euro sind die »Geißböcke« der Krösus der Liga. Die Mannschaft erhält ein völlig neues Gesicht. Dirk Lottner, Thomas Cichon, Mustafa Dogan, Moses Sichone, Jörg Heinrich und andere wurden aussortiert, Andrej Voronin von Leverkusen abgeworben.

In der neuen Zweitligasaison setzt Köln auf Akteure, die bisher kaum im Rampenlicht standen. Während die Neulinge Köln und Frankfurt beim Versuch den Klassenerhalt zu bewerkstelligen scheiterten, erwischte es mit 1860 München eine feste Bundesligagröße. Zehn Jahre hatten sich die »Löwen« in der Bundesliga gehalten. Im Sommer 2003 war Trainer Falko Götz mit dem Ziel des Aufbaus einer jungen Mannschaft in die Saison gestartet, ohne Oldies wie Häßler, Max oder Suker. Nach dem elften Spieltag hatten sich die Münchner mit ihrem Jugendstil auf den achten Rang vorgearbeitet und träumten vom UEFA-Cup. Zum danach beginnenden sportlichen Niedergang gesellten sich die Skandale in der Vereinsführung. Wegen einer Affäre um das neue Stadion saßen beide Wildmosers in U-Haft. Vater Karl-Heinz nur drei Tage, Junior Karl-Heinz mehrere Wochen. Zwölf Jahre Regentschaft, in denen der Senior den Verein aus der obersten Amateurklasse (1992) bis in die Qualifikation zur Champions League (2000) geführt hatte, ging zu Ende. Der neue Präsident Karl Auer konnte den Absturz nicht mehr verhindern. Ebenso wie der neue Trainer Gerald Vanenburg, der zur neuen Saison durch Rudi Bommer ersetzt wird. Der neue Cheftrainer forcierte das Stühlerücken in der Mannschaft. Spieler wie Michael Wiesinger, Marco Gebhardt, Quido Lanzaat, Slobodan Komljenovic, Karlheinz Pflipsen kamen, Marcus Pürk, Gerhard Poschner, Benjamin Lauth, Markus Weissenberger, Danny Schwarz, Markus Schroth, Torben Hoffmann wurden abgegeben. Für das Projekt Wiederaufstieg stehen 15 Millionen Euro zur Verfügung.

»Nur« mit 12 Millionen kalkuliert Eintracht Frankfurt. »Zu wenig«, wie Trainerkandidat Ralf Rangnick befand und der Eintracht absagte. Der ebenfalls aufstiegserprobte Friedhelm Funkel erhielt den Zuschlag als Nachfolger von Willi Reimann, der in der Woche nach dem letzten Spieltag, mit dem der Abstieg besiegelt wurde, den Laufpass erhalten hatte. Die Eintracht musste Leistungsträger wie Ioannis Amanatidis, Ingo Hertzsch, Christoph Preuß ziehen lassen. Funkel setzt auf eine Mischung aus erstligaerfahrenen Neuzugängen wie Arie van Lent, Torben Hoffmann, Markus Weissenberger und jungen, aufstrebenden Kräften wie Christian Lenze (VfL Osnabrück) und Benjamin Köhler (Rot-Weiß Essen).

Michael Ebert

Stoßgebet zum Himmel: Kölns Stürmer Andrej Voronin kann es nicht fassen; wieder einmal hat es nicht für den Klassenerhalt gereicht.

BVB-Prasserei und finanzielle Flickschusterei

Längst hatte sich Sebastian Kehl entschieden. Zu Gunsten des FC Bayern München. Sogar eine Vorabzahlung war geflossen, angeblich 1,5 Millionen Mark. Später überwies Kehl das Geld zurück, sagte Bayern ab und signierte einen Vertrag in Dortmund.

Über die Hintergründe konnte damals nur spekuliert werden. Heute bietet sich das Ende 2001 verschwommene Bild ungleich schärfer dar. Die Bayern boten dem Defensivspieler 2,7 Millionen Mark an Salär. 3,5 Millionen kassiert Kehl beim BVB, aber Euro, wohlgemerkt, also mehr als das doppelte dessen, was in München in sein Portmonee geregnet wäre. Dortmund hatte seinen Wunschprofi – und zahlte auch ihm ein fabelhaftes Honorar.

Ihm und vielen anderen. Fußballern, mit denen sich Klubchef Dr. Gerd Niebaum schmückte. Nach der Gleichung, dass große Gehälter große Pokale verschaffen und große Pokale in einem nächsten Schritt große Einnahmen, kaufte der ewige Präsident (seit 1986) ein atemberaubend teures Luxus-Ensemble zusammen. Weil die Einnahmen die

Ein trauriger Blick in die Bücher: Dortmunds Manager Michael Meier (rechts) und sein Präsident Dr. Gerd Niebaum.

exorbitant hohen Kosten aber nicht annähernd deckten, schlitterte Borussia Dortmund in eine gefährliche Finanzkrise. »Vielleicht«, räumte Manager Michael Meier ein, der immerhin ab und an von der offiziell chronisch-beschönigenden Klubposition abweicht, »vielleicht haben wir zum falschen Zeitpunkt zu viel in Spieler investiert.«
Niederschmetternde Zahlen, die das ganze Ausmaß finanzieller Flickschusterei offenbarten, mussten die BVB-Macher im Frühjahr 2004 eingestehen. Auf knapp 113 (!) Millionen Euro waren ihre Verbindlichkeiten dank jahrelanger Prasserei gestiegen. Dass bei der Bekanntgabe eines Rekord-Halbjahresverlustes von 29,4 Millionen Euro allein »fehlende Erlöse aus internationalen Wettbewerben« die angeblich »positiv operative Geschäftsentwicklung« überlagert hätten, mutet grotesk an. Tatsächlich traf das Aus in der Champions-League-Qualifikation gegen den FC Brügge die Borussia hart und unvorbereitet, aber in die Gewinnzone wäre sie auch bei optimalem Abschneiden in Europas Königsklasse nicht gelangt.
Die 130 Millionen Euro aus dem Börsengang (2000), die 50 Millionen Euro für die Vermarktungsrechte an UFA/Sport Five, die 20 Millionen Euro Anschubfinanzierung für die Ausrüsterfirma »goool.de«, die 20 Millionen Euro, die Dortmund vorab für den neuen Vertrag mit Nike verbuchte – alles weg. Verbrannt, verraucht, ab durch den Schornstein. Ungesunder Ehrgeiz, die Farben Schwarz und Gelb auf Augenhöhe mit Mailand, Madrid, Manchester oder München zu platzieren, manövrierte den Verein mit dem europaweit größten Zuschauerzuspruch in die Kostenfalle. Was tun?
Versprochen wurden Spielerverkäufe. Ein knallhartes Kostenmanagement. Sparmaßnahmen an allen Fronten. Am meisten bei den Spielern. Deren Jahresbezüge sollen von 57 Millionen Euro (Stand 30. Juni 2003) möglichst auf unter 40 Millionen Euro gesenkt werden. Mondgagen wie die von Marcio Amoroso (4,5 Millionen Euro) sollen endgültig der Vergangenheit angehören, weil sie dem Verein die Luft zum Leben nehmen.
20 Millionen sollen eingespart werden, vielleicht auch 30. Doch auch denen, die ohne die geglückte Teilnahme an einem Mathematik-Leistungskurs durchs Leben wandeln, wird dämmern, dass diese »Sanierung mit der Nagelfeile« zu keiner grundlegenden Verbesserung der wirtschaftlichen Situation führen wird. Im Herbst, wenn Niebaum und Meier die nächsten Zahlen bekannt geben müssen, werden sie einen Saisonverlust von mindestens 60 Millionen Euro einräumen – und Verbindlichkeiten von 140 (!) Millionen Euro.
Die schlimmste Krise der vergangenen Saison endete nicht mit dem letzten Spieltag. Sie reicht weit in die nächste Runde hinein.

Thomas Hennecke

Erklärungsnöte beim Zuschauer-Krösus: Das Führungs-Duo in Dortmund konnte die negative Finanzentwicklung kaum darstellen.

Trainerwechsel – Stühlerücken mit grotesken Zügen

Treffen von Vorgänger und Nachfolger: HSV-Trainer Klaus Toppmöller (links) begrüßt seinen Vorgänger Kurt Jara, der inzwischen in Kaiserslautern angeheuert hatte.

Rechte Seite: Rückkehr nach Kaiserslautern: Der Belgier Erik Gerets kreuzte als Coach des VfL Wolfsburg schnell wieder dort auf, wo er kurz zuvor gefeuert worden war.

Neun vorzeitige Trainerwechsel verzeichnet die Statistik der abgelaufenen Spielzeit der Fußball-Bundesliga – eigentlich jedoch waren es deren zwölf.

Ottmar Hitzfeld (siehe auch Seiten 24) bekam vom noblen Rekordmeister FC Bayern nach dem letzten, dem 34. Spieltag, nach unrühmlichen Geplänkel seine Papiere – trotz eines gültigen Vertragsverhältnisses über die Saison hinaus. Und sicherlich bald mit einer neuen Stelle. Die in München besetzt zukünftig Felix Magath vom VfB Stuttgart, die in Stuttgart wiederum Matthias Sammer von Borussia Dortmund, vormals bereits als Aktiver bei den Schwaben in Lohn und Brot. Ebenso vorzeitig schieden beide – in gegenseitigem Einvernehmen, keine Frage – bei ihren bisherigen Arbeitgebern aus.
Dass Dortmund für einen Nachfolger nicht gleich wieder im Topf der kürzlich entlassenen Bundesliga-Coaches herumstocherte, gerät da fast schon zur Ausnahme. Mit Bert van Marwijk holte man einen erfahrenen Mann von Feyenoord Rotterdam. Und keinen Unbekannten. Denn Feyenoord war es, das die Borussia im UEFA-Pokal-Finale des Jahres 2002 besiegte. Mit Marwijk als Vordenker. Doch der Holländer wird die Ausnahme bleiben.

Denn die Erfahrung zeigt, dass gescheiterte Trainer in der Bundesliga zumeist schnell wieder einen neuen Arbeitgeber finden. So durfte sich Kurt Jara in der Saison 2003/04 beim Hamburger SV und in Kaiserslautern versuchen. Eben dort verabschiedete man den in der Vorsaison gefeierten Erik Gerets vorzeitig, der unterschrieb dafür flugs in Wolfsburg. Ewald Lienen schließlich trainierte Gladbach und Hannover. Ein Kuriosum gab's an der Ostseeküste zu vermelden: Bei Hansa Rostock löste Armin Veh bereits nach dem achten Spieltag seinen Vertrag auf, stieg freiwillig in die Regionalliga Süd ab und trainierte fortan seinen Heimatverein FC Augsburg.
Alles in allem ein Stühlerücken, das teils groteske Züge annahm: Da wurde Holger Fach in Gladbach Lienen-Nachfolger, nachdem er die Borussen, als Amateurtrainer angestellt, erst drei Wochen vorher in Richtung Rot-Weiß Essen und somit in die Regionalliga verlassen hatte. Mit der Klausel, dass er umgehend zurückkehren könne, so Gladbach ihn rufe. Wie geschehen.
Als Anwalt der »Gefeuerten« wusste sich unterdessen Peter Neururer einzusetzen, selbst jahrelang prominenter Teilnehmer des »Ich-entlasse-dich-aber-du-findest-sowieso-schnell-wieder-einen-Job-Zirkels«. »Mit Lienen, das ist unseriös im Quadrat. Auch dem Berufsstand der Fußballlehrer gegenüber«, befand der Bochumer, der diesmal nach höchst erfolgreicher Arbeit von einer Kündigung verschont geblieben war.
Denn: Wie so häufig vor einer Entlassung stand bei allen Funktionären die Beteuerung, am Trainer festhalten zu wollen. Unter allen Umständen, vorbehaltlos, ohne Kompromisse. Beispiele gefällig? »Ich glaube nicht, dass jemand das Trainerthema diskutieren wird« (Gladbachs Sportdirektor Hochstätter). Oder: »Ich liebe Rangnicks Arbeit« (Hannovers Sportdirektor Moar). Gewiss auch: »Wir ziehen es zusammen durch. Bis zum Saisonende. Ohne Wenn und Aber« (Lauterns Vorstandschef Jäggi). Nicht zu vergessen: »Er kann die nächsten vier Spiele verlieren« (1860-Präsident Auer).
Überhaupt, die »Löwen« boten die größte Posse: Während Falko Götz die Pressekonferenz nach der Niederlage gegen den HSV abhielt, erklärte ihn Vizepräsident Zehetmair bereits für entlassen. »Ich habe mich geschämt«, beteuerte Sportdirektor Dufner hernach. Immerhin. Bis zum nächsten Mal. Damit in der kommenden Saison ein, allerdings unrühmliches, Jubiläum gefeiert werden kann: 394 Fußballlehrer, inklusive Hitzfeld, Magath und Sammer, mussten in 41 Jahren Bundesliga-Geschichte bislang vorzeitig ihren Stuhl räumen. Kaum vorstellbar, dass nicht schon bald die Nummer 400 gefunden wird.

Axel Heiber

Die Zeit des Erfolgstrainers war abgelaufen

Zum Abschied gab's die Welle: Bayern-Coach Ottmar Hitzfeld verabschiedet sich mit Co Michael Henke von den Fans.

Der Hausherr musste gleich zwei Mal vor die Tür. Und als er dem lästigen Beobachter, den Finger stets am Auslöser der Kamera, mit der Polizei drohte, räumte der ungebetene Zaungast den Bürgersteig vor Uli Hoeneß' Haus in München-Ottobrunn.

Drinnen hatten sich die Ehepaare Hitzfeld und Henke eingefunden. Man schrieb Montag, den 17. Mai 2004. Gut 50 Stunden zuvor hatte die zerbröselte Starvereinigung des deutschen Rekordmeisters bei der überlegenen Mannschaft des VfB Stuttgart 1:3 verloren, gedemütigt wie eine Woche zuvor bei der 1:3-Heimdemontage gegen Werder Bremen. Mit 3:0 hatte der spätere Meister an jenem 32. Spieltag in München geführt, bereits zur Pause dies, souverän gegen eine hilflose Münchner Mannschaft, so dass selbst Uli Hoeneß die bittere Erkenntnis packte: »Es geht nicht mehr.« Die Bestätigung wurde acht Tage später nachgeliefert.

Und deswegen saßen Hitzfelds und Henkes nun bei Hoeneß' irgendwie geheim-konspirativ am Esstisch, um vom langjährigen Partner offiziell zu vernehmen, was ohnehin schon landauf, landab vermeldet wurde: Die eigentlich bis zum 30. Juni 2006 gültige Zusammenarbeit mit dem Chef- und Assistenztrainer wird um ein Jahr verkürzt. Hitzfeld, ganz der Gentleman, äußerte sich gewohnt diplomatisch zu seiner ersten Entlassung im 21. Berufsjahr als Trainer. Freilich wurde ihm diese Freistellung einigermaßen versüßt mit dieser Übereinkunft: Die monatlichen Bezüge werden so lange überwiesen, bis er eine neue Stelle antritt. Mit Geld lässt sich also vieles regeln, sogar eine Trennung, die die Frage des Stils zwingend stellte.

Und zwar in zweifacher Hinsicht: Zum einen hatten sich die seit 1998 so effektiven Methoden des Fußballlehrers Ottmar Hitzfeld verschlissen, zum anderen lief die deswegen durchaus nachvollziehbare Ablösung dieses Trainers eher unglücklich ab. Wenn Franz Beckenbauer, der Präsident, immer wieder die läuferischen und spielerischen Defizite der vielen Stars kritisierte und seine Verärgerung eskalierte, als er sagte: »Ich höre seit Jahren, dass wir den besten Kader haben, sehe aber nichts davon«; wenn Karl-Heinz Rummenigge, der Vorsitzende im Vorstand, dem leitenden sportlichen Angestellten empfahl, »auch ein Trainer müsse sich hinterfragen«; und wenn Uli Hoeneß vor der die Rückrunde präparierenden Arbeitswoche im sonnigen Dubai vom »härtesten Trainingslager« sprach, so enthielten alle diese Aussagen indirekt-direkte Empfehlungen an den Chefcoach, seine bestens bezahlten Mitarbeiter doch endlich wieder zu mehr beruflichem Engagement anzuhalten. Hitzfeld, ein Mann mit höchst sensiblen Antennen, vernahm all diese Worte sehr wohl, allein, er änderte nichts mehr. Zu viele Triumphe hatte er mit einem Großteil dieses Personals errungen, den Weltpokal, die Champions League, vier Mal die deutsche Meisterschaft, zwei Mal dazu den DFB-Pokal, also das nationale Double; also fühlte er sich den Kahn, Jeremies, Lizarazu, Scholl, Salihamidzic und wie sie alle hießen, diese seine Begleiter auf dem langen Erfolgsweg, zu ewigem Dank verpflichtet. Ein gestrenger Chef wollte Hitzfeld nicht mehr sein.

Einigen der vielen Stars wie Oliver Kahn gewährte ihr Dienstherr jede Freiheit, die Disziplin zerbröckelte, außerhalb des Platzes, aber immer mehr auch auf dem Spielfeld. Also hatten sich die Bayern-Bosse schon frühzeitig darauf verständigt, das Arbeitsverhältnis mit diesem Trainer entgegen anderer Ankündigungen nicht mehr zu verlängern. Am 24. April gegen 23 Uhr teilte Uli Hoeneß diese wichtige Personalentscheidung dem Duo Hitzfeld/Henke beim gewohnten Rotwein im Trainingslager mit. Aber bis zum vereinbarten Ende, 30. Juni 2005, sollte die Kooperation fortgeführt werden, so die edle Absicht, für die vor allem Uli Hoeneß gekämpft hatte innerhalb der Bayern-Führung.

Doch im konkreten, also vorzeitigen Handeln waren die Münchner Macher eingeschränkt, weil der auserkorene Nachfolger Felix Magath noch beim VfB Stuttgart angestellt war, gleichfalls bis 30. Juni 2005. Nun musste also die mit Magath längst erzielte Einigung mit Start 1. Juli 2005 um zwölf Monate vorgezogen werden. Zu diesem Zweck trafen sich die Vorstandsgremien des VfB und FC Bayern an jenem 15. Mai, vor dem Süd-derby. Sie beschlossen und wollten noch in peinlicher Manier geheim halten, was die Spieler – gerade jene aus München – anschließend ungewollt enthüllten: Die Zeit des Erfolgstrainers Ottmar Hitzfeld war abgelaufen.

Karlheinz Wild

Mündige Fans fordern einen würdigen Abschied: Der Dank ist dem scheidenden Bayern-Coach sicher.

Die Saison 2003/2004 Namen, Daten, Ergebnisse

1. Spieltag

1. August 2003

Bayern München – Eintracht Frankfurt 3:1 (3:0)

Bayern: Kahn (3) – Salihamidzic (2), R. Kovac (3), T. Linke (2,5), Rau (2) – Hargreaves (2) – Ballack (3) – Deisler (2), Zé Roberto (1) – Pizarro (2), Elber (5) – **Trainer:** Hitzfeld
E. Frankfurt: Nikolov (3,5) – Puljiz (5), Cipi (5), J. Keller (4), Wiedener (5) – Montero (5) – Schur (5) – Skela (4,5), Bürger (4,5) – Cha (4) – Jones (5,5) – **Trainer:** Reimann
Eingewechselt: 72. Scholl (-) für Zé Roberto, 83. Sagnol (-) für Salihamidzic, 83. Jeremies (-) für Hargreaves – 46. Dragusha (4) für Bürger, 46. Lexa (4,5) für Jones, 77. Kreuz (-) für Montero
Tore: 1:0 Zé Roberto (16., Linksschuss, ohne Vorarbeit), 2:0 Salihamidzic (20., Kopfball, Deisler), 3:0 Pizarro (42., Kopfball, Rau), 3:1 Skela (68., direkter Freistoß, Rechtsschuss)
Chancenverhältnis: 12:3
Eckenverhältnis: 4:3
SR: Kircher (Rottenburg) – **Zuschauer:** 63000 (ausverkauft) – **Spielnote:** 2,5

2. August 2003

VfL Wolfsburg – VfL Bochum 3:2 (2:2)

Wolfsburg: Jentzsch (3) – Rytter (2,5), Schnoor (3,5), Biliskov (5), Weiser (3) – Thiam (2,5), Sarpei (4) – D'Alessandro (4) – Topic (3,5), Petrov (2), Klimowicz (2,5) – **Trainer:** Röber
Bochum: Van Duijnhoven (4,5) – Colding (4), Kalla (4), Fahrenhorst (3,5), P. Bönig (4) – Zdebel (3), Oliseh (3) – Wosz (3) – Freier (5), Diabang (3,5), P. Madsen (2) – **Trainer:** Neururer
Eingewechselt: 46. Karhan (4) für Biliskov, 78. Munteanu (-) für D'Alessandro, 85. S. Müller (-) für Petrov – 62. Buckley (-) für Freier, 72. Hashemian (-) für P. Madsen, 85. T. Gudjonsson (-) für Diabang
Tore: 1:0 Thiam (9., Linksschuss, Vorarbeit Topic), 2:0 Klimowicz (14., Rechtsschuss, Petrov), 2:1 P. Madsen (37., Rechtsschuss, Diabang), 2:2 Fahrenhorst (44., Kopfball, Wosz), 3:2 Petrov (75., Linksschuss, Klimowicz)
Chancenverhältnis: 6:7
Eckenverhältnis: 4:4
SR: Stark (Ergolding) – **Zuschauer:** 15976 – **Spielnote:** 3

2. August 2003

1. FC Kaiserslautern – 1860 München 0:1 (0:1)

K'lautern: Wiese (3) – Vreven (3), Ramzy (4), Knavs (-), Tchato (5) – Hristov (4), Hengen (3,5) – Nurmela (3), Kosowski (3,5) – Lokvenc (4,5), Klose (3,5) – **Trainer:** Gerets
1860: Hofmann (2,5) – Görlitz (3,5), Hoffmann (3,5), Costa (3,5), Saarinen (4) – Schwarz (3,5), Tyce (3) – Cerny (3,5), Weissenberger (3,5) – Lauth (3), Schroth (2,5) – **Trainer:** Götz
Eingewechselt: 21. Lembi (5) für Knavs, 43. Grammozis (4) für Ramzy, 78. Dominguez (-) für Kosowski – 46. Shao (4) für Weissenberger, 87. Pürk (-) für Görlitz, 90. Kioyo (-) für Lauth
Tor: 0:1 Schroth (44., Rechtsschuss, Vorarbeit Weissenberger)
Chancenverhältnis: 8:5
Eckenverhältnis: 8:8
SR: Weiner (Giesen) – **Zuschauer:** 35629 – **Gelbe Karte:** Lokvenc – **Rote Karte:** Tchato (33., grobes Foulspiel) – **Besonderes Vorkommnis:** Klose schießt Foulelfmeter an den Pfosten (26.) – **Spielnote:** 3

2. August 2003

Hertha BSC – Werder Bremen 0:3 (0:2)

Hertha: Kiraly (4) – Schmidt (5), van Burik (5), Simunic (5), Hartmann (5) – Dardai (4,5) – T. Marx (5), N. Kovac (5) – Marcelinho (4) – Wichniarek (5), Bobic (4,5) – **Trainer:** Stevens
Bremen: Reinke (2,5) – Stalteri (3), Ismaël (3), Krstajic (3,5), Magnin (3,5) – Baumann (2,5) – Lisztes (3), F. Ernst (3) – Micoud (1,5) – Ailton (1,5), Charisteas (3) – **Trainer:** Schaaf
Eingewechselt: 45. Ludwig (5) für Marcelinho, 46. Goor (4) für Schmidt, 72. Rafael (-) für Wichniarek – 62. Wehlage (-) für Magnin, 80. Reich (-) für Ailton, 84. Banovic (-) für Micoud
Tore: 0:1 Ailton (18., Rechtsschuss, Vorarbeit Krstajic), 0:2 Micoud (21., Linksschuss, Ailton), 0:3 Ailton (65., Linksschuss, Charisteas)
Chancenverhältnis: 6:8
Eckenverhältnis: 6:6
SR: Fandel (Kyllburg) – **Zuschauer:** 40152 – **Spielnote:** 3

2. August 2003

Bayer Leverkusen – SC Freiburg 4:1 (3:1)

Leverkusen: J. Butt (3) – Balitsch (2,5), Lucio (2), Juan (1,5), Placente (3) – Ramelow (3,5) – Bierofka (3), Babic (3,5) – Ponte (1,5) – Neuville (2,5), Franca (2,5) – **Trainer:** Augenthaler
Freiburg: Golz (2,5) – Kondé (5), Müller (5) – A. Zeyer (4), Bajramovic (4) – Riether (3,5), Berner (5) – Tanko (4), Coulibaly (4) – Cairo (5), Iashvili (3,5) – **Trainer:** Finke
Eingewechselt: 72. Berbatov (-) für Neuville, 76. Kaluzny (-) für Ponte – 46. B. Diarra (4,5) für Müller, 46. Tskitishvili (5) für Berner, 67. Kruppke (-) für Tanko
Tore: 1:0 Ponte (16., Rechtsschuss, Vorarbeit Franca), 1:1 Riether (19., Rechtsschuss, Iashvili), 2:1 Lucio (28., Rechtsschuss), 3:1 Juan (41., Linksschuss, Franca), 4:1 Neuville (61., Rechtsschuss, Ponte)
Chancenverhältnis: 12:2
Eckenverhältnis: 7:6
SR: Albrecht (Kaufbeuren) – **Zuschauer:** 22500 (ausverkauft) – **Spielnote:** 2

2. August 2003

Hamburger SV – Hannover 96 0:3 (0:1)

HSV: Pieckenhagen (5) – Jacobsen (5), Hoogma (3), Reinhardt (4,5), Rahn (4) – Maltritz (3), Beinlich (2) – Barbarez (3), Cardoso (5,5) – Mahdavikia (4,5), Romeo (5) – **Trainer:** Jara
Hannover: Tremmel (3) – Cherundolo (3,5), Konstantinidis (3), Vinicius (3,5), de Guzman (3,5) – Lala (2), Krupnikovic (3) – Simak (2,5) – Stajner (1,5), T. Christiansen (4), Idrissou (2,5) – **Trainer:** Rangnick
Eingewechselt: 46. Takahara (3) für Cardoso, 71. A. Meier (-) für Jacobsen – 53. Dabrowski (3) für T. Christiansen, 64. Brdaric (-) für Simak, 84. Stendel (-) für Stajner
Tore: 0:1 Stajner (11., Rechtsschuss, Vorarbeit Simak), 0:2 Brdaric (76., Linksschuss, Lala), 0:3 Idrissou (79., Linksschuss, Stajner)
Chancenverhältnis: 8:11
Eckenverhältnis: 7:4
SR: Wack, Dr. (Biberbach) – **Zuschauer:** 53224 – **Spielnote:** 2

2. August 2003

FC Schalke 04 – Borussia Dortmund 2:2 (1:0)

Schalke: F. Rost (4) – Alcides (2,5), Hajto (3,5), Waldoch (3), van Kerckhoven (3) – Poulsen (2) – Kobiashvili (3) – Hamit Altintop (1,5) – Asamoah (3) – Agali (4), Sand (4,5) – **Trainer:** Heynckes
Dortmund: Weidenfeller (4) – S. Reuter (3,5), Wörns (2), Madouni (3), Dede (3) – Demel (5) – Ewerthon (4,5), Rosicky (3) – Ricken (5) – Koller (4), Amoroso (3) – **Trainer:** Sammer
Eingewechselt: 62. Varela (-) für Alcides, 81. Matellan (-) für Varela, 81. Cziommer (-) für Sand – 61. Flavio Conceicao (2) für Demel, 69. O. Addo (-) für Ricken, 87. Reina (-) für S. Reuter
Tore: 1:0 Hamit Altintop (39., Rechtsschuss, ohne Vorarbeit), 2:0 Hamit Altintop (58., Rechtsschuss), 2:1 Flavio Conceicao (66., direkter Freistoß, Rechtsschuss), 2:2 Amoroso (90., Rechtsschuss)
Chancenverhältnis: 6:4
Eckenverhältnis: 7:3
SR: Fröhlich (Berlin) – **Zuschauer:** 61014 (ausverkauft) – **Gelbe Karten:** Poulsen – Dede, Amoroso – **Rote Karte:** Asamoah (90., Tätlichkeit) – **Spielnote:** 2

3. August 2003

Bor. M'gladbach – 1. FC Köln 1:0 (0:0)

Gladbach: Stiel (2,5) – Korzynietz (2,5), Pletsch (4), Strasser (4), Asanin (3,5) – Ojigwe (4,5) – Kluge (4) – Demo (4) – Kolkka (4), van Lent (4,5), Ketelaer (3) – **Trainer:** Lienen
FC Köln: Wessels (2) – Cullmann (3,5), Dogan (3), Sichone (4), Heinrich (4) – Schindzielorz (4), Springer (3,5) – Lottner (5) – Scherz (5), Voronin (3,5), Ebbers (4) – **Trainer:** Funkel
Eingewechselt: 55. Ulich (4) für Ojigwe, 75. Sverkos (-) für van Lent, 90. Kirch (-) für Demo – 63. O. Schröder (-) für Scherz, 87. Helbig (-) für Schindzielorz
Tor: 1:0 Scherz (62., Eigentor, Vorarbeit Korzynietz)
Chancenverhältnis: 6:5
Eckenverhältnis: 6:1
SR: Merk, Dr. (Kaiserslautern) – **Zuschauer:** 34500 (ausverkauft) – **Rote Karte:** Sichone (61., grobes Foulspiel) – **Spielnote:** 3,5

3. August 2003

Hansa Rostock – VfB Stuttgart 0:2 (0:0)

Rostock: Schober (4) – Tjikuzu (3,5), Kientz (4,5), Hill (5), Melkam (4,5) – Lantz (3,5) – Vorbeck (4,5), Plassnegger (4,5), Rasmussen (3,5) – Max (4), Prica (5) – **Trainer:** Veh
Stuttgart: Hildebrand (3) – Hinkel (4), Meira (3,5), Bordon (3), Gerber (3,5) – Soldo (4) – Vranjes (4), Meißner (4) – Heldt (2,5) – Cacau (3,5), Kuranyi (4,5) – **Trainer:** Magath
Eingewechselt: 69. Rydlewicz (-) für Vorbeck, 79. Arvidsson (-) für Rasmussen – 46. Tiffert (4) für Soldo, 60. Szabics (1,5) für Cacau, 76. Lahm (-) für Meißner
Tore: 0:1 Szabics (75., Linksschuss, Vorarbeit Heldt), 0:2 Szabics (76., Rechtsschuss, Heldt)
Chancenverhältnis: 3:7
Eckenverhältnis: 7:3
SR: Jansen (Essen) – **Zuschauer:** 26000 – **Spielnote:** 3,5

2. Spieltag

9. August 2003

Hannover 96 – Bayern München 3:3 (3:1)

Hannover: Tremmel (5,5) – Cherundolo (4), Konstantinidis (3), Vinicius (3,5), de Guzman (3,5) – Lala (3), Krupnikovic (2,5) – Simak (2) – Stajner (2,5), Idrissou (4,5), T. Christiansen (3,5) – **Trainer:** Rangnick
Bayern: Kahn (4) – Salihamidzic (3,5), R. Kovac (3,5), T. Linke (4), Rau (4,5) – Hargreaves (3,5) – Ballack (3,5) – Deisler (4,5), Zé Roberto (4) – Pizarro (2) – Elber (5) – **Trainer:** Hitzfeld
Eingewechselt: 62. Dabrowski (-) für Simak, 62. Brdaric (-) für T. Christiansen, 76. Stefulj (-) für Krupnikovic – 46. Sagnol (3) für Rau, 46. Schweinsteiger (2,5) für Deisler, 86. Jeremies (-) für R. Kovac
Tore: 1:0 Krupnikovic (9., direkter Freistoß, Linksschuss, ohne Vorarbeit), 2:0 Stajner (26., Rechtsschuss), 2:1 Ballack (39., Rechtsschuss, Deisler), 3:1 T. Christiansen (43., Rechtsschuss, Stajner), 3:2 Pizarro (49., Rechtsschuss, Schweinsteiger), 3:3 Hargreaves (90., direkter Freistoß, Rechtsschuss)
Chancenverhältnis: 5:7
Eckenverhältnis: 8:9
SR: Aust (Köln) – **Zuschauer:** 23217 (ausverkauft) – **Rote Karte:** Idrissou (83., Tätlichkeit) – **Spielnote:** 2,5

9. August 2003

SC Freiburg – Hansa Rostock 2:2 (0:2)

Freiburg: Golz (3) – Kondé (3), B. Diarra (4) – Riether (2,5), Tskitishvili (3,5) – Bajramovic (2,5), A. Zeyer (3,5) – Coulibaly (3,5), Tanko (5) – Cairo (3), Iashvili (4) – **Trainer:** Finke
Rostock: Schober (4,5) – Tjikuzu (3,5), Kientz (3), Hill (3), Melkam (4) – Plassnegger (4), Aduobe (4), Lantz (4), Rasmussen (3,5) – Max (2,5), Prica (2,5) – **Trainer:** Veh
Eingewechselt: 46. Willi (3,5) für Tanko, 67. Guié-Mien (-) für Cairo, 74. Berner (-) für A. Zeyer – 62. Kovar (-) für Plassnegger, 72. Maul (-) für Rasmussen, 83. Persson (-) für Prica
Tore: 0:1 Prica (11., Linksschuss, Vorarbeit Max), 0:2 Max (45., Rechtsschuss, Rasmussen), 1:2 Coulibaly (56., Foulelfmeter, Linksschuss, Bajramovic), 2:2 Bajramovic (87., Kopfball, Berner)
Chancenverhältnis: 8:5
Eckenverhältnis: 7:1
SR: Sippel (München) – **Zuschauer:** 23500 – **Spielnote:** 3

9. August 2003

Werder Bremen – Bor. M'gladbach 1:1 (0:0)

Bremen: Reinke (2) – Stalteri (4,5), Ismaël (3), Krstajic (5), Magnin (3,5) – Baumann (4) – Lisztes (4), F. Ernst (4) – Micoud (5) – Charisteas (5), Ailton (3) – **Trainer:** Schaaf
Gladbach: Stiel (4) – Strasser (3) – Pletsch (3), Asanin (2,5) – Kluge (2,5) – Korzynietz (3), Demo (3,5), Ulich (3,5), Ketelaer (3) – Skoubo (4), Kolkka (2) – **Trainer:** Lienen
Eingewechselt: 37. Wehlage (5) für Magnin – 69. van Hout (2) für Demo, 69. van Lent (-) für Kluge, 83. Sverkos (-) für Skoubo
Tore: 1:0 Ailton (64., Foulelfmeter, Linksschuss, Vorarbeit Lisztes), 1:1 van Hout (81., Kopfball, Korzynietz)
Chancenverhältnis: 3:6
Eckenverhältnis: 3:9
SR: Trautmann (Florstadt) – **Zuschauer:** 30100 – **Spielnote:** 3

9. August 2003

1. FC Köln – 1. FC Kaiserslautern 1:2 (1:1)

FC Köln: Wessels (3) – O. Schröder (4), Cullmann (5), Dogan (4), Heinrich (4) – Schindzielorz (4), Springer (3,5) – Lottner (3,5) – Scherz (4,5), Voronin (2,5), Ebbers (3) – **Trainer:** Funkel
K'lautern: Wiese (2) – Vreven (3), Lembi (4), Knavs (4), Grammozis (2) – Hristov (3), Freund (4) – Nurmela (2,5), Kosowski (3) – Klose (3), Lokvenc (2) – **Trainer:** Gerets
Eingewechselt: 11. Happe (4) für Dogan, 77. Kringe (-) für Springer, 83. Helbig (-) für Happe – 53. Dominguez (3) für Kosowski, 64. T. Ernst (1) für Lokvenc, 64. Halil Altintop (-) für Klose
Tore: 1:0 Ebbers (37., Rechtsschuss, Vorarbeit Springer), 1:1 Klose (39., Kopfball, Nurmela), 1:2 Grammozis (75., Rechtsschuss)
Chancenverhältnis: 8:9
Eckenverhältnis: 3:12
SR: Dr. Fleischer (Dachau) – **Zuschauer:** 33000 (ausverkauft) – **Besonderes Vorkommnis:** Wiese hält Foulelfmeter von Lottner (55.) – **Spielnote:** 2

9. August 2003

1860 München – FC Schalke 04 1:1 (1:0)

1860: Hofmann (3,5) – Görlitz (2,5), Hoffmann (3), Costa (4,5), Saarinen (5) – Schwarz (3,5), Tyce (3,5) – Cerny (3,5), Weissenberger (4) – Lauth (3), Schroth (3,5) – **Trainer:** Götz
Schalke: F. Rost (3) – Kläsener (3), Hajto (3,5), Matellan (3,5), van Kerckhoven (3,5) – Poulsen (3,5), Kobiashvili (3,5) – Seitz (3), Rodriguez (3) – Hanke (3,5), Sand (4,5) – **Trainer:** Heynckes
Eingewechselt: 60. Pürk (4) für Weissenberger, 78. Meyer (-) für Tyce, 85. Kurz (-) für Schwarz – 57. Agali (4) für Hanke, 71. Hamit Altintop (-) für Sand, 85. Trojan (-) für Rodriguez
Tore: 1:0 Schroth (19., Kopfball, Vorarbeit Lauth), 1:1 Rodriguez (56., Linksschuss, Hanke)
Chancenverhältnis: 1:6
Eckenverhältnis: 4:2
SR: Koop (Lüttenmark) – **Zuschauer:** 33000 – **Spielnote:** 3,5

Abgewehrt: Der Wolfsburger Schnoor (re.) blockt den Dortmunder Marcio Amoroso.

9. August 2003
Borussia Dortmund – VfL Wolfsburg 4:0 (1:0)
Dortmund: Weidenfeller (3) – S. Reuter (3,5), Wörns (3), Madouni (3), Bergdölmo (3) – Flavio Conceicao (3) – O. Addo (2) – Dede (2) – Rosicky (1) – Koller (2,5), Amoroso (3) – **Trainer:** Sammer
Wolfsburg: Jentzsch (4) – Rytter (5), Biliskov (5), Schnoor (4,5), Weiser (4) – Sarpei (5), Thiam (5) – D'Alessandro (5) – Topic (4,5), Petrov (4) – Klimowicz (5) – **Trainer:** Röber
Eingewechselt: 75. Ewerthon (-) für Amoroso, 79. Ricken (-) für Rosicky, 85. Fernandez (-) für S. Reuter – 59. S. Müller (5) für Klimowicz, 63. Karhan (-) für Sarpei, 68. Streit (-) für D'Alessandro
Tore: 1:0 Rosicky (25., Rechtsschuss, Vorarbeit O. Addo), 2:0 Rosicky (51., Rechtsschuss), 3:0 Amoroso (74., Rechtsschuss, O. Addo), 4:0 Koller (87., Kopfball, Fernandez)
Chancenverhältnis: 10:3
Eckenverhältnis: 5:3
SR: Steinborn (Sinzig) – **Zuschauer:** 72500 – **Spielnote:** 2,5

9. August 2003
VfL Bochum – Hamburger SV 1:1 (1:1)
Bochum: Van Duijnhoven (3) – Colding (2,5), Kalla (3,5), Fahrenhorst (3), P. Bönig (5) – Zdebel (5), Oliseh (3,5) – Wosz (3,5) – Freier (5), P. Madsen (3), Diabang (5) – **Trainer:** Neururer
HSV: Pieckenhagen (3) – Jacobsen (4), Hoogma (3,5), Ujfalusi (3,5), Rahn (3) – Maltritz (3,5) – Beinlich (4) – Barbarez (3,5) – Mahdavikia (2), Romeo (5), Takahara (2,5) – **Trainer:** Jara
Eingewechselt: 46. T. Gudjonsson (3) für Zdebel, 57. Buckley (3,5) für P. Madsen, 66. F. Tapalovic (-) für Oliseh – 68. A. Meier (-) für Romeo
Tore: 0:1 Takahara (19., Rechtsschuss, Vorarbeit Maltritz), 1:1 P. Madsen (30., Rechtsschuss, Oliseh)
Chancenverhältnis: 6:5
Eckenverhältnis: 5:3
SR: Wagner (Kriftel) – **Zuschauer:** 20400 – **Spielnote:** 3,5

10. August 2003
Eintracht Frankfurt – Bayer Leverkusen 1:2 (1:0)
E. Frankfurt: Nikolov (3) – Bindewald (4), Cipi (3,5), J. Keller (-), Wiedener (4) – Schur (2) – Lexa (3,5), Dragusha (3) – Skela (3,5) – Cha (2,5), Frommer (2,5) – **Trainer:** Reimann
Leverkusen: J. Butt (3) – Balitsch (5), Lucio (4), Juan (3), Placente (3) – Ramelow (3) – B. Schneider (3), Babic (3,5) – Ponte (5) – Franca (4,5), Neuville (4) – **Trainer:** Augenthaler
Eingewechselt: 6. Tsoumou-Madza (3,5) für J. Keller, 55. Jones (4,5) für Cha, 70. Kreuz (-) für Dragusha – 62. Bierofka (-) für B. Schneider, 70. Berbatov (-) für Franca, 87. T. Lucic (-) für Neuville
Tore: 1:0 Frommer (42., Linksschuss, Vorarbeit Cha), 1:1 B. Schneider (51., Rechtsschuss, Babic), 1:2 Cipi (84., Eigentor, rechte Hand, Berbatov)
Chancenverhältnis: 6:4
Eckenverhältnis: 4:3
SR: Keßler (Höhenkirchen) – **Zuschauer:** 22500 (ausverkauft) – **Spielnote:** 3

10. August 2003
VfB Stuttgart – Hertha BSC 0:0
Stuttgart: Hildebrand (2,5) – Hinkel (4), Meira (3), Bordon (3), Gerber (3,5) – Soldo (3), Vranjes (4) – A. Hleb (3,5) – Heldt (3,5) – Amanatidis (5), Kuranyi (4,5) – **Trainer:** Magath
Hertha: Kiraly (3) – Rehmer (3), van Burik (3), Simunic (3) – A. Friedrich (4) – Dardai (3,5), N. Kovac (4) – Goor (3,5) – Neuendorf (3) – Wichniarek (4,5), Bobic (5) – **Trainer:** Stevens
Eingewechselt: 46. Szabics (4) für Amanatidis, 59. Meißner (4) für Soldo, 83. Cacau (-) für Heldt – 64. Karwan (-) für Bobic, 67. T. Marx (-) für Dardai, 79. Lapaczinski (-) für A. Friedrich
Chancenverhältnis: 3:4
Eckenverhältnis: 5:2
SR: Kemmling (Kleinburgwedel) – **Zuschauer:** 37000 – **Rote Karte:** Wichniarek (82., Schiedsrichterbeleidigung) – **Spielnote:** 4,5

3. Spieltag

16. August 2003
1. FC Kaiserslautern – Werder Bremen 0:1 (0:0)
K'lautern: T. Ernst (2) – Hengen (5) – Lembi (2,5), Knavs (5) – Freund (3,5) – Hristov (5), Grammozis (5) – Nurmela (5), Kosowski (4) – Klose (5), Lokvenc (5) – **Trainer:** Gerets
Bremen: Reinke (2) – Ismaël (3,5), Krstajic (2,5) – Davala (4), Stalteri (3) – Baumann (3,5) – Lisztes (4,5), F. Ernst (3) – Micoud (3,5) – Charisteas (4,5), Ailton (3,5) – **Trainer:** Schaaf
Eingewechselt: 46. Dominguez (4,5) für Nurmela, 61. Anfang (6) für Freund, 75. Halil Altintop (-) für Hengen – 79. Schulz (-) für Lisztes, 84. Reich (-) für Ailton, 90. Borowski (-) für Micoud
Tor: 0:1 Micoud (66., Rechtsschuss, Vorarbeit Charisteas)
Chancenverhältnis: 3:8
Eckenverhältnis: 8:7
SR: Wack, Dr. (Biberbach) – **Zuschauer:** 36056 – **Gelbe Karte:** Davala – **Spielnote:** 4

16. August 2003
Bor. M'gladbach – VfB Stuttgart 0:1 (0:1)
Gladbach: Stiel (3) – Korzynietz (4), Pletsch (5), Strasser (4), Asanin (3) – Kluge (5) – Ulich (4,5) – van Hout (5) – Kolkka (4,5), Ketelaer (5) – Skoubo (5) – **Trainer:** Lienen
Stuttgart: Hildebrand (1) – Hinkel (3), Meira (2,5), Bordon (2), Gerber (3,5) – Soldo (2,5), Vranjes (2,5) – A. Hleb (-) – Heldt (4) – Cacau (3), Kuranyi (4) – **Trainer:** Magath
Eingewechselt: 62. Demo (-) für Skoubo, 62. van Lent (-) für Ulich, 85. Sverkos (-) für Strasser – 9. Tiffert (4) für A. Hleb, 63. Lahm (-) für Heldt, 75. Meißner (-) für Soldo
Tor: 0:1 Cacau (33., Linksschuss, Vorarbeit Kuranyi)
Chancenverhältnis: 2:1
Eckenverhältnis: 1:0
SR: Weiner (Giesen) – **Zuschauer:** 30700 – **Gelbe Karte:** Meira – **Besonderes Vorkommnis:** Hildebrand hält Foulelfmeter von Demo (84.) – **Spielnote:** 4,5

16. August 2003
Hertha BSC – SC Freiburg 0:0
Hertha: Kiraly (2,5) – Rehmer (3), van Burik (3,5), Simunic (4,5) – A. Friedrich (4,5), Dardai (4,5) – N. Kovac (5), Goor (5) – Neuendorf (4,5) – Rafael (4,5), Bobic (5) – **Trainer:** Stevens
Freiburg: Golz (2,5) – Kondé (3,5), B. Diarra (4) – Riether (4), Berner (4) – A. Zeyer (4,5), Bajramovic (4), Tskitishvili (3,5) – Coulibaly (4) – Kruppke (5), Iashvili (4) – **Trainer:** Finke
Eingewechselt: 59. Karwan (5) für Simunic, 64. T. Marx (-) für Neuendorf, 77. Mladenov (-) für Goor – 57. Cairo (5) für Kruppke, 73. Willi (-) für Berner, 73. Müller (-) für B. Diarra
Chancenverhältnis: 9:5
Eckenverhältnis: 11:6
SR: Schmidt (Stuttgart) – **Zuschauer:** 32508 – **Spielnote:** 4

16. August 2003
Hansa Rostock – Eintracht Frankfurt 3:0 (1:0)
Rostock: Schober (2,5) – Tjikuzu (2,5), Kientz (3), Hill (3), Melkam (2,5) – Plassnegger (2,5), Lantz (2), Aduobe (2), Rasmussen (3) – Max (1), Prica (2,5) – **Trainer:** Veh
E. Frankfurt: Nikolov (3,5) – Bindewald (5), Tsoumou-Madza (5), Cipi (5), Wiedener (5) – Schur (5) – Lexa (5), Skela (5), Dragusha (5,5) – Cha (5), Frommer (5) – **Trainer:** Reimann
Eingewechselt: 77. Vorbeck (-) für Prica, 77. Rydlewicz (-) für Plassnegger, 85. Arvidsson (-) für Max – 57. Jones (4,5) für Frommer, 57. Kreuz (4,5) für Dragusha, 82. Beierle (-) für Lexa
Tore: 1:0 Max (19., Rechtsschuss, Vorarbeit Plassnegger), 2:0 Max (54., Rechtsschuss, Prica), 3:0 Max (66., Foulelfmeter, Rechtsschuss, Prica)
Chancenverhältnis: 8:3
Eckenverhältnis: 5:3
SR: Kinhöfer (Herne) – **Zuschauer:** 19600 – **Gelbe Karte:** Cipi – **Besonderes Vorkommnis:** Schober hält Foulelfmeter von Skela (73.) – **Spielnote:** 3,5

16. August 2003
Bayer Leverkusen – Hannover 96 4:0 (2:0)
Leverkusen: J. Butt (3) – Balitsch (2,5), Lucio (1,5), Juan (2), Placente (2) – Ramelow (2,5) – B. Schneider (4), Babic (2) – Ponte (3) – Neuville (1,5), Franca (1) – **Trainer:** Augenthaler
Hannover: Tremmel (4,5) – T. Schneider (5), Konstantinidis (5), Vinicius (5), de Guzman (4) – Dabrowski (4), Krupnikovic (3) – Simak (5) – Stajner (5), Brdaric (3,5) – T. Christiansen (5) – **Trainer:** Rangnick
Eingewechselt: 65. Bierofka (-) für Neuville, 75. Kaluzny (-) für B. Schneider, 78. Berbatov (-) für Franca – 46. Stendel (5) für T. Christiansen, 46. Schuler (3,5) für T. Schneider, 79. Zuraw (-) für Stajner
Tore: 1:0 Franca (2., Linksschuss, Vorarbeit Babic), 2:0 Neuville (9., Rechtsschuss, Franca), 3:0 Neuville (52., Rechtsschuss, Babic), 4:0 Bierofka (73., Rechtsschuss, Franca)
Chancenverhältnis: 6:6
Eckenverhältnis: 3:9
SR: Fröhlich (Berlin) – **Zuschauer:** 22500 (ausverkauft) – **Spielnote:** 2

16. August 2003
Bayern München – VfL Bochum 2:0 (2:0)
Bayern: Kahn (3) – Salihamidzic (3,5), Kuffour (3), T. Linke (2,5), Lizarazu (3) – Jeremies (3), Hargreaves (3,5) – Deisler (2,5), Zé Roberto (2) – Pizarro (2,5), Makaay (4) – **Trainer:** Hitzfeld
Bochum: Van Duijnhoven (3) – Kalla (3,5), Oliseh (4,5), Fahrenhorst (4) – Colding (4), P. Bönig (4,5) – Zdebel (4), T. Gudjonsson (4) – Wosz (5) – Freier (3), P. Madsen (4,5) – **Trainer:** Neururer
Eingewechselt: 77. Elber (-) für Makaay, 77. Schweinsteiger (-) für Deisler, 77. Sagnol (-) für Lizarazu – 46. Diabang (3,5) für Wosz, 61. B. Gudjonsson (-) für Zdebel, 68. Hashemian (-) für P. Madsen
Tore: 1:0 Pizarro (20., Rechtsschuss, Vorarbeit Jeremies), 2:0 Deisler (26., direkter Freistoß, Rechtsschuss)
Chancenverhältnis: 6:6
Eckenverhältnis: 3:5
SR: Gagelmann (Bremen) – **Zuschauer:** 63000 (ausverkauft) – **Spielnote:** 3,5

16. August 2003
Borussia Dortmund – 1860 München 3:1 (0:0)
Dortmund: Weidenfeller (4) – Fernandez (3), Wörns (3), Madouni (4), Bergdölmo (3,5) – Flavio Conceicao (4), O. Addo (4) – Rosicky (3), Dede (2,5) – Koller (2,5), Amoroso (2) – **Trainer:** Sammer
1860: Hofmann (3) – Görlitz (3), Hoffmann (4), Costa (3,5), Saarinen (4) – Schwarz (4), Tyce (3,5) – Cerny (4), Pürk (3,5) – Lauth (3), Schroth (5) – **Trainer:** Götz
Eingewechselt: 46. S. Reuter (2,5) für Flavio Conceicao, 74. Ewerthon (-) für Amoroso, 82. Jensen (-) für Rosicky – 61. Weissenberger (-) für Tyce, 65. Wiesinger (-) für Cerny, 71. Kioyo (-) für Schroth
Tore: 1:0 Amoroso (46., Rechtsschuss, ohne Vorarbeit), 2:0 Amoroso (56., Foulelfmeter, Rechtsschuss, Koller), 3:0 Koller (61., Rechtsschuss, Dede), 3:1 Kioyo (87., Rechtsschuss, Weissenberger)
Chancenverhältnis: 6:4
Eckenverhältnis: 6:2
SR: Merk, Dr. (Kaiserslautern) – **Zuschauer:** 76500 – **Gelbe Karte:** Wiesinger – **Spielnote:** 3

17. August 2003
FC Schalke 04 – 1. FC Köln 2:1 (1:0)
Schalke: F. Rost (2) – Hajto (4), Waldoch (5,5), Kläsener (4,5), van Kerckhoven (3,5) – Hamit Altintop (3), Poulsen (4) – Seitz (5), Kobiashvili (5) – Sand (4,5), Agali (3,5) – **Trainer:** Heynckes
FC Köln: Wessels (3) – Cullmann (4), Klos (3,5), O. Schröder (4), Heinrich (4) – Kringe (3), Springer (3) – Lottner (2,5) – Scherz (4), Voronin (4), Ebbers (4) – **Trainer:** Funkel
Eingewechselt: 63. Rodriguez (-) für Kläsener, 77. Cziommer (-) für Poulsen, 82. Hanke (-) für Agali – 83. Federico (-) für Lottner, 85. Happe (-) für Klos, 90. Helbig (-) für Voronin
Tore: 1:0 Agali (42., Rechtsschuss, Vorarbeit Sand), 1:1 Lottner (51., direkter Freistoß, Linksschuss), 2:1 Hamit Altintop (90., Rechtsschuss, Kobiashvili)
Chancenverhältnis: 9:7
Eckenverhältnis: 10:6
SR: Stark (Ergolding) – **Zuschauer:** 61027 (ausverkauft) – **Rote Karten:** Heinrich (53., Tätlichkeit), Seitz (53., Tätlichkeit) – **Spielnote:** 3

17. August 2003
VfL Wolfsburg – Hamburger SV 5:1 (0:0)
Wolfsburg: Jentzsch (3) – Franz (3,5), Schnoor (3), Rytter (4), Weiser (3,5) – Thiam (3) – Streit (3) – D'Alessandro (2,5) – Topic (5), Petrov (1,5), Klimowicz (2,5) – **Trainer:** Röber
HSV: Pieckenhagen (2,5) – Jacobsen (5), Hoogma (5), Ujfalusi (5), Rahn (5) – Wicky (4), Maltritz (4,5) – Beinlich (5) – Mahdavikia (5), Takahara (4) – Barbarez (4) – **Trainer:** Jara
Eingewechselt: 57. S. Müller (2,5) für Streit, 79. Karhan (-) für D'Alessandro, 86. Sarpei (-) für Topic – 69. Romeo (-) für Maltritz
Tore: 0:1 Barbarez (48., Kopfball, Vorarbeit Wicky), 1:1 Klimowicz (50., Linksschuss, Petrov), 2:1 Petrov (60., Linksschuss), 3:1 S. Müller (70., Linksschuss, D'Alessandro), 4:1 D'Alessandro (75., Rechtsschuss, S. Müller), 5:1 Klimowicz (85., Kopfball, Petrov)
Chancenverhältnis: 10:3
Eckenverhältnis: 2:6
SR: Fandel (Kyllburg) – **Zuschauer:** 27635 – **Spielnote:** 2,5

4. Spieltag

23. August 2003
Eintracht Frankfurt – Hertha BSC 0:0
E. Frankfurt: Nikolov (3,5) – Bindewald (3), Cipi (3,5), Tsoumou-Madza (3) – Günther (4), Schur (3,5), Wiedener (3) – Preuß (2,5) – Skela (4,5) – Cha (5), Jones (5) – **Trainer:** Reimann
Hertha: Kiraly (3) – A. Friedrich (3), van Burik (3,5), Rehmer (3) – Hartmann (5) – N. Kovac (5), Dardai (4) – Karwan (5), Goor (4) – Rafael (5), Bobic (4,5) – **Trainer:** Stevens
Eingewechselt: 65. Dragusha (-) für Jones, 65. Frommer (-) für Cha, 86. Puljiz (-) für Tsoumou-Madza – 53. T. Marx (4,5) für Karwan, 62. Madlung (-) für van Burik, 72. Pinto (-) für Goor
Chancenverhältnis: 1:3
Eckenverhältnis: 6:5
SR: Koop (Lüttenmark) – **Zuschauer:** 22500 (ausverkauft) – **Spielnote:** 4,5

23. August 2003
SC Freiburg – Bor. M'gladbach 4:1 (3:0)
Freiburg: Golz (4,5) – Kondé (4), B. Diarra (4,5) – Riether (4), Berner (3,5) – A. Zeyer (3), Tskitishvili (4) – Bajramovic (1,5) – Coulibaly (2) – Cairo (3), Iashvili (2,5) – **Trainer:** Finke
Gladbach: Stiel (4) – Korzynietz (3,5), Pletsch (5), Strasser (5), Asanin (5) – Kluge (4) – Ulich (3,5) – Demo (5) – Kolkka (4,5), Ketelaer (4), Skoubo (5) – **Trainer:** Lienen
Eingewechselt: 67. Müller (-) für Berner, 76. Kruppke (-) für Cairo, 79. Hermel (-) für Bajramovic – 41. Kirch (3) für Asanin, 41. Aidoo (2,5) für Demo, 56. van Lent (2,5) für Ketelaer
Tore: 1:0 Bajramovic (14., Kopfball, Vorarbeit Tskitishvili), 2:0 Bajramovic (28., Rechtsschuss, Coulibaly), 3:0 A. Zeyer (34., Linksschuss, Cairo), 3:1 van Lent (68., Kopfball, Aidoo), 4:1 Iashvili (80., Rechtsschuss, Kruppke)
Chancenverhältnis: 7:10
Eckenverhältnis: 5:9
SR: Fandel (Kyllburg) – **Zuschauer:** 25000 (ausverkauft) – **Besonderes Vorkommnis:** Ketelaer schießt Foulelfmeter am Tor vorbei (40.) – **Spielnote:** 2,5

23. August 2003
VfB Stuttgart – 1. FC Kaiserslautern 2:0 (2:0)
Stuttgart: Hildebrand (3) – Hinkel (4), Meira (2,5), Bordon (2,5), Gerber (3,5) – Soldo (1,5), Vranjes (2) – A. Hleb (3), Heldt (2,5) – Kuranyi (4), Cacau (3,5) – **Trainer:** Magath
K'lautern: Wiese (4) – Vreven (4,5), Lembi (5), Tchato (5), Grammozis (5) – Freund (5), Hristov (4,5) – Nurmela (5), Kosowski (5) – Lincoln (6) – Klose (4) – **Trainer:** Gerets
Eingewechselt: 58. Lahm (3,5) für Gerber, 73. Tiffert (-) für Heldt, 82. Szabics (-) für Cacau – 64. Halil Altintop (-) für Nurmela, 64. Dominguez (-) für Kosowski
Tore: 1:0 Cacau (8., Kopfball, Vorarbeit Heldt), 2:0 Soldo (14., Kopfball, Heldt)
Chancenverhältnis: 10:0
Eckenverhältnis: 5:3
SR: Trautmann (Florstadt) – **Zuschauer:** 34000 – **Spielnote:** 3

23. August 2003
Werder Bremen – FC Schalke 04 4:1 (3:0)
Bremen: Reinke (3) – Davala (3), Ismaël (3), Baumann (2), Stalteri (3,5) – F. Ernst (2) – Lisztes (3), Borowski (3) – Micoud (1,5) – Ailton (1,5), Charisteas (3,5) – **Trainer:** Schaaf
Schalke: F. Rost (4) – Hajto (5), Alcides (4,5), Waldoch (5,5), van Kerckhoven (5) – Poulsen (5,5) – Hamit Altintop (5) – Asamoah (5,5), Kobiashvili (5) – Agali (5), Sand (5) – **Trainer:** Heynckes
Eingewechselt: 70. Banovic (-) für Borowski, 78. Valdez (-) für Charisteas, 83. M. Friedrich (-) für Baumann – 56. Pinto (5) für Asamoah, 59. Kläsener (5) für Alcides, 71. Rodriguez (-) für Kobiashvili
Tore: 1:0 Charisteas (13., Rechtsschuss, Vorarbeit Ailton), 2:0 Borowski (27., Linksschuss, Davala), 3:0 Ailton (37., Rechtsschuss, Micoud), 4:0 Valdez (81., Rechtsschuss, Micoud), 4:1 Agali (82., Kopfball, Pinto)
Chancenverhältnis: 11:2
Eckenverhältnis: 2:3
SR: Steinborn (Sinzig) – **Zuschauer:** 34500 – **Spielnote:** 2,5

23. August 2003
1. FC Köln – Borussia Dortmund 1:0 (0:0)
FC Köln: Wessels (2,5) – Cullmann (3), Klos (3), O. Schröder (3,5), Springer (3,5) – Kringe (3), Voigt (2) – Lottner (2) – Voronin (2,5), Scherz (3,5) – Helbig (2,5) – **Trainer:** Funkel
Dortmund: Weidenfeller (2) – Bergdölmo (4), Wörns (3,5), Madouni (5) – S. Reuter (4) – Dede (4) – Fernandez (5), O. Addo (5) – Rosicky (5) – Koller (4), Amoroso (5) – **Trainer:** Sammer
Eingewechselt: 72. Cichon (-) für Kringe – 64. Ewerthon (-) für Fernandez, 71. Ricken (-) für O. Addo, 84. Reina (-) für S. Reuter
Tor: 1:0 Lottner (57., direkter Freistoß, Linksschuss, ohne Vorarbeit)
Chancenverhältnis: 8:3
Eckenverhältnis: 11:7
SR: Kircher (Rottenburg) – **Zuschauer:** 33000 (ausverkauft) – **Spielnote:** 3

23. August 2003
1860 München – VfL Wolfsburg 1:0 (0:0)
1860: Hofmann (2) – Görlitz (3,5), Hoffmann (2,5), Costa (4), Saarinen (4) – Schwarz (2), Tyce (4) – Cerny (4), Pürk (4) – Lauth (4,5), Schroth (3,5) – **Trainer:** Götz
Wolfsburg: Jentzsch (3) – Rytter (3,5), Franz (5) – S. Müller (4), Thiam (3,5), Schnoor (2,5), Weiser (3) – D'Alessandro (5) – Petrov (4), Topic (3,5), Klimowicz (4) – **Trainer:** Röber
Eingewechselt: 55. Borimirov (-) für Tyce, 77. Kioyo (-) für Lauth, 80. Weissenberger (-) für Pürk – 69. Streit (-) für Petrov, 82. Biliskov (-) für Rytter
Tor: 1:0 Schwarz (59., Rechtsschuss, Vorarbeit Schroth)
Chancenverhältnis: 9:3
Eckenverhältnis: 5:3
SR: Wagner (Kriftel) – **Zuschauer:** 22000 – **Gelb-Rote Karte:** D'Alessandro (39.) – **Rote Karten:** Borimirov (64., unsportliches Verhalten), Franz (64., unsportliches Verhalten) – **Spielnote:** 4

23. August 2003
VfL Bochum – Bayer Leverkusen 1:0 (0:0)
Bochum: Van Duijnhoven (3) – Colding (4), Kalla (2,5), Fahrenhorst (3), P. Bönig (3) – Oliseh (4), Zdebel (2,5) – Wosz (3,5) – Freier (3), Diabang (3,5), P. Madsen (4) – **Trainer:** Neururer
Leverkusen: J. Butt (4) – Balitsch (4), Lucio (4), Juan (1,5), Placente (5) – Ramelow (3) – B. Schneider (4), Ponte (5), Babic (5) – Franca (5), Neuville (4,5) – **Trainer:** Augenthaler
Eingewechselt: 61. Buckley (-) für Diabang, 68. Bemben (-) für Oliseh, 78. Hashemian (-) für P. Madsen – 59. Berbatov (4,5) für Franca, 61. T. Lucic (-) für Lucio, 70. Bierofka (-) für Ponte
Tor: 1:0 Zdebel (65., Rechtsschuss, Vorarbeit Wosz)
Chancenverhältnis: 7:4
Eckenverhältnis: 7:3
SR: Kemmling (Kleinburgwedel) – **Zuschauer:** 21003 – **Spielnote:** 3,5

24. August 2003
Hamburger SV – Bayern München 0:2 (0:1)
HSV: Pieckenhagen (2,5) – Benjamin (5), Hoogma (5), Ujfalusi (4), Rahn (4,5) – Schlicke (4) – Maltritz (2,5), Beinlich (4) – Takahara (3,5), Barbarez (3), Romeo (5,5) – **Trainer:** Jara
Bayern: Kahn (2,5) – Sagnol (3,5), R. Kovac (3), T. Linke (3), Lizarazu (4) – Ballack (2,5), Jeremies (3) – Salihamidzic (3) – Zé Roberto (2) – Pizarro (1,5), Makaay (4) – **Trainer:** Hitzfeld
Eingewechselt: 55. Jacobsen (4) für Romeo, 71. Wicky (-) für Maltritz, 71. Kling (-) für Rahn – 76. Elber (-) für Pizarro, 81. Deisler (-) für Zé Roberto, 82. Schweinsteiger (-) für Ballack
Tore: 0:1 Pizarro (14., Kopfball, Vorarbeit Sagnol), 0:2 Elber (77., Rechtsschuss, Ballack)
Chancenverhältnis: 1:5
Eckenverhältnis: 3:10
SR: Merk, Dr. (Kaiserslautern) – **Zuschauer:** 55500 (ausverkauft) – **Gelbe Karten:** Wicky – Ballack, T. Linke – **Gelb-Rote Karte:** Benjamin (52.) – **Spielnote:** 3,5

27. August 2003
Hannover 96 – Hansa Rostock 3:3 (1:1)
Hannover: Tremmel (3,5) – Cherundolo (3), Konstantinidis (4), Vinicius (3,5), de Guzman (2,5) – Dabrowski (5), Krupnikovic (4), Schuler (3) – Simak (2,5) – Stajner (6), T. Christiansen (2) – **Trainer:** Rangnick
Rostock: Schober (4) – Tjikuzu (4), Kientz (5), Hill (4), Melkam (4) – Aduobe (3) – Plassnegger (4), Lantz (3), Rasmussen (4) – Max (2), Prica (3,5) – **Trainer:** Veh
Eingewechselt: 61. Brdaric (-) für Stajner, 84. Stefulj (-) für Schuler, 90. Stendel (-) für Brdaric – 74. Vorbeck (-) für Plassnegger
Tore: 1:0 T. Christiansen (16., Linksschuss, Vorarbeit Schuler), 1:1 Max (43., Rechtsschuss, Hill), 1:2 Max (62., Rechtsschuss, Plassnegger), 2:2 T. Christiansen (66., Kopfball, Cherundolo), 3:2 Simak (71., Linksschuss, de Guzman), 3:3 Vorbeck (90., Kopfball, Lantz)
Chancenverhältnis: 7:6
Eckenverhältnis: 3:5
SR: Keßler (Höhenkirchen) – **Zuschauer:** 21312 – **Gelbe Karten:** Hill, Schober – **Spielnote:** 3

5. Spieltag

13. September 2003
VfL Wolfsburg – Bayern München 3:2 (1:0)
Wolfsburg: Jentzsch (3,5) – Rytter (3), Biliskov (3,5) – Sarpei (4), Weiser (2,5) – Schnoor (2,5), Thiam (3) – Menseguez (3), Petrov (4) – Baiano (2), Klimowicz (2,5) – **Trainer:** Röber
Bayern: Kahn (4,5) – Sagnol (3), Kuffour (5), T. Linke (5), Rau (4) – Hargreaves (4) – Schweinsteiger (3) – Salihamidzic (3,5), Scholl (2,5) – Santa Cruz (3), Makaay (3,5) – **Trainer:** Hitzfeld
Eingewechselt: 73. Munteanu (-) für Rytter, 81. Karhan (-) für Thiam, 90. Präger (-) für Menseguez – 62. Zé Roberto (-) für Rau, 72. Fink (-) für Schweinsteiger, 73. Feulner (-) für Zé Roberto
Tore: 1:0 Baiano (11., Linksschuss, Vorarbeit Rytter), 1:1 Schweinsteiger (49., Linksschuss), 1:2 Makaay (59., Linksschuss, Scholl), 2:2 Baiano (84., Rechtsschuss, Weiser), 3:2 Klimowicz (89., Rechtsschuss, Karhan)
Chancenverhältnis: 5:7
Eckenverhältnis: 3:3
SR: Fröhlich (Berlin) – **Zuschauer:** 30000 (ausverkauft) – **Gelbe Karte:** Feulner – **Spielnote:** 2,5

13. September 2003
1. FC Kaiserslautern – SC Freiburg 2:2 (2:2)
K'lautern: Wiese (3) – Mettomo (3,5), Knavs (4,5) – Grammozis (5), Tchato (4) – Freund (3) – Timm (3,5), Kosowski (5) – Hristov (2) – Klose (4,5), Lokvenc (4) – **Trainer:** Gerets
Freiburg: Golz (3) – Kondé (4,5), B. Diarra (4) – Riether (4), Kruppke (3) – A. Zeyer (3), Tskitishvili (3) – Bajramovic (2,5) – Coulibaly (2) – Sanou (3,5), Iashvili (2,5) – **Trainer:** Finke
Eingewechselt: 53. Halil Altintop (4) für Klose, 60. Lembi (4) für Kosowski, 60. Dominguez (5) für Timm – 75. Müller (-) für B. Diarra, 79. Cairo (-) für Sanou, 84. Berner (-) für Kruppke
Tore: 0:1 Coulibaly (21., Linksschuss, ohne Vorarbeit), 1:1 Hristov (32., Linksschuss, Timm), 1:2 A. Zeyer (35., Rechtsschuss, Bajramovic), 2:2 Hristov (38., Rechtsschuss, Grammozis)
Chancenverhältnis: 6:9
Eckenverhältnis: 4:5
SR: Kinhöfer (Herne) – **Zuschauer:** 35560 – **Gelbe Karte:** Freund – **Spielnote:** 3

13. September 2003
Hertha BSC – Hannover 96 2:3 (2:1)
Hertha: Kiraly (3) – Rehmer (4,5), Simunic (3) – A. Friedrich (4,5), N. Kovac (5), Hartmann (5) – Madlung (4) – T. Marx (-) – Wichniarek (4,5), Mladenov (3,5), Bobic (2) – **Trainer:** Stevens
Hannover: Marc Ziegler (3) – Cherundolo (3), Konstantinidis (3), Vinicius (3), Kleber (2,5) – Dabrowski (3,5) – de Guzman (2), Krupnikovic (3), Schuler (4,5) – Simak (2) – T. Christiansen (3) – **Trainer:** Rangnick
Eingewechselt: 11. Goor (4) für T. Marx, 65. Rafael (-) für Wichniarek, 81. Luizao (-) für N. Kovac – 46. Stajner (3,5) für Schuler, 85. Zuraw (-) für T. Christiansen, 90. Stefulj (-) für Simak
Tore: 1:0 Bobic (14., Linksschuss, Vorarbeit N. Kovac), 2:0 Bobic (21., Linksschuss, Mladenov), 2:1 Simak (25., Rechtsschuss, Krupnikovic), 2:2 Kleber (70., Linksschuss, T. Christiansen), 2:3 de Guzman (80., Rechtsschuss, Cherundolo)
Chancenverhältnis: 5:9
Eckenverhältnis: 4:4
SR: Stark (Ergolding) – **Zuschauer:** 37197 – **Gelbe Karte:** Cherundolo – **Spielnote:** 3

Ausgetanzt: Hannovers Tscheche Jan Simak umkurvt die Herthaner Mladenov und Simunic (am Boden).

13. September 2003

Hansa Rostock – VfL Bochum 0:2 (0:0)

Rostock: Schober (2) – Tjikuzu (4), Kientz (5), Hill (5), Melkam (4) – Lantz (4), Aduobe (4,5) – Plassnegger (4), Rasmussen (4,5) – Prica (4), Max (3,5) – **Trainer:** Veh
Bochum: Van Duijnhoven (3) – Colding (3,5), Kalla (4), Fahrenhorst (4), P. Bönig (4) – Zdebel (4) – T. Gudjonsson (3,5), Wosz (4), Buckley (3,5) – Hashemian (2,5), P. Madsen (3) – **Trainer:** Neururer
Eingewechselt: 58. Vorbeck (5) für Rasmussen, 69. Rydlewicz (-) für Plassnegger, 80. Arvidsson (-) für Prica – 61. B. Gudjonsson (-) für T. Gudjonsson, 70. F. Tapalovic (-) für Wosz, 76. Vriesde (-) für F. Tapalovic
Tore: 0:1 Hashemian (47., Kopfball, Vorarbeit P. Madsen), 0:2 B. Gudjonsson (90., Rechtsschuss, Buckley)
Chancenverhältnis: 10:10
Eckenverhältnis: 3:2
SR: Merk, Dr. (Kaiserslautern) – **Zuschauer:** 18000 – **Spielnote:** 3

13. September 2003

1860 München – 1. FC Köln 2:1 (1:0)

1860: Hofmann (3) – Görlitz (2,5), Hoffmann (3), Costa (3), Saarinen (4,5) – Schwarz (2,5), Tyce (3) – Pürk (4) – Lauth (2,5) – Schroth (2,5), Kioyo (2,5) – **Trainer:** Götz
FC Köln: Wessels (1,5) – Cullmann (4), Klos (5,5), Sichone (4) – Voigt (5) – Kringe (4,5), Springer (4) – Lottner (4,5) – Scherz (5), Voronin (5) – Ebbers (5) – **Trainer:** Funkel
Eingewechselt: 63. Agostino (2,5) für Kioyo, 88. Wiesinger (-) für Görlitz, 90. Baier (-) für Lauth – 36. Cichon (3) für Ebbers, 79. O. Schröder (-) für Voigt, 87. Helbig (-) für Kringe
Tore: 1:0 Kioyo (7., Rechtsschuss, Vorarbeit Schroth), 1:1 Springer (61., Kopfball, Lottner), 2:1 Agostino (83., Rechtsschuss)
Chancenverhältnis: 9:3
Eckenverhältnis: 7:5
SR: Steinborn (Sinzig) – **Zuschauer:** 22000 – **Spielnote:** 2,5

13. September 2003

Borussia Dortmund – Werder Bremen 2:1 (1:1)

Dortmund: Weidenfeller (4) – Wörns (2), S. Reuter (4), Bergdölmo (2,5) – Fernandez (3,5), O. Addo (3,5), Kehl (3), Dede (3,5) – Rosicky (4) – Koller (4,5), Ewerthon (3) – **Trainer:** Sammer
Bremen: Reinke (3) – Davala (3,5), Ismaël (4), Krstajic (4), Stalteri (4,5) – Baumann (4) – F. Ernst (2) – Lisztes (2,5), Borowski (4) – Charisteas (3,5), Ailton (4) – **Trainer:** Schaaf
Eingewechselt: 46. Reina (5) für Fernandez, 70. Madouni (-) für O. Addo, 90. Jensen (-) für Ewerthon – 77. Banovic (-) für Lisztes
Tore: 1:0 Ewerthon (17., Linksschuss, Vorarbeit O. Addo), 1:1 Lisztes (41., Rechtsschuss, Ismaël), 2:1 Ismaël (70., Eigentor)
Chancenverhältnis: 5:6
Eckenverhältnis: 2:5
SR: Wagner (Kriftel) – **Zuschauer:** 80500 – **Spielnote:** 3

13. September 2003

FC Schalke 04 – VfB Stuttgart 0:0

Schalke: F. Rost (2) – Alcides (3,5), Waldoch (3), Matellan (4), van Kerckhoven (4) – Poulsen (3,5), Kobiashvili (3,5) – Hamit Altintop (4), Rodriguez (4) – Agali (5), Sand (4) – **Trainer:** Heynckes
Stuttgart: Hildebrand (3) – Hinkel (3,5), Meira (3), Bordon (3), Gerber (3) – Soldo (2,5), Vranjes (2,5) – A. Hleb (5), Heldt (4) – Cacau (4), Kuranyi (5) – **Trainer:** Magath
Eingewechselt: 76. Glieder (-) für Sand, 76 Vermant (-) für Kobiashvili – 46. Tiffert (3,5) für Bordon, 62. Meißner (-) für Heldt, 84. Amanatidis (-) für A. Hleb
Chancenverhältnis: 5:3
Eckenverhältnis: 2:5
SR: Fandel (Kyllburg) – **Zuschauer:** 61266 (ausverkauft) – **Spielnote:** 4

14. September 2003

Bor. M'gladbach – Eintracht Frankfurt 0:2 (0:1)

Gladbach: Melka (4,5) – Korzynietz (3,5), Pletsch (5), Strasser (4,5), Asanin (5) – Kluge (4) – Ulich (4,5) – Kolkka (5) – Skoubo (5,5), van Hout (5), Ketelaer (5,5) – **Trainer:** Lienen
E. Frankfurt: Nikolov (3) – Bindewald (3,5), Tsoumou-Madza (3,5), Cipi (4), Wiedener (3,5) – Schur (4) – Möller (4) – Skela (-) – Preuß (4), Kreuz (3) – Cha (4) – **Trainer:** Reimann
Eingewechselt: 43. van Lent (4,5) für Pletsch, 44. Kirch (4) für van Hout, 62. Van Houdt (-) für Skoubo – 69. Frommer (-) für Cha, 86. Günther (-) für Möller, 89. Bürger (-) für Kreuz
Tore: 0:1 Kreuz (17., Linksschuss, Vorarbeit Nikolov), 0:2 Bürger (90., Linksschuss Frommer)
Chancenverhältnis: 3:4
Eckenverhältnis: 7:3
SR: Wack, Dr. (Biberbach) – **Zuschauer:** 33900 – **Spielnote:** 4

14. September 2003

Bayer Leverkusen – Hamburger SV 1:0 (1:0)

Leverkusen: J. Butt (3) – B. Schneider (4), Lucio (2), Juan (1), Placente (3) – Ramelow (3) – Bierofka (4), Babic (4) – Ponte (4,5) – Neuville (4,5), Franca (4) – **Trainer:** Augenthaler
HSV: Pieckenhagen (4,5) – Schlicke (4,5), Hoogma (4), Ujfalusi (3,5), Kling (3,5) – Wicky (4) – Maltritz (5), Beinlich (4) – Barolim (3), Barbarez (3,5) – Takahara (4) – **Trainer:** Jara
Eingewechselt: 63. Berbatov (-) für Neuville, 69. T. Lucic (-) für Juan, 73. Hertzsch (-) für B. Schneider – 72. Romeo (-) für Schlicke, 76. Sen (-) für Beinlich
Tor: 1:0 Juan (28., Kopfball, Vorarbeit Ponte)
Chancenverhältnis: 9:1
Eckenverhältnis: 5:8
SR: Kircher (Rottenburg) – **Zuschauer:** 22500 (ausverkauft) – **Gelbe Karte:** Babic – **Spielnote:** 4

6. Spieltag

20. September 2003

Hannover 96 – Bor. M'gladbach 2:0 (1:0)

Hannover: Marc Ziegler (3) – Cherundolo (4), Konstantinidis (3,5), Vinicius (2,5), Kleber (4) – Dabrowski (3) – de Guzman (2,5), Krupnikovic (4) – Simak (3) – Stajner (4), T. Christiansen (2) – **Trainer:** Rangnick
Gladbach: Reitmaier (4) – Eberl (5), Strasser (2,5), Obradovic (4) – Kirch (3), Korzynietz (2,5), Kluge (4) – Ulich (4) – Aidoo (5), Kolkka (3,5), van Lent (4) – **Trainer:** Liener
Eingewechselt: 35. Idrissou (3) für Dabrowski, 63. Zuraw (-) für Stajner, 79. Schuler (-) für Simak – 65. Skoubo (-) für Eberl, 81. Sverkos (-) für Kluge
Tore: 1:0 T. Christiansen (18., Rechtsschuss, Vorarbeit Cherundolo), 2:0 Idrissou (83., Linksschuss, de Guzman)
Chancenverhältnis: 10:4
Eckenverhältnis: 12:3
SR: Albrecht (Kaufbeuren) – **Zuschauer:** 22417 – **Spielnote:** 3,5

20. September 2003

SC Freiburg – FC Schalke 04 2:1 (2:1)

Freiburg: Golz (3) – Riether (3,5), Kondé (3,5), B. Diarra (3,5) – Kruppke (2) – A. Zeyer (2,5) – Bajramovic (2,5), Tskitishvili (2,5) – Coulibaly (2) – Iashvili (2), Sanou (3,5) – **Trainer:** Finke
Schalke: F. Rost (2,5) – Alcides (3,5), Waldoch (3,5), Matellan (5), van Kerckhoven (4,5) – Poulsen (2,5) – Kobiashvili (3), Rodriguez (2,5) – Hamit Altintop (3) – Agali (4), Glieder (4,5) – **Trainer:** Heynckes
Eingewechselt: 46. Berner (3,5) für A. Zeyer, 66. Cairo (-) für Sanou, 78. Müller (-) für Tskitishvili – 60. Kläsener (3,5) für Alcides, 78. Trojan (-) für Poulsen, 78. Asamoah (-) für Hamit Altintop
Tore: 1:0 Bajramovic (3., Kopfball, Vorarbeit A. Zeyer), 1:1 Rodriguez (12., Kopfball,

Poulsen), 2:1 Tskitishvili (38., Foulelfmeter, Linksschuss, Iashvili)
Chancenverhältnis: 11:5
Eckenverhältnis: 9:6
SR: Kemmling (Kleinburgwedel) – **Zuschauer:** 25000 (ausverkauft) – **Gelb-Rote Karte:** Matellan (50.) – **Spielnote:** 2

20. September 2003
VfB Stuttgart – Borussia Dortmund 1:0 (0:0)
Stuttgart: Hildebrand (3) – Hinkel (3,5), Meira (3), Bordon (2,5), Lahm (4) – Soldo (2,5) – Vranjes (2), A. Hleb (3,5) – Heldt (4) – Szabics (4), Kuranyi (2,5) – **Trainer:** Magath
Dortmund: Weidenfeller (3) – Wörns (3), Madouni (4), Bergdölmo (4,5) – Kehl (5) – S. Reuter (5), Dede (4) – Rosicky (4,5) – O. Addo (6), Ewerthon (6) – Koller (4,5) – **Trainer:** Sammer
Eingewechselt: 64. Tiffert (-) für A. Hleb, 77. Meißner (-) für Heldt, 90. Amanatidis (-) für Kuranyi – 65. Ricken (-) für S. Reuter, 78. Reina (-) für Bergdölmo, 84. Odonkor (-) für Ewerthon
Tor: 1:0 Kuranyi (67., Kopfball, Vorarbeit Vranjes)
Chancenverhältnis: 7:0
Eckenverhältnis: 6:1
SR: Merk, Dr. (Kaiserslautern) – **Zuschauer:** 50000 – **Spielnote:** 3,5

20. September 2003
Werder Bremen – 1860 München 2:1 (0:0)
Bremen: Reinke (4,5) – Davala (4), Ismaël (3,5), Krstajic (3), Stalteri (5) – Baumann (3,5) – Lisztes (5), F. Ernst (4) – Micoud (2,5) – Ailton (3,5), Charisteas (4,5) – **Trainer:** Schaaf
1860: Hofmann (2,5) – Saarinen (4), Costa (4,5), Hoffmann (5,5), Görlitz (3,5) – Schwarz (5) – Wiesinger (5), Pürk (4,5) – Lauth (5,5) – Kioyo (5), Schroth (4) – **Trainer:** Götz
Eingewechselt: 60. Klasnic (2,5) für Charisteas, 78. Borowski (-) für Lisztes, 82. Wehlage (-) für Davala – 46. Tyce (3,5) für Kioyo, 70. Baier (-) für Wiesinger, 75. Agostino (-) für Lauth
Tore: 1:0 Ailton (47., Foulelfmeter, Linksschuss, Vorarbeit Charisteas), 1:1 Schroth (56., Rechtsschuss, Görlitz), 2:1 Micoud (65., Rechtsschuss, Klasnic)
Chancenverhältnis: 7:3
Eckenverhältnis: 2:2
SR: Fandel (Kyllburg) – **Zuschauer:** 31233 – **Spielnote:** 5

20. September 2003
1. FC Köln – VfL Wolfsburg 2:3 (1:2)
FC Köln: Wessels (4) – Klos (5), O. Schröder (4,5) – Cullmann (3,5), Heinrich (3) – Voigt (5) – Springer (5) – Lottner (4,5) – Scherz (3) – Voronin (2), Ebbers (4) – **Trainer:** Funkel
Wolfsburg: Jentzsch (2) – Rytter (-), Biliskov (3,5), Sarpei (4) – Thiam (3), Schnoor (4,5) – Menseguez (5), D'Alessandro (2,5) – Petrov (2,5) – Klimowicz (3), Baiano (4,5) – **Trainer:** Röber
Eingewechselt: 71. Helbig (-) für Ebbers, 77. Dworrak (-) für Scherz, 78. Sichone (-) für Klos – 18. Karhan (3) für Rytter, 30. S. Müller (3,5) für Menseguez, 76. Ponce (-) für Baiano
Tore: 0:1 Biliskov (3., Kopfball, Vorarbeit Petrov), 0:2 Petrov (26., Linksschuss, Thiam), 1:2 Scherz (33., Kopfball, Cullmann), 2:2 Voronin (60., Linksschuss, Scherz), 2:3 Klimowicz (73., Rechtsschuss, Karhan)
Chancenverhältnis: 11:10
Eckenverhältnis: 6:5
SR: Schmidt (Stuttgart) – **Zuschauer:** 33000 (ausverkauft) – **Spielnote:** 2

20. September 2003
Bayern München – Bayer Leverkusen 3:3 (1:2)
Bayern: Kahn (3,5) – Sagnol (3), R. Kovac (3), T. Linke (4), Lizarazu (3,5) – Hargreaves (2,5) – Ballack (2,5) – Schweinsteiger (4,5), Zé Roberto (2,5) – Santa Cruz (3), Makaay (3) – **Trainer:** Hitzfeld
Leverkusen: J. Butt (2,5) – B. Schneider (4), Juan (2,5), Lucio (4), Placente (3) – Ramelow (3) – Bierofka (4), Babic (3,5) – Ponte (3,5) – Neuville (3,5), Franca (3) – **Trainer:** Augenthaler
Eingewechselt: 59. Pizarro (4) für Schweinsteiger, 75. Salihamidzic (-) für Santa Cruz, 79. Rau (-) für Makaay – 65. Berbatov (-) für Franca, 68. T. Lucic (-) für Neuville, 77. Bastürk (-) für Bierofka
Tore: 0:1 Ramelow (10., Rechtsschuss, Vorarbeit Neuville), 1:1 Makaay (25., Rechtsschuss, Ballack), 1:2 Franca (34., Kopfball, Babic), 2:2 Santa Cruz (64., Rechtsschuss, Hargreaves), 3:2 Ballack (69., Rechtsschuss), 3:3 Bastürk (81., Rechtsschuss, Ponte)
Chancenverhältnis: 8:6
Eckenverhältnis: 6:2
SR: Meyer (Burgdorf) – **Zuschauer:** 63000 (ausverkauft) – **Rote Karte:** Zé Roberto (57., Tätlichkeit) – **Besonderes Vorkommnis:** Butt hält Foulelfmeter von Ballack (28.) – **Spielnote:** 1,5

20. September 2003
VfL Bochum – Hertha BSC 2:2 (1:1)
Bochum: Van Duijnhoven (2) – Colding (5), Kalla (3), Fahrenhorst (3), P. Bönig (5) – Zdebel (3,5), Oliseh (4) – Wosz (4,5), Buckley (5) – Hashemian (2,5), P. Madsen (4) – **Trainer:** Neururer
Hertha: Kiraly (3) – A. Friedrich (3), van Burik (3), Madlung (3,5), Simunic (4) – N. Kovac (2,5), Dardai (2,5) – Neuendorf (2), Goor (2) – Mladenov (3) – Bobic (5) – **Trainer:** Stevens
Eingewechselt: 46. B. Gudjonsson (4) für Zdebel, 63. Diabang (-) für Buckley, 70. T. Gudjonsson (-) für Wosz – 69. Karwan (-) für Neuendorf, 89. Wichniarek (-) für Mladenov
Tore: 0:1 Neuendorf (8., Linksschuss, Vorarbeit Goor), 1:1 Zdebel (44., Rechtsschuss, Hashemian), 1:2 Neuendorf (66., Linksschuss, Goor), 2:2 Hashemian (73., Linksschuss, T. Gudjonsson)
Chancenverhältnis: 4:8
Eckenverhältnis: 7:3
SR: Sippel (München) – **Zuschauer:** 22000 – **Spielnote:** 3,5

21. September 2003
Hamburger SV – Hansa Rostock 2:1 (0:1)
HSV: Pieckenhagen (5) – Benjamin (5), Hoogma (4), Ujfalusi (4,5), Kling (4) – Wicky (3), Maltritz (4) – Jarolim (4) – Mahdavikia (1,5), Barbarez (2,5), Takahara (3) – **Trainer:** Jara
Rostock: Schober (2) – Tjikuzu (3), Kientz (4), Hill (4,5), Melkam (5) – Aduobe (3,5) – Lantz (3), Meggle (3,5) – Plassnegger (4), Rasmussen (4) – Max (3) – **Trainer:** Veh
Eingewechselt: 46. Romeo (3) für Benjamin, 83. Reinhardt (-) für Kling, 87. Schlicke (-) für Takahara – 74. Prica (-) für Plassnegger
Tore: 0:1 Max (10., Rechtsschuss, ohne Vorarbeit), 1:1 Romeo (69., Kopfball, Barbarez), 2:1 Reinhardt (85., Kopfball, Mahdavikia)
Chancenverhältnis: 10:6
Eckenverhältnis: 10:6
SR: Dr. Fleischer (Dachau) – **Zuschauer:** 44304 – **Spielnote:** 2,5

21. September 2003
Eintracht Frankfurt – 1. FC Kaiserslautern 1:3 (0:1)
E. Frankfurt: Nikolov (3) – Bindewald (-), Tsoumou-Madza (4,5), Cipi (4,5), Wiedener (4,5) – Preuß (5), Schur (5) – Möller (4,5), Skela (5), Kreuz (5) – Cha (4,5) – **Trainer:** Reimann
K'lautern: Wiese (2) – Grammozis (4), Knavs (3,5), Mettomo (3,5) – Tchato (3) – Freund (3) – Timm (4), Kosowski (3) – Hristov (2) – Klose (2), Lokvenc (3,5) – **Trainer:** Gerets
Eingewechselt: 18. Frommer (4,5) für Bindewald, 55. Chris (4) für Möller, 55. Beierle (4,5) für Kreuz – 66. Halil Altintop (-) für Lokvenc, 73. Riedl (-) für Timm, 74. Vreven (-) für Tchato
Tore: 0:1 Hristov (5., Rechtsschuss, Vorarbeit Klose), 0:2 Klose (48., Rechtsschuss, Lokvenc), 0:3 Hristov (52., Kopfball, Kosowski), 1:3 Beierle (90., Linksschuss, Frommer)
Chancenverhältnis: 4:6
Eckenverhältnis: 6:4
SR: Jansen (Essen) – **Zuschauer:** 25283 (ausverkauft) – **Rote Karte:** Skela (89., unsportliches Verhalten) – **Besonderes Vorkommnis:** Wiese hält Foulelfmeter von Frommer (90.) – **Spielnote:** 3,5

7. Spieltag

27. September 2003
VfL Wolfsburg – Bayer Leverkusen 0:1 (0:0)
Wolfsburg: Jentzsch (2) – Biliskov (3), Sarpei (3,5) – Schnoor (2,5) – Thiam (3,5), Weiser (3) – D'Alessandro (3) – Menseguez (4), Petrov (3,5) – Baiano (4,5), Klimowicz (4) – **Trainer:** Röber
Leverkusen: J. Butt (1,5) – T. Lucic (4,5), Lucio (2), Juan (2), Placente (4) – Ramelow (3,5) – B. Schneider (3), Babic (3) – Ponte (4) – Neuville (3,5), Franca (4) – **Trainer:** Augenthaler
Eingewechselt: 57. S. Müller (3,5) für Menseguez, 68. Munteanu (-) für Sarpei, 76. Präger (-) für Baiano – 60. Bierofka (3,5) für Ponte, 63. Berbatov (-) für Franca, 82. Bastürk (-) für B. Schneider
Tore: 0:1 B. Schneider (57., Rechtsschuss, Vorarbeit Neuville)
Chancenverhältnis: 7:10
Eckenverhältnis: 10:4
SR: Wack, Dr. (Biberbach) – **Zuschauer:** 24135 – **Spielnote:** 2,5

27. September 2003
1. FC Kaiserslautern – Hannover 96 1:0 (0:0)
K'lautern: Wiese (3) – Grammozis (4), Hengen (4), Lembi (2,5) – Tchato (2,5) – Freund (5) – Hristov (3) – Kosowski (3,5), Dominguez (3) – Lokvenc (3,5), Klose (3,5) – **Trainer:** Gerets
Hannover: Marc Ziegler (3) – Cherundolo (4), Konstantinidis (3,5), Vinicius (4), Kleber (4) – Zuraw (4) – de Guzman (3), Krupnikovic (3) – Stajner (4,5) – Idrissou (5), T. Christiansen (5) – **Trainer:** Rangnick
Eingewechselt: 46. Riedl (3) für Freund, 84. Halil Altintop (-) für Dominguez – 58. Stendel (4,5) für Stajner, 60. Brdaric (4) für Krupnikovic, 82. Wolf (-) für T. Christiansen
Tor: 1:0 Klose (90., Kopfball, Vorarbeit Hristov)
Chancenverhältnis: 8:3
Eckenverhältnis: 12:7
SR: Gagelmann (Bremen) – **Zuschauer:** 32361 – **Gelbe Karte:** Konstantinidis – **Spielnote:** 4

27. September 2003
Bor. M'gladbach – VfL Bochum 2:2 (1:0)
Gladbach: Stiel (4) – Eberl (4), Asanin (3,5), Strasser (3,5) – Kluge (3,5) – Korzynietz (4), Kirch (4,5), Kolkka (4,5) – Ulich (5) – Sverkos (4), van Lent (3) – **Trainer:** Fach
Bochum: Van Duijnhoven (3) – Colding (3,5), Kalla (2,5), Fahrenhorst (-) P. Bönig (3,5) – Zdebel (4), Oliseh (3,5) – T. Gudjonsson (5), Wosz (4,5) – Hashemian (4), P. Madsen (3) – **Trainer:** Neururer
Eingewechselt: 32. Ketelaer (5) für Kluge, 69. Gaede (-) für Ulich, 81. Skoubo (-) für Sverkos – 15. Vriesde (4) für Fahrenhorst, 46. Diabang (3) für T. Gudjonsson, 75. Stevic (-) für Wosz
Tore: 1:0 van Lent (5., Foulelfmeter, Rechtsschuss, Vorarbeit Sverkos), 1:1 Diabang (60., Kopfball, Oliseh), 1:2 P. Madsen (89., Kopfball, Oliseh), 2:2 van Lent (90., Kopfball, Ketelaer)
Chancenverhältnis: 5:4
Eckenverhältnis: 3:3
SR: Koop (Lüttenmark) – **Zuschauer:** 29000 – **Spielnote:** 4

27. September 2003
Hansa Rostock – Bayern München 1:2 (0:1)
Rostock: Schober (3) – Kovar (3,5), Kientz (4,5), Hill (4,5), Melkam (3) – Aduobe (3,5) – Tjikuzu (3), Lantz (4), Persson (3,5) – Max (4), Plassnegger (3) – **Trainer:** Veh
Bayern: Kahn (3) – Kuffour (3,5), R. Kovac (3), T. Linke (4,5), Lizarazu (3,5) – Demichelis (4) – Ballack (3,5) – Salihamidzic (4,5), Schweinsteiger (4) – Santa Cruz (3) – Makaay (3) – **Trainer:** Hitzfeld
Eingewechselt: 46. Rydlewicz (4) für Persson – 71. Pizarro (-) für Santa Cruz, 71. Trochowski (-) für Schweinsteiger
Tore: 0:1 Santa Cruz (30., Rechtsschuss, Vorarbeit Lizarazu), 1:1 T. Linke (47., Eigentor, Plassnegger), 1:2 Makaay (86., Linksschuss, Ballack)
Chancenverhältnis: 6:4
Eckenverhältnis: 9:4
SR: Fandel (Kyllburg) – **Zuschauer:** 29000 (ausverkauft) – **Spielnote:** 3,5

27. September 2003
1. FC Köln – Werder Bremen 1:4 (0:2)
FC Köln: Wessels (2) – Dogan (4), Sichone (5) – Cullmann (5,5), Heinrich (5,5) – Voigt (5,5) – Springer (6) – Kringe (6) – Lottner (6) – Voronin (5), Scherz (4,5) – **Trainer:** Funkel
Bremen: Reinke (3) – Davala (3), Ismaël (3), Krstajic (3), Stalteri (2,5) – Baumann (2,5) – F. Ernst (1) – Lisztes (2,5) – Micoud (1,5) – Klasnic (2,5), Ailton (3) – **Trainer:** Schaaf
Eingewechselt: 42. Helbig (4,5) für Kringe, 72. Cichon (-) für Voigt – 67. Borowski (-) für Lisztes, 75. Charisteas (-) für Klasnic, 80. Valdez (-) für Ailton
Tore: 0:1 Micoud (10., Kopfball, Vorarbeit F. Ernst), 0:2 Klasnic (40., Linksschuss, F. Ernst), 0:3 Stalteri (70., Linksschuss, Micoud), 1:3 Scherz (79., Kopfball, Cullmann), 1:4 Charisteas (90., Rechtsschuss, F. Ernst)
Chancenverhältnis: 3:15
Eckenverhältnis: 1:8
SR: Merk, Dr. (Kaiserslautern) – **Zuschauer:** 33000 (ausverkauft) – **Spielnote:** 3

27. September 2003
1860 München – VfB Stuttgart 0:3 (0:2)
1860: Hofmann (5) – Görlitz (5), Hoffmann (4), Costa (3,5), Saarinen (5) – Tyce (5), Schwarz (4) – Pürk (5) – Lauth (4,5) – Kioyo (5), Schroth (5) – **Trainer:** Götz
Stuttgart: Hildebrand (3) – Hinkel (2,5), Meira (2,5), Bordon (2,5), Lahm (2) – Soldo (1,5) – Vranjes (2,5), A. Hleb (2) – Heldt (3) – Szabics (3,5), Kuranyi (3) – **Trainer:** Magath
Eingewechselt: 61. Weissenberger (-) für Pürk, 63. Meyer (-) für Schwarz, 71. Agostino (-) für Kioyo – 51. Meißner (3) für Heldt, 67. Tiffert (-) für A. Hleb, 86. Gerber (-) für Kuranyi
Tore: 0:1 Soldo (12., Rechtsschuss, Vorarbeit Lahm), 0:2 Meira (17., Foulelfmeter, Rechtsschuss, Szabics), 0:3 A. Hleb (50., Linksschuss)
Chancenverhältnis: 2:6
Eckenverhältnis: 7:1
SR: Fröhlich (Berlin) – **Zuschauer:** 38000 – **Spielnote:** 3

27. September 2003
Borussia Dortmund – SC Freiburg 1:0 (0:0)
Dortmund: Weidenfeller (3) – Bergdölmo (3,5), Wörns (2), Madouni (4), Jensen (3) – S. Reuter (3) – Kehl (3) – Ricken (4), Dede (3) – Reina (5), Ewerthon (3,5) – **Trainer:** Sammer
Freiburg: Golz (3) – Kondé (2), B. Diarra (3) – Riether (4), Kruppke (4) – A. Zeyer (4), Bajramovic (3,5), Tskitishvili (3) – Coulibaly (4) – Iashvili (3,5), Sanou (4,5) – **Trainer:** Finke
Eingewechselt: 38. Odonkor (4) für Ricken, 66. Senesie (-) für Reina, 90. M. Metzelder (-) für Ewerthon – 70. Tanko (-) für A. Zeyer, 70. Müller (-) für B. Diarra, 78. Berner (-) für Kruppke
Tor: 1:0 Ewerthon (68., Rechtsschuss, Vorarbeit Wörns)
Chancenverhältnis: 7:3
Eckenverhältnis: 5:7
SR: Stark (Ergolding) – **Zuschauer:** 78000 – **Spielnote:** 3,5

28. September 2003
FC Schalke 04 – Eintracht Frankfurt 1:1 (1:1)
Schalke: F. Rost (3) – Hajto (3,5), Waldoch (4), Kläsener (3), van Kerckhoven (4,5) – Poulsen (4,5), Kobiashvili (4,5) – Seitz (5), Hamit Altintop (4), Rodriguez (4) – Glieder (5) – **Trainer:** Heynckes
E. Frankfurt: Nikolov (3) – Puljiz (4), Cipi (4), Tsoumou-Madza (4) – Bindewald (3,5), Wiedener (4) – Chris (3) – Schur (3,5), Kreuz (3,5) – Möller (5) – Cha (5) – **Trainer:** Reimann
Eingewechselt: 46. Hanke (5) für Kobiashvili, 74. Asamoah (-) für Seitz, 78. Delura (-) für Glieder – 71. Lexa (-) für Möller, 90. Günther (-) für Chris, 90. Bürger (-) für Cha
Tore: 1:0 Rodriguez (33., Kopfball, Vorarbeit Hamit Altintop), 1:1 Chris (37., Rechtsschuss, Kreuz)
Chancenverhältnis: 5:2
Eckenverhältnis: 9:2
SR: Kircher (Rottenburg) – **Zuschauer:** 61266 (ausverkauft) – **Gelbe Karte:** Rodriguez – **Spielnote:** 5

28. September 2003
Hertha BSC – Hamburger SV 1:1 (1:0)
Hertha: Kiraly (3) – Rehmer (3), Simunic (3), A. Friedrich (2,5), Hartmann (3,5) – Dardai (3,5) – Pinto (4), Neuendorf (3), Goor (4,5) – Luizao (5), Bobic (5) – **Trainer:** Stevens
HSV: Pieckenhagen (3,5) – Maltritz (4), Reinhardt (3,5), Ujfalusi (4), Kling (4) – Schlicke

(3,5), Wicky (4) – Mahdavikia (4), Beinlich (5), Jarolim (4) – Barbarez (4) – **Trainer:** Jara
Eingewechselt: 66. N. Kovac (-) für Neuendorf, 74. Madlung (-) für Rehmer, 81. Mladenov (-) für Pinto – 46. Takahara (4) für Beinlich, 69. Benjamin (-) für Kling, 69. Romeo (-) für Wicky
Tore: 1:0 A. Friedrich (32., Kopfball, Vorarbeit Neuendorf), 1:1 Schlicke (90., Rechtsschuss, Barbarez)
Chancenverhältnis: 3:5
Eckenverhältnis: 9:3
SR: Kinhöfer (Herne) – **Zuschauer:** 36876 – **Spielnote:** 4,5

8. Spieltag

4. Oktober 2003

Hannover 96 – FC Schalke 04 1:2 (1:2)

Hannover: Marc Ziegler (3) – Cherundolo (4,5), Konstantinidis (3,5), Vinicius (4,5), Kleber (4,5) – de Guzman (5), Dabrowski (5) – Krupnikovic (4,5) – Brdaric (4,5), Idrissou (4,5), T. Christiansen (3) – **Trainer:** Rangnick
Schalke: F. Rost (1,5) – Hajto (4), Waldoch (4), Matellan (4), Kobiashvili (4,5) – Poulsen (4), Rodriguez (2,5) – Pinto (4), Seitz (3) – Asamoah (2,5), Glieder (5) – **Trainer:** Heynckes
Eingewechselt: 61. Stajner (-) für Dabrowski, 73. Stefulj (-) für Kleber – 73. van Kerckhoven (-) für Seitz, 78. Alcides (-) für Rodriguez, 84. Delura (-) für Glieder
Tore: 1:0 T. Christiansen (17., Linksschuss, Vorarbeit de Guzman), 1:1 Asamoah (27., Rechtsschuss, Seitz), 1:2 Rodriguez (41., Linksschuss)
Chancenverhältnis: 6:6
Eckenverhältnis: 4:4
SR: Dr. Fleischer (Dachau) – **Zuschauer:** 22584 – **Gelb-Rote Karte:** de Guzman (67.) – **Rote Karten:** Brdaric (90., Tätlichkeit) – **Spielnote:** 4

4. Oktober 2003

Eintracht Frankfurt – Borussia Dortmund 0:1 (0:1)

E. Frankfurt: Nikolov (2,5) – Bindewald (4,5), Cipi (4), Chris (3), Wiedener (4) – Günther (5), Schur (3) – Möller (4,5), Kreuz (4,5) – Cha (3,5), Frommer (4) – **Trainer:** Reimann
Dortmund: Weidenfeller (1,5) – Bergdölmo (3,5), Madouni (4,5), Wörns (2,5), Jensen (3,5) – S. Reuter (3) – Kehl (3), Dede (2,5) – Ricken (4,5) – Ewerthon (4), Reina (3,5) – **Trainer:** Sammer
Eingewechselt: 46. Jones (3) für Frommer, 53. Lexa (3,5) für Günther, 69. Dragusha (-) für Schur – 46. Odonkor (4) für Ricken, 63. Senesie (-) für S. Reuter, 74. M. Metzelder (-) für Madouni
Tor: 0:1 Reina (10., Rechtsschuss, Vorarbeit Ewerthon)
Chancenverhältnis: 5:6
Eckenverhältnis: 2:2
SR: Steinborn (Sinzig) – **Zuschauer:** 25000 (ausverkauft) – **Spielnote:** 4

4. Oktober 2003

SC Freiburg – 1860 München 1:0 (0:0)

Freiburg: Golz (3) – Kondé (3), B. Diarra (3) – Riether (4), Kruppke (3,5) – A. Zeyer (3,5) – Bajramovic (3,5), Tskitishvili (3,5) – Coulibaly (4,5) – Iashvili (4), Sanou (4) – **Trainer:** Finke
1860: Hofmann (3) – Görlitz (4,5), Hoffmann (3,5), Costa (3), Saarinen (4,5) – Stranzl (4) – Schwarz (4,5), Pürk (5) – Borimirov (4,5) – Schroth (4,5), Lauth (4,5) – **Trainer:** Götz
Eingewechselt: 57. Cairo (3) für Sanou, 68. Berner (-) für Kruppke, 80. Müller (-) für Iashvili – 63. Weissenberger (-) für Pürk, 70. Tyce (-) für Borimirov, 79. Kioyo (-) für Saarinen
Tor: 1:0 Bajramovic (77., Rechtsschuss, Vorarbeit A. Zeyer)
Chancenverhältnis: 6:2
Eckenverhältnis: 9:4
SR: Meyer (Burgdorf) – **Zuschauer:** 25000 (ausverkauft) – **Spielnote:** 4,5

4. Oktober 2003

VfB Stuttgart – 1. FC Köln 0:0

Stuttgart: Hildebrand (2) – Hinkel (3), Meira (3), Bordon (3), Lahm (3,5) – Soldo (2,5) – Vranjes (3,5), A. Hleb (2,5) – Heldt (3,5) – Kuranyi (4), Szabics (4) – **Trainer:** Magath
FC Köln: Wessels (2,5) – Dogan (4), Cichon (2,5), Sichone (3) – O. Schröder (3,5), Springer (3,5) – Lottner (4), Heinrich (4) – Helbig (4,5) – Scherz (4), Ebbers (3,5) – **Trainer:** Funkel
Eingewechselt: 59. Tiffert (4) für Vranjes, 79. Cacau (-) für Heldt – 67. Dworrak (-) für Scherz, 83. Kringe (-) für Lottner, 90. Voigt (-) für Helbig
Chancenverhältnis: 4:4
Eckenverhältnis: 9:1
SR: Keßler (Höhenkirchen) – **Zuschauer:** 52000 (ausverkauft) – **Spielnote:** 4

4. Oktober 2003

Bayern München – Hertha BSC 4:1 (2:0)

Bayern: Kahn (3,5) – Salihamidzic (3), Kuffour (3,5), R. Kovac (3), Lizarazu (2,5) – Demichelis (4) – Ballack (2) – Hargreaves (4), Schweinsteiger (3) – Pizarro (4,5), Makaay (2,5) – **Trainer:** Hitzfeld
Hertha: Kiraly (4) – Rehmer (3,5), A. Friedrich (4,5), Simunic (5,5), Hartmann (5,5) – N. Kovac (4,5), Dardai (4) – Pinto (4,5), Goor (5) – Neuendorf (3) – Bobic (5) – **Trainer:** Stevens
Eingewechselt: 66. Santa Cruz (-) für Pizarro, 80. Deisler (-) für Schweinsteiger, 84. Lell (-) für Ballack – 64. Wichniarek (-) für Goor, 86. Mladenov (-) für Dardai
Tore: 1:0 Makaay (21., Rechtsschuss, Vorarbeit Salihamidzic), 2:0 Ballack (45., Rechtsschuss), 3:0 Schweinsteiger (58., Linksschuss, Ballack), 3:1 N. Kovac (65., Linksschuss, Wichniarek), 4:1 Salihamidzic (88., Rechtsschuss, Demichelis)
Chancenverhältnis: 6:2
Eckenverhältnis: 2:6
SR: Weiner (Giesen) – **Zuschauer:** 63000 (ausverkauft) – **Spielnote:** 4

4. Oktober 2003

Hamburger SV – Bor. M'gladbach 2:1 (0:1)

HSV: Pieckenhagen (3) – Hoogma (4), Ujfalusi (5) – Wicky (5), Schlicke (4), Maltritz (4), Rahn (3,5) – Jarolim (3) – Mahdavikia (4,5), Romeo (5), Barbarez (2) – **Trainer:** Jara
Gladbach: Stiel (4) – Korzynietz (4), Asanin (4), Strasser (5), Obradovic (5) – Gaede (4) – Kirch (4,5), Ulich (3,5) – Kolkka (4,5) – van Lent (3), Sverkos (5) – **Trainer:** Fach
Eingewechselt: 32. Takahara (4) für Wicky, 35. Reinhardt (3) für Mahdavikia, 58. Cardoso (2,5) für Maltritz – 72. Skoubo (-) für Kirch, 77. Ketelaer (-) für Kolkka, 82. Van Houdt (-) für Sverkos
Tore: 0:1 van Lent (18., Linksschuss, Vorarbeit Kolkka), 1:1 Barbarez (58., Linksschuss), 2:1 Barbarez (73., Kopfball, Jarolim)
Chancenverhältnis: 7:4
Eckenverhältnis: 6:6
SR: Wagner (Kriftel) – **Zuschauer:** 51325 – **Spielnote:** 4,5

4. Oktober 2003

VfL Bochum – 1. FC Kaiserslautern 4:0 (0:0)

Bochum: Van Duijnhoven (3) – Colding (3), Kalla (-), Fahrenhorst (3), P. Bönig (3,5) – Oliseh (2), Zdebel (2) – Wosz (2) – Hashemian (2,5), Diabang (4), P. Madsen (2,5) – **Trainer:** Neururer
K'lautern: Wiese (4) – Vreven (4), Knavs (4,5), Lembi (5), Tchato (3,5) – Riedl (4) – Hristov (5), Kosowski (5) – Dominguez (4,5) – Klose (4,5), Lokvenc (4) – **Trainer:** Gerets
Eingewechselt: 25. Vriesde (3) für Kalla, 63. Buckley (-) für Diabang, 74. Stevic (-) für Wosz – 65. Bjelica (-) für Dominguez, 69. Timm (-) für Kosowski, 83. Halil Altintop (-) für Lokvenc
Tore: 1:0 Hashemian (49., Rechtsschuss, ohne Vorarbeit), 2:0 P. Madsen (60., Kopfball, Wosz), 3:0 Hashemian (83., Rechtsschuss, Buckley), 4:0 P. Madsen (90., Linksschuss, Zdebel)
Chancenverhältnis: 10:4
Eckenverhältnis: 5:2
SR: Stark (Ergolding) – **Zuschauer:** 20120 – **Spielnote:** 3

5. Oktober 2003

Werder Bremen – VfL Wolfsburg 5:3 (3:1)

Bremen: Reinke (4) – Davala (4), Ismaël (4) Krstajic (3), Stalteri (3) – Baumann (3), F. Ernst (2) – Lisztes (2,5) – Micoud (1,5) – Klasnic (3), Ailton (2) – **Trainer:** Schaaf
Wolfsburg: Jentzsch (4) – Sarpei (5), Biliskov (4,5) – Thiam (4), Schnoor (4), Weiser (3) – S. Müller (5), Munteanu (3,5), D'Alessandro (3,5) – Menseguez (4), Klimowicz (4,5) – **Trainer:** Röber
Eingewechselt: 70. Borowski (-) für Lisztes, 81. Charisteas (-) für Klasnic, 83. Valdez (-) für Ailton – 46. Karhan (2) für S. Müller, 46. Streit (3) für Munteanu, 88. Baiano (-) für Sarpei
Tore: 1:0 Ailton (2., Rechtsschuss, Vorarbeit F. Ernst), 2:0 Ailton (21., Kopfball, F. Ernst), 2:1 Biliskov (40., Kopfball, Munteanu), 3:1 Stalteri (41., Rechtsschuss, Micoud), 3:2 Streit (53., Linksschuss, D'Alessandro), 4:2 Micoud (57., Rechtsschuss), 5:2 Klasnic (58., Linksschuss, Lisztes), 5:3 Karhan (65., Rechtsschuss, D'Alessandro)
Chancenverhältnis: 8:6
Eckenverhältnis: 2:4
SR: Jansen (Essen) – **Zuschauer:** 31830 – **Spielnote:** 1,5

5. Oktober 2003

Bayer Leverkusen – Hansa Rostock 3:0 (0:0)

Leverkusen: J. Butt (3) – T. Lucic (3,5), Lucio (3), Nowotny (2,5), Placente (3) – Ramelow (3) – Ponte (3), Babic (3,5) – B. Schneider (3) – Neuville (4), Franca (3,5) – **Trainer:** Augenthaler
Rostock: Schober (1,5) – Kovar (3,5), Kientz (5), Hill (5), Melkam (3) – Tjikuzu (3), Persson (4), Aduobe (3,5) – Lantz (4) – Max (5), Plassnegger (5) – **Trainer:** Veh
Eingewechselt: 56. Berbatov (2) für Neuville, 65. Bierofka (-) für Babic, 77. Bastürk (-) für Franca – 34. Rasmussen (4) für Aduobe 46. Wimmer (4) für Kovar
Tore: 1:0 Placente (70., Kopfball, Vorarbeit B. Schneider), 2:0 Berbatov (75., Rechtsschuss, Ponte), 3:0 Bierofka (79., Rechtsschuss)
Chancenverhältnis: 15:4
Eckenverhältnis: 9:4
SR: Kemmling (Kleinburgwedel) – **Zuschauer:** 22500 (ausverkauft) – **Spielnote:** 2,5

9. Spieltag

18. Oktober 2003

VfL Wolfsburg – Hansa Rostock 3:1 (2:1)

Wolfsburg: Jentzsch (4) – Franz (3), Biliskov (3,5) – Thiam (3,5), Schnoor (4), Weiser (3) – Karhan (2), D'Alessandro (3), Menseguez (3,5) – Baiano (2), Klimowicz (2,5) – **Trainer:** Röber
Rostock: Schober (2) – Wimmer (5), Kientz (5), Hill (5), Melkam (5) – Rydlewicz (3), Lantz (4), Persson (4,5), Rasmussen (4,5) – Plassnegger (4,5), Max (5) – **Trainer:** Schlünz
Eingewechselt: 78. Sarpei (-) für Menseguez, 86. Topic (-) für Baiano – 72. Frica (-) für Rydlewicz, 74. Tjikuzu (-) für Wimmer, 84. di Salvo (-) für Rasmussen
Tore: 1:0 Klimowicz (31., Kopfball, Vorarbeit Karhan), 2:0 Baiano (39., Kopfball, Karhan), 2:1 Rydlewicz (42., Rechtsschuss, Lantz), 3:1 Baiano (67., Kopfball, D'Alessandro)
Chancenverhältnis: 11:6
Eckenverhältnis: 4:3
SR: Albrecht (Kaufbeuren) – **Zuschauer:** 19846 – **Gelbe Karte:** Baiano – **Spielnote:** 3

18. Oktober 2003

Bor. M'gladbach – Bayern München 0:0

Gladbach: Stiel (3) – Korzynietz (3,5), Asanin (3), Strasser (3,5), Ojigwe (4) – Gaede (2) – Ulich (3,5), Demo (4), Kolkka (4) – Sverkos (4), van Lent (3,5) – **Trainer:** Fach
Bayern: Kahn (3,5) – Salihamidzic (4), Kuffour (3), R. Kovac (3), Lizarazu (4) – Demichelis (4), Jeremies (4) – Deisler (3,5), Ballack (5) – Makaay (5), Pizarro (3,5) – **Trainer:** Hitzfeld

Langes Bein: Rostocks Thomas Rasmussen (in Gelb) vor den Leverkusenern Bastürk und Lucic.

Eingewechselt: 63. Obradovic (-) für Ojigwe, 70. Aidoo (-) für Sverkos, 78. van Hout (-) für Demo – 46. Lell (3,5) für Salihamidzic, 46. Trochowski (3,5) für Jeremies, 75. Santa Cruz (-) für Makaay
Chancenverhältnis: 4:2
Eckenverhältnis: 10:6
SR: Kircher (Rottenburg) – **Zuschauer:** 34500 (ausverkauft) – **Spielnote:** 4

18. Oktober 2003
Hertha BSC – Bayer Leverkusen 1:4 (0:1)
Hertha: Kiraly (3) – Rehmer (5), van Burik (5), Simunic (5) – A. Friedrich (4,5), Dardai (5), Hartmann (6) – Goor (5), Marcelinho (4,5) – Bobic (4), Wichniarek (6) – **Trainer:** Stevens
Leverkusen: J. Butt (3) – Juan (3), Lucio (3,5), Nowotny (3), Placente (5) – Ramelow (3) – B. Schneider (3), Bierofka (3,5) – Ponte (2) – Franca (2), Berbatov (3) – **Trainer:** Augenthaler
Eingewechselt: 31. Lapaczinski (5,5) für A. Friedrich, 46. Madlung (5,5) für van Burik, 73. Ludwig (-) für Marcelinho – 65. Balitsch (-) für Lucio, 69. Babic (-) für Bierofka, 80. Bastürk (-) für Ponte
Tore: 0:1 Franca (11., Linksschuss, Vorarbeit Ponte), 1:1 Bobic (47., Rechtsschuss, Lapaczinski), 1:2 Berbatov (54., Rechtsschuss, Franca), 1:3 B. Schneider (72., Linksschuss, Ponte), 1:4 Babic (86., Linksschuss, Bastürk)
Chancenverhältnis: 5:11
Eckenverhältnis: 4:4
SR: Merk, Dr. (Kaiserslautern) – **Zuschauer:** 36638 – **Rote Karten:** Lapaczinski (51., grobes Foulspiel), Placente (63., grobes Foulspiel) – **Spielnote:** 3

18. Oktober 2003
Werder Bremen – VfB Stuttgart 1:3 (0:2)
Bremen: Reinke (2,5) – Davala (4,5), Ismaël (3,5), Krstajic (2,5), Stalteri (5) – Baumann (3) – F. Ernst (2), Lisztes (3,5) – Micoud (3) – Klasnic (3), Ailton (5) – **Trainer:** Schaaf
Stuttgart: Hildebrand (1,5) – Hinkel (2), Meira (3), Bordon (3,5), Gerber (4) – Soldo (2,5) – Vranjes (3,5), A. Hleb (2,5) – Heldt (3,5) – Szabics (3,5), Kuranyi (2,5) – **Trainer:** Magath
Eingewechselt: 59. Charisteas (2,5) für Stalteri, 68. Valdez (-) für Ailton, 76. Daun (-) für Davala – 46. Meißner (4) für Soldo, 71. Tiffert (-) für Heldt, 90. Husterer (-) für Szabics
Tore: 0:1 Szabics (31., Kopfball, Vorarbeit Hinkel), 0:2 Kuranyi (34., Rechtsschuss, A. Hleb), 1:2 Charisteas (60., Rechtsschuss, F. Ernst), 1:3 Tiffert (90., Rechtsschuss, A. Hleb)
Chancenverhältnis: 10:6
Eckenverhältnis: 8:2
SR: Kinhöfer (Herne) – **Zuschauer:** 41100 (ausverkauft) – **Gelb-Rote Karte:** Bordon (89.) – **Besonderes Vorkommnis:** Reinke hält Foulelfmeter von Hleb (45.) – **Spielnote:** 2

18. Oktober 2003
1. FC Köln – SC Freiburg 1:0 (0:0)
FC Köln: Wessels (4) – Dogan (2), Cichon (3), Sichone (3,5) – Springer (4) – O. Schröder (4), Heinrich (4) – Lottner (3,5) – Helbig (4) – Scherz (4), Ebbers (4) – **Trainer:** Funkel
Freiburg: Golz (4) – Kondé (4), B. Diarra (3,5) – Riether (4), Kruppke (3) – Bajramovic (4) – A. Zeyer (4), Tskitishvili (4) – Coulibaly (4) – Sanou (5), Iashvili (4) – **Trainer:** Finke
Eingewechselt: 66. Federico (-) für O. Schröder, 75. Voigt (-) für Heinrich, 85. Kringe (-) für Lottner – 38. Cairo (5) für Sanou, 81. Berner (-) für A. Zeyer, 85. Guié-Mien (-) für Kruppke
Tor: 1:0 Dogan (70., Kopfball, Vorarbeit Lottner)
Chancenverhältnis: 5:3
Eckenverhältnis: 6:5
SR: Wack, Dr. (Biberbach) – **Zuschauer:** 33000 (ausverkauft) – **Spielnote:** 4,5

18. Oktober 2003
1860 München – Eintracht Frankfurt 1:0 (0:0)
1860: Hofmann (3) – Stranzl (4), Hoffmann (3), Costa (3), Saarinen (4,5) – Schwarz (3) – Görlitz (3), Pürk (5) – Weissenberger (4) – Schroth (3), Lauth (4) – **Trainer:** Götz
E. Frankfurt: Nikolov (3) – Bindewald (4), Puljiz (4), Cipi (4), Wiedener (5) – Günther (4,5), Chris (3,5) – Lexa (4), Kreuz (4,5) – Möller (5) – Cha (5) – **Trainer:** Reimann

Späte Entscheidung: Der Münchner »Löwe« Lauth verwandelt einen Elfmeter gegen Frankfurts Nikolov.

Eingewechselt: 44. Baier (3) für Pürk, 46. Tyce (3,5) für Saarinen, 73. Kioyo (-) für Stranzl – 61. Weißenfeldt (-) für Puljiz, 73. Preuß (-) für Möller, 83. Beierle (-) für Cha
Tor: 1:0 Lauth (90., Foulelfmeter, Rechtsschuss, Vorarbeit Lauth)
Chancenverhältnis: 4:0
Eckenverhältnis: 9:1
SR: Gagelmann (Bremen) – **Zuschauer:** 26000 – **Gelbe Karte:** Chris – **Spielnote:** 4,5

18. Oktober 2003
Borussia Dortmund – Hannover 96 6:2 (2:0)
Dortmund: Weidenfeller (4) – Fernandez (3,5), Wörns (2), Bergdölmo (4), Jensen (3) – S. Reuter (3,5) – Kehl (3) – Ricken (2), Dede (2,5) – Koller (1,5), Ewerthon (1) – **Trainer:** Sammer
Hannover: Marc Ziegler (5) – Cherundolo (6), Konstantinidis (5,5), Vinicius (5), Kleber (4,5) – Dabrowski (5) – Lala (3,5) – Krupnikovic (4,5) – Stajner (5), Idrissou (4,5), T. Christiansen (5) – **Trainer:** Rangnick
Eingewechselt: 73. Odonkor (-) für Ricken, 77. Senesie (-) für Koller, 83. Reina (-) für Ewerthon – 66. Wolf (-) für Stajner, 66. Stendel (-) für Dabrowski, 80. Zuraw (-) für T. Christiansen
Tore: 1:0 Ewerthon (35., Rechtsschuss, Vorarbeit Ricken), 2:0 Ricken (42., Linksschuss, Ewerthon), 3:0 Kehl (57., Kopfball, Ricken), 3:1 Vinicius (58., Rechtsschuss, Krupnikovic), 4:1 Koller (65., Rechtsschuss, Ewerthon), 5:1 Ewerthon (76., Rechtsschuss, Dede), 6:1 Koller (77., Linksschuss, Kehl), 6:2 Wolf (85., Kopfball, Kleber)
Chancenverhältnis: 8:7
Eckenverhältnis: 4:8
SR: Fandel (Kyllburg) – **Zuschauer:** 80500 – **Spielnote:** 2

19. Oktober 2003
FC Schalke 04 – VfL Bochum 0:2 (0:0)
Schalke: F. Rost (3,5) – Hajto (3,5), Waldoch (4), Matellan (4), Kobiashvili (4) – Poulsen (4,5), Rodriguez (4,5) – Pinto (5), Seitz (5) – Asamoah (4) – Agali (5) – **Trainer:** Heynckes
Bochum: Van Duijnhoven (2) – Colding (3), Kalla (3,5), Fahrenhorst (2), P. Bönig (3) – Zdebel (2,5), Oliseh (2,5) – Wosz (4,5) – Hashemian (4,5), Buckley (4), P. Madsen (4) – **Trainer:** Neururer
Eingewechselt: 46. Sand (4) für Seitz, 70. Hanke (-) für Agali, 78. Trojan (-) für Asamoah – 60. Stevic (3,5) für Wosz, 60. Diabang (2,5) für Buckley, 74. Bemben (-) für P. Bönig
Tore: 0:1 Fahrenhorst (65., Linksschuss, ohne Vorarbeit), 0:2 Diabang (78., Kopfball, Oliseh)
Chancenverhältnis: 4:3
Eckenverhältnis: 7:1
SR: Wagner (Kriftel) – **Zuschauer:** 61178 – **Spielnote:** 3,5

19. Oktober 2003
1. FC Kaiserslautern – Hamburger SV 4:0 (1:0)
K'lautern: Wiese (2,5) – Grammozis (4), Lembi (2,5), Mettomo (4), Tchato (3) – Hengen (3) – Dominguez (3), Kosowski (3,5) – Anfang (3,5) – Lokvenc (3), Klose (2,5) – **Trainer:** Gerets
HSV: Pieckenhagen (4) – Jacobsen (4), Ujfalusi (5), Reinhardt (5), Hollerbach (5) – Maltritz (4), Schlicke (5) – Jarolim (5) – Mahdavikia (3), Barbarez (4) – Romeo (3,5) – **Trainer:** Jara
Eingewechselt: 63. Timm (-) für Kosowski, 82. Bjelica (-) für Dominguez, 84. Riedl (-) für Anfang – 55. Takahara (4,5) für Maltritz
Tore: 1:0 Mettomo (37., Kopfball, Vorarbeit Anfang), 2:0 Klose (62., Foulelfmeter, Rechtsschuss, Klose), 3:0 Timm (74., Linksschuss, Lokvenc), 4:0 Klose (76., Rechtsschuss, Dominguez)
Chancenverhältnis: 9:5
Eckenverhältnis: 4:4
SR: Fröhlich (Berlin) – **Zuschauer:** 38016 – **Gelbe Karten:** Lembi – Reinhardt – **Spielnote:** 3

10. Spieltag

25. Oktober 2003
Hannover 96 – 1860 München 1:1 (1:1)
Hannover: Marc Ziegler (2) – Zuraw (3), Konstantinidis (3,5), Vinicius (4) – Cherundolo (3,5), de Guzman (4), Schuler (4), Kleber (4) – Krupnikovic (3,5) – T. Christiansen (5), Idrissou (4) – **Trainer:** Rangnick
1860: Hofmann (3) – Stranzl (3,5), Hoffmann (3), Costa (4), Tyce (3) – Görlitz (3,5), Meyer (3,5), Schwarz (4), Weissenberger (3) – Lauth (4), Schroth (5) – **Trainer:** Götz
Eingewechselt: 46. Stendel (4) für Schuler, 84. Stajner (-) für Kleber – 66. Agostino (-) für Lauth, 79. Borimirov (-) für Görlitz, 84. Kurz (-) für Stranzl
Tore: 1:0 Idrissou (34., Linksschuss, Vorarbeit Schuler), 1:1 Weissenberger (35., Rechtsschuss, Meyer)
Chancenverhältnis: 3:5
Eckenverhältnis: 3:5
SR: Merk, Dr. (Kaiserslautern) – **Zuschauer:** 19754 – **Rote Karten:** Meyer (71., Tätlichkeit), T. Christiansen (73., Tätlichkeit) – **Spielnote:** 4,5

25. Oktober 2003
Eintracht Frankfurt – 1. FC Köln 2:0 (0:0)
E. Frankfurt: Nikolov (2,5) – Bindewald (4), Chris (3,5), Cipi (4), Wiedener (3,5) – Schur (3,5) – Preuß (5), Möller (5,5), Kreuz (4) – Cha (4,5), Frommer (3,5) – **Trainer:** Reimann
FC Köln: Wessels (4) – Dogan (3,5), Cichon (3,5), Sichone (4) – Springer (4) – O. Schröder (4), Heinrich (4,5) – Lottner (5) – Helbig (5), Scherz (5) – Ebbers (4,5) – **Trainer:** Funkel
Eingewechselt: 46. Günther (4) für Bindewald, 56. Lexa (3) für Möller, 76. Dragusha (-) für Frommer – 70. Federico (-) für Scherz, 76. Kennedy (-) für Cichon
Tore: 1:0 Frommer (63., Linksschuss, Vorarbeit Preuß), 2:0 Dragusha (80., Linksschuss, Kreuz)
Chancenverhältnis: 6:4
Eckenverhältnis: 4:3
SR: Weiner (Giesen) – **Zuschauer:** 27500 (ausverkauft) – **Spielnote:** 4

25. Oktober 2003
SC Freiburg – Werder Bremen 2:4 (0:3)
Freiburg: Golz (2) – Kondé (4), B. Diarra (4) – Riether (5), Kruppke (5) – Bajramovic (5), A. Zeyer (5), Tskitishvili (4) – Coulibaly (5) – Iashvili (3,5), Tanko (5) – **Trainer:** Finke
Bremen: Reinke (3) – Davala (4), Ismaël (3), Krstajic (3), Stalteri (3,5) – Baumann (2,5) – Lisztes (2,5), F. Ernst (1,5) – Micoud (2,5) – Klasnic (3), Ailton (2) – **Trainer:** Schaaf
Eingewechselt: 46. Berner (3) für Tanko, 46. Willi (4) für A. Zeyer, 69. Cairo (-) für Kruppke – 69. Charisteas (-) für Ailton, 74. Borowski (-) für Klasnic, 87. Schulz (-) für Lisztes
Tore: 0:1 Ailton (14., Linksschuss, Vorarbeit Klasnic), 0:2 Ailton (28., Linksschuss, Lisztes), 0:3 Micoud (37., Rechtsschuss, F. Ernst), 1:3 Iashvili (60., Linksschuss, Berner), 1:4 Klasnic (65., Rechtsschuss, F. Ernst), 2:4 Iashvili (90., Rechtsschuss, Cairo)
Chancenverhältnis: 7:12
Eckenverhältnis: 12:4
SR: Steinborn (Sinzig) – **Zuschauer:** 25000 (ausverkauft) – **Spielnote:** 2

25. Oktober 2003
VfB Stuttgart – VfL Wolfsburg 1:0 (0:0)
Stuttgart: Hildebrand (1) – Hinkel (2), Meira (3,5), Soldo (3,5), Lahm (3) – Vranjes (3,5) – Tiffert (3), A. Hleb (4) – Heldt (4) – Szabics (3,5), Kuranyi (2,5) – **Trainer:** Magath
Wolfsburg: Jentzsch (2,5) – Franz (2,5), Schnoor (3) – Sarpei (3,5), Thiam (4,5), Weiser (4) – Karhan (3), D'Alessandro (3,5), Menseguez (3) – Baiano (4), Klimowicz (3) – **Trainer:** Röber
Eingewechselt: 46. Wenzel (2,5) für Vranjes, 66. Amanatidis (2) für Heldt, 78. Meißner (-) für A. Hleb – 77. Topic (-) für Weiser
Tor: 1:0 Amanatidis (74., Rechtsschuss, Vorarbeit Kuranyi)
Chancenverhältnis: 11:5
Eckenverhältnis: 4:4
SR: Fandel (Kyllburg) – **Zuschauer:** 35000 – **Gelbe Karte:** Amanatidis – **Spielnote:** 2,5

25. Oktober 2003

Hansa Rostock – Hertha BSC 0:1 (0:1)

Rostock: Schober (1,5) – Tjikuzu (3,5), Möhrle (4), Hill (4), Melkam (5) – Lantz (4), Persson (5) – Rydlewicz (5), Rasmussen (4,5) – Max (4,5), Prica (5) – **Trainer:** Schlünz
Hertha: Kiraly (3) – Rehmer (2), Simunic (2,5) – A. Friedrich (2,5), Schmidt (3) – N. Kovac (2,5), Dardai (2,5) – Goor (3), Marcelinho (2,5) – Bobic (3,5), Luizao (3,5) – **Trainer:** Stevens
Eingewechselt: 46. Arvidsson (5) für Rydlewicz, 46. Aduobe (4) für Persson, 76. di Salvo (-) für Prica – 71. Rafael (-) für Luizao, 90. Madlung (-) für Marcelinho
Tor: 0:1 Luizao (32., Linksschuss, Vorarbeit Bobic)
Chancenverhältnis: 4:7
Eckenverhältnis: 4:5
SR: Meyer (Burgdorf) – **Zuschauer:** 22000 – **Spielnote:** 3,5

25. Oktober 2003

Bayern München – 1. FC Kaiserslautern 4:1 (2:0)

Bayern: Kahn (2) – Salihamidzic (3,5), R. Kovac (3), T. Linke (4), Lizarazu (3) – Demichelis (4,5) – Ballack (3,5) – Deisler (1,5), Zé Roberto (4) – Santa Cruz (4), Makaay (2) – **Trainer:** Hitzfeld
K'lautern: Wiese (4,5) – Grammozis (3,5), Lembi (4), Mettomo (5), Tchato (5) – Hengen (4,5), Anfang (2,5) – Kosowski (2,5), Dominguez (3,5) – Timm (5) – Klose (3) – **Trainer:** Gerets
Eingewechselt: 67. Lell (-) für Lizarazu, 67. Jeremies (-) für Zé Roberto, 72. Pizarro (-) für Santa Cruz – 32. Halil Altintop (3) für Dominguez
Tore: 1:0 Deisler (1., direkter Freistoß, Rechtsschuss, ohne Vorarbeit), 2:0 Makaay (27., Kopfball, Zé Roberto), 3:0 Deisler (69., Linksschuss, Ballack), 3:1 Klose (78., Rechtsschuss, Kosowski), 4:1 Makaay (80., Kopfball, Ballack)
Chancenverhältnis: 11:9
Eckenverhältnis: 5:5
SR: Koop (Lüttenmark) – **Zuschauer:** 58000 – **Besonderes Vorkommnis:** Kahn hält Foulelfmeter von Klose (76.) – **Spielnote:** 3

25. Oktober 2003

Hamburger SV – FC Schalke 04 2:2 (1:0)

HSV: Wächter (4,5) – Schlicke (3), Hoogma (3,5), Ujfalusi (3,5), Hollerbach (4) – Maltritz (5) – Jarolim (4,5), Barbarez (3) – Mahdavikia (4), Rahn (3,5) – Romeo (2,5) – **Trainer:** Toppmöller
Schalke: F. Rost (2) – Alcides (5), Waldoch (4,5), Matellan (3), Kobiashvili (3) – Poulsen (3,5), Rodriguez (4) – Pinto (3), Asamoah (5) – Agali (4,5), Sand (5) – **Trainer:** Heynckes
Eingewechselt: 52. Wicky (4) für Hollerbach, 59. Beinlich (3) für Barbarez, 73. Takahara (-) für Romeo – 63. Hanke (-) für Sand, 65. Glieder (2,5) für Agali, 77. Trojan (-) für Asamoah
Tore: 1:0 Romeo (29., Rechtsschuss, Vorarbeit Rahn), 2:0 Romeo (68., Rechtsschuss, Mahdavikia), 2:1 Matellan (73., Linksschuss, Pinto), 2:2 Glieder (90., Rechtsschuss, Waldoch)
Chancenverhältnis: 6:3
Eckenverhältnis: 5:3
SR: Sippel (München) – **Zuschauer:** 55386 – **Spielnote:** 4

26. Oktober 2003

VfL Bochum – Borussia Dortmund 3:0 (1:0)

Bochum: Van Duijnhoven (2) – Colding (3), Kalla (2,5), Fahrenhorst (3), P. Bönig (2,5) – Oliseh (2), Zdebel (2,5) – Wosz (3,5) – Hashemian (1,5), Diabang (4), P. Madsen (3,5) – **Trainer:** Neururer
Dortmund: Weidenfeller (4) – Fernandez (4), Wörns (3), Bergdölmo (5), Jensen (5) – S. Reuter (5) – Kehl (5) – Ricken (4,5), Dede (3,5) – Koller (4,5), Ewerthon (3,5) – **Trainer:** Sammer
Eingewechselt: 46. Buckley (3,5) für Diabang, 59. Stevic (3,5) für Zdebel, 78. B. Gudjonsson (-) für Hashemian – 78. Reina (-) für Dede, 83. Odonkor (-) für Ricken
Tore: 1:0 Hashemian (7., Kopfball, Vorarbeit P. Bönig), 2:0 Hashemian (57., Kopfball, Buckley), 3:0 Oliseh (79., direkter Freistoß, Rechtsschuss)
Chancenverhältnis: 7:6
Eckenverhältnis: 7:2
SR: Fröhlich (Berlin) – **Zuschauer:** 32645 (ausverkauft) – **Rote Karte:** Kehl (32., Tätlichkeit) – **Spielnote:** 2

26. Oktober 2003

Bayer Leverkusen – Bor. M'gladbach 1:0 (0:0)

Leverkusen: J. Butt (2) – Juan (3), Nowotny (2), Lucio (2,5), Babic (4) – Ramelow (2,5) – B. Schneider (2), Bastürk (3,5) – Ponte (3,5) – Berbatov (4), Franca (4) – **Trainer:** Augenthaler
Gladbach: Stiel (3) – Korzynietz (3,5), Asanin (3,5), Strasser (3,5), Ojigwe (4) – Gaede (5) – Ulich (4), Demo (4), Kolkka (4) – Sverkos (5), van Lent (4) – **Trainer:** Fach
Eingewechselt: 60. Bierofka (4) für Bastürk, 70. Neuville (-) für Franca, 82. Balitsch (-) für Ponte – 46. van Hout (4,5) für Sverkos, 65. Aidoo (-) für Ulich, 82. Pletsch (-) für Demo
Tor: 1:0 B. Schneider (49., Rechtsschuss, Vorarbeit Bastürk)
Chancenverhältnis: 5:5
Eckenverhältnis: 3:7
SR: Stark (Ergolding) – **Zuschauer:** 22500 (ausverkauft) – **Spielnote:** 3

11. Spieltag

1. November 2003

VfL Wolfsburg – Hertha BSC 3:0 (1:0)

Wolfsburg: Jentzsch (2,5) – Biliskov (3), Schnoor (3) – Sarpei (2,5), Thiam (3), Weiser (3) – Karhan (3), D'Alessandro (1), Menseguez (3) – Baiano (4), Klimowicz (1,5) – **Trainer:** Röber
Hertha: Kiraly (4,5) – A. Friedrich (4), Rehmer (3,5), Simunic (5,5), Schmidt (5) – N. Kovac (4), Dardai (5) – Goor (4,5), Marcelinho (4,5) – Bobic (4), Luizao (4) – **Trainer:** Stevens
Eingewechselt: 74. Franz (-) für Baiano, 81. Streit (-) für Menseguez, 83. Hrgovic (-) für D'Alessandro – 68. Rafael (-) für Luizao, 75. Fathi (-) für Schmidt, 82. Pinto (-) für Dardai
Tore: 1:0 D'Alessandro (24., Linksschuss, ohne Vorarbeit), 2:0 Klimowicz (47., Linksschuss, D'Alessandro), 3:0 Klimowicz (71., Linksschuss, D'Alessandro)
Chancenverhältnis: 8:6
Eckenverhältnis: 4:5
SR: Sippel (München) – **Zuschauer:** 21325 – **Spielnote:** 2,5

1. November 2003

Bor. M'gladbach – Hansa Rostock 1:1 (1:1)

Gladbach: Stiel (3,5) – Korzynietz (3), Asanin (3), Strasser (4), Ojigwe (4) – Kluge (3,5) – Ulich (4,5), Kolkka (4) – Demo (4) – van Lent (5), Sverkos (3) – **Trainer:** Fach
Rostock: Schober (2) – Möhrle (4), Persson (3), Hill (4,5) – Tjikuzu (5), Maul (4,5) – Rydlewicz (5), Lantz (4), Rasmussen (4,5) – Plassnegger (5), Max (5) – **Trainer:** Schlünz
Eingewechselt: 69. Kirch (-) für Ulich, 72. van Hout (-) für Demo, 77. Podszus (-) für van Lent – 58. di Salvo (4) für Plassnegger, 77. Melkam (-) für Rasmussen, 90. Meggle (-) für Rydlewicz
Tore: 1:0 Sverkos (30., Rechtsschuss, Vorarbeit van Lent), 1:1 Persson (33., Rechtsschuss)
Chancenverhältnis: 12:2
Eckenverhältnis: 7:4
SR: Merk, Dr. (Kaiserslautern) – **Zuschauer:** 30100 – **Besonderes Vorkommnis:** Lent schießt Foulelfmeter an den Pfosten (35.) – **Spielnote:** 3,5

1. November 2003

VfB Stuttgart – SC Freiburg 4:1 (1:1)

Stuttgart: Hildebrand (4) – Hinkel (3), Meira (2,5), Wenzel (3), Lahm (2,5) – Soldo (3) – Vranjes (4,5), A. Hleb (2) – Heldt (4) – Kuranyi (1,5), Szabics (3) – **Trainer:** Magath
Freiburg: Golz (4,5) – Kondé (4), Müller (4) – Kruppke (3), Berner (3) – Bajramovic (4), Riether (4), A. Zeyer (4) – Coulibaly (4) – Iashvili (5), Tanko (5) – **Trainer:** Finke
Eingewechselt: 46. Tiffert (2,5) für Heldt, 61. Amanatidis (-) für Vranjes, 82. Meißner (-) für Kuranyi – 46. Cairo (5) für Tanko, 68. B. Diarra (-) für Iashvili, 68. Tskitishvili (-) für Berner
Tore: 1:0 Kuranyi (33., Rechtsschuss, Vorarbeit Meira), 1:1 Coulibaly (45., Foulelfmeter, Linksschuss, Berner), 2:1 Tiffert (62., Rechtsschuss, A. Hleb), 3:1 A. Hleb (64., Rechtsschuss, Szabics), 4:1 Kuranyi (65., Rechtsschuss, Hinkel)
Chancenverhältnis: 8:2
Eckenverhältnis: 5:2
SR: Jansen (Essen) – **Zuschauer:** 54018 (ausverkauft) – **Gelb-Rote Karte:** A. Zeyer (58.) – **Spielnote:** 3

1. November 2003

Werder Bremen – Eintracht Frankfurt 3:1 (2:0)

Bremen: Reinke (5) – Davala (3), Ismaël (2,5), Krstajic (2), Stalteri (3) – Baumann (1,5) – F. Ernst (3), Lisztes (2,5) – Micoud (4) – Ailton (3), Charisteas (2,5) – **Trainer:** Schaaf
E. Frankfurt: Nikolov (4) – Chris (4), Cipi (5), Tsoumou-Madza (4,5) – Preuß (4), Schur (4), Wiedener (4) – Lexa (5), Skela (4), Kreuz (5) – Frommer (5) – **Trainer:** Reimann
Eingewechselt: 67. Klasnic (-) für Charisteas, 67. Borowski (-) für Lisztes, 81. Daun (-) für Ailton – 57. Cha (4,5) für Frommer, 75. Beierle (-) für Wiedener, 86. Dragusha (-) für Kreuz
Tore: 1:0 Ailton (18., Linksschuss, Vorarbeit Lisztes), 2:0 Baumann (25., Rechtsschuss), 2:1 Chris (67., Rechtsschuss), 3:1 Klasnic (70., Linksschuss, Ailton)
Chancenverhältnis: 9:3
Eckenverhältnis: 8:2
SR: Albrecht (Kaufbeuren) – **Zuschauer:** 34619 – **Gelbe Karte:** Klasnic – **Spielnote:** 3,5

1. November 2003

1. FC Köln – Hannover 96 1:2 (1:1)

FC Köln: Wessels (2,5) – Cullmann (4), Dogan (3), Sichone (3), Heinrich (4) – Kringe (3), Voigt (3,5) – Lottner (4) – Helbig (4,5), Scherz (3), Springer (2,5) – **Trainer:** Lunukay
Hannover: Marc Ziegler (1) – Mertesacker (5), Konstantinidis (4), Zuraw (4,5), Stefulj (5,5) – Dabrowski (4,5) – de Guzman (4), Krupnikovic (3) – Stendel (2,5), Brdaric (3,5), Idrissou (3) – **Trainer:** Rangnick
Eingewechselt: 52. Klos (4,5) für Dogan, 71. Federico (-) für Kringe, 84. Ebbers (-) für Helbig – 46. Cherundolo (3,5) für Mertesacker, 46. Vinicius (3) für Stefulj, 73. Stajner (-) für Brdaric
Tore: 0:1 Brdaric (32., Linksschuss, Vorarbeit Stendel), 1:1 Scherz (37., Kopfball, Lottner), 1:2 Stendel (81., Rechtsschuss, Krupnikovic)
Chancenverhältnis: 14:6
Eckenverhältnis: 8:3
SR: Kircher (Rottenburg) – **Zuschauer:** 33000 (ausverkauft) – **Spielnote:** 3

1. November 2003

1860 München – VfL Bochum 3:1 (0:1)

1860: Hofmann (2,5) – Stranzl (4), Hoffmann (2), Costa (3), Tyce (3,5) – Matth. Lehmann (3) – Görlitz (4), Schwarz (3,5), Weissenberger (2,5) – Lauth (1), Schroth (3) – **Trainer:** Götz
Bochum: Van Duijnhoven (2) – Colding (4), Kalla (4,5), Fahrenhorst (5), P. Bönig (4) – Oliseh (4), Zdebel (4) – Wosz (5) – Hashemian (3), Buckley (5), P. Madsen (4) – **Trainer:** Neururer
Eingewechselt: 79. Cerny (-) für Görlitz, 83. Agostino (-) für Lauth, 89. Schäfer (-) für Weissenberger – 70. Freier (-) für Wosz, 74. Diabang (-) für P. Bönig, 76. T. Gudjonsson (-) für Zdebel
Tore: 0:1 Hashemian (35., Rechtsschuss, ohne Vorarbeit), 1:1 Lauth (49., Rechtsschuss, Schroth), 2:1 Lauth (66., Foulelfmeter, Rechtsschuss, Hoffmann), 3:1 Lauth (77., Rechtsschuss, Schroth)
Chancenverhältnis: 14:5
Eckenverhältnis: 9:1
SR: Trautmann (Florstadt) – **Zuschauer:** 18000 – **Gelbe Karte:** Cerny – **Spielnote:** 2,5

1. November 2003

FC Schalke 04 – Bayern München 2:0 (1:0)

Schalke: F. Rost (3,5) – Hajto (3), Waldoch (3,5), Matellan (3,5), Kobiashvili (3) – Oude Kamphuis (1,5), Poulsen (3,5) – Pinto (4), Asamoah (3) – Hanke (2), Sand (4) – **Trainer:** Heynckes
Bayern: Kahn (2) – Salihamidzic (3), R. Kovac (4), T. Linke (5), Lizarazu (4) – Demichelis (4) – Ballack (5) – Deisler (3,5), Zé Roberto (4,5) – Santa Cruz (5), Makaay (5) – **Trainer:** Hitzfeld
Eingewechselt: 25. Vermant (3) für Poulsen, 72. Trojan (-) für Pinto, 85. Glieder (-) für Hanke – 38. Jeremies (4) für Deisler, 70. Pizarro (-) für Santa Cruz, 72. Scholl (-) für Zé Roberto
Tore: 1:0 Hajto (16., Foulelfmeter, Rechtsschuss, Vorarbeit Oude Kamphuis), 2:0 Oude Kamphuis (80., Rechtsschuss, Hanke)
Chancenverhältnis: 3:1
Eckenverhältnis: 4:7
SR: Steinborn (Sinzig) – **Zuschauer:** 61266 (ausverkauft) – **Rote Karte:** T. Linke (32., Tätlichkeit) – **Spielnote:** 3,5

2. November 2003

1. FC Kaiserslautern – Bayer Leverkusen 0:0

K'lautern: Wiese (2,5) – Grammozis (4), Lembi (2,5), Mettomo (3,5), Tchato (5) – Hengen (3) – Anfang (4) – Hristov (3) – Dominguez (4), Kosowski (3,5) – Klose (3,5) – **Trainer:** Gerets
Leverkusen: J. Butt (1) – Juan (3,5), Lucio (2,5), Nowotny (2,5), Balitsch (3) – Ramelow (3,5) – B. Schneider (4,5), Babic (4) – Ponte (3,5) – Berbatov (4,5), Franca (4,5) – **Trainer:** Augenthaler
Eingewechselt: 73. Timm (-) für Dominguez, 86. Halil Altintop (-) für Anfang – 63. Bierofka (-) für Babic, 70. Neuville (-) für Franca, 76. Bastürk (-) für Ponte
Chancenverhältnis: 5:4
Eckenverhältnis: 11:2
SR: Wagner (Kriftel) – **Zuschauer:** 38582 – **Spielnote:** 3

2. November 2003

Borussia Dortmund – Hamburger SV 3:2 (0:1)

Dortmund: Weidenfeller (3,5) – Fernandez (2,5), Wörns (3), Bergdölmo (3), Jensen (3) – S. Reuter (4,5), Ricken (4) – Gambino (3) – Odonkor (4) – Koller (2), Ewerthon (3,5) – **Trainer:** Sammer
HSV: Wächter (3,5) – Wicky (3,5), Hoogma (4), Reinhardt (4), Ujfalusi (4,5) – Maltritz (3) – Jarolim (2,5), Beinlich (4,5) – Barbarez (4,5) – Mahdavikia (4), Romeo (4) – **Trainer:** Toppmöller
Eingewechselt: 60. Senesie (4) für Odonkor, 79. M. Metzelder (-) für Gambino – 74. Takahara (-) für Jarolim, 78. Cardoso (-) für Beinlich
Tore: 0:1 Reinhardt (14., Rechtsschuss, Vorarbeit Jarolim), 0:2 Romeo (60., Rechtsschuss, Maltritz), 1:2 Koller (64., Kopfball, Jensen), 2:2 Koller (56., Foulelfmeter, Rechtsschuss, Fernandez), 3:2 Ewerthon (69., Kopfball, Ricken)
Chancenverhältnis: 6:3
Eckenverhältnis: 6:5
SR: Kemmling (Kleinburgwedel) – **Zuschauer:** 78000 – **Gelbe Karte:** Reinhardt – **Spielnote:** 2,5

12. Spieltag

8. November 2003

Hannover 96 – Werder Bremen 1:5 (0:3)

Hannover: Marc Ziegler (3) – Zuraw (5,5), Konstantinidis (5), Vinicius (5) – Cherundolo (4), Dabrowski (4), Stefulj (5) – Krupnikovic (5) – Stendel (3,5), Brdaric (5), Stajner (2,5) – **Trainer:** Rangnick
Bremen: Reinke (2) – Davala (3,5), Ismaël (3), Krstajic (3), Stalteri (4) – Baumann (3) – Lisztes (3,5), F. Ernst (2,5) – Micoud (2,5) – Valdez (1,5), Klasnic (2) – **Trainer:** Schaaf
Eingewechselt: 46. Idrissou (4) für Stefulj, 82. Wolf (-) für Brdaric, 85. Djefaflia (-) für Krupnikovic – 79. Charisteas (-) für Klasnic, 81. Daun (-) für Valdez, 84. Borowski (-) für Lisztes
Tore: 0:1 Valdez (8., Kopfball, Vorarbeit Baumann), 0:2 Valdez (37., Linksschuss, Micoud), 0:3 Klasnic (41., Linksschuss), 1:3 Stajner (55., Rechtsschuss, Cherundolo), 1:4 Klasnic (79., Linksschuss, Valdez), 1:5 F. Ernst (87., Rechtsschuss, Daun)
Chancenverhältnis: 7:9
Eckenverhältnis: 10:3
SR: Stark (Ergolding) – **Zuschauer:** 25894 – **Spielnote:** 2,5

8. November 2003
Eintracht Frankfurt – VfB Stuttgart 0:2 (0:1)
E. Frankfurt: Nikolov (4) – Bindewald (3), Tsoumou-Madza (4), Cipi (5), Wiedener (4) – Schur (3) – Preuß (4) – Kreuz (4) – Skela (3,5), Möller (3,5) – Beierle (3,5) – **Trainer:** Reimann
Stuttgart: Hildebrand (3) – Hinkel (3), Meira (2,5), Wenzel (3), Lahm (3) – Meißner (3), Soldo (3) – Heldt (2,5) – A. Hleb (3,5) – Szabics (2), Kuranyi (3) – **Trainer:** Magath
Eingewechselt: 56. Lexa (4) für Möller, 70. Cha (-) für Kreuz, 70. Frommer (-) für Beierle – 55. Tiffert (3) für A. Hleb, 67. Amanatidis (-) für Heldt, 83. Centurion (-) für Kuranyi
Tore: 0:1 Szabics (8., Rechtsschuss, Vorarbeit Heldt), 0:2 Kuranyi (69., Rechtsschuss, Szabics)
Chancenverhältnis: 6:5
Eckenverhältnis: 6:2
SR: Kemmling (Kleinburgwedel) – **Zuschauer:** 26000 – **Rote Karten:** Cipi (89., Tätlichkeit), Meira (89., Tätlichkeit) – **Spielnote:** 3

8. November 2003
SC Freiburg – VfL Wolfsburg 3:2 (2:0)
Freiburg: Golz (3) – Kondé (4), B. Diarra (3,5) – Kruppke (2,5), Berner (3,5) – Bajramovic (4), Riether (3,5), Tskitishvili (3) – Coulibaly (2) – Iashvili (1), Sanou (3) – **Trainer:** Finke
Wolfsburg: Jentzsch (2,5) – Biliskov (5), Sarpei (3) – Thiam (4,5), Schnoor (3), Weiser (4) – Menseguez (2,5), D'Alessandro (3), Karhan (3,5) – Baiano (5), Klimowicz (3) – **Trainer:** Röber
Eingewechselt: 73. Müller (-) für Sanou, 83. Guié-Mien (-) für Iashvili, 89. Willi (-) für Kruppke – 46. Topic (4,5) für Baiano, 61. Hrgovic (-) für Thiam, 68. Franz (-) für Weiser
Tore: 1:0 Iashvili (31., Linksschuss, Vorarbeit Coulibaly), 2:0 Iashvili (33., Linksschuss), 2:1 Topic (62., Linksschuss, Klimowicz), 3:1 Iashvili (76., Kopfball, Berner), 3:2 Franz (90., Rechtsschuss, Karhan)
Chancenverhältnis: 8:7
Eckenverhältnis: 6:9
SR: Wack, Dr. (Biberbach) – **Zuschauer:** 23000 – **Spielnote:** 2

8. November 2003
Hertha BSC – Bor. M'gladbach 2:1 (1:1)
Hertha: Kiraly (5) – A. Friedrich (3,5), Rehmer (4,5), van Burik (4,5), Simunic (3,5) – Dardai (4,5), N. Kovac (3) – Goor (3,5), Marcelinho (3,5) – Luizao (2,5), Bobic (5) – **Trainer:** Stevens
Gladbach: Stiel (3,5) – Korzynietz (4), Asanin (4,5), Strasser (3,5), Ojigwe (4) – Kluge (4) – Ulich (5) – Kolkka (4,5) – Demo (5) – van Lent (5), Sverkos (3) – **Trainer:** Fach
Eingewechselt: 73. Rafael (-) für Bobic, 74. Lapaczinski (-) für Rehmer, 86. Madlung (-) für Dardai – 72. van Hout (-) für Demo, 81. Gaede (-) für Kluge, 83. Aidoo (-) für Sverkos
Tore: 0:1 Sverkos (7., Rechtsschuss, Vorarbeit Strasser), 1:1 Luizao (16., Kopfball, N. Kovac), 2:1 Madlung (86., Kopfball, Marcelinho)
Chancenverhältnis: 6:2
Eckenverhältnis: 11:5
SR: Keßler (Höhenkirchen) – **Zuschauer:** 32983 – **Rote Karten:** Aidoo (90., unsportliches Verhalten), Marcelinho (90., unsportliches Verhalten) – **Spielnote:** 4,5

8. November 2003
Hansa Rostock – 1. FC Kaiserslautern 4:0 (3:0)
Rostock: Schober (3) – Möhrle (2,5), Hill (3) – Tjikuzu (3), Persson (2), Maul (2,5) – Rydlewicz (2,5), Lantz (2), Rasmussen (3,5) – Max (3,5), di Salvo (2) – **Trainer:** Schlünz
K'lautern: Wiese (-) – Grammozis (5), Lembi (4,5), Mettomo (6), Tchato (4,5) – Hengen (5), Freund (5) – Hristov (4,5) – Dominguez (5,5), Kosowski (5), Klose (5) – **Trainer:** Gerets
Eingewechselt: 73. Prica (-) für di Salvo, 79. Arvidsson (-) für Max, 83. Wimmer (-) für Tjikuzu – 13. T. Ernst (4,5) für Wiese, 46. Knavs (5,5) für Freund, 46. Halil Altintop (5,5) für Dominguez
Tore: 1:0 Rydlewicz (15., direkter Freistoß, Rechtsschuss, ohne Vorarbeit), 2:0 di Salvo (22., Kopfball, Rydlewicz), 3:0 di Salvo (33., Rechtsschuss, Lantz), 4:0 Max (79., Linksschuss, Prica)
Chancenverhältnis: 8:4
Eckenverhältnis: 1:2
SR: Weiner (Giesen) – **Zuschauer:** 14600 – **Spielnote:** 3

8. November 2003
Hamburger SV – 1860 München 3:1 (0:0)
HSV: Wächter (3) – Schlicke (4,5), Hoogma (4), Ujfalusi (2,5), Wicky (4) – Maltritz (4) – Jarolim (3,5), Beinlich (4,5) – Mahdavikia (2,5), Barbarez (3), Romeo (2,5) – **Trainer:** Toppmöller
1860: Hofmann (4) – Stranzl (3), Hoffmann (4), Costa (4,5), Tyce (5) – Cerny (4), Meyer (3,5), Schwarz (4), Weissenberger (4) – Lauth (5), Kioyo (4) – **Trainer:** Götz
Eingewechselt: 61. Jacobsen (-) für Schlicke, 79. Benjamin (-) für Jarolim, 88. Cardoso (-) für Beinlich – 49. Görlitz (3,5) für Stranzl, 73. Agostino (-) für Kioyo, 85. Borimirov (-) für Meyer
Tore: 1:0 Romeo (53., Kopfball, Vorarbeit Mahdavikia), 1:1 Schwarz (57., Kopfball, Cerny), 2:1 Romeo (75., Kopfball, Barbarez), 3:1 Mahdavikia (77., Foulelfmeter, Rechtsschuss, Barbarez)
Chancenverhältnis: 7:4
Eckenverhältnis: 5:1
SR: Jansen (Essen) – **Zuschauer:** 44947 – **Gelbe Karte:** Ujfalusi – **Spielnote:** 4

8. November 2003
VfL Bochum – 1. FC Köln 4:0 (3:0)
Bochum: Van Duijnhoven (2,5) – Colding (3), Kalla (2,5), Fahrenhorst (3,5), P. Bönig (3) – Zdebel (3), Oliseh (2,5) – Wosz (3,5) – Freier (3,5), P. Madsen (3), Hashemian (2) – **Trainer:** Neururer
FC Köln: Wessels (5) – Cullmann (5), Klos (5,5), Sichone (-), Heinrich (4) – Kringe (4,5), Springer (5) – Lottner (5) – Helbig (5,5), Voronin (5), Scherz (5,5) – **Trainer:** Koller
Eingewechselt: 57. Buckley (4) für Freier, 68. Stevic (-) für Wosz, 77. Diabang (-) für Hashemian – 19. O. Schröder (4) für Sichone, 59. Voigt (4,5) für Helbig, 76. Ebbers (-) für Voronin
Tore: 1:0 Hashemian (7., Rechtsschuss, Vorarbeit Colding), 2:0 P. Madsen (15., Kopfball, Hashemian), 3:0 Kalla (45., Rücken, Wosz), 4:0 Stevic (87., direkter Freistoß, Rechtsschuss)
Chancenverhältnis: 9:3
Eckenverhältnis: 7:3
SR: Meyer (Burgdorf) – **Zuschauer:** 30777 – **Spielnote:** 3,5

9. November 2003
Bayer Leverkusen – FC Schalke 04 3:1 (2:1)
Leverkusen: J. Butt (3) – Juan (3), Lucio (3), Nowotny (3), Balitsch (2,5) – B. Schneider (3,5) – Bierofka (3), Babic (2,5) – Ponte (2) – Franca (4), Berbatov (2) – **Trainer:** Augenthaler
Schalke: F. Rost (3) – Hajto (4,5), Waldoch (-), Matellan (5), Kobiashvili (4,5) – Oude Kamphuis (3), Vermant (4) – Asamoah (5), Trojan (4) – Hanke (2), Sand (5) – **Trainer:** Heynckes
Eingewechselt: 43. Neuville (3) für Berbatov, 65. Hertzsch (-) für Nowotny, 84. C. Fritz (-) für Franca – 17. Kläsener (4,5) für Waldoch, 69. Hamit Altintop (-) für Vermant, 69. Pinto (-) für Trojan
Tore: 1:0 Berbatov (3., Linksschuss, Vorarbeit Babic), 1:1 Hanke (13., Kopfball, Trojan), 2:1 Babic (24., Linksschuss), 3:1 Bierofka (57., Linksschuss)
Chancenverhältnis: 8:2
Eckenverhältnis: 3:5
SR: Fandel (Kyllburg) – **Zuschauer:** 22500 (ausverkauft) – **Rote Karten:** Matellan (50., Notbremse) – **Spielnote:** 2,5

9. November 2003
Bayern München – Borussia Dortmund 4:1 (1:0)
Bayern: Kahn (2) – Sagnol (2,5), Kuffour (4), R. Kovac (3), Lizarazu (3) – Jeremies (3) – Ballack (1) – Deisler (2,5), Salihamidzic (1,5) – Santa Cruz (3,5), Makaay (4) – **Trainer:** Hitzfeld
Dortmund: Weidenfeller (3) – M. Metzelder (4), S. Reuter (4), Wörns (3,5) – Fernandez (5), Brzenska (5), Jensen (4,5) – Senesie (5), Ricken (4,5) – Koller (3,5), Ewerthon (4) – **Trainer:** Sammer
Eingewechselt: 64. Zé Roberto (-) für Deisler, 74. Pizarro (-) für Santa Cruz – 82. Odonkor (-) für Ewerthon
Tore: 1:0 Ballack (27., Kopfball, Vorarbeit Deisler), 1:1 Koller (47., Rechtsschuss), 2:1 Sagnol (50., Kopfball, Deisler), 3:1 Salihamidzic (72., Kopfball, Kuffour), 4:1 Pizarro (90., Rechtsschuss, Salihamidzic)
Chancenverhältnis: 12:4
Eckenverhältnis: 15:4
SR: Merk, Dr. (Kaiserslautern) – **Zuschauer:** 63000 (ausverkauft) – **Gelb-Rote Karte:** Brzenska (43.) – **Spielnote:** 3

13. Spieltag

22. November 2003
VfL Wolfsburg – Bor. M'gladbach 1:3 (1:1)
Wolfsburg: Jentzsch (3,5) – Franz (5), Schnoor (3) – Sarpei (4), Thiam (3,5), Weiser (3) – Karhan (3,5), D'Alessandro (3,5), Menseguez (3) – Baiano (4), Klimowicz (5) – **Trainer:** Röber
Gladbach: Stiel (1,5) – Korzynietz (4), Asanin (3,5), Strasser (4), Ojigwe (3,5) – Gaede (3,5), Kluge (3,5) – Demo (4), Kolkka (3) – van Lent (3,5), van Hout (2,5) – **Trainer:** Fach
Eingewechselt: 65. Petrov (-) für Weiser, 72. Topic (-) für Baiano, 73. Hrgovic (-) für Thiam – 60. Carnell (3,5) für Kluge, 70. Ulich (-) für Demo, 89. Obradovic (-) für Asanin
Tore: 0:1 van Hout (14., Kopfball, Vorarbeit Kolkka), 1:1 Schnoor (32., Kopfball, D'Alessandro), 1:2 van Lent (68., Kopfball, Korzynietz), 1:3 Kolkka (77., Linksschuss, van Hout)
Chancenverhältnis: 7:7
Eckenverhältnis: 9:6
SR: Trautmann (Florstadt) – **Zuschauer:** 22137 – **Spielnote:** 3,5

22. November 2003
VfB Stuttgart – Hannover 96 3:1 (1:0)
Stuttgart: Hildebrand (2) – Hinkel (3,5), Soldo (3), Wenzel (4), Lahm (2,5) – Meißner (2) – Tiffert (3,5), A. Hleb (3) – Heldt (4) – Szabics (3,5), Kuranyi (4,5) – **Trainer:** Magath
Hannover: Marc Ziegler (3) – Stefulj (4), Konstantinidis (4,5), Vinicius (3,5), Kleber (3,5) – de Guzman (3), Dabrowski (4) – Stendel (4,5), Idrissou (4) – Stajner (4,5), T. Christiansen (5) – **Trainer:** Rangnick
Eingewechselt: 60. Centurion (3) für Heldt, 85. Husterer (-) für Kuranyi, 90. Branco (-) für A. Hleb – 49. Brdaric (3) für T. Christiansen, 76. Schuler (-) für Stendel, 88. Wolf (-) für Dabrowski
Tore: 1:0 Szabics (29., Kopfball, Vorarbeit Lahm), 2:0 Meißner (78., Rechtsschuss), 2:1 Brdaric (82., Rechtsschuss, Stefulj), 3:1 Meißner (90., Kopfball, Centurion)
Chancenverhältnis: 8:4
Eckenverhältnis: 4:2
SR: Wagner (Kriftel) – **Zuschauer:** 36000 – **Gelbe Karten:** Soldo – Brdaric – **Spielnote:** 3,5

22. November 2003
Werder Bremen – VfL Bochum 3:1 (2:0)
Bremen: Reinke (3) – Davala (2,5), Ismaël (1,5), Krstajic (2,5), Stalteri (3) – Baumann (3) – Lisztes (3), F. Ernst (2) – Micoud (1,5) – Klasnic (2,5), Ailton (1) – **Trainer:** Schaaf
Bochum: Van Duijnhoven (3) – Colding (5), Kalla (5,5), Fahrenhorst (3), P. Bönig (3,5) – Oliseh (4,5), Zdebel (5) – Wosz (5) – Freier (5), Hashemian (5), P. Madsen (4,5) – **Trainer:** Neururer
Eingewechselt: 65. Valdez (-) für Ailton, 71. Borowski (-) für F. Ernst, 76. Daun (-) für Klasnic – 62. T. Gudjonsson (-) für Wosz, 62. Edu (-) für Kalla, 72. Bemben (-) für P. Bönig
Tore: 1:0 Ailton (6., Linksschuss, Vorarbeit Klasnic), 2:0 Ailton (15., Linksschuss, Klasnic), 3:0 Ailton (50., Foulelfmeter, Linksschuss, F. Ernst), 3:1 Fahrenhorst (75., Kopfball, Oliseh)
Chancenverhältnis: 13:5
Eckenverhältnis: 2:6
SR: Merk, Dr. (Kaiserslautern) – **Zuschauer:** 34298 – **Spielnote:** 2

22. November 2003
1. FC Köln – Hamburger SV 0:1 (0:1)
FC Köln: Wessels (3,5) – O. Schröder (4), Dogan (3), Cichon (4), Voigt (4) – Springer (4,5) – Kringe (5), Sinkala (5) – Lottner (5) – Podolski (3,5), Voronin (4,5) – **Trainer:** Koller
HSV: Wächter (3) – Jacobsen (4), Hoogma (3,5), Ujfalusi (3), Wicky (3,5) – Maltritz (3) – Beinlich (4) – Mahdavikia (4,5), Jarolim (3) – Barbarez (2), Takahara (5) – **Trainer:** Toppmöller
Eingewechselt: 73. Heinrich (-) für Sinkala, 79. Scherz (-) für Podolski, 88. Ebbers (-) für Cichon – 58. Reinhardt (3,5) für Takahara, 83. Benjamin (-) für Mahdavikia, 88. Rahn (-) für Jarolim
Tor: 0:1 Barbarez (42., Linksschuss, Vorarbeit Beinlich)
Chancenverhältnis: 3:3
Eckenverhältnis: 8:3
SR: Stark (Ergolding) – **Zuschauer:** 38600 – **Spielnote:** 4

22. November 2003
1860 München – Bayern München 0:1 (0:1)
1860: Hofmann (2,5) – Görlitz (4), Hoffmann (4,5), Costa (4,5), Tyce (3) – Stranzl (2,5) – Schwarz (4) – Cerny (5), Weissenberger (4,5) – Lauth (4), Schroth (4,5) – **Trainer:** Götz
Bayern: Kahn (2) – Sagnol (4), Kuffour (3), R. Kovac (3), Lizarazu (2,5) – Jeremies (4,5) – Hargreaves (5) – Ballack (4) – Salihamidzic (5) – Santa Cruz (4,5), Makaay (3,5) – **Trainer:** Hitzfeld
Eingewechselt: 72. Kioyo (-) für Weissenberger, 82. Agostino (-) für Schwarz, 83. Davids (-) für Cerny – 75. Pizarro (-) für Santa Cruz, 90. Schweinsteiger (-) für Hargreaves
Tor: 0:1 Makaay (34., Kopfball, Vorarbeit Santa Cruz)
Chancenverhältnis: 4:3
Eckenverhältnis: 5:0
SR: Fandel (Kyllburg) – **Zuschauer:** 69000 (ausverkauft) – **Rote Karten:** Salihamidzic (60., Tätlichkeit) – **Spielnote:** 4

22. November 2003
Borussia Dortmund – Bayer Leverkusen 2:2 (2:1)
Dortmund: Weidenfeller (2) – M. Metzelder (4,5), S. Reuter (4), Wörns (3) – Flavio Conceicao (4) – Fernandez (4,5), Jensen (5) – Ricken (3,5), Rosicky (3,5) – Gambino (1,5), Koller (3) – **Trainer:** Sammer
Leverkusen: J. Butt (3) – Juan (3), Lucio (3), Nowotny (4,5), Placente (3) – Ramelow (3) – B. Schneider (4), Bierofka (4) – Ponte (2) – Franca (2,5), Neuville (3) – **Trainer:** Augenthaler
Eingewechselt: 78. Senesie (-) für Ricken, 82. Odonkor (-) für Rosicky – 64. Babic (2) für Ramelow, 71. Balitsch (-) für Nowotny, 82. T. Lucic (-) für Franca
Tore: 1:0 Gambino (29., Rechtsschuss, Vorarbeit Ricken), 2:0 Gambino (32., Rechtsschuss, Ricken), 2:1 Neuville (35., Rechtsschuss, Franca), 2:2 Babic (77., Linksschuss, B. Schneider)
Chancenverhältnis: 6:12
Eckenverhältnis: 1:8
SR: Wack, Dr. (Biberbach) – **Zuschauer:** 81500 – **Gelb-Rote Karte:** Placente (75.) – **Spielnote:** 1,5

22. November 2003
FC Schalke 04 – Hansa Rostock 0:1 (0:0)
Schalke: F. Rost (3) – Oude Kamphuis (3,5), Kläsener (4), van Kerckhoven (5), Kobiashvili (3) – Poulsen (5), Vermant (4) – Asamoah (5), Trojan (4) – Agali (4), Sand (5) – **Trainer:** Heynckes
Rostock: Schober (1) – Möhrle (3), Persson (3), Hill (3) – Tjikuzu (3), Maul (4) – Rydlewicz (3,5), Lantz (4), Rasmussen (4) – Max (4), di Salvo (3) – **Trainer:** Schlünz
Eingewechselt: 46. Pinto (5) für Asamoah, 59. Hamit Altintop (4,5) für Vermant, 65. Seitz (-) für Trojan – 79. Prica (-) für di Salvo, 83. Melkam (-) für Rasmussen, 90. Meggle (-) für Rydlewicz
Tore: 0:1 Tjikuzu (53., Linksschuss, Vorarbeit di Salvo)
Chancenverhältnis: 7:3
Eckenverhältnis: 12:3
SR: Schmidt (Stuttgart) – **Zuschauer:** 61266 (ausverkauft) – **Spielnote:** 4

23. November 2003
1. FC Kaiserslautern – Hertha BSC 4:2 (0:2)
K'lautern: Wiese (3) – Grammozis (4), Knavs (5), Lembi (3,5), Tchato (2,5) – Hengen (4) – Nurmela (4), Kosowski (5) – Hristov (3,5) – Klose (1), Lincoln (3) – **Trainer:** Gerets

Schwarze Wand: Die Kölner Cullmann, Springer und Sinkala stemmen sich Bayerns Santa Cruz entgegen.

Hertha: Kiraly (4) – A. Friedrich (4,5), van Burik (5), Simunic (5), Schmidt (4,5) – Madlung (4), N. Kovac (4,5) – Goor (4), Mladenov (4,5) – Rafael (3), Luizao (3,5) – **Trainer:** Stevens
Eingewechselt: 46. Halil Altintop (3) für Hengen, 86. Anfang (-) für Lincoln, 89. Malz (-) für Kosowski – 74. Bobic (-) für Luizao, 80. Karwan (-) für N. Kovac
Tore: 0:1 Rafael (37., Rechtsschuss, Vorarbeit Luizao), 0:2 Knavs (45., Eigentor, Rechtsschuss, Goor), 1:2 Klose (47., Kopfball, Nurmela), 2:2 Klose (68., Rechtsschuss, Tchato), 3:2 Tchato (77., Linksschuss, Hristov), 4:2 Klose (79., Kopfball, Lincoln)
Chancenverhältnis: 8:5
Eckenverhältnis: 7:4
SR: Kircher (Rottenburg) – **Zuschauer:** 33200 – **Spielnote:** 2,5

23. November 2003

SC Freiburg – Eintracht Frankfurt 1:0 (0:0)

Freiburg: Golz (2,5) – Kondé (3), B. Diarra (3,5) – Kruppke (3), Berner (4) – Riether (4) – Bajramovic (4), Tskitishvili (3,5) – Coulibaly (3,5) – Iashvili (4), Sanou (2,5) – **Trainer:** Finke
E. Frankfurt: Nikolov (5) – Preuß (3), Bindewald (4), Chris (2,5), Wiedener (3,5) – Schur (3,5) – Möller (3,5) – Skela (4), Kreuz (5) – Cha (5), Beierle (4,5) – **Trainer:** Reimann
Eingewechselt: 68. A. Zeyer (-) für Kruppke, 77. Müller (-) für B. Diarra, 84. Guié-Mien (-) für Sanou – 84. Lexa (-) für Cha, 84. Dragusha (-) für Kreuz
Tor: 1:0 Sanou (82., Rechtsschuss, Vorarbeit Berner)
Chancenverhältnis: 8:5
Eckenverhältnis: 8:6
SR: Fröhlich (Berlin) – **Zuschauer:** 24800 – **Spielnote:** 4

14. Spieltag

29. November 2003

Hannover 96 – SC Freiburg 3:0 (1:0)

Hannover: Marc Ziegler (3) – Cherundolo (3), Konstantinidis (3), Vinicius (3), Kleber (3) – Dabrowski (3), de Guzman (2,5) – Stendel (3) – Stajner (4) – T. Christiansen (2,5), Brdaric (1,5) – **Trainer:** Rangnick
Freiburg: Golz (2) – Kruppke (5), Kondé (5), Müller (5,5), Berner (4,5) – Riether (4) – A. Zeyer (5), Bajramovic (4,5), Tskitishvili (5) – Tanko (5), Sanou (5) – **Trainer:** Finke
Eingewechselt: 87. Stefulj (-) für Stajner, 90. Schuler (-) für T. Christiansen, 90. Zuraw (-) für Vinicius – 46. Coulibaly (4) für A. Zeyer, 69. Cairo (-) für Sanou
Tore: 1:0 Brdaric (43., Rechtsschuss, Vorarbeit Kleber), 2:0 Stendel (66., Linksschuss, Brdaric), 3:0 T. Christiansen (85., Linksschuss, Stajner)
Chancenverhältnis: 15:3
Eckenverhältnis: 4:2
SR: Kinhöfer (Herne) – **Zuschauer:** 20307 – **Spielnote:** 3,5

29. November 2003

Eintracht Frankfurt – VfL Wolfsburg 3:2 (1:2)

E. Frankfurt: Nikolov (3) – Preuß (3), Bindewald (4), Chris (3), Wiedener (4) – Schur (3,5) – Möller (-) – Skela (3), Kreuz (4) – Cha (4) – Beierle (3) – **Trainer:** Reimann
Wolfsburg: Jentzsch (4) – Rytter (4), Franz (4,5) – Biliskov (5), Sarpei (5) – Schnoor (3,5) – Thiam (5) – Karhan (3) – Menseguez (3), Topic (5), Klimowicz (3) – **Trainer:** Röber
Eingewechselt: 23. Lexa (3) für Möller, 62. Günther (-) für Chris, 80. Puljiz (-) für Cha – 58. Petrov (4,5) für Topic, 78. Baiano (-) für Thiam, 80. Hrgovic (-) für Biliskov
Tore: 0:1 Karhan (13., Rechtsschuss, Vorarbeit Menseguez), 0:2 Klimowicz (27., Linksschuss, Menseguez), 1:2 Preuß (33., Rechtsschuss, Schur), 2:2 Skela (56., Foulelfmeter, Rechtsschuss, Skela), 3:2 Beierle (73., Kopfball, Lexa)
Chancenverhältnis: 7:8
Eckenverhältnis: 6:7
SR: Keßler (Höhenkirchen) – **Zuschauer:** 15000 – **Spielnote:** 2,5

29. November 2003

Bor. M'gladbach – 1. FC Kaiserslautern 2:1 (0:1)

Gladbach: Stiel (1,5) – Korzynietz (5), Asanin (4), Strasser (4,5), Carnell (2,5) – Ojigwe (5,5) – Kluge (4), Kolkka (4) – Demo (4) – van Hout (4), van Lent (3) – **Trainer:** Fach
K'lautern: Wiese (5) – Riedl (3,5), Knavs (4), Lembi (4), Tchato (5) – Hristov (4) – Nurmela (4), Kosowski (3,5) – Lincoln (3) – Klose (3), Halil Altintop (4) – **Trainer:** Gerets
Eingewechselt: 22. Gaede (4) für Ojigwe, 65. Ulich (-) für Demo, 77. Sverkos (-) für Kluge – 57. T. Reuter (5) für Riedl, 66. Anfang (-) für Nurmela, 82. Dominguez (-) für Kosowski
Tore: 0:1 Lincoln (23., Rechtsschuss, Vorarbeit Klose), 1:1 Carnell (46., Linksschuss), 2:1 van Lent (69., Kopfball, Carnell)
Chancenverhältnis: 7:5
Eckenverhältnis: 4:6
SR: Gagelmann (Bremen) – **Zuschauer:** 30850 – **Spielnote:** 3,5

29. November 2003

Bayer Leverkusen – 1860 München 2:2 (0:1)

Leverkusen: J. Butt (3) – Juan (3), Lucio (3), Nowotny (3), Balitsch (4) – Ramelow (5) – B. Schneider (3,5), Bierofka (4,5) – Ponte (2,5) – Franca (3), Neuville (5) – **Trainer:** Augenthaler
1860: Hofmann (1,5) – Cerny (3,5), Hoffmann (4), Costa (4), Tyce (4) – Stranzl (3) – Meyer (3,5), Schwarz (3), Weissenberger (3,5) – Schroth (2,5), Lauth (5) – **Trainer:** Götz
Eingewechselt: 55. Babic (3,5) für Ramelow, 60. Berbatov (4) für Neuville, 79. C. Fritz (-) für Bierofka – 77. Kurz (-) für Hoffmann, 80. Borimirov (-) für Meyer, 88. Kioyo (-) für Schroth
Tore: 0:1 Schwarz (36., Rechtsschuss, Vorarbeit Weissenberger), 0:2 Schroth (56., Linksschuss, Meyer), 1:2 Ponte (60., Rechtsschuss, Franca), 2:2 Lucio (78., Rechtsschuss, Babic)
Chancenverhältnis: 12:3
Eckenverhältnis: 12:5
SR: Fröhlich (Berlin) – **Zuschauer:** 22500 (ausverkauft) – **Rote Karten:** Lauth (69., Tätlichkeit) – **Spielnote:** 3

29. November 2003

Bayern München – 1. FC Köln 2:2 (1:1)

Bayern: Kahn (2,5) – Salihamidzic (5), R. Kovac (5), Demichelis (5), Lizarazu (3,5) – Hargreaves (4) – Schweinsteiger (4), Ballack (3,5) – Zé Roberto (3,5) – Santa Cruz (3), Pizarro (2) – **Trainer:** Hitzfeld
FC Köln: Wessels (1) – Cullmann (4,5), Cichon (4), Dogan (4) – O. Schröder (4), Springer (3,5), Voigt (3) – Kringe (3,5), Sinkala (3) – Podolski (2,5), Voronin (2) – **Trainer:** Koller
Eingewechselt: 46. Makaay (3) für Santa Cruz, 73. Rau (-) für Lizarazu, 77. Feulner (-) für Schweinsteiger – 72. Federico (-) für Kringe, 88. Scherz (-) für Podolski, 89. Ebbers (-) für Voronin
Tore: 0:1 Voronin (35., Rechtsschuss, Vorarbeit Kringe), 1:1 Pizarro (42., Rechtsschuss, Demichelis), 2:1 Pizarro (49., Rechtsschuss, Ballack), 2:2 Springer (60., Rechtsschuss, Voigt)
Chancenverhältnis: 13:8
Eckenverhältnis: 11:5
SR: Kemmling (Kleinburgwedel) – **Zuschauer:** 48000 – **Spielnote:** 2,5

29. November 2003

Hamburger SV – Werder Bremen 1:1 (0:1)

HSV: Wächter (2,5) – Reinhardt (2,5), Hoogma (3), Ujfalusi (4) – Maltritz (3) – Benjamin (4), Wicky (3,5), Beinlich (4) – Mahdavikia (3) – Barbarez (3,5), Takahara (5) – **Trainer:** Toppmöller
Bremen: Reinke (4) – Davala (3), Ismaël (3), Krstajic (2,5), Stalteri (3,5) – Baumann (3,5) – Lisztes (3), F. Ernst (2,5) – Micoud (3) – Ailton (4,5), Klasnic (4) – **Trainer:** Schaaf
Eingewechselt: 46. Rahn (1,5) für Wicky, 67. Jacobsen (-) für Benjamin – 72. Charisteas (-) für Klasnic
Tore: 0:1 F. Ernst (27., Rechtsschuss, Vorarbeit Ailton), 1:1 Rahn (50., direkter Freistoß, Linksschuss)
Chancenverhältnis: 7:6
Eckenverhältnis: 6:3
SR: Fandel (Kyllburg) – **Zuschauer:** 55500 (ausverkauft) – **Spielnote:** 2,5

29. November 2003

VfL Bochum – VfB Stuttgart 0:0

Bochum: Van Duijnhoven (3) – Kalla (3), Oliseh (3), Fahrenhorst (3) – Colding (3,5), Zdebel (3,5), P. Bönig (4) – Wosz (4) – P. Madsen (3,5), Freier (3), Hashemian (5) – **Trainer:** Neururer
Stuttgart: Hildebrand (3) – Hinkel (4), Soldo (2,5), Wenzel (3), Lahm (4) – Vranjes (3) – Tiffert (3,5), Meißner (3,5) – Heldt (4) – Kuranyi (4), Szabics (4) – **Trainer:** Magath
Eingewechselt: 77. Diabang (-) für Wosz – 68. Amanatidis (-) für Heldt, 80. Gerber (-) für Lahm, 88. Branco (-) für Meißner
Chancenverhältnis: 2:2
Eckenverhältnis: 4:5
SR: Steinborn (Sinzig) – **Zuschauer:** 30088 – **Spielnote:** 3,5

30. November 2003

Hertha BSC – FC Schalke 04 1:3 (1:0)

Hertha: Kiraly (3) – A. Friedrich (3), Madlung (4), van Burik (4), Rehmer (4) – Dardai (4), Lapaczinski (3) – Mladenov (5), Goor (5) – Luizao (4), Bobic (5) – **Trainer:** Stevens
Schalke: F. Rost (4) – Kläsener (4), Waldoch (2,5), van Kerckhoven (3), Kobiashvili (3) – Oude Kamphuis (2), Vermant (3) – Hamit Altintop (4), Seitz (4,5) – Asamoah (3), Glieder (5) – **Trainer:** Heynckes
Eingewechselt: 64. Neuendorf (-) für Mladenov, 73. Rafael (-) für Bobic, 78. Wichniarek (-) für Goor – 72. Hajto (-) für Waldoch, 80. Sand (-) für Glieder, 90. Pinto (-) für Hamit Altintop
Tore: 1:0 Lapaczinski (37., Rechtsschuss, Vorarbeit Luizao), 1:1 Oude Kamphuis (59., Rechtsschuss, Asamoah), 1:2 Waldoch (68., Kopfball, Vermant), 1:3 Asamoah (81., Rechtsschuss, Sand)
Chancenverhältnis: 3:6
Eckenverhältnis: 5:7
SR: Weiner (Giesen) – **Zuschauer:** 37325 – **Spielnote:** 4

30. November 2003

Hansa Rostock – Borussia Dortmund 2:1 (0:0)

Rostock: Schober (3) – Möhrle (3), Persson (2,5), Hill (3) – Tjikuzu (3), Maul (3) – Rydlewicz (3), Lantz (3), Rasmussen (3) – Max (1,5), di Salvo (4) – **Trainer:** Schlünz
Dortmund: Weidenfeller (3) – M. Metzelder (4), S. Reuter (3,5), Wörns (4), Jensen (4,5) – Demel (4,5), Senesie (4,5) – Ricken (4) – Rosicky (3) – Gambino (4,5), Koller (4,5) – **Trainer:** Sammer
Eingewechselt: 72. Prica (-) für di Salvo, 86. Melkam (-) für Maul, 90. Arvidsson (-) für Max – 62. Ewerthon (-) für M. Metzelder
Tore: 1:0 Max (54., Rechtsschuss, Vorarbeit Rasmussen), 1:1 Ewerthon (56., Rechtsschuss, Ricken), 2:1 Max (87., Rechtsschuss, Prica)
Chancenverhältnis: 7:4
Eckenverhältnis: 7:3
SR: Sippel (München) – **Zuschauer:** 24300 – **Spielnote:** 3

15. Spieltag

6. Dezember 2003

VfL Wolfsburg – 1. FC Kaiserslautern 4:1 (1:1)

Wolfsburg: Ramovic (3) – Franz (3), Rytter (3) – Sarpei (3,5), Karhan (3), Schnoor (2), Weiser (2,5) – Menseguez (2,5), D'Alessandro (3), Petrov (3,5) – Baiano (1) – **Trainer:** Röber
K'lautern: Wiese (3,5) – T. Reuter (3,5), Knavs (4,5), Mettomo (5), Tchato (4,5) – Nurmela (4,5), Hengen (4), Hristov (5), Kosowski (3,5) – Halil Altintop (5) – Klose (4,5) – **Trainer:** Gerets
Eingewechselt: 76. Topic (-) für Petrov, 79. Ponce (-) für D'Alessandro, 86. Hrgovic (-) für Baiano – 46. Lokvenc (5) für Halil Altintop, 54. Anfang (4,5) für Nurmela, 75. Dominguez (-) für Kosowski
Tore: 0:1 Knavs (13., Rechtsschuss, Vorarbeit Hengen), 1:1 Baiano (23., Rechtsschuss, Weiser), 2:1 Baiano (53., Rechtsschuss, Schnoor), 3:1 Baiano (55., Rechtsschuss, Menseguez), 4:1 Schnoor (90., Foulelfmeter, Linksschuss, Topic)
Chancenverhältnis: 8:8
Eckenverhältnis: 2:10
SR: Schmidt (Stuttgart) – **Zuschauer:** 17331 – **Spielnote:** 3,5

6. Dezember 2003

Eintracht Frankfurt – Hannover 96 2:2 (1:1)

E. Frankfurt: Nikolov (2,5) – Preuß (4), Bindewald (4), Chris (3), Wiedener (4) – Schur (4) – Lexa (4), Skela (3), Kreuz (4) – Cha (3), Beierle (4,5) – **Trainer:** Reimann
Hannover: Marc Ziegler (4) – Cherundolo (4), Konstantinidis (3,5), Vinicius (5), Kleber (3,5) – Dabrowski (4) – de Guzman (4,5) – Stendel (3,5), Stajner (4,5) – T. Christiansen (4), Brdaric (4) – **Trainer:** Rangnick
Eingewechselt: 82. Frommer (-) für Cha, 86. Günther (-) für Lexa – 46. Idrissou (5) für Stajner, 65. Zuraw (-) für Vinicius, 72. Schuler (-) für Dabrowski
Tore: 1:0 Schur (17., Kopfball, Vorarbeit Skela), 1:1 Stendel (18., Rechtsschuss, Brdaric), 2:1 Skela (64., Foulelfmeter, Rechtsschuss, Cha), 2:2 T. Christiansen (88., Foulelfmeter, Linksschuss, Konstantinidis)
Chancenverhältnis: 3:3
Eckenverhältnis: 1:3
SR: Koop (Lüttenmark) – **Zuschauer:** 19000 – **Spielnote:** 4

6. Dezember 2003

SC Freiburg – VfL Bochum 4:2 (3:2)

Freiburg: Golz (3) – Müller (4), B. Diarra (3) – Kruppke (3), Berner (3) – Riether (2) – Kondé (3,5) – Tanko (3), Antar (1) – Sanou (2), Iashvili (2,5) – **Trainer:** Finke
Bochum: Van Duijnhoven (3,5) – Kalla (4), Fahrenhorst (3) – Colding (5), P. Bönig (5) – Oliseh (3), Zdebel (3) – Wosz (4) – Freier (3,5), Hashemian (2,5), P. Madsen (3) – **Trainer:** Neururer
Eingewechselt: 46. Cairo (3) für Tanko, 64. A. Zeyer (-) für Kondé, 76. Hermel (-) für Sanou – 41. Edu (3) für Kalla, 61. Diabang (-) für Wosz, 78. Buckley (-) für P. Bönig
Tore: 1:0 Antar (3., Rechtsschuss, Vorarbeit Sanou), 2:0 Antar (11., Rechtsschuss, Kondé), 2:1 Hashemian (13., Linksschuss, Fahrenhorst), 3:1 Sanou (23., Rechtsschuss, Kruppke), 3:2 P. Madsen (24., Rechtsschuss, Hashemian), 4:2 Antar (79., Rechtsschuss, Cairo)
Chancenverhältnis: 10:4
Eckenverhältnis: 5:5
SR: Fandel (Kyllburg) – **Zuschauer:** 23000 – **Gelbe Karte:** Fahrenhorst – **Spielnote:** 2

6. Dezember 2003

VfB Stuttgart – Hamburger SV 0:0

Stuttgart: Hildebrand (2,5) – Hinkel (3,5), Meira (3), Wenzel (3,5), Lahm (4) – Soldo (3) – Vranjes (4), A. Hleb (3) – Heldt (4) – Kuranyi (5), Szabics (5) – **Trainer:** Magath
HSV: Wächter (2,5) – Ujfalusi (2,5), Hoogma (2,5), Reinhardt (3,5) – Wicky (4), Maltritz (3,5), Kling (3) – Beinlich (4) – Barbarez (3) – Mahdavikia (3), Takahara (4,5) – **Trainer:** Toppmöller
Eingewechselt: 66. Centurion (-) für Heldt, 74. Tiffert (-) für Vranjes – 80. Benjamin (-) für Ujfalusi, 84. Rahn (-) für Takahara
Chancenverhältnis: 4:4
Eckenverhältnis: 5:6
SR: Wack, Dr. (Biberbach) – **Zuschauer:** 41000 – **Spielnote:** 3,5

6. Dezember 2003

Werder Bremen – Bayern München 1:1 (0:0)

Bremen: Reinke (4,5) – Davala (2,5), Ismaël (2), Baumann (3), Stalteri (3,5) – F. Ernst (2) – Lisztes (3), Borowski (4,5) – Micoud (3,5) – Ailton (4), Klasnic (3) – **Trainer:** Schaaf
Bayern: Kahn (3,5) – Salihamidzic (3), Kuffour (2,5), R. Kovac (3), Lizarazu (3) – Hargreaves (3) – Ballack (3,5) – Santa Cruz (3), Zé Roberto (4,5) – Pizarro (2), Makaay (4) – **Trainer:** Hitzfeld
Eingewechselt: – 71. Demichelis (-) für R. Kovac, 73. Sagnol (-) für Zé Roberto
Tore: 1:0 Ailton (58., Foulelfmeter, Linksschuss, Vorarbeit Klasnic), 1:1 Pizarro (78., Linksschuss, Sagnol)
Chancenverhältnis: 5:5
Eckenverhältnis: 1:3
SR: Kircher (Rottenburg) – **Zuschauer:** 43000 (ausverkauft) – **Spielnote:** 3

6. Dezember 2003

1860 München – Hansa Rostock 1:4 (1:2)

1860: Hofmann (3,5) – Görlitz (5), Hoffmann (5), Costa (5), Tyce (4) – Stranzl (5) – Cerny (5), Schwarz (4,5), Weissenberger (4) – Kioyo (5), Schroth (5) – **Trainer:** Götz
Rostock: Schober (2,5) – Möhrle (2), Persson (3), Hill (3) – Tjikuzu (3), Maul (3,5) – Rydlewicz (3), Lantz (2,5), Rasmussen (2) – Max (1), di Salvo (3) – **Trainer:** Schlünz
Eingewechselt: 63. Davids (-) für Görlitz, 68. Borimirov (-) für Stranzl – 78. Prica (-) für di Salvo, 82. Melkam (-) für Rasmussen, 86. Aduobe (-) für Lantz
Tore: 1:0 Weissenberger (3., direkter Freistoß, Linksschuss, ohne Vorarbeit), 1:1 Rydlewicz (8., Rechtsschuss), 1:2 Max (17., Foulelfmeter, Rechtsschuss, di Salvo), 1:3 Rasmussen (67., Linksschuss, Max), 1:4 Max (80., Rechtsschuss, Rasmussen)
Chancenverhältnis: 5:6
Eckenverhältnis: 9:2
SR: Kinhöfer (Herne) – **Zuschauer:** 18600 – **Spielnote:** 3,5

6. Dezember 2003

Borussia Dortmund – Hertha BSC 1:1 (0:0)

Dortmund: Weidenfeller (3) – M. Metzelder (3), S. Reuter (4,5), Wörns (2,5) – Ricken (3,5), Flavio Conceicao (4), Jensen (4) – Senesie (4,5) – Rosicky (3,5) – Gambino (4), Koller (5) – **Trainer:** Sammer
Hertha: Kiraly (5) – Rehmer (2,5), van Burik (3,5), A. Friedrich (5) – Madlung (3), Dardai (3), N. Kovac (3), Goor (4) – Marcelinho (4) – Wichniarek (5), Bobic (4) – **Trainer:** Thom
Eingewechselt: 36. Leandro (3,5) für Flavio Conceicao, 83. Reina (-) für Gambino, 87. Brzenska (-) für S. Reuter – 72. Rafael (-) für Wichniarek
Tore: 1:0 Leandro (69., Linksschuss, Vorarbeit M. Metzelder), 1:1 Madlung (79., Rechtsschuss, Rafael)
Chancenverhältnis: 5:4
Eckenverhältnis: 4:4
SR: Meyer (Burgdorf) – **Zuschauer:** 77000 – **Spielnote:** 4,5

7. Dezember 2003

FC Schalke 04 – Bor. M'gladbach 2:1 (1:1)

Schalke: F. Rost (2) – Hajto (3,5), Kläsener (4,5), van Kerckhoven (4,5), Kobiashvili (3) – Oude Kamphuis (2), Vermant (3,5) – Hamit Altintop (3,5), Seitz (1) – Hanke (3,5), Asamoah (2,5) – **Trainer:** Heynckes
Gladbach: Stiel (3,5) – Korzynietz (5), Asanin (5), Strasser (4,5), Carnell (4) – Gaede (4) – Ulich (3,5), Kluge (4), Kolkka (3) – van Lent (3,5), van Hout (3,5) – **Trainer:** Fach
Eingewechselt: 82. Rodriguez (-) für Seitz, 83. Sand (-) für Hanke, 90. Poulsen (-) für Asamoah – 67. Sverkos (-) für Ulich, 79. Demo (-) für Gaede, 79. Kirch (-) für Korzynietz
Tore: 1:0 Seitz (1., Rechtsschuss, Vorarbeit Asamoah), 1:1 Ulich (43., Rechtsschuss), 2:1 Seitz (54., Rechtsschuss)
Chancenverhältnis: 7:4
Eckenverhältnis: 4:5
SR: Stark (Ergolding) – **Zuschauer:** 61266 (ausverkauft) – **Spielnote:** 3

7. Dezember 2003

1. FC Köln – Bayer Leverkusen 0:0

FC Köln: Wessels (2,5) – Dogan (3,5), Cichon (4), Cullmann (4,5) – Kringe (5), Springer (3,5), Voigt (4) – Scherz (5), Sinkala (4) – Podolski (3,5) – Voronin (2,5) – **Trainer:** Koller
Leverkusen: J. Butt (3) – Juan (2,5), Lucio (2,5), Nowotny (2,5), Placente (5) – Ramelow (4) – B. Schneider (5), Bierofka (4,5) – Ponte (3) – Neuville (5), Berbatov (4) – **Trainer:** Augenthaler
Eingewechselt: – 75. Franca (-) für Neuville, 80. Bastürk (-) für B. Schneider, 89. Balitsch (-) für Ponte
Chancenverhältnis: 4:8
Eckenverhältnis: 3:7
SR: Merk, Dr. (Kaiserslautern) – **Zuschauer:** 40000 (ausverkauft) – **Spielnote:** 3,5

16. Spieltag

13. Dezember 2003

1. FC Kaiserslautern – FC Schalke 04 0:2 (0:1)

K'lautern: Wiese (3) – Riedl (5,5), Mettomo (5), Tchato (5), Malz (4,5) – Hristov (3), Anfang (4,5) – Kosowski (4,5), Dominguez (4,5) – Lincoln (4,5) – Halil Altintop (3,5) – **Trainer:** Gerets
Schalke: F. Rost (3) – Hajto (3), Kläsener (4), van Kerckhoven (3), Rodriguez (3,5) – Vermant (4), Oude Kamphuis (4) – Hamit Altintop (3,5), Seitz (4) – Hanke (4), Asamoah (3) – **Trainer:** Heynckes
Eingewechselt: 72. Nurmela (-) für Kosowski, 79. Bjelica (-) für Dominguez, 87. Glibo (-) für Malz – 40. Agali (4) für Hanke, 60. Poulsen (4) für Asamoah, 82. Matellan (-) für Seitz
Tore: 0:1 Asamoah (6., Rechtsschuss, Vorarbeit Seitz), 0:2 Agali (85., Rechtsschuss, Hamit Altintop)
Chancenverhältnis: 4:6
Eckenverhältnis: 10:1
SR: Sippel (München) – **Zuschauer:** 40034 – **Spielnote:** 4

13. Dezember 2003

Hertha BSC – 1860 München 1:1 (0:0)

Hertha: Kiraly (4,5) – A. Friedrich (3,5), van Burik (5), Rehmer (4) – N. Kovac (4,5) – Madlung (4,5), Neuendorf (4,5), Goor (5) – Marcelinho (4,5) – Wichniarek (3), Bobic (4) – **Trainer:** Thom
1860: Hofmann (2,5) – Stranzl (4), Hoffmann (4), Costa (4,5), Tyce (3,5) – Matth. Lehmann (4) – Görlitz (4), Cerny (4) – Weissenberger (3,5) – Lauth (3), Davids (3,5) – **Trainer:** Götz
Eingewechselt: 62. Hartmann (-) für Neuendorf, 69. Rafael (-) für Wichniarek, 78. Pinto (-) für Madlung – 60. Schroth (5) für Davids, 71. Baier (-) für Lauth, 85. Meyer (-) für Görlitz
Tore: 1:0 Costa (53., Eigentor, Kopfball, Vorarbeit Marcelinho), 1:1 Lauth (57., Kopfball, Weissenberger)
Chancenverhältnis: 5:3
Eckenverhältnis: 13:1
SR: Wagner (Kriftel) – **Zuschauer:** 27112 – **Spielnote:** 4

Spitzentanz: Bayern-Torjäger Roy Makaay gegen den Bremer Mittelfeldspieler Fabian Ernst.

13. Dezember 2003
Hansa Rostock – 1. FC Köln 1:1 (0:1)
Rostock: Schober (2,5) – Möhrle (4,5), Persson (4), Hill (4,5) – Tjikuzu (3), Maul (3,5) – Rydlewicz (5), Lantz (4), Rasmussen (4) – Max (5), di Salvo (5) – **Trainer:** Schlünz
FC Köln: Wessels (2,5) – Dogan (4), Cichon (4), Cullmann (4,5) – Kringe (4), Voigt (4) – Springer (4,5) – O. Schröder (4), Sinkala (5) – Podolski (2,5), Voronin (3,5) – **Trainer:** Koller
Eingewechselt: 62. Prica (-) für di Salvo, 82. Melkam (-) für Rasmussen, 90. Wimmer (-) für Rydlewicz – 74. Heinrich (-) für Sinkala, 74. Scherz (-) für Kringe, 80. Lottner (-) für Podolski
Tore: 0:1 Podolski (34., Kopfball, Vorarbeit Kringe), 1:1 Prica (64., Linksschuss, Rasmussen)
Chancenverhältnis: 4:5
Eckenverhältnis: 9:8
SR: Keßler (Höhenkirchen) – **Zuschauer:** 22200 – **Besonderes Vorkommnis:** S. Wessels hält Foulelfmeter von Max (64.) – **Spielnote:** 3,5

13. Dezember 2003
Bayer Leverkusen – Werder Bremen 1:3 (0:2)
Leverkusen: J. Butt (3) – Juan (3), Lucio (3), Nowotny (4), Placente (3) – Balitsch (3,5) – B. Schneider (5), Babic (4) – Ponte (3,5) – Franca (5), Berbatov (4) – **Trainer:** Augenthaler
Bremen: Reinke (3) – Davala (3), Ismaël (3), Krstajic (1,5), Stalteri (5) – Baumann (3) – Lisztes (3), F. Ernst (2,5) – Micoud (4) – Klasnic (2,5), Ailton (2,5) – **Trainer:** Schaaf
Eingewechselt: 54. Bastürk (4) für Balitsch, 59. Neuville (5) für Franca, 68. Bierofka (-) für Placente – 75. Borowski (-) für Klasnic, 78. Charisteas (-) für Ailton, 89. Schulz (-) für F. Ernst
Tore: 0:1 Ailton (42., Rechtsschuss, Vorarbeit Klasnic), 0:2 Krstajic (44., Kopfball, Micoud), 1:2 Nowotny (73., Rechtsschuss, Ponte), 1:3 Lisztes (90., Foulelfmeter, Rechtsschuss, Charisteas)
Chancenverhältnis: 9:6
Eckenverhältnis: 5:3
SR: Kemmling (Kleinburgwedel) – **Zuschauer:** 22500 (ausverkauft) – **Rote Karte:** Nowotny (90., Notbremse) – **Spielnote:** 3

13. Dezember 2003
Bayern München – VfB Stuttgart 1:0 (0:0)
Bayern: Kahn (2) – Sagnol (4), Kuffour (2), T. Linke (2,5), Lizarazu (3) – Hargreaves (5), Ballack (5) – Salihamidzic (5), Santa Cruz (5) – Pizarro (4), Makaay (3,5) – **Trainer:** Hitzfeld
Stuttgart: Hildebrand (3) – Hinkel (4), Meira (4), Wenzel (3,5), Lahm (3) – Vranjes (3) – Tiffert (4), A. Hleb (3) – Heldt (2) – Kuranyi (4), Szabics (4) – **Trainer:** Magath
Eingewechselt: 61. Zé Roberto (-) für Santa Cruz, 73. Schweinsteiger (-) für Salihamidzic, 89. Misimovic (-) für Makaay – 64. Amanatidis (-) für Szabics, 77. Branco (-) für Lahm, 79. Cacau (-) für Tiffert
Tor: 1:0 Makaay (75., Linksschuss, Vorarbeit Kahn)
Chancenverhältnis: 4:6
Eckenverhältnis: 5:6
SR: Merk, Dr. (Kaiserslautern) – **Zuschauer:** 63000 (ausverkauft) – **Spielnote:** 3,5

13. Dezember 2003
Hamburger SV – SC Freiburg 4:1 (2:0)
HSV: Wächter (4) – Wicky (2,5), Hoogma (3), Reinhardt (3) – Maltritz (2,5), Kling (2,5) – Jarolim (4), Beinlich (4) – Mahdavikia (4) – Takahara (4), Barbarez (2) – **Trainer:** Toppmöller
Freiburg: Golz (4) – Kruppke (4,5), B. Diarra (5), Müller (4,5), Berner (4) – Riether (3,5), Kondé (4,5) – Antar (3) – Coulibaly (5) – Sanou (5), Iashvili (2,5) – **Trainer:** Finke
Eingewechselt: 68. Benjamin (-) für Takahara, 80. Jacobsen (-) für Mahdavikia, 84. Rahn (-) für Jarolim – 46. Bajramovic (5) für Kondé, 46. Tanko (5) für Coulibaly, 72. Cairo (-) für Sanou
Tore: 1:0 Reinhardt (7., Kopfball, Vorarbeit Hoogma), 2:0 Barbarez (18., Linksschuss, Kling), 2:1 Antar (50., Rechtsschuss, Iashvili), 3:1 Maltritz (66., Kopfball, Beinlich), 4:1 Rahn (88., Linksschuss, Barbarez)
Chancenverhältnis: 10:2
Eckenverhältnis: 5:5
SR: Albrecht (Kaufbeuren) – **Zuschauer:** 43392 – **Spielnote:** 3

13. Dezember 2003
VfL Bochum – Eintracht Frankfurt 1:0 (1:0)
Bochum: Van Duijnhoven (2) – Colding (4,5), Vriesde (4,5), Fahrenhorst (2,5), P. Bönig (5) – Oliseh (3,5), Zdebel (3,5) – Wosz (4) – Freier (4), P. Madsen (4), Hashemian (2) – **Trainer:** Neururer
E. Frankfurt: Nikolov (2,5) – Preuß (4,5), Bindewald (3,5), Puljiz (5), Wiedener (4) – Chris (3,5) – Günther (4) – Cha (3), Skela (3), Bürger (5) – Beierle (5) – **Trainer:** Reimann
Eingewechselt: 67. Stevic (-) für Wosz, 74. Edu (-) für Oliseh, 83. Bemben (-) für Edu – 46. Dragusha (4,5) für Bürger, 74. Lexa (-) für Günther, 83. Frommer (-) für Cha
Tor: 1:0 Hashemian (21., Kopfball, Vorarbeit Oliseh)
Chancenverhältnis: 7:5
Eckenverhältnis: 9:6
SR: Weiner (Giesen) – **Zuschauer:** 23129 – **Spielnote:** 3,5

14. Dezember 2003
VfL Wolfsburg – Hannover 96 2:1 (1:1)
Wolfsburg: Jentzsch (3) – Franz (3), Rytter (4) – Thiam (2,5), Schnoor (3,5), Weiser (3) – Menseguez (3,5), D'Alessandro (3,5), Karhan (2,5) – Baiano (2), Klimowicz (3) – **Trainer:** Röber
Hannover: Marc Ziegler (2) – Cherundolo (5), Konstantinidis (4,5), Zuraw (5), Kleber (3,5) – Stendel (3), Dabrowski (3,5), de Guzman (3,5), Idrissou (4,5) – T. Christiansen (4,5), Brdaric (3) – **Trainer:** Rangnick
Eingewechselt: 55. Petrov (2,5) für Schnoor, 73. Biliskov (-) für Baiano, 88. S. Müller (-) für D'Alessandro – 53. Vinicius (4) für Konstantinidis, 62. Stajner (-) für T. Christiansen, 81. Schröter (-) für de Guzman
Tore: 0:1 Stendel (14., Linksschuss, Vorarbeit Brdaric), 1:1 Baiano (29., Rechtsschuss, Klimowicz), 2:1 Petrov (68., Linksschuss, Baiano)
Chancenverhältnis: 10:3
Eckenverhältnis: 5:3
SR: Jansen (Essen) – **Zuschauer:** 29300 – **Spielnote:** 3

14. Dezember 2003
Bor. M'gladbach – Borussia Dortmund 2:1 (1:1)
Gladbach: Stiel (2,5) – Korzynietz (3), Gaede (4,5), Asanin (3,5), Carnell (4) – Kluge (3,5) – Ulich (3,5), Demo (3,5), Kolkka (4) – van Hout (3,5), van Lent (4) – **Trainer:** Fach
Dortmund: Weidenfeller (3) – M. Metzelder (4), Wörns (3) – Ricken (4), S. Reuter (3), Leandro (3,5) – Kehl (3,5), Rosicky (3,5) – Odonkor (3,5), Koller (4), Gambino (4) – **Trainer:** Sammer
Eingewechselt: 66. Sverkos (-) für Demo, 69. Obradovic (-) für Kolkka, 90. Schulz-Winge (-) für Ulich – 68. Ewerthon (-) für Odonkor
Tore: 1:0 Demo (11., Rechtsschuss, Vorarbeit Korzynietz), 1:1 Koller (12., Kopfball, Odonkor), 2:1 Asanin (83., Kopfball, Korzynietz)
Chancenverhältnis: 8:5
Eckenverhältnis: 5:4
SR: Steinborn (Sinzig) – **Zuschauer:** 34500 (ausverkauft) – **Spielnote:** 3

17. Spieltag

16. Dezember 2003
Eintracht Frankfurt – Hamburger SV 2:3 (0:1)
E. Frankfurt: Nikolov (3) – Bindewald (4), Cipi (5), Puljiz (5) – Preuß (4), Schur (4), Chris (4,5), Bürger (4) – Skela (4) – Cha (4), Beierle (4) – **Trainer:** Reimann
HSV: Wächter (2) – Reinhardt (3), Hoogma (3), Wicky (3) – Maltritz (4), Kling (3,5) – Jarolim (3), Beinlich (2) – Mahdavikia (3) – Barbarez (3), Takahara (3) – **Trainer:** Toppmöller
Eingewechselt: 46. Kreuz (3,5) für Cipi, 46. Lexa (4,5) für Puljiz, 88. Frommer (-) für Schur – 73. Benjamin (-) für Takahara, 88. Rahn (-) für Beinlich, 89. Jacobsen (-) für Jarolim
Tore: 0:1 Beinlich (17., Linksschuss, ohne Vorarbeit), 0:2 Takahara (52., Kopfball, Mahdavikia), 1:2 Skela (53., direkter Freistoß, Rechtsschuss), 2:2 Beierle (56., Rechtsschuss, Cha), 2:3 Barbarez (85., Kopfball, Beinlich)
Chancenverhältnis: 6:8
Eckenverhältnis: 6:7
SR: Kinhöfer (Herne) – **Zuschauer:** 21000 – **Besonderes Vorkommnis:** Wächter hält Foulelfmeter von Skela (89.) – **Spielnote:** 2,5

16. Dezember 2003
SC Freiburg – Bayern München 0:6 (0:3)
Freiburg: Golz (6) – Kondé (6), B. Diarra (6) – Riether (4,5), Berner (6) – A. Zeyer (5), Tskitishvili (6) – Bajramovic (6) – Antar (6) – Sanou (6), Iashvili (6) – **Trainer:** Finke
Bayern: Kahn (3) – Sagnol (2), Demichelis (2), T. Linke (2), Rau (3,5) – Hargreaves (2,5), Schweinsteiger (3) – Salihamidzic (3), Zé Roberto (2) – Pizarro (2,5), Makaay (1) – **Trainer:** Hitzfeld
Eingewechselt: 44. Hermel (5) für Bajramovic, 46. Cairo (3) für Berner, 54. Coulibaly (-) für Sanou – 72. Jeremies (-) für Schweinsteiger, 84. Trochowski (-) für Salihamidzic, 90. Lell (-) für Demichelis
Tore: 0:1 Demichelis (7., Kopfball, Vorarbeit Zé Roberto), 0:2 Salihamidzic (23., Rechtsschuss, Makaay), 0:3 Makaay (28., Linksschuss, Pizarro), 0:4 Pizarro (61., Kopfball, Sagnol), 0:5 Makaay (67., Rechtsschuss, Sagnol), 0:6 Trochowski (87., Rechtsschuss, Zé Roberto)
Chancenverhältnis: 2:9
Eckenverhältnis: 2:2
SR: Meyer (Burgdorf) – **Zuschauer:** 25000 (ausverkauft) – **Spielnote:** 3

16. Dezember 2003
Werder Bremen – Hansa Rostock 3:0 (1:0)
Bremen: Reinke (3,5) – Davala (3), Ismaël (3), Krstajic (4,5), Stalteri (4) – Baumann (4) – Lisztes (2), F. Ernst (2,5) – Borowski (2,5) – Klasnic (4), Ailton (3,5) – **Trainer:** Schaaf
Rostock: Schober (3) – Möhrle (3), Persson (4), Hill (4,5) – Aduobe (4) – Tjikuzu (2,5), Rydlewicz (2,5), Rasmussen (4), Maul (4) – Prica (5), Max (5) – **Trainer:** Schlünz
Eingewechselt: 59. Charisteas (4) für Ailton, 82. Valdez (-) für Klasnic, 84. Magnin (-) für Stalteri – 64. Vorbeck (-) für Aduobe, 80. di Salvo (-) für Max, 87. Arvidsson (-) für Rydlewicz
Tore: 1:0 Ailton (3., Linksschuss, Vorarbeit Baumann), 2:0 Ismaël (77., Kopfball, Lisztes), 3:0 Lisztes (89., Rechtsschuss, Borowski)
Chancenverhältnis: 6:5
Eckenverhältnis: 2:4
SR: Fröhlich (Berlin) – **Zuschauer:** 32754 – **Spielnote:** 3,5

16. Dezember 2003
1. FC Köln – Hertha BSC 3:0 (0:0)
FC Köln: Wessels (3) – Dogan (2,5), Cichon (3), Cullmann (3) – O. Schröder (3), Springer (2,5), Voigt (3,5) – Kringe (3,5), Heinrich (3,5) – Podolski (1,5), Voronin (2) – **Trainer:** Koller
Hertha: Kiraly (4,5) – A. Friedrich (4,5), van Burik (5), Rehmer (5) – N. Kovac (5) – Lapaczinski (4,5), Hartmann (5) – Madlung (5) – Goor (5) – Marcelinho (5), Bobic (5) – **Trainer:** Thom
Eingewechselt: 68. Sinkala (-) für Kringe, 82. Scherz (-) für Heinrich, 89. Lottner (-) für Podolski – 46. Neuendorf (4) für Hartmann, 57. Rafael (-) für van Burik, 77. Pinto (-) für Madlung
Tore: 1:0 Voronin (46., Rechtsschuss, Vorarbeit Springer), 2:0 Podolski (75., Linksschuss, O. Schröder), 3:0 Scherz (87., Kopfball, Voronin)
Chancenverhältnis: 9:2
Eckenverhältnis: 9:3
SR: Wack, Dr. (Biberbach) – **Zuschauer:** 35000 – **Gelbe Karte:** Neuendorf – **Rote Karte:** Rafael (72., grobes Foulspiel) – **Spielnote:** 3,5

17. Dezember 2003
1860 München – Bor. M'gladbach 1:2 (0:1)
1860: Hofmann (4) – Görlitz (4), Stranzl (3,5), Hoffmann (4), Tyce (5) – Schwarz (4) – Cerny (5), Weissenberger (3,5) – Lauth (3,5) – Schroth (4), Davids (5) – **Trainer:** Götz
Gladbach: Stiel (3) – Korzynietz (3), Asanin (4), Strasser (3), Carnell (4) – Gaede (4) – Ulich (3), Kluge (4), Kolkka (3) – van Lent (3), Sverkos (5) – **Trainer:** Fach
Eingewechselt: 46. Baier (4) für Davids, 61. Kurz (-) für Stranzl, 81. Agostino (-) für Schroth – 68. van Hout (-) für Sverkos, 79. Demo (-) für Kluge, 90. Podszus (-) für Kolkka
Tore: 0:1 Ulich (15., Linksschuss, Vorarbeit van Lent), 1:1 Lauth (62., Linksschuss, Cerny), 1:2 van Lent (83., Kopfball, Demo)
Chancenverhältnis: 5:4
Eckenverhältnis: 4:7
SR: Merk, Dr. (Kaiserslautern) – **Zuschauer:** 15100 – **Gelbe Karte:** van Hout – **Spielnote:** 4

17. Dezember 2003
Borussia Dortmund – 1. FC Kaiserslautern 1:1 (1:0)
Dortmund: Weidenfeller (4) – M. Metzelder (4,5), Wörns (3) – Fernandez (5), S. Reuter (4), Leandro (4) – Kehl (5) – Rosicky (5) – Ricken (3,5), Gambino (4) – Koller (4) – **Trainer:** Sammer
K'lautern: Wiese (2) – T. Reuter (3), Hengen (3), Tchato (4), Malz (3,5) – Michael Lehmann (3) – Nurmela (4,5), Lincoln (3), Kosowski (3) – Halil Altintop (4), Dominguez (3) – **Trainer:** Gerets
Eingewechselt: 55. Odonkor (3) für Gambino, 71. Jensen (-) für Leandro – 76. Bjelica (-) für Dominguez, 83. Glibo (-) für Malz, 88. Freund (-) für Michael Lehmann
Tore: 1:0 Koller (45., Rechtsschuss, ohne Vorarbeit), 1:1 Lincoln (76., Rechtsschuss)
Chancenverhältnis: 7:4
Eckenverhältnis: 9:3
SR: Stark (Ergolding) – **Zuschauer:** 73000 – **Spielnote:** 4

17. Dezember 2003
FC Schalke 04 – VfL Wolfsburg 1:1 (1:1)
Schalke: F. Rost (3) – Hajto (4), Kläsener (3,5), van Kerckhoven (4), Rodriguez (4,5) – Oude Kamphuis (2,5), Vermant (3) – Hamit Altintop (3), Seitz (5) – Asamoah (3), Sand (5) – **Trainer:** Heynckes
Wolfsburg: Jentzsch (2,5) – Quattrocchi (2,5), Franz (3,5) – Thiam (3,5), Karhan (3), Weiser (4), Rytter (4,5) – D'Alessandro (3,5) – Menseguez (3), Petrov (4) – Klimowicz (4) – **Trainer:** Röber
Eingewechselt: 46. Poulsen (4) für Oude Kamphuis, 73. Kobiashvili (-) für Seitz, 73. Hanke (-) für Sand – 46. Biliskov (3,5) für Weiser, 76. S. Müller (-) für Petrov, 79. Topic (-) für Menseguez
Tore: 1:0 Hamit Altintop (26., Rechtsschuss, ohne Vorarbeit), 1:1 Petrov (40., Rechtsschuss, Klimowicz)
Chancenverhältnis: 4:3
Eckenverhältnis: 2:1
SR: Koop (Lüttenmark) – **Zuschauer:** 59765 – **Spielnote:** 4

17. Dezember 2003
Hannover 96 – VfL Bochum 2:2 (1:0)
Hannover: Marc Ziegler (2,5) – Schröter (5), Konstantinidis (3), Vinicius (3,5), Kleber (3,5) – Dabrowski (3) – Stendel (4), Krupnikovic (4), de Guzman (3) – T. Christiansen (4), Brdaric (3) – **Trainer:** Rangnick
Bochum: Van Duijnhoven (3) – Colding (3,5), Vriesde (3,5), Fahrenhorst (4), P. Bönig (3,5) – Stevic (3,5), Oliseh (3) – Zdebel (4,5) – Freier (3), P. Madsen (2), Hashemian (2,5) – **Trainer:** Neururer
Eingewechselt: 63. Cherundolo (-) für Schröter, 67. Zuraw (-) für Konstantinidis, 90. Idrissou (-) für T. Christiansen – 77. Diabang (-) für Hashemian, 90. Bemben (-) für Freier, 90. Wosz (-) für Zdebel
Tore: 1:0 Brdaric (18., Linksschuss, Vorarbeit Kleber), 1:1 P. Madsen (53., Rechtsschuss, Freier), 2:1 de Guzman (61., Rechtsschuss, Krupnikovic), 2:2 Hashemian (75., Kopfball, P. Madsen)
Chancenverhältnis: 8:6
Eckenverhältnis: 4:7
SR: Kircher (Rottenburg) – **Zuschauer:** 20396 – **Gelbe Karte:** P. Bönig – **Spielnote:** 3

17. Dezember 2003
VfB Stuttgart – Bayer Leverkusen 2:3 (0:2)
Stuttgart: Hildebrand (4,5) – Hinkel (4), Meira (3,5), Wenzel (3), Lahm (3,5) – Soldo (3) – Vranjes (5), A. Hleb (2,5) – Heldt (5) – Kuranyi (3,5), Szabics (4,5) – **Trainer:** Magath

Leverkusen: J. Butt (3) – Lucio (3), Juan (3) – B. Schneider (3,5), Placente (3,5) – Ramelow (3) – Bastürk (3) – Bierofka (4), Babic (3,5) – Ponte (2) – Berbatov (2) – **Trainer:** Augenthaler
Eingewechselt: 46. Cacau (3) für Heldt, 46. Centurion (3) für Vranjes, 84. Meißner (-) für Lahm – 64. Balitsch (-) für Bastürk, 75. Neuville (-) für Ponte, 90. Hertzsch (-) für Berbatov
Tore: 0:1 Ramelow (24., Rechtsschuss, Vorarbeit Ponte), 0:2 Berbatov (44., Rechtsschuss, Bierofka), 1:2 Kuranyi (56., Rechtsschuss, Cacau), 1:3 Berbatov (62., Rechtsschuss, Babic), 2:3 Soldo (68., Linksschuss, Kuranyi)
Chancenverhältnis: 7:6
Eckenverhältnis: 7:3
SR: Fandel (Kyllburg) – **Zuschauer:** 47000 – **Spielnote:** 2

18. Spieltag

31. Januar 2004
VfL Bochum – VfL Wolfsburg 1:0 (1:0)
Bochum: Van Duijnhoven (3) – Colding (2,5), Vriesde (4), Fahrenhorst (2,5), Bemben (5) – Zdebel (4), Oliseh (4) – Wosz (3,5) – Freier (3,5), Hashemian (4,5), P. Madsen (4,5) – **Trainer:** Neururer
Wolfsburg: Jentzsch (3) – Franz (4), Quattrocchi (3,5), Schnoor (2,5), Rytter (4) – Karhan (4,5), Thiam (3) – Menseguez (5), Petrov (3) – Klimowicz (5), Baiano (5) – **Trainer:** Röber
Eingewechselt: 46. Edu (3,5) für Bemben, 70. Stevic (-) für Zdebel, 85. Diabang (-) für Wosz – 61. Hrgovic (-) für Quattrocchi, 66. Topic (-) für Menseguez, 85. Weiser (-) für Karhan
Tor: 1:0 Fahrenhorst (35., Kopfball, Vorarbeit Wosz)
Chancenverhältnis: 6:3
Eckenverhältnis: 5:5
SR: Sippel (München) – **Zuschauer:** 20793 – **Spielnote:** 4

31. Januar 2004
1860 München – 1. FC Kaiserslautern 2:1 (2:1)
1860: Hofmann (3) – Stranzl (4), Fernando (4), Hoffmann (3,5), Saarinen (3) – Schwarz (4), Poschner (3,5) – Görlitz (2,5), Weissenberger (3) – Kioyo (3,5), Lauth (2) – **Trainer:** Götz
K'lautern: Wiese (3) – Riedl (5), Knavs (5), Wenzel (4), Malz (4) – Bjelica (4,5) – Hristov (4,5), Kosowski (5) – Lincoln (3,5) – Klose (3), Lokvenc (2,5) – **Trainer:** Gerets
Eingewechselt: 56. Cerny (4) für Schwarz, 77. Kurz (-) für Poschner, 87. Davids (-) für Weissenberger – 46. Dominguez (3,5) für Kosowski, 46. T. Reuter (3,5) für Riedl, 66. Halil Altintop (-) für Bjelica
Tore: 1:0 Lauth (18., Linksschuss, Vorarbeit Poschner), 1:1 Lokvenc (25., Linksschuss, Lincoln), 2:1 Lauth (39., Kopfball, Görlitz)
Chancenverhältnis: 7:6
Eckenverhältnis: 5:5
SR: Trautmann (Florstadt) – **Zuschauer:** 20300 – **Spielnote:** 4

31. Januar 2004
1. FC Köln – Bor. M'gladbach 1:0 (0:0)
FC Köln: Wessels (3) – Dogan (3), Cichon (4), Sichone (4) – O. Schröder (3,5), Voigt (4) – Springer (4) – Streit (4,5), Heinrich (3) – Podolski (2), Voronin (3,5) – **Trainer:** Koller
Gladbach: Stiel (4) – Korzynietz (3,5), Asanin (3), Strasser (4,5), Carnell (3) – Gaede (3,5) – Ulich (4), Kolkka (5) – Kluge (4) – van Hout (3,5), van Lent (4,5) – **Trainer:** Fach
Eingewechselt: 74. Kringe (-) für Streit, 89. Ebbers (-) für Voronin, 90. Feulner (-) für Podolski – 58. Demo (4) für Kolkka, 72. Sverkos (-) für Ulich, 89. Podszus (-) für Kluge
Tor: 1:0 Podolski (52., Linksschuss, Vorarbeit O. Schröder)
Chancenverhältnis: 4:5
Eckenverhältnis: 4:9
SR: Meyer (Burgdorf) – **Zuschauer:** 50997 (ausverkauft) – **Spielnote:** 4

31. Januar 2004
Werder Bremen – Hertha BSC 4:0 (3:0)
Bremen: Reinke (2,5) – Davala (3), Ismaël (2), F. Ernst (3,5), Stalteri (3,5) – Lagerblom (2) – Lisztes (4), Borowski (2,5) – Micoud (3) – Ailton (1,5), Klasnic (3,5) – **Trainer:** Schaaf
Hertha: Fiedler (4) – Madlung (5), A. Friedrich (5), Rehmer (5), Fathi (4) – van Burik (5,5) – Goor (5) – Karwan (5), Mladenov (5) – Marcelinho (5) – Bobic (5) – **Trainer:** Meyer
Eingewechselt: 72. Valdez (-) für Ailton, 76. Schulz (-) für Lisztes, 83. Magnin (-) für Stalteri – 38. Simunic (5) für van Burik, 46. Dardai (3,5) für Mladenov, 70. Ludwig (-) für Karwan
Tore: 1:0 Ailton (18., Linksschuss, ohne Vorarbeit), 2:0 Ailton (30., Linksschuss, Lagerblom), 3:0 Micoud (34., Rechtsschuss, Ismaël), 4:0 Valdez (90., Linksschuss, Borowski)
Chancenverhältnis: 9:3
Eckenverhältnis: 3:3
SR: Merk, Dr. (Kaiserslautern) – **Zuschauer:** 34500 – **Spielnote:** 2,5

31. Januar 2004
VfB Stuttgart – Hansa Rostock 2:0 (0:0)
Stuttgart: Hildebrand (3) – Hinkel (4), Zivkovic (3,5), Bordon (3), Lahm (4) – Soldo (2,5) – Meira (3), A. Hleb (1,5) – Heldt (3,5) – Kuranyi (2,5), Szabics (4,5) – **Trainer:** Magath
Rostock: Schober (2,5) – Möhrle (4,5), Persson (4,5), Hill (4,5) – Tjikuzu (3,5), Lantz (3,5), Maul (4) – Rasmussen (5) – Rydlewicz (5) – Max (4,5), di Salvo (5) – **Trainer:** Schlünz
Eingewechselt: 46. Streller (3,5) für Szabics, 46. Gerber (3,5) für Lahm, 46. Tiffert (3,5) für Heldt – 67. Plassnegger (-) für Tjikuzu, 67. Prica (-) für di Salvo, 86. Arvidsson (-) für Max
Tore: 1:0 A. Hleb (59., Rechtsschuss, Vorarbeit Kuranyi), 2:0 Kuranyi (75., Linksschuss, Tiffert)
Chancenverhältnis: 7:1
Eckenverhältnis: 8:1
SR: Stark (Ergolding) – **Zuschauer:** 42000 – **Gelbe Karte:** Schober – **Spielnote:** 3

31. Januar 2004
Eintracht Frankfurt – Bayern München 1:1 (1:1)
E. Frankfurt: Nikolov (4) – Preuß (4) – Hertzsch (3,5), Chris (3) – Günther (3,5), Bürger (4) – Schur (3) – Skela (3), Kreuz (4) – Cha (4,5) – Amanatidis (4) – **Trainer:** Reimann
Bayern: Kahn (3) – Demichelis (3,5), Kuffour (3,5) – Sagnol (3,5), Lizarazu (5) – Schweinsteiger (4,5), Hargreaves (5) – Ballack (4) – Pizarro (4,5), Zé Roberto (4), Makaay (4,5) – **Trainer:** Hitzfeld
Eingewechselt: 75. Lexa (-) für Cha – 46. T. Linke (4) für Demichelis, 67. Santa Cruz (-) für Pizarro, 68. Salihamidzic (-) für Schweinsteiger
Tore: 0:1 Makaay (1., Rechtsschuss, Vorarbeit Ballack), 1:1 Skela (45., Foulelfmeter, Rechtsschuss, Chris)
Chancenverhältnis: 3:7
Eckenverhältnis: 3:8
SR: Jansen (Essen) – **Zuschauer:** 37280 (ausverkauft) – **Spielnote:** 4

30. Januar 2004
Borussia Dortmund – FC Schalke 04 0:1 (0:0)
Dortmund: Warmuz (2) – S. Reuter (4), Demel (3), Wörns (3), Jensen (4) – Flavio Conceicao (3,5) – Frings (4), Kehl (5) – Rosicky (5) – Ewerthon (4,5), Koller (5) – **Trainer:** Sammer
Schalke: F. Rost (1) – Poulsen (3), Kläsener (4), van Kerckhoven (3), Kobiashvili (3) – Oude Kamphuis (2) – Vermant (3,5) – Hamit Altintop (2), Rodriguez (4,5) – Asamoah (3,5), Hanke (5) – **Trainer:** Heynckes
Eingewechselt: 85. Gambino (-) für Ewerthon – 67. Delura (-) für Asamoah, 72. Sand (2) für Hanke, 87. Seitz (-) für Rodriguez
Tor: 0:1 Sand (89., Rechtsschuss, Vorarbeit Hamit Altintop)
Chancenverhältnis: 2:6
Eckenverhältnis: 2:8
SR: Fandel (Kyllburg) – **Zuschauer:** 83000 (ausverkauft) – **Gelb-Rote Karten:** Rosicky (43.), Kläsener (74.) – **Besonderes Vorkommnis:** F. Rost hält Foulelfmeter von Koller (9.), F. Rost hält Handelfmeter von Frings (75.) – **Spielnote:** 4

1. Februar 2004
SC Freiburg – Bayer Leverkusen 1:0 (0:0)
Freiburg: Reus (3) – Kondé (4), B. Diarra (3) – Kruppke (3,5), Berner (3) – Riether (2,5), Bajramovic (3,5) – Tanko (4), Antar (2,5) – Iashvili (3), Sanou (3,5) – **Trainer:** Finke
Leverkusen: J. Butt (3) – Balitsch (4), Lucio (4), Nowotny (3), Placente (5) – Juan (3,5) – B. Schneider (5), Bierofka (4,5), Babic (4) – Ponte (4,5), Berbatov (4,5) – **Trainer:** Augenthaler
Eingewechselt: 62. Müller (-) für Bajramovic, 71. Cairo (-) für Tanko, 88. A. Zeyer (-) für Sanou – 56. Franca (5) für Bierofka, 70. Masmanidis (-) für Ponte, 76. Sahin (-) für Placente
Tor: 1:0 Antar (54., Linksschuss, Vorarbeit Iashvili)
Chancenverhältnis: 4:3
Eckenverhältnis: 7:3
SR: Keßler (Höhenkirchen) – **Zuschauer:** 24500 – **Spielnote:** 3

1. Februar 2004
Hannover 96 – Hamburger SV 3:2 (2:1)
Hannover: Marc Ziegler (3) – Cherundolo (3), Konstantinidis (5), Vinicius (4), Kleber (4,5) – de Guzman (2) – Krupnikovic (3,5) – Schröter (3), Mathis (2), Stendel (3,5) – Brdaric (3) – **Trainer:** Rangnick
HSV: Wächter (3) – Wicky (3), Hoogma (3,5), Reinhardt (3,5), Hollerbach (4,5) – Maltritz (5) – Mahdavikia (3), Jarolim (3,5), Beinlich (4) – Takahara (5), Barbarez (2,5) – **Trainer:** Toppmöller
Eingewechselt: 69. Jaime (-) für Schröter, 74. Zuraw (-) für Krupnikovic, 82. Stefulj (-) für Mathis – 60. Rahn (3) für Hollerbach, 67. Romeo (-) für Hoogma, 80. A. Meier (-) für Jarolim
Tore: 0:1 Barbarez (7., Kopfball, Vorarbeit Wicky), 1:1 Krupnikovic (12., Handelfmeter, Linksschuss), 2:1 Mathis (27., Rechtsschuss, Brdaric), 3:1 Jaime (76., Rechtsschuss, Kleber), 3:2 Romeo (77., Kopfball, Rahn)
Chancenverhältnis: 6:5
Eckenverhältnis: 7:3
SR: Wagner (Kriftel) – **Zuschauer:** 23309 – **Gelbe Karte:** Maltritz – **Spielnote:** 3

19. Spieltag

7. Februar 2004
Bayer Leverkusen – Eintracht Frankfurt 1:2 (0:1)
Leverkusen: J. Butt (3) – Juan (4), Lucio (3), Nowotny (5), Placente (5) – Ramelow (3) – Bierofka (5), Babic (4) – B. Schneider (5) – Berbatov (5), Franca (5,5) – **Trainer:** Augenthaler
E. Frankfurt: Nikolov (2) – Günther (3), Hertzsch (3), Preuß (3,5), Chris (3), Bürger (3) – Schur (2,5) – Skela (4) – Cha (3,5), Kreuz (3,5) – Amanatidis (2,5) – **Trainer:** Reimann
Eingewechselt: 46. Neuville (3) für Franca, 76. Sahin (-) für Bierofka, 83. C. Fritz (-) für Nowotny – 72. Lexa (-) für Cha
Tore: 0:1 Hertzsch (21., Kopfball, Vorarbeit Bürger), 1:1 Neuville (61., Linksschuss, Berbatov), 1:2 Amanatidis (77., Kopfball, Schur)
Chancenverhältnis: 8:6
Eckenverhältnis: 6:9
SR: Steinborn (Sinzig) – **Zuschauer:** 22500 (ausverkauft) – **Spielnote:** 3,5

7. Februar 2004
Hansa Rostock – SC Freiburg 4:1 (1:0)
Rostock: Schober (3,5) – Möhrle (4), Hill (3) – Tjikuzu (3), Maul (3,5) – Persson (4), Lantz (3,5) – Rydlewicz (3,5), Rasmussen (3,5) – Prica (5), di Salvo (3) – **Trainer:** Schlünz
Freiburg: Reus (4,5) – Müller (4,5), B. Diarra (4) – Kruppke (5), Riether (4,5), Berner (5) – Bajramovic (3,5) – Tanko (5), Antar (4,5), Sanou (4,5) – Iashvili (3,5) – **Trainer:** Finke
Eingewechselt: 69. Arvidsson (1,5) für Prica, 73. Plassnegger (-) für Persson, 84. K. Madsen (-) für Rydlewicz – 46. Willi (4,5) für Kruppke, 46. Cairo (3) für Tanko, 82. Guié-Mien (-) für Bajramovic
Tore: 1:0 di Salvo (7., Rechtsschuss, Vorarbeit Maul), 1:1 Sanou (64., Kopfball, Cairo), 2:1 Arvidsson (76., Kopfball, Rydlewicz), 3:1 Plassnegger (80., Rechtsschuss, Arvidsson), 4:1 Tjikuzu (90., Rechtsschuss, Arvidsson)
Chancenverhältnis: 9:4
Eckenverhältnis: 13:5
SR: Gagelmann (Bremen) – **Zuschauer:** 14000 – **Spielnote:** 3

7. Februar 2004
Bor. M'gladbach – Werder Bremen 1:2 (0:0)
Gladbach: Stiel (3,5) – Korzynietz (4), Asanin (4,5), Strasser (5), Carnell (3,5) – Gaede (4) – Kluge (5), Kolkka (5) – Broich (3,5) – Sverkos (3), van Lent (5) – **Trainer:** Fach
Bremen: Reinke (3) – Davala (5), Ismaël (3), Krstajic (5), Stalteri (4,5) – Baumann (2,5) – Lisztes (5), F. Ernst (3) – Micoud (4) – Valdez (4), Klasnic (3) – **Trainer:** Schaaf
Eingewechselt: 46. Ulich (3,5) für Kluge, 66. van Hout (-) für Kolkka, 74. Maric (-) für van Lent – 62. Ailton (-) für Valdez, 86. Borowski (-) für Lisztes, 90. Schulz (-) für Klasnic
Tore: 1:0 Sverkos (51., Kopfball, Vorarbeit Korzynietz), 1:1 Klasnic (54., Linksschuss), 1:2 Baumann (90., Linksschuss, Klasnic)
Chancenverhältnis: 2:5
Eckenverhältnis: 3:5
SR: Koop (Lüttenmark) – **Zuschauer:** 28650 – **Gelbe Karte:** Stalteri – **Gelb-Rote Karte:** Krstajic (72.) – **Spielnote:** 4

7. Februar 2004
1. FC Kaiserslautern – 1. FC Köln 1:0 (1:0)
K'lautern: Wiese (3) – Knavs (3), Wenzel (3,5), Malz (4) – Riedl (4), Bjelica (3) – Nurmela (5), Hristov (4,5), Dominguez (3,5) – Klose (4,5), Lokvenc (2) – **Trainer:** Jara
FC Köln: Wessels (2,5) – Dogan (5), Cichon (4), Sichone (4) – O. Schröder (5), Springer (5), Voigt (5) – Streit (4), Heinrich (4,5) – Podolski (4), Voronin (5) – **Trainer:** Koller
Eingewechselt: 57. Michael Lehmann (3) für Riedl, 78. Halil Altintop (-) für Hristov, 84. Kosowski (-) für Dominguez – 46. Kringe (3,5) für Springer, 66. Scherz (-) für Streit, 75. Lottner (-) für Heinrich
Tor: 1:0 Lokvenc (23., Linksschuss, Vorarbeit Dominguez)
Chancenverhältnis: 6:4
Eckenverhältnis: 6:0
SR: Albrecht (Kaufbeuren) – **Zuschauer:** 37529 – **Spielnote:** 4,5

7. Februar 2004
FC Schalke 04 – 1860 München 0:0
Schalke: F. Rost (3) – Poulsen (4,5), Waldoch (2,5), van Kerckhoven (3), Kobiashvili (4,5) – Oude Kamphuis (4,5), Vermant (4,5) – Hamit Altintop (3,5), Rodriguez (5) – Asamoah (4,5), Hanke (4,5) – **Trainer:** Heynckes
1860: Hofmann (3) – Kurz (3), Schwarz (-), Costa (2,5) – Görlitz (3,5), Saarinen (4) – Poschner (4), Matth. Lehmann (4) – Baier (4), Kioyo (3,5), Lauth (5) – **Trainer:** Götz
Eingewechselt: 56. Sand (4,5) für Hanke, 63. Böhme (-) für Rodriguez, 74. Delura (-) für Asamoah – 9. Tyce (3,5) für Schwarz, 58. Schroth (4,5) für Lauth, 78. Davids (-) für Baier
Chancenverhältnis: 3:0
Eckenverhältnis: 9:1
SR: Kemmling (Kleinburgwedel) – **Zuschauer:** 61266 (ausverkauft) – **Spielnote:** 4,5

7. Februar 2004
VfL Wolfsburg – Borussia Dortmund 2:4 (1:2)
Wolfsburg: Jentzsch (4) – Franz (4,5), Quattrocchi (5) – Thiam (4), Schnoor (3), Weiser (3,5) – Menseguez (3,5), Karhan (4), Petrov (3,5) – Klimowicz (4), Baiano (4) – **Trainer:** Röber
Dortmund: Warmuz (4) – S. Reuter (3), Demel (4,5), Wörns (2,5), Jensen (3) – Flavio Conceicao (3), Kehl (3) – Odonkor (3), Frings (2) – Ewerthon (4), Koller (1) – **Trainer:** Sammer
Eingewechselt: 39. Sarpei (3,5) für Thiam, 65. Hrgovic (-) für Karhan, 82. Fischer (-) für Quattrocchi – 70. Ricken (-) für Ewerthon, 86. Gambino (-) für Odonkor, 90. Brzenska (-) für Frings
Tore: 1:0 Petrov (36., Foulelfmeter, Linksschuss, Vorarbeit Baiano), 1:1 Jensen (42., direkter Freistoß, Linksschuss), 1:2 Koller (45., Rechtsschuss, Wörns), 1:3 Frings (53., Linksschuss, Koller), 1:4 Ricken (78., Linksschuss, Koller), 2:4 Baiano (88., Rechtsschuss, Schnoor)
Chancenverhältnis: 5:8
Eckenverhältnis: 5:8
SR: Wack, Dr. (Biberbach) – **Zuschauer:** 25286 – **Spielnote:** 3

Eingenickt: Herthas Fredi Bobic köpft gegen die Stuttgarter Meißner und Zivkovic zum 1:0 ein.

7. Februar 2004
Hamburger SV – VfL Bochum 1:1 (0:0)
HSV: Wächter (3) – Wicky (2), Hoogma (3), Reinhardt (3), Hollerbach (4) – Beinlich (4,5) – Mahdavikia (4), A. Meier (4,5), Jarolim (5) – Romeo (3,5), Barbarez (5) – **Trainer:** Toppmöller
Bochum: Van Duijnhoven (3) – Colding (2,5), Kalla (3,5), Fahrenhorst (3), Edu (3,5) – Zdebel (2), Oliseh (3) – Wosz (5) – P. Madsen (4,5), Hashemian (4), Freier (4,5) – **Trainer:** Neururer
Eingewechselt: 46. Takahara (3) für A. Meier, 66. Kling (5) für Hollerbach, 71. Rahn (-) für Beinlich – 64. Stevic (-) für Wosz, 74. Diabang (-) für P. Madsen, 82. Vriesde (-) für Freier
Tore: 0:1 Colding (69., Rechtsschuss, Vorarbeit P. Madsen), 1:1 Romeo (82., Kopfball, Mahdavikia)
Chancenverhältnis: 8:3
Eckenverhältnis: 6:1
SR: Schmidt (Stuttgart) – **Zuschauer:** 37667 – **Spielnote:** 4

8. Februar 2004
Bayern München – Hannover 96 3:1 (1:0)
Bayern: Kahn (2) – Sagnol (4), Kuffour (4), T. Linke (4,5), Lizarazu (4) – Hargreaves (3,5) – Salihamidzic (4,5), Ballack (2) – Zé Roberto (2) – Pizarro (3,5), Makaay (3) – **Trainer:** Hitzfeld
Hannover: Marc Ziegler (2) – Cherundolo (4), Konstantinidis (3,5), Vinicius (3), Kleber (5) – Krupnikovic (4), de Guzman (3,5) – Schröter (3), Mathis (5), Stendel (3) – Brdaric (3,5) – **Trainer:** Rangnick
Eingewechselt: 79. Jeremies (-) für Pizarro, 80. Santa Cruz (-) für Makaay – 33. Schuler (2,5) für Stendel, 46. Jaime (4,5) für Cherundolo, 66. Svitlica (-) für Mathis
Tore: 1:0 Ballack (10., Kopfball, Vorarbeit Zé Roberto), 2:0 Zé Roberto (66., Linksschuss, Makaay), 3:0 Makaay (78., Rechtsschuss), 3:1 Svitlica (82., Rechtsschuss, Schuler)
Chancenverhältnis: 9:8
Eckenverhältnis: 7:8
SR: Fröhlich (Berlin) – **Zuschauer:** 32000 – **Spielnote:** 3

8. Februar 2004
Hertha BSC – VfB Stuttgart 1:0 (0:0)
Hertha: Fiedler (3) – A. Friedrich (3), van Burik (3), Simunic (3,5) – Chahed (3,5), Dardai (4), Fathi (3,5) – Neuendorf (4) – Reina (3,5), Marcelinho (4) – Bobic (3) – **Trainer:** Meyer
Stuttgart: Hildebrand (3) – Hinkel (4), Meira (3), Zivkovic (4), Lahm (3,5) – Soldo (3,5) – Tiffert (4,5), Vranjes (4,5) – A. Hleb (3,5) – Kuranyi (5), Szabics (5) – **Trainer:** Magath
Eingewechselt: 78. Pinto (-) für Reina, 80. Karwan (-) für Neuendorf, 86. Madlung (-) für Dardai – 61. Meißner (-) für Tiffert, 61. Heldt (-) für Vranjes, 75. Streller (-) für Szabics
Tor: 1:0 Bobic (87., Kopfball, Vorarbeit Marcelinho)
Chancenverhältnis: 8:2
Eckenverhältnis: 4:4
SR: Kinhöfer (Herne) – **Zuschauer:** 39153 – **Spielnote:** 3,5

20. Spieltag

14. Februar 2004
Hamburger SV – VfL Wolfsburg 2:0 (1:0)
HSV: Wächter (3) – Wicky (3), Hoogma (3), Reinhardt (3), Hollerbach (3) – Jarolim (2), Beinlich (4) – Mahdavikia (4,5), Barbarez (1,5), Takahara (4,5) – Romeo (5) – **Trainer:** Toppmöller
Wolfsburg: Jentzsch (5) – Sarpei (4), Biliskov (4), Franz (4), Weiser (4) – Karhan (5), Schnoor (5) – Topic (5), D'Alessandro (4), Petrov (5) – Klimowicz (5) – **Trainer:** Röber
Eingewechselt: 67. Rahn (-) für Takahara, 82. Schlicke (-) für Romeo – 65. Hrgovic (-) für Franz, 74. Menseguez (-) für D'Alessandro, 87. Ponce (-) für Sarpei
Tore: 1:0 Barbarez (18., Rechtsschuss, Vorarbeit Mahdavikia), 2:0 Rahn (88., Linksschuss, Jarolim)
Chancenverhältnis: 4:0
Eckenverhältnis: 6:4
SR: Stark (Ergolding) – **Zuschauer:** 41017 – **Spielnote:** 4

14. Februar 2004
VfB Stuttgart – Bor. M'gladbach 1:1 (1:0)
Stuttgart: Hildebrand (3) – Zivkovic (5), Bordon (3), Lahm (3,5) – Hinkel (3) – Soldo (3,5) – Meira (3,5), A. Hleb (4) – Heldt (3) – Kuranyi (4), Szabics (3) – **Trainer:** Magath
Gladbach: Stiel (3) – Asanin (4), Euben (3,5), Strasser (3,5) – Korzynietz (3), Gaede (4), Carnell (3) – Ulich (3) – Broich (2,5) – van Lent (4,5), Sverkos (2,5) – **Trainer:** Fach
Eingewechselt: 46. Streller (4) für Szabics, 46. Vranjes (3,5) für Heldt, 79. Tiffert (-) für Kuranyi – 69. Maric (-) für van Lent, 79. Demo (-) für Asanin, 79. van Hout (-) für Ulich
Tore: 1:0 Szabics (6., Kopfball, Vorarbeit Heldt), 1:1 Sverkos (84., Rechtsschuss, Broich)
Chancenverhältnis: 5:4
Eckenverhältnis: 8:3
SR: Keßler (Höhenkirchen) – **Zuschauer:** 33500 – **Gelb-Rote Karte:** Gaede (43.) – **Rote Karte:** Zivkovic (34., Schiedsrichterbeleidigung) – **Spielnote:** 4

14. Februar 2004
SC Freiburg – Hertha BSC 2:3 (0:2)
Freiburg: Golz (4) – Müller (3), B. Diarra (3) – Willi (3,5), Berner (4,5) – Bajramovic (4,5), Riether (5) – Antar (5) – Cairo (3), Sanou (5), Iashvili (5) – **Trainer:** Finke
Hertha: Fiedler (2,5) – van Burik (2,5), A. Friedrich (1) – Chahed (3,5), Fathi (3,5) – Simunic (2) – Dardai (3) – Reina (3), Neuendorf (2,5), Marcelinho (3) – Bobic (4,5) – **Trainer:** Meyer
Eingewechselt: 63. Tanko (-) für Sanou, 78. Tskitishvili (-) für Riether, 78. Guié-Mien (-) für Cairo – 46. Hartmann (5) für Fathi, 64. Rafael (-) für Neuendorf, 80. N. Kovac (-) für Marcelinho
Tore: 0:1 A. Friedrich (24., Rechtsschuss, Vorarbeit Bobic), 0:2 Neuendorf (44., Linksschuss, A. Friedrich), 0:3 Reina (63., Rechtsschuss, Marcelinho), 1:3 Hartmann (76., Eigentor, Rechtsschuss, Cairo), 2:3 Tskitishvili (87., Foulelfmeter, Linksschuss, Willi)
Chancenverhältnis: 5:6
Eckenverhältnis: 9:0
SR: Weiner (Giesen) – **Zuschauer:** 22950 – **Spielnote:** 3

14. Februar 2004
Eintracht Frankfurt – Hansa Rostock 1:1 (1:0)
E. Frankfurt: Nikolov (3) – Preuß (3) – Hertzsch (3,5), Chris (3) – Günther (3), Bürger (3,5) – Schur (3) – Skela (2,5), Kreuz (4) – Amanatidis (3,5), Beierle (5) – **Trainer:** Reimann
Rostock: Schober (2) – Möhrle (4), Persson (4), Hill (3,5) – Tjikuzu (3,5), Maul (4) – Lantz (3,5) – Plassnegger (4,5), Rasmussen (4) – Max (5), di Salvo (5) – **Trainer:** Funkel
Eingewechselt: 82. Lexa (-) für Beierle, 85. Frommer (-) für Kreuz – 67. Arvidsson (-) für di Salvo, 74. Prica (-) für Plassnegger, 86. K. Madsen (-) für Max
Tore: 1:0 Chris (39., Kopfball, Vorarbeit Skela), 1:1 Arvidsson (82., Rechtsschuss, Prica)
Chancenverhältnis: 8:3
Eckenverhältnis: 11:8
SR: Fandel (Kyllburg) – **Zuschauer:** 21000 – **Spielnote:** 3

14. Februar 2004
Hannover 96 – Bayer Leverkusen 2:2 (1:0)
Hannover: Marc Ziegler (3,5) – Cherundolo (4,5), Abel Xavier (5), Vinicius (4), Kleber (3,5) – Konstantinidis (3), Krupnikovic (4) – Schröter (3), Mathis (2), Stendel (3,5) – Brdaric (4) – **Trainer:** Rangnick
Leverkusen: J. Butt (3) – Juan (3,5), Lucio (3), Nowotny (3,5), Placente (5,5) – Ramelow (4) – C. Fritz (3,5), Babic (3,5) – B. Schneider (5,5) – Neuville (4), Berbatov (3,5) – **Trainer:** Augenthaler
Eingewechselt: 74. Jaime (-) für Mathis, 75. Idrissou (-) für Cherundolo, 90. Dabrowski (-) für Krupnikovic – 46. Balitsch (3) für Placente, 57. Franca (2) für B. Schneider
Tore: 1:0 Mathis (40., Rechtsschuss, ohne Vorarbeit), 2:0 Konstantinidis (48., Rechtsschuss, Mathis), 2:1 Berbatov (65., Kopfball, Lucio), 2:2 Franca (71., Rechtsschuss)
Chancenverhältnis: 6:12
Eckenverhältnis: 7:7
SR: Merk, Dr. (Kaiserslautern) – **Zuschauer:** 20993 – **Gelbe Karten:** Vinicius, Krupnikovic – **Spielnote:** 2,5

14. Februar 2004
VfL Bochum – Bayern München 1:0 (1:0)
Bochum: Van Duijnhoven (2) – Colding (3), Kalla (3), Fahrenhorst (2), Edu (4) – Oliseh (3,5), Zdebel (3) – Wosz (3,5) – Freier (2), P. Madsen (2), Hashemian (3) – **Trainer:** Neururer
Bayern: Kahn (2) – Sagnol (5), Kuffour (4), R. Kovac (5), Lizarazu (4) – Salihamidzic (3,5), Hargreaves (4) – Schweinsteiger (3) – Zé Roberto (4) – Pizarro (4), Makaay (5) – **Trainer:** Hitzfeld
Eingewechselt: 61. Diabang (-) für P. Madsen, 71. T. Gudjonsson (-) für Wosz, 88. Meichelbeck (-) für Freier – 46. Santa Cruz (3,5) für Sagnol, 75. Trochowski (-) für Schweinsteiger
Tor: 1:0 P. Madsen (8., Rechtsschuss, Vorarbeit Freier)
Chancenverhältnis: 5:5
Eckenverhältnis: 7:8
SR: Wagner (Kriftel) – **Zuschauer:** 32645 (ausverkauft) – **Spielnote:** 3

14. Februar 2004
1. FC Köln – FC Schalke 04 0:2 (0:1)
FC Köln: Wessels (2,5) – Dogan (3,5), Cichon (4), Sichone (5) – O. Schröder (5), Voigt (4) – Kringe (5), Grujic (4,5) – Lottner (2,5) – Podolski (3,5) – Voronin (4,5) – **Trainer:** Koller
Schalke: F. Rost (2) – Poulsen (4,5), Kläsener (2,5), van Kerckhoven (1,5), Kobiashvili (2,5) – Oude Kamphuis (3), Vermant (2,5) – Hamit Altintop (4,5), Asamoah (3,5) – Sand (5), Hanke (4,5) – **Trainer:** Heynckes
Eingewechselt: 62. Heinrich (-) für Voigt, 77. Scherz (-) für Dogan – 46. Seitz (4) für Asamoah, 64. Delura (2,5) für Hanke, 70. Rodriguez (-) für Sand
Tore: 0:1 van Kerckhoven (25., Kopfball, Vorarbeit Vermant), 0:2 Delura (81., Kopfball, Vermant)
Chancenverhältnis: 5:5
Eckenverhältnis: 12:6
SR: Trautmann (Florstadt) – **Zuschauer:** 50600 (ausverkauft) – **Spielnote:** 3,5

15. Februar 2004
Werder Bremen – 1. FC Kaiserslautern 1:0 (0:0)
Bremen: Reinke (2) – Davala (4), Ismaël (2), Baumann (2), Schulz (2,5) – F. Ernst (3,5) – Lisztes (3), Borowski (4,5) – Micoud (4) – Klasnic (4), Ailton (3) – **Trainer:** Schaaf
K'lautern: Wiese (2) – Knavs (2,5), Wenzel (2) – Riedl (4), Michael Lehmann (3), Malz (4) – Bjelica (3) – Hristov (4), Dominguez (4) – Klose (4), Lokvenc (4) – **Trainer:** Jara
Eingewechselt: 71. Valdez (-) für Borowski – 55. Kosowski (4) für Dominguez, 82. Nurmela (-) für Malz
Tor: 1:0 Ailton (90., Foulelfmeter, Linksschuss, Vorarbeit Ailton)
Chancenverhältnis: 10:5
Eckenverhältnis: 5:4
SR: Kircher (Rottenburg) – **Zuschauer:** 36933 – **Gelbe Karte:** Valdez – **Spielnote:** 3,5

15. Februar 2004

1860 München – Borussia Dortmund 0:2 (0:1)

1860: Hofmann (3) – Hoffmann (4,5), Stranzl (4,5), Costa (4) – Matth. Lehmann (3,5) – Poschner (4) – Weissenberger (4), Görlitz (4) – Baier (4) – Lauth (4), Kioyo (5) – **Trainer:** Götz
Dortmund: Warmuz (3) – S. Reuter (3), Demel (3), Wörns (3), Jensen (3) – Flavio Conceicao (2,5), Kehl (3,5) – Rosicky (3,5), Frings (1,5) – Ewerthon (1,5) – Koller (3,5) – **Trainer:** Sammer
Eingewechselt: 46. Saarinen (4) für Baier, 69. Cerny (-) für Weissenberger, 82. Agostino (-) für Görlitz – 85. Odonkor (-) für Ewerthon, 89. Ricken (-) für Rosicky
Tore: 0:1 Ewerthon (41., Foulelfmeter, Rechtsschuss, Vorarbeit Ewerthon), 0:2 Ewerthon (60., Rechtsschuss, Frings)
Chancenverhältnis: 3:5
Eckenverhältnis: 7:1
SR: Meyer (Burgdorf) – **Zuschauer:** 25200 – **Rote Karte:** Stranzl (40., Notbremse) – **Spielnote:** 3,5

21. Spieltag

21. Februar 2004

Hansa Rostock – Hannover 96 3:1 (3:1)

Rostock: Schober (3) – Möhrle (3), Persson (3,5), Hill (2,5) – Tjikuzu (2), Maul (4) – Lantz (3,5) – Rydlewicz (3), Rasmussen (3) – Arvidsson (2,5), Max (2) – **Trainer:** Schlünz
Hannover: Marc Ziegler (4) – de Guzman (4), Abel Xavier (5), Vinicius (4,5), Kleber (5,5) – Konstantinidis (4), Jaime (5) – Schröter (5), Stendel (5) – Mathis (3), Idrissou (5) – **Trainer:** Rangnick
Eingewechselt: 69. Prica (-) für Arvidsson, 79. K. Madsen (-) für Rasmussen, 88. Aduobe (-) für Max – 46. Svitlica (5) für Jaime, 75. But (-) für Schröter
Tore: 1:0 Arvidsson (12., Rechtsschuss, Vorarbeit Rasmussen), 2:0 Max (33., Linksschuss, Tjikuzu), 2:1 Mathis (38., Rechtsschuss, Idrissou), 3:1 Max (39., Rechtsschuss, Persson)
Chancenverhältnis: 7:3
Eckenverhältnis: 4:3
SR: Sippel (München) – **Zuschauer:** 16000 – **Spielnote:** 3

21. Februar 2004

Bor. M'gladbach – SC Freiburg 2:2 (0:1)

Gladbach: Stiel (5) – Korzynietz (4), Asanin (3,5), Strasser (5), Carnell (5) – Kluge (4) – Ulich (3,5), Kolkka (4) – Broich (2) – van Lent (4), Sverkos (3,5) – **Trainer:** Fach
Freiburg: Golz (3) – Schumann (4), B. Diarra (3,5) – Hermel (4) – Riether (3), Tskitishvili (4,5), Berner (3,5) – Antar (5) – Cairo (4) – Coulibaly (4), Sanou (4) – **Trainer:** Finke
Eingewechselt: 56. Hausweiler (3,5) für Strasser, 56. Maric (2,5) für van Lent, 83. Podszus (-) für Sverkos – 66. Bajramovic (-) für Antar, 81. Tanko (-) für Sanou, 83. Müller (-) für Cairo
Tore: 0:1 Cairo (20., Rechtsschuss, Vorarbeit Riether), 0:2 Berner (50., Linksschuss, Sanou), 1:2 Maric (56., Foulelfmeter, Rechtsschuss, Maric), 2:2 Kolkka (59., Rechtsschuss, Ulich)
Chancenverhältnis: 6:2
Eckenverhältnis: 4:1
SR: Fandel (Kyllburg) – **Zuschauer:** 28400 – **Spielnote:** 4

21. Februar 2004

1. FC Kaiserslautern – VfB Stuttgart 1:0 (1:0)

K'lautern: Wiese (1) – Knavs (4), Wenzel (3), Malz (2,5) – Riedl (4), Michael Lehmann (3), Bjelica (3) – Dominguez (3,5) – Hristov (4) – Klose (4,5), Lokvenc (4) – **Trainer:** Jara
Stuttgart: Hildebrand (3) – Hinkel (5), Meira (4), Bordon (3), Lahm (3) – Soldo (3) – A. Hleb (4), Meißner (4) – Heldt (3) – Kuranyi (3,5), Szabics (3) – **Trainer:** Magath
Eingewechselt: 57. Nurmela (4,5) für Michael Lehmann, 58. Mettomo (4) für Dominguez – 63. Cacau (-) für Szabics, 64. Tiffert (-) für Heldt, 76. H. Yakin (-) für Meißner
Tor: 1:0 Dominguez (4., Linksschuss, Vorarbeit Hristov)
Chancenverhältnis: 3:10
Eckenverhältnis: 2:9
SR: Jansen (Essen) – **Zuschauer:** 41200 – **Gelbe Karte:** Soldo – **Spielnote:** 2,5

21. Februar 2004

FC Schalke 04 – Werder Bremen 0:0

Schalke: F. Rost (2,5) – Poulsen (4,5), Kläsener (2), van Kerckhoven (3), Kobiashvili (3) – Oude Kamphuis (3,5), Vermant (4) – Delura (4,5), Hamit Altintop (3) – Asamoah (4,5), Sand (3,5) – **Trainer:** Heynckes
Bremen: Reinke (2) – Davala (4,5), Ismaël (2,5), Krstajic (1), Stalteri (3) – Baumann (3,5) – Lisztes (4,5), F. Ernst (3,5) – Micoud (4) – Ailton (3,5), Klasnic (3) – **Trainer:** Schaaf
Eingewechselt: 68. Böhme (-) für Delura, 68. Hanke (-) für Asamoah, 87. Hajto (-) für Poulsen – 69. Borowski (-) für Lisztes
Chancenverhältnis: 3:6
Eckenverhältnis: 8:5
SR: Wack, Dr. (Biberbach) – **Zuschauer:** 61266 (ausverkauft) – **Spielnote:** 4

21. Februar 2004

VfL Wolfsburg – 1860 München 3:1 (2:1)

Wolfsburg: Ramovic (3) – Rytter (3), Biliskov (3), Schnoor (3), Weiser (3) – Karhan (2,5) – Menseguez (3,5), D'Alessandro (1,5), Topic (3,5) – Petrov (3), Klimowicz (3) – **Trainer:** Röber
1860: Hofmann (3) – Cerny (5), Kurz (4,5), Costa (5), Saarinen (5,5) – Matth. Lehmann (4), Poschner (5) – Weissenberger (3,5) – Davids (5) – Lauth (4,5), Schroth (5) – **Trainer:** Götz
Eingewechselt: 77. Sarpei (-) für Menseguez, 89. Ritter (-) für Petrov – 46. Tyce (3) für Poschner, 46. Kioyo (4) für Davids, 77. Agostino (-) für Matth. Lehmann
Tore: 1:0 Biliskov (9., Kopfball, Vorarbeit Karhan), 2:0 D'Alessandro (19., Linksschuss, Topic), 2:1 Weissenberger (21., direkter Freistoß, Linksschuss), 3:1 Klimowicz (62., Rechtsschuss, D'Alessandro)
Chancenverhältnis: 11:5
Eckenverhältnis: 8:1
SR: Steinborn (Sinzig) – **Zuschauer:** 13821 – **Spielnote:** 3

21. Februar 2004

Bayern München – Hamburger SV 1:0 (0:0)

Bayern: Rensing (3) – Sagnol (5), Kuffour (4), R. Kovac (4), Lizarazu (4,5) – Schweinsteiger (3,5), Hargreaves (4,5) – Salihamidzic (5), Zé Roberto (5) – Santa Cruz (5), Makaay (6) – **Trainer:** Hitzfeld
HSV: Wächter (4) – Wicky (5), Schlicke (5), Reinhardt (3), Hollerbach (5) – Beinlich (4) – Jarolim (5), Kling (4) – Mahdavikia (6), Barbarez (3,5) – Takahara (6) – **Trainer:** Toppmöller
Eingewechselt: 46. Demichelis (3) für R. Kovac, 69. Trochowski (-) für Zé Roberto – 61. Rahn (-) für Kling, 69. Romeo (-) für Takahara, 89. Benjamin (-) für Wicky
Tor: 1:0 Demichelis (87., Rechtsschuss, Vorarbeit Santa Cruz)
Chancenverhältnis: 1:3
Eckenverhältnis: 6:2
SR: Kircher (Rottenburg) – **Zuschauer:** 36000 – **Spielnote:** 5,5

21. Februar 2004

Bayer Leverkusen – VfL Bochum 1:3 (0:0)

Leverkusen: J. Butt (3,5) – Juan (6), Lucio (3,5), Nowotny (5), Balitsch (3,5) – Ramelow (4) – C. Fritz (3), Babic (4,5) – Franca (5) – Neuville (5), Berbatov (3) – **Trainer:** Augenthaler
Bochum: Van Duijnhoven (2) – Colding (3), Kalla (3), Fahrenhorst (4,5), Edu (5) – Zdebel (2), Oliseh (2,5) – Wosz (1,5) – Freier (3), Hashemian (3), P. Madsen (2,5) – **Trainer:** Neururer
Eingewechselt: 46. B. Schneider (5) für Nowotny, 59. Bierofka (3,5) für Babic, 80. Sahin (-) für Neuville – 46. Meichelbeck (2,5) für Edu, 67. Diabang (-) für Freier, 76. Stevic (-) für Wosz
Tore: 0:1 Meichelbeck (52., Linksschuss, ohne Vorarbeit), 0:2 Wosz (54., Linksschuss), 1:2 Berbatov (60., Kopfball, Neuville), 1:3 Diabang (73., Linksschuss, Wosz)
Chancenverhältnis: 7:7
Eckenverhältnis: 2:2
SR: Albrecht (Kaufbeuren) – **Zuschauer:** 22500 (ausverkauft) – **Spielnote:** 2,5

22. Februar 2004

Hertha BSC – Eintracht Frankfurt 1:2 (0:1)

Hertha: Fiedler (3) – A. Friedrich (4), van Burik (4) – Chahed (5), Fathi (4,5) – Simunic (5) – Dardai (4) – Reina (3), Marcelinho (5), Rafael (3,5) – Bobic (4) – **Trainer:** Meyer
E. Frankfurt: Nikolov (4) – Chris (3,5), Preuß (3), Hertzsch (3,5) – Günther (4,5), Schur (3,5), Bürger (4) – Skela (3), Kreuz (4) – Cha (2,5), Amanatidis (2) – **Trainer:** Reimann
Eingewechselt: 37. N. Kovac (4,5) für Chahed, 68. Rehmer (-) für Simunic, 77. Pinto (-) für Dardai – 62. Lexa (-) für Cha, 80. Puljiz (-) für Kreuz, 85. Möller (-) für Amanatidis
Tore: 0:1 Cha (18., Kopfball, Vorarbeit Skela), 1:1 Rafael (62., Kopfball, N. Kovac), 1:2 Amanatidis (66., Kopfball, Lexa)
Chancenverhältnis: 7:4
Eckenverhältnis: 10:2
SR: Stark (Ergolding) – **Zuschauer:** 37389 – **Spielnote:** 3,5

22. Februar 2004

Borussia Dortmund – 1. FC Köln 1:0 (1:0)

Dortmund: Warmuz (2) – S. Reuter (4,5), Demel (3), Wörns (3), Jensen (4,5) – Flavio Conceicao (2,5), Kehl (4,5) – Frings (3,5) – Rosicky (4) – Koller (3,5), Ewerthon (3,5) – **Trainer:** Sammer
FC Köln: Wessels (2,5) – Cullmann (3), Cichon (3,5), Sichone (5) – O. Schröder (4), Grujic (4,5), Heinrich (4) – Kringe (2,5) – Lottner (4,5), Podolski (5) – Voronin (3,5) – **Trainer:** Koller
Eingewechselt: 67. Evanilson (-) für S. Reuter, 73. Dede (-) für Flavio Conceicao, 90. Brzenska (-) für Ewerthon – 24. Feulner (4) für Podolski, 69. Streit (-) für O. Schröder, 77. Ebbers (-) für Lottner
Tor: 1:0 Ewerthon (26., Linksschuss, Vorarbeit Frings)
Chancenverhältnis: 3:5
Eckenverhältnis: 2:4
SR: Koop (Lüttenmark) – **Zuschauer:** 80500 – **Spielnote:** 3,5

22. Spieltag

28. Februar 2004

Bayern München – VfL Wolfsburg 2:0 (1:0)

Bayern: Kahn (2,5) – Sagnol (2,5), Kuffour (4), R. Kovac (3,5), Salihamidzic (4) – Demichelis (4,5) – Schweinsteiger (2) – Ballack (3) – Zé Roberto (3) – Pizarro (4,5), Makaay (2) – **Trainer:** Hitzfeld
Wolfsburg: Ramovic (2,5) – Rytter (4), Biliskov (4,5), Schnoor (5), Weiser (5) – Karhan (3,5), Thiam (4,5) – D'Alessandro (2), Petrov (5) – Klimowicz (4), Topic (4) – **Trainer:** Röber
Eingewechselt: 46. Jeremies (4) für Demichelis, 68. Santa Cruz (-) für Pizarro, 84. Trochowski (-) für Zé Roberto – 86. Menseguez (-) für Weiser, 89. Sarpei (-) für Thiam
Tore: 1:0 Makaay (11., Rechtsschuss, Vorarbeit Zé Roberto), 2:0 Schweinsteiger (76., Rechtsschuss, Sagnol)
Chancenverhältnis: 11:3
Eckenverhältnis: 11:4
SR: Kinhöfer (Herne) – **Zuschauer:** 32000 – **Spielnote:** 3,5

28. Februar 2004

Eintracht Frankfurt – Bor. M'gladbach 3:1 (2:0)

E. Frankfurt: Nikolov (2,5) – Preuß (3,5) – Chris (4), Hertzsch (3,5) – Günther (3,5), Bürger (3) – Schur (2) – Kreuz (3) – Cha (4), Skela (3) – Amanatidis (3) – **Trainer:** Reimann
Gladbach: Stiel (5,5) – Eberl (4,5), Asanin (4), Strasser (3,5), Carnell (4) – Hausweiler (5) – Kluge (5), Ulich (5) – Broich (4) – Sverkos (5), van Lent (3,5) – **Trainer:** Fach
Eingewechselt: 74. Lexa (-) für Cha, 80. Beierle (-) für Amanatidis, 90. Möller (-) für Kreuz – 46. Kolkka (5) für Kluge, 52. Ruben (4) für Asanin, 64. Korzynietz (-) für Eberl
Tore: 1:0 Skela (16., direkter Freistoß, Rechtsschuss, ohne Vorarbeit), 2:0 Amanatidis (17., Rechtsschuss), 3:0 Schur (55., Kopfball, Bürger), 3:1 van Lent (74., Kopfball, Carnell)
Chancenverhältnis: 5:5
Eckenverhältnis: 3:6
SR: Schmidt (Stuttgart) – **Zuschauer:** 32200 (ausverkauft) – **Spielnote:** 3,5

28. Februar 2004

VfL Bochum – Hansa Rostock 0:0

Bochum: Van Duijnhoven (1,5) – Colding (5), Kalla (3,5), Fahrenhorst (3), Meichelbeck (4,5) – Zdebel (3), Oliseh (4) – Wosz (4) – Freier (4,5), P. Madsen (5), Hashemian (5) – **Trainer:** Neururer
Rostock: Klewer (2) – Möhrle (2,5), Persson (3), Hill (2,5) – Tjikuzu (3), Maul (3,5) – Lantz (2) – Rydlewicz (3), Rasmussen (5) – Arvidsson (4), Max (5) – **Trainer:** Schlünz
Eingewechselt: 38. Diabang (5) für P. Madsen, 60. Bemben (5) für Colding, 78. T. Gudjonsson (-) für Kalla – 60. K. Madsen (3) für Max, 78. Prica (-) für Arvidsson, 90. Melkam (-) für Maul
Chancenverhältnis: 5:5
Eckenverhältnis: 3:2
SR: Weiner (Giesen) – **Zuschauer:** 25110 – **Besonderes Vorkommnis:** Duijnhoven hält Foulelfmeter von Max (25.) – **Spielnote:** 4,5

28. Februar 2004

Hamburger SV – Bayer Leverkusen 3:1 (3:1)

HSV: Wächter (3,5) – Schlicke (4), Hoogma (3), Reinhardt (3), Kling (4) – Benjamin (3), Jarolim (3,5), Rahn (4) – Mahdavikia (2) – Barbarez (3,5) – Romeo (3) – **Trainer:** Toppmöller
Leverkusen: J. Butt (3) – C. Fritz (4), T. Lucic (5), Nowotny (5), Placente (5) – Ramelow (4) – B. Schneider (3), Babic (3,5) – Neuville (5), Bierofka (3), Berbatov (4) – **Trainer:** Augenthaler
Eingewechselt: 63. Takahara (-) für Rahn, 83. Beinlich (-) für Romeo, 89. Fukal (-) für Jarolim – 46. Franca (3,5) für Neuville
Tore: 1:0 Hoogma (10., Rechtsschuss, ohne Vorarbeit), 2:0 Mahdavikia (17., Foulelfmeter, Rechtsschuss, Mahdavikia), 3:0 Romeo (36., Rechtsschuss, Mahdavikia), 3:1 B. Schneider (39., Rechtsschuss)
Chancenverhältnis: 8:4
Eckenverhältnis: 4:5
SR: Fröhlich (Berlin) – **Zuschauer:** 43023 – **Spielnote:** 4

28. Februar 2004

1. FC Köln – 1860 München 1:3 (0:3)

FC Köln: Wessels (3) – Cullmann (5,5), Cichon (3), Sichone (5) – Grujic (5) – Kringe (4), Heinrich (4) – Lottner (4) – Streit (5) – Springer (5), Voronin (3) – **Trainer:** Koller
1860: Hofmann (2) – Stranzl (3), Kurz (4,5), Costa (4), Saarinen (5) – Matth. Lehmann (4), Tyce (4) – Cerny (5), Weissenberger (4) – Lauth (4,5), Schroth (1,5) – **Trainer:** Götz
Eingewechselt: 46. Scherz (3) für Springer, 73. Ebbers (-) für Lottner – 64. Görlitz (-) für Cerny, 70. Agostino (-) für Lauth, 75. Kioyo (-) für Weissenberger
Tore: 0:1 Schroth (14., Kopfball, Vorarbeit Weissenberger), 0:2 Lauth (36., Foulelfmeter, Rechtsschuss, Schroth), 0:3 Schroth (39., Linksschuss, Stranzl), 1:3 Voronin (49., Kopfball, Heinrich)
Chancenverhältnis: 6:5
Eckenverhältnis: 6:7
SR: Merk, Dr. (Kaiserslautern) – **Zuschauer:** 38000 – **Spielnote:** 4

28. Februar 2004

Werder Bremen – Borussia Dortmund 2:0 (0:0)

Bremen: Reinke (3) – Davala (4), Ismaël (2), Krstajic (2,5), Stalteri (4) – Baumann (3) – Lisztes (3,5), F. Ernst (4) – Micoud (4,5) – Ailton (3), Klasnic (4) – **Trainer:** Schaaf
Dortmund: Warmuz (2,5) – S. Reuter (4), Demel (3,5), Wörns (3), Jensen (3,5) – Flavio Conceicao (5), Kehl (3,5) – Rosicky (4), Frings (5) – Koller (5), Ewerthon (4) – **Trainer:** Sammer
Eingewechselt: 46. Borel (3) für Reinke, 78. Schulz (-) für Davala, 90. Valdez (-) für Ailton – 70. Dede (-) für Flavio Conceicao, 70. Ricken (-) für S. Reuter, 80. Odonkor (-) für Jensen
Tore: 1:0 Ismaël (57., direkter Freistoß, Rechtsschuss, ohne Vorarbeit), 2:0 Ailton (86., Linksschuss, Klasnic)

Chancenverhältnis: 5:1
Eckenverhältnis: 6:4
SR: Wagner (Kriftel) – **Zuschauer:** 43000 (ausverkauft) – **Spielnote:** 4

28. Februar 2004

VfB Stuttgart – FC Schalke 04 0:0

Stuttgart: Hildebrand (3) – Hinkel (4), Zivkovic (3,5), Bordon (3), Lahm (3) – Soldo (3) – Meira (3), A. Hleb (4) – Heldt (4,5) – Kuranyi (4), Cacau (5) – **Trainer:** Magath
Schalke: F. Rost (3) – Kläsener (3), van Kerckhoven (2,5) – Poulsen (3,5) – Vermant (2), Kobiashvili (3) – Rodriguez (4) – Hamit Altintop (4), Seitz (4,5) – Delura (5), Sand (4) – **Trainer:** Heynckes
Eingewechselt: 46. Streller (4) für Cacau, 46. H. Yakin (4,5) für Heldt, 75. Tiffert (-) für A. Hleb – 56. Hanke (4) für Delura, 57. Hajto (3,5) für Rodriguez, 74. Pinto (-) für Seitz
Chancenverhältnis: 4:2
Eckenverhältnis: 4:2
SR: Meyer (Burgdorf) – **Zuschauer:** 43000 – **Gelbe Karte:** Cacau – **Spielnote:** 3,5

29. Februar 2004

SC Freiburg – 1. FC Kaiserslautern 1:0 (0:0)

Freiburg: Golz (3) – Müller (3,5), B. Diarra (3,5) – Berner (3) – Riether (4), Hermel (3,5) – Tskit shvili (2,5) – Cairo (4), Antar (5) – Coulibaly (4), Iashvili (4,5) – **Trainer:** Finke
K'lautern: Wiese (2,5) – Riedl (4,5), Knavs (3), Wenzel (3), Drescher (4) – Nurmela (3,5), Bjelica (4,5) – Hristov (4,5), Dominguez (5) – Klose (4), Lokvenc (4,5) – **Trainer:** Jara
Eingewechselt: 68. Sanou (-) für Riether, 71. Bajramovic (-) für Antar, 90. Kondé (-) für Iashvili –
Tor: 1:0 Tskitishvili (83., Foulelfmeter, Linksschuss, Vorarbeit Iashvili)
Chancenverhältnis: 11:2
Eckenverhältnis: 5:0
SR: Kemmling (Kleinburgwedel) – **Zuschauer:** 24500 – **Gelbe Karten:** Cairo, Tskitishvili – Klose, Knavs, Riedl, Wiese – **Gelb-Rote Karte:** Dominguez (35.) – **Spielnote:** 4

29. Februar 2004

Hannover 96 – Hertha BSC 1:3 (0:1)

Hannover: Marc Ziegler (3) – Abel Xavier (6), Vinicius (4,5) – Cherundolo (3,5), de Guzman (4,5) – Konstantinidis (4), Krupnikovic (4,5) – Stendel (4), Mathis (3), Idrissou (4,5) – Brdaric (5) – **Trainer:** Rangnick
Hertha: Fiedler (2,5) – van Burik (3) – A. Friedrich (2,5), Madlung (3), Fathi (3) – Simunic (3) – Dardai (4) – Neuendorf (2) – Marcelinho (2) – Reina (1,5), Bobic (4) – **Trainer:** Meyer
Eingewechselt: 46. Svitlica (3) für Stendel, 55. Schuler (4) für Vinicius, 72. But (-) für Krupnikovic – 87. Rafael (-) für Reina
Tore: 0:1 Marcelinho (41., Linksschuss, ohne Vorarbeit), 1:1 Mathis (67., Rechtsschuss), 1:2 Reina (78., Rechtsschuss), 1:3 Marcelinho (81., Linksschuss, A. Friedrich)
Chancenverhältnis: 4:7
Eckenverhältnis: 7:2
SR: Keßler (Höhenkirchen) – **Zuschauer:** 21755 – **Gelbe Karte:** van Burik – **Spielnote:** 3

23. Spieltag

6. März 2004

Bor. M'gladbach – Hannover 96 1:0 (1:0)

Gladbach: Reitmaier (3) – Asanin (3,5), Ruben (2,5), Strasser (3,5) – Hausweiler (3,5) – Korzynietz (3,5), Carnell (4,5) – Demo (3), Ulich (4) – Maric (4,5), Sverkos (5) – **Trainer:** Fach
Hannover: Marc Ziegler (3) – Abel Xavier (5,5), Zuraw (5), Mertesacker (4) – Cherundolo (4,5), de Guzman (4), Dabrowski (5), Schuler (5,5) – Krupnikovic (5) – Mathis (5), Brdaric (-) – **Trainer:** Rangnick
Eingewechselt: 59. Gaede (5) für Ruben, 73. van Lent (-) für Maric, 81. Kolkka (-) für Sverkos – 15. Idrissou (5) für Brdaric, 46. Stendel (4) für Dabrowski, 65. T. Christiansen (-) für Abel Xavier
Tor: 1:0 Demo (25., Kopfball, Vorarbeit Korzynietz)
Chancenverhältnis: 7:3
Eckenverhältnis: 3:3

Nationalspieler im Kopfball-Duell: Stuttgarts Kevin Kuranyi gegen den Dortmunder Christian Wörns.

SR: Kircher (Rottenburg) – **Zuschauer:** 29300 – **Spielnote:** 5

6. März 2004

1. FC Kaiserslautern – Eintracht Frankfurt 1:0 (0:0)

K'lautern: Wiese (2) – Knavs (4), Wenzel (4) – Nurmela (5), Bjelica (5), Drescher (4,5) – Hristov (5), Malz (4,5) – Klose (5), Halil Altintop (5,5), Lokvenc (5) – **Trainer:** Jara
E. Frankfurt: Nikolov (4) – Preuß (3) – Günther (5), Puljiz (4,5), Hertzsch (3,5) – Chris (3,5), Bürger (5) – Kreuz (5) – Cha (4), Skela (3,5) – Amanatidis (3,5) – **Trainer:** Reimann
Eingewechselt: 74. Michael Lehmann (-) für Halil Altintop – 82. Nascimento (-) für Kreuz, 90. Lexa (-) für Cha
Tor: 1:0 Malz (90., Linksschuss, Vorarbeit Klose)
Chancenverhältnis: 4:3
Eckenverhältnis: 8:6
SR: Wack, Dr. (Biberbach) – **Zuschauer:** 40592 – **Spielnote:** 5

6. März 2004

FC Schalke 04 – SC Freiburg 3:0 (1:0)

Schalke: Ünlü (3,5) – Poulsen (4), Kläsener (3), van Kerckhoven (3), Kobiashvili (-) – Hajto (4), Vermant (3,5) – Hamit Altintop (4), Böhme (2,5) – Sand (1), Glieder (2) – **Trainer:** Heynckes
Freiburg: Golz (4,5) – Kondé (5,5), Hermel (5), Müller (4,5) – Berner (4,5) – Riether (4,5), Bajramovic (4,5) – Cairo (5), Antar (4) – Coulibaly (3), Iashvili (4,5) – **Trainer:** Finke
Eingewechselt: 29. Rodriguez (3) für Kobiashvili, 81. Agali (-) für Glieder – 55. Sanou (4) für Bajramovic, 67. Olajengbesi (-) für Kondé, 72. A. Zeyer (-) für Cairo
Tore: 1:0 Sand (43., Kopfball, Vorarbeit Vermant), 2:0 Sand (52., Rechtsschuss, Böhme), 3:0 Glieder (62., Rechtsschuss, Sand)
Chancenverhältnis: 8:3
Eckenverhältnis: 3:5
SR: Albrecht (Kaufbeuren) – **Zuschauer:** 61266 (ausverkauft) – **Spielnote:** 3,5

6. März 2004

Borussia Dortmund – VfB Stuttgart 0:2 (0:1)

Dortmund: Warmuz (3) – S. Reuter (5), Demel (5), Wörns (4), Dede (4) – Flavio Conceicao (5), Kehl (5) – Frings (4,5) – Odonkor (3,5) – Koller (5), Ewerthon (4,5) – **Trainer:** Sammer
Stuttgart: Hildebrand (4) – Hinkel (3,5), Zivkovic (3), Bordon (3), Lahm (4) – Soldo (2,5) – Meira (3), Meißner (3,5) – A. Hleb (3) – Kuranyi (4), Cacau (3,5) – **Trainer:** Magath
Eingewechselt: 46. Ricken (4) für Flavio Conceicao, 46. Evanilson (4) für S. Reuter, 75. Gambino (-) für Odonkor – 46. Vranjes (3,5) für Soldo, 61. Streller (-) für Cacau, 76 Heldt (-) für A. Hleb
Tore: 0:1 A. Hleb (6., Rechtsschuss, Vorarbeit Cacau), 0:2 Heldt (82., Foulelfmeter, Linksschuss, Streller)
Chancenverhältnis: 5:3
Eckenverhältnis: 4:4
SR: Merk, Dr. (Kaiserslautern) – **Zuschauer:** 83000 (ausverkauft) – **Spielnote:** 4

6. März 2004

Bayer Leverkusen – Bayern München 1:3 (0:1)

Leverkusen: J. Butt (3) – Balitsch (5), Juan (5), Nowotny (3), Placente (5) – Ramelow (3) – C. Fritz (3), Bierofka (4) – B. Schneider (4,5) – Franca (4), Berbatov (4) – **Trainer:** Augenthaler
Bayern: Kahn (1) – Sagnol (2), Kuffour (4), R. Kovac (2,5), Salihamidzic (3,5) – Hargreaves (2) – Ballack (2,5) – Schweinsteiger (3), Zé Roberto (2,5) – Santa Cruz (4), Makaay (1) – **Trainer:** Hitzfeld
Eingewechselt: 46. T. Lucic (5) für Nowotny, 52. Kaluzny (5) für Ramelow, 63. Neuville (-) für Bierofka – 65. Jeremies (-) für Sagnol, 78. Pizarro (-) für Santa Cruz, 83. Trochowski (-) für Zé Roberto
Tore: 0:1 Makaay (40., Kopfball, Vorarbeit Zé Roberto), 0:2 Ballack (58., Linksschuss, Hargreaves), 0:3 Makaay (77., Kopfball, Schweinsteiger), 1:3 B. Schneider (90., Rechtsschuss, Franca)
Chancenverhältnis: 7:9
Eckenverhältnis: 5:4
SR: Fandel (Kyllburg) – **Zuschauer:** 22500 (ausverkauft) – **Spielnote:** 2,5

6. März 2004

Hansa Rostock – Hamburger SV 3:0 (2:0)

Rostock: Schober (3) – Möhrle (3,5), K. Madsen (3), Hill (3) – Tjikuzu (2,5), Maul (3) – Lantz (3) – Rydlewicz (2,5), Melkam (3) – Arvidsson (2), Max (2,5) – **Trainer:** Schlünz
HSV: Wächter (3) – Reinhardt (5), Hoogma (5), Ujfalusi (5,5) – Wicky (5,5), Benjamin (4,5), Kling (5) – Mahdavikia (5,5), Beinlich (5,5), Rahn (4) – Romeo (5) – **Trainer:** Toppmöller
Eingewechselt: 76. di Salvo (-) für Max, 83. Plassnegger (-) für Melkam, 86. Prica (-) für Arvidsson – 46. Jarolim (4) für Benjamin, 46. Takahara (5) für Kling, 74. V. Hleb (-) für Mahdavikia
Tore: 1:0 Melkam (5., Rechtsschuss, Vorarbeit Rydlewicz), 2:0 Arvidsson (19., Rechtsschuss, Max), 3:0 di Salvo (79., Rechtsschuss, Arvidsson)
Chancenverhältnis: 7:2
Eckenverhältnis: 5:5
SR: Steinborn (Sinzig) – **Zuschauer:** 26000 – **Spielnote:** 3,5

6. März 2004

Hertha BSC – VfL Bochum 1:1 (1:0)

Hertha: Fiedler (3) – van Burik (3,5), Simunic (3) – A. Friedrich (3,5), Fathi (4) – Dardai (4,5) – Neuendorf (4) - Marcelinho (3) – Reina (4), Ludwig (5), Bobic (4) – **Trainer:** Meyer
Bochum: Van Duijnhoven (2,5) – Bemben (4), Kalla (3,5), Fahrenhorst (2,5), Meichelbeck (3,5) – F. Tapalovic (3,5), Zdebel (3) – Wosz (4) – Freier (3), Buckley (4,5), Diabang (5) – **Trainer:** Neururer
Eingewechselt: 65. Rehmer (-) für Ludwig 81. Rafael (-) für Dardai, 83. Madlung (-) für Neuendorf – 78. Edu (-) für Buckley, 85. Vriesde (-) für Wosz, 89. T. Gudjonsson (-) für Diabang
Tore: 1:0 Marcelinho (20., Rechtsschuss, Vorarbeit Bobic), 1:1 Fahrenhorst (57., Linksschuss, Wosz)
Chancenverhältnis: 7:3
Eckenverhältnis: 2:4
SR: Trautmann (Florstadt) – **Zuschauer:** 31600 – **Spielnote:** 3,5

7. März 2004

1860 München – Werder Bremen 0:2 (0:1)

1860: Hofmann (3) – Fernando (4), Kurz (4,5), Costa (5) – Matth. Lehmann (4), Stranz

(3,5), Tyce (5) – Cerny (4), Weissenberger (5) – Lauth (5), Schroth (3,5) – **Trainer:** Götz
Bremen: Reinke (3,5) – Stalteri (3), Ismaël (3), Krstajic (3,5), Schulz (2,5) – Baumann (2,5) – Lisztes (4), F. Ernst (2,5) – Micoud (4) – Ailton (4), Klasnic (3) – **Trainer:** Schaaf
Eingewechselt: 46. Hoffmann (3,5) für Weissenberger, 59. Görlitz (3,5) für Kurz, 70. Agostino (-) für Lauth – 70. Charisteas (-) für Ailton, 83. Daun (-) für Klasnic, 88. Borowski (-) für Lisztes
Tore: 0:1 Klasnic (37., Rechtsschuss, Vorarbeit Ailton), 0:2 Charisteas (79., Kopfball, Stalteri)
Chancenverhältnis: 3:5
Eckenverhältnis: 3:8
SR: Jansen (Essen) – **Zuschauer:** 25000 – **Rote Karte:** Tyce (22., Tätlichkeit) – **Spielnote:** 4

7. März 2004

VfL Wolfsburg – 1. FC Köln 2:0 (1:0)

Wolfsburg: Ramovic (2,5) – Rytter (2,5), Schnoor (3) – Thiam (3,5), Karhan (3) – Weiser (3,5) – Menseguez (4), D'Alessandro (3), Petrov (3) – Klimowicz (2), Topic (4) – **Trainer:** Röber
FC Köln: Wessels (3) – Dogan (4), Cichon (4), O. Schröder (4,5) – Feulner (3), Springer (4), Voigt (3,5) – Lottner (4) – Streit (3,5), Scherz (3) – Voronin (5) – **Trainer:** Koller
Eingewechselt: 46. Biliskov (4) für Thiam, 66. Sarpei (-) für Menseguez, 76. Hrgovic (-) für D'Alessandro – 68. Federico (-) für Voronin
Tore: 1:0 Klimowicz (30., Rechtsschuss, Vorarbeit Petrov), 2:0 Topic (84., Kopfball, Petrov)
Chancenverhältnis: 8:4
Eckenverhältnis: 7:8
SR: Sippel (München) – **Zuschauer:** 18246 – **Spielnote:** 3

24. Spieltag

13. März 2004

Bayer Leverkusen – VfL Wolfsburg 4:2 (3:1)

Leverkusen: J. Butt (3) – Balitsch (3,5), Lucio (2,5), Juan (3,5), Placente (5) – Ramelow (4,5) – C. Fritz (4), B. Schneider (2), Babic (2,5) – Berbatov (1,5), Franca (2) – **Trainer:** Augenthaler
Wolfsburg: Ramovic (4) – Biliskov (5), Rytter (5,5), Schnoor (5), Weiser (4,5) – Thiam (3,5), Karhan (4,5) – D'Alessandro (2) – Topic (3), Klimowicz (4), Petrov (5) – **Trainer:** Röber
Eingewechselt: 60. Bierofka (4) für C. Fritz, 71. Neuville (-) für Franca, 81. Sahin (-) für Berbatov – 70. Hrgovic (-) für Petrov, 82. Sarpei (-) für Rytter
Tore: 1:0 Berbatov (1., Rechtsschuss, Vorarbeit Franca), 2:0 Babic (13., direkter Freistoß, Linksschuss), 2:1 Topic (21., Kopfball, D'Alessandro), 3:1 B. Schneider (32., Rechtsschuss, Berbatov), 4:1 Franca (63., Kopfball, B. Schneider), 4:2 Klimowicz (82., Rechtsschuss, D'Alessandro)
Chancenverhältnis: 6:3
Eckenverhältnis: 4:8
SR: Koop (Lüttenmark) – **Zuschauer:** 22500 (ausverkauft) – **Spielnote:** 3

13. März 2004

Hannover 96 – 1. FC Kaiserslautern 0:1 (0:0)

Hannover: Marc Ziegler (5) – Cherundolo (3,5), Mertesacker (3), Zuraw (4,5), Schuler (3,5) – de Guzman (4), Lala (3), Dabrowski (3,5) – Mathis (4) – T. Christiansen (4,5), Idrissou (4) – **Trainer:** Lienen
K'lautern: Wiese (2) – Knavs (4), Wenzel (3) – Riedl (4), Drescher (3,5) – Bjelica (3,5), Michael Lehmann (3,5), Malz (4) – Hristov (3) – Klose (4,5), Lokvenc (5) – **Trainer:** Jara
Eingewechselt: 68. Brdaric (-) für Lala, 68. Stendel (-) für de Guzman, 79. Jaime (-) für Mertesacker – 67. Tchato (-) für Drescher, 75. Mettomo (-) für Lokvenc, 84. Halil Altintop (-) für Hristov
Tor: 0:1 Hristov (62., Linksschuss, Vorarbeit Bjelica)
Chancenverhältnis: 10:2
Eckenverhältnis: 12:3
SR: Kinhöfer (Herne) – **Zuschauer:** 21135 – **Rote Karte:** Knavs (85., Tätlichkeit) – **Spielnote:** 4

13. März 2004

Hamburger SV – Hertha BSC 2:0 (1:0)

HSV: Wächter (3) – Wicky (2,5), Hoogma (3), Ujfalusi (3), Hollerbach (3,5) – Benjamin (2,5), Jarolim (3) – Mahdavikia (3,5), Rahn (2,5) – Barbarez (4) – Romeo (3,5) – **Trainer:** Toppmöller
Hertha: Fiedler (3,5) – van Burik (3,5), Rehmer (4,5) – A. Friedrich (4), Fathi (4) – Simunic (2,5), Dardai (4) – Reina (4), Neuendorf (4), Marcelinho (4) – Bobic (5) – **Trainer:** Meyer
Eingewechselt: 52. Starke (2,5) für Wächter, 68. Kling (-) für Hollerbach, 83. Takahara (-) für Romeo – 69. Madlung (-) für Bobic, 73. Rafael (-) für Neuendorf, 82. Pinto (-) für Marcelinho
Tore: 1:0 Rahn (33., indirekter Freistoß, Linksschuss, ohne Vorarbeit), 2:0 Romeo (71., Rechtsschuss, Kling)
Chancenverhältnis: 5:4
Eckenverhältnis: 3:3
SR: Schmidt (Stuttgart) – **Zuschauer:** 44181 – **Rote Karten:** van Burik (55., Tätlichkeit), A. Friedrich (65., Notbremse) – **Spielnote:** 3,5

13. März 2004

Bayern München – Hansa Rostock 3:3 (2:0)

Bayern: Kahn (3,5) – Salihamidzic (5), Kuffour (5), R. Kovac (4,5), Rau (4) – Jeremies (2,5) – Ballack (5) – Schweinsteiger (3), Zé Roberto (4) – Santa Cruz (4), Makaay (2) – **Trainer:** Hitzfeld
Rostock: Schober (4,5) – Möhrle (4), Persson (4), Hill (4) – Tjikuzu (4,5), Maul (4) – Rydlewicz (4), Lantz (5), Rasmussen (3,5) – Max (3,5), Arvidsson (3,5) – **Trainer:** Schlünz
Eingewechselt: 61. Pizarro (-) für Santa Cruz, 74. Scholl (-) für Jeremies – 80. K. Madsen (-) für Rasmussen, 85. di Salvo (-) für Arvidsson, 88. Plassnegger (-) für Rydlewicz
Tore: 1:0 Jeremies (3., Linksschuss, Vorarbeit Makaay), 2:0 Makaay (9., Rechtsschuss, Ballack), 2:1 Max (53., Linksschuss, Maul), 2:2 Arvidsson (65., Rechtsschuss, Max), 2:3 Rasmussen (72., Rechtsschuss, Möhrle), 3:3 Makaay (76., Foulelfmeter, Rechtsschuss, Zé Roberto)
Chancenverhältnis: 7:6
Eckenverhältnis: 4:5
SR: Kemmling (Kleinburgwedel) – **Zuschauer:** 41000 – **Spielnote:** 3

13. März 2004

Werder Bremen – 1. FC Köln 3:2 (3:0)

Bremen: Reinke (4) – Stalteri (3,5), Ismaël (2,5), Krstajic (3), Schulz (3,5) – F. Ernst (3) – Lisztes (3), Borowski (4) – Micoud (4) – Klasnic (3), Ailton (2) – **Trainer:** Schaaf
FC Köln: Wessels (2,5) – Dogan (4), Cichon (4), Sichone (5) – O. Schröder (3), Voigt (3) – Springer (3) – Kringe (4) – Streit (3), Feulner (4,5) – Scherz (4,5) – **Trainer:** Koller
Eingewechselt: 69. Charisteas (-) für Ailton, 69. Valdez (-) für Klasnic, 83. Skripnik (-) für Schulz – 66. Lottner (-) für Kringe, 78. Federico (-) für Feulner, 85. Kennedy (-) für Cichon
Tore: 1:0 Micoud (16., Linksschuss, Vorarbeit Klasnic), 2:0 Ailton (37., Linksschuss, Lisztes), 3:0 Ailton (43., Linksschuss, Schulz), 3:1 O. Schröder (57., Rechtsschuss), 3:2 Lottner (71., Kopfball, Voigt)
Chancenverhältnis: 8:7
Eckenverhältnis: 8:8
SR: Steinborn (Sinzig) – **Zuschauer:** 39555 – **Spielnote:** 3

13. März 2004

SC Freiburg – Borussia Dortmund 2:2 (1:1)

Freiburg: Golz (3) – Kruppke (4), Hermel (2,5), B. Diarra (3), Berner (3) – Riether (3,5) – Tskitishvili (3,5) – Cairo (2,5), Antar (3) – Coulibaly (4,5), Iashvili (4,5) – **Trainer:** Finke
Dortmund: Warmuz (4) – S. Reuter (2,5), Demel (3,5) – Evanilson (4), Dede (2) – Flavio Conceicao (3), Kehl (3), Frings (4) – Odonkor (3,5), Gambino (4), Ewerthon (4) – **Trainer:** Sammer
Eingewechselt: 60. Willi (3,5) für Kruppke, 74. Müller (-) für Tskitishvili, 82. Sanou (-) für Coulibaly – 46. Ricken (4,5) für Kehl, 75. Koller (-) für Odonkor
Tore: 1:0 Antar (16., Kopfball, Vorarbeit Cairo), 1:1 Dede (44., Kopfball, Frings), 1:2 Hermel (59., Eigentor, Kopfball, Gambino), 2:2 Tskitishvili (65., Foulelfmeter, Linksschuss, Iashvili)
Chancenverhältnis: 6:6
Eckenverhältnis: 4:4
SR: Wack, Dr. (Biberbach) – **Zuschauer:** 25000 (ausverkauft) – **Spielnote:** 3

13. März 2004

Eintracht Frankfurt – FC Schalke 04 3:0 (0:0)

E. Frankfurt: Nikolov (3) – Puljiz (3), Hertzsch (2,5) – Günther (3,5), Bürger (3) – Preuß (2,5), Schur (3) – Skela (2), Kreuz (3,5) – Cha (4,5), Amanatidis (2) – **Trainer:** Reimann
Schalke: Ünlü (3,5) – Kläsener (5), van Kerckhoven (4) – Lamotte (4), Rodriguez (5) – Hajto (4,5) – Hamit Altintop (4) – Vermant (3,5), Böhme (5,5) – Sand (5), Glieder (5,5) – **Trainer:** Heynckes
Eingewechselt: 56. Lexa (3) für Cha, 89. Dragusha (-) für Kreuz – 63. Seitz (-) für Böhme, 63. Pinto (-) für Glieder, 69. Hanke (-) für Hajto
Tore: 1:0 Amanatidis (57., Rechtsschuss, Vorarbeit Preuß), 2:0 Skela (77., Rechtsschuss, Lexa), 3:0 Schur (80., Kopfball, Skela)
Chancenverhältnis: 5:1
Eckenverhältnis: 4:8
SR: Weiner (Giesen) – **Zuschauer:** 35255 (ausverkauft) – **Spielnote:** 3,5

14. März 2004

VfL Bochum – Bor. M'gladbach 1:0 (0:0)

Bochum: Van Duijnhoven (3) – Colding (4), Kalla (3,5), Fahrenhorst (3), P. Bönig (4) – Stevic (3,5), Zdebel (3) – Wosz (4,5) – Freier (3), Hashemian (4), P. Madsen (4) – **Trainer:** Neururer
Gladbach: Reitmaier (4) – Gaede (3) – Asanin (4), Strasser (3), Carnell (3,5) – Hausweiler (3) – Korzynietz (3), Demo (4) – Ulich (3) – van Hout (4), van Lent (4) – **Trainer:** Fach
Eingewechselt: 40. Meichelbeck (3,5) für P. Bönig, 67. Buckley (-) für Wosz, 90. F. Tapalovic (-) für Freier – 57. Broich (4) für Demo, 89. Sverkos (-) für Ulich, 89. Maric (-) für Hausweiler
Tor: 1:0 Asanin (88., Eigentor, Linksschuss, Vorarbeit Buckley)
Chancenverhältnis: 4:5
Eckenverhältnis: 5:2
SR: Meyer (Burgdorf) – **Zuschauer:** 32645 (ausverkauft) – **Spielnote:** 3,5

Der Mann mit der Maske: Bochums Vahid Hashemian gegen den Gladbacher Jeff Strasser.

14. März 2004

VfB Stuttgart – 1860 München 2:0 (2:0)

Stuttgart: Hildebrand (2,5) – Hinkel (3,5), Zivkovic (3), Bordon (2), Lahm (3,5) – Soldo (2,5) – Meira (3), Meißner (3) – A. Hleb (-) – Kuranyi (4), Streller (3) – **Trainer:** Magath
1860: Hofmann (4) – Fernando (4), Kurz (4), Costa (4) – Görlitz (5), Matth. Lehmann (4,5), Saarinen (4,5) – Cerny (5), Weissenberger (5) – Schroth (3,5), Lauth (5) – **Trainer:** Götz
Eingewechselt: 24. Heldt (4) für A. Hleb, 40. Vranjes (3,5) für Soldo, 81. Gerber (-) für Lahm – 46. Agostino (3,5) für Cerny, 69. Baier (-) für Matth. Lehmann, 79. Meyer (-) für Weissenberger
Tore: 1:0 Soldo (32., Kopfball, Vorarbeit Bordon), 2:0 Streller (35., Linksschuss, Bordon)
Chancenverhältnis: 5:2
Eckenverhältnis: 5:2
SR: Wagner (Kriftel) – **Zuschauer:** 41000 – **Gelbe Karte:** Kurz – **Spielnote:** 3,5

25. Spieltag

20. März 2004

FC Schalke 04 – Hannover 96 2:2 (0:1)

Schalke: Ünlü (3,5) – Lamotte (5), Kläsener (4), van Kerckhoven (4), Rodriguez (5) – Pinto (5), Hamit Altintop (5), Vermant (5), Böhme (4) – Glieder (4), Sand (3,5) – **Trainer:** Heynckes
Hannover: Marc Ziegler (2) – Cherundolo (3,5), Mertesacker (4), Zuraw (4), Schuler (5) – Lala (3,5), Dabrowski (3,5) – Mathis (3), Jaime (4), Idrissou (4) – Brdaric (2) – **Trainer:** Lienen
Eingewechselt: 65. Agali (-) für Glieder, 65. Seitz (-) für Rodriguez, 79. Hanke (-) für Böhme – 75. de Guzman (-) für Jaime, 86. T. Christiansen (-) für Brdaric, 86. Kleber (-) für Lala
Tore: 0:1 Brdaric (14., Linksschuss, Vorarbeit Mathis), 1:1 Mertesacker (63., Eigentor, Rechtsschuss, Böhme), 1:2 Brdaric (71., Linksschuss, Lala), 2:2 Sand (84., Linksschuss, Hanke)
Chancenverhältnis: 5:6
Eckenverhältnis: 7:7
SR: Fandel (Kyllburg) – **Zuschauer:** 61266 (ausverkauft) – **Spielnote:** 4

20. März 2004

Borussia Dortmund – Eintracht Frankfurt 2:0 (1:0)

Dortmund: Warmuz (3) – Evanilson (3), S. Reuter (3), Wörns (3), Jensen (3) – Kehl (2,5) – Frings (2), Dede (2) – Gambino (2,5), Koller (3), Ewerthon (1,5) – **Trainer:** Sammer
E. Frankfurt: Nikolov (1,5) – Günther (5,5), Puljiz (5), Hertzsch (4,5), Bürger (5) – Preuß (4), Chris (5,5) – Schur (4,5) – Skela (4), Kreuz (5,5) – Amanatidis (5) – **Trainer:** Reimann
Eingewechselt: 83. Odonkor (-) für Gambino, 87. Madouni (-) für Evanilson, 89. Senesie (-) für Ewerthon – 76. Lexa (-) für Chris, 83. Cha (-) für Amanatidis
Tore: 1:0 Ewerthon (23., Rechtsschuss, Vorarbeit Evanilson), 2:0 Koller (80., Kopfball, Evanilson)
Chancenverhältnis: 13:1
Eckenverhältnis: 10:3
SR: Albrecht (Kaufbeuren) – **Zuschauer:** 80500 – **Gelb-Rote Karte:** Bürger (39.) – **Spielnote:** 2

20. März 2004

1. FC Köln – VfB Stuttgart 2:2 (1:1)

FC Köln: Wessels (3) – Dogan (5), Cichon (3), Schone (3) – Springer (3,5) – Feulner (2,5), Heinrich (4,5) – Lottner (4,5) – Kringe (3,5), Streit (4,5), Scherz (3,5) – **Trainer:** Koller
Stuttgart: Hildebrand (3,5) – Zivkovic (4), Meira (3), Bordon (4), Lahm (4) – Soldo (3,5) – A. Hleb (3,5), Meißner (2,5) – Heldt (3,5) – Kuranyi (5), Streller (4,5) – **Trainer:** Magath
Eingewechselt: 69. Podolski (-) für Kringe, 79. Grujic (-) für Springer, 87. Federico (-) für Lottner – 63. Gerber (-) für Heldt, 66. Szabics (-) für Streller, 73. H. Yakin (-) für Meißner
Tore: 0:1 Meißner (28., Rechtsschuss, Vorarbeit Heldt), 1:1 Kringe (45., Rechtsschuss, Scherz), 2:1 Feulner (71., Rechtsschuss, Scherz), 2:2 Meißner (72., Kopfball, A. Hleb)
Chancenverhältnis: 5:4
Eckenverhältnis: 2:9
SR: Fröhlich (Berlin) – **Zuschauer:** 50200 – **Gelbe Karte:** Feulner – **Spielnote:** 3,5

20. März 2004

Hansa Rostock – Bayer Leverkusen 0:2 (0:0)

Rostock: Schober (3) – Möhrle (4,5), Persson (3,5), Hill (5) – Tjikuzu (4,5), Maul (4,5) – Lantz (4,5) – Rydlewicz (4,5), Rasmussen (4) – Arvidsson (5), Max (4) – **Trainer:** Schlünz
Leverkusen: J. Butt (3) – Balitsch (3,5), Lucio (2), Juan (2), Placente (3,5) – Ramelow (3,5) – C. Fritz (3), B. Schneider (3,5), Babic (3) – Berbatov (2,5), Franca (5) – **Trainer:** Augenthaler
Eingewechselt: 46. Melkam (5) für Rasmussen, 64. Prica (-) für Arvidsson, 79. di Salvo (-) für Maul – 46. Neuville (4) für Franca, 75. Bierofka (-) für C. Fritz, 89. Sahin (-) für Berbatov
Tore: 0:1 Berbatov (58., Linksschuss, Vorarbeit B. Schneider), 0:2 Babic (75., Linksschuss, C. Fritz)
Chancenverhältnis: 3:6
Eckenverhältnis: 2:2
SR: Meyer (Burgdorf) – **Zuschauer:** 24200 – **Gelbe Karte:** Berbatov – **Spielnote:** 4

20. März 2004

Hertha BSC – Bayern München 1:1 (1:1)

Hertha: Fiedler (1,5) – Madlung (5), Simunic (2,5), Rehmer (4) – Chahed (3), Dardai (3), Fathi (3) – Neuendorf (3) – Reina (4,5), Marcelinho (3) – Rafael (4,5) – **Trainer:** Meyer
Bayern: Kahn (3) – Sagnol (3,5), Kuffour (4,5), T. Linke (3,5), Lizarazu (3,5) – Hargreaves (3) – Schweinsteiger (4,5), Ballack (4) – Zé Roberto (2,5) – Santa Cruz (5), Makaay (3) – **Trainer:** Hitzfeld
Eingewechselt: 64. Cagara (-) für Rehmer, 80. Bobic (-) für Neuendorf, 83. Pinto (-) für Rafael – 61. Salihamidzic (-) für Schweinsteiger, 86. Scholl (-) für Sagnol
Tore: 0:1 Makaay (8., Rechtsschuss, ohne Vorarbeit), 1:1 Marcelinho (42., Foulelfmeter, Linksschuss, Fathi)
Chancenverhältnis: 8:6
Eckenverhältnis: 10:12
SR: Jansen (Essen) – **Zuschauer:** 60800 (ausverkauft) – **Spielnote:** 3

20. März 2004

Bor. M'gladbach – Hamburger SV 3:0 (0:0)

Gladbach: Reitmaier (3) – Asanin (3,5), Gaede (3,5), Strasser (2) – Korzynietz (2,5), Hausweiler (3,5), Carnell (4,5) – Ulich (4), Demo (3) – Maric (5), Sverkos (3) – **Trainer:** Fach
HSV: Wächter (5) – Wicky (5), Hoogma (4,5), Ujfalusi (4,5), Hollerbach (4) – Benjamin (5), Reinhardt (4) – Jarolim (5), Barbarez (5), Rahn (5) – V. Hleb (4) – **Trainer:** Toppmöller
Eingewechselt: 46. Broich (2,5) für Hausweiler, 69. van Lent (-) für Maric, 85. Pletsch (-) für Asanin – 58. Mahdavikia (4) für Rahn, 65. Takahara (-) für V. Hleb, 65. Romeo (-) für Benjamin
Tore: 1:0 Strasser (61., Rechtsschuss, Vorarbeit Broich), 2:0 Sverkos (79., Rechtsschuss, Reitmaier), 3:0 Broich (82., direkter Freistoß, Rechtsschuss)
Chancenverhältnis: 7:3
Eckenverhältnis: 4:7
SR: Keßler (Höhenkirchen) – **Zuschauer:** 33000 – **Spielnote:** 4,5

20. März 2004

1. FC Kaiserslautern – VfL Bochum 2:2 (0:2)

K'lautern: Wiese (2,5) – Mettomo (4), Wenzel (3) – Riedl (3), Tchato (5,5) – Bjelica (2), Malz (4) – Hristov (3), Dominguez (5) – Klose (4,5), Lokvenc (2,5) – **Trainer:** Jara
Bochum: Van Duijnhoven (2) – Colding (3), Vriesde (4), Fahrenhorst (3), P. Bönig (3,5) – Stevic (3,5), Zdebel (3) – Wosz (3) – Freier (3), P. Madsen (2,5), Hashemian (2,5) – **Trainer:** Neururer
Eingewechselt: 37. Drescher (4) für Tchato, 46. Michael Lehmann (3,5) für Dominguez – 66. F. Tapalovic (-) für Wosz, 75. Edu (-) für Vriesde, 89. Bemben (-) für Freier
Tore: 0:1 Hashemian (16., Rechtsschuss, ohne Vorarbeit), 0:2 Wosz (44., Kopfball, P. Madsen), 1:2 Lokvenc (55., Linksschuss, Bjelica), 2:2 Lokvenc (64., Linksschuss, Riedl)
Chancenverhältnis: 8:5
Eckenverhältnis: 7:1
SR: Sippel (München) – **Zuschauer:** 33048 – **Spielnote:** 2,5

21. März 2004

1860 München – SC Freiburg 1:1 (0:1)

1860: Hofmann (3) – Görlitz (4), Hoffmann (4,5), Costa (4), Saarinen (5) – Kurz (4) – Matth. Lehmann (4), Weissenberger (4) – Lauth (4) – Schroth (4,5), Agostino (2,5) – **Trainer:** Götz
Freiburg: Reinard (3) – Müller (4), Hermel (3), B. Diarra (5) – Kruppke (3), Berner (3) – Tskitishvili (3), Antar (4) – Cairo (4) – Coulibaly (3), Iashvili (4) – **Trainer:** Finke
Eingewechselt: 46. Stranzl (3,5) für Saarinen, 76. Baier (-) für Weissenberger, 81. Kioyo (-) für Agostino – 53. Schumann (4) für Tskitishvili, 68. Sanou (-) für Cairo, 81. A. Zeyer (-) für Antar
Tore: 0:1 Coulibaly (10., Linksschuss, Vorarbeit Berner), 1:1 Agostino (58., Linksschuss)
Chancenverhältnis: 7:4
Eckenverhältnis: 7:3
SR: Kircher (Rottenburg) – **Zuschauer:** 19500 – **Spielnote:** 4,5

21. März 2004

VfL Wolfsburg – Werder Bremen 0:2 (0:0)

Wolfsburg: Ramovic (2) – Sarpei (4,5), Schnoor (4), Biliskov (5) – Thiam (4) – Karhan (4), Hrgovic (4,5) – Topic (3), D'Alessandro (5), Petrov (4,5) – Klimowicz (4) – **Trainer:** Röber
Bremen: Reinke (3) – Stalteri (2), Ismaël (3), Krstajic (3), Schulz (3,5) – Baumann (3) – Lisztes (3), F. Ernst (3) – Micoud (2) – Klasnic (3), Ailton (5,5) – **Trainer:** Schaaf
Eingewechselt: 77. Menseguez (-) für Sarpei, 84. Baiano (-) für Thiam – 71. Valdez (-) für Ailton, 83. Skripnik (-) für Schulz, 88. Charisteas (-) für Klasnic
Tore: 0:1 Klasnic (75., Rechtsschuss, Vorarbeit F. Ernst), 0:2 Micoud (85., Kopfball, Lisztes)
Chancenverhältnis: 2:9
Eckenverhältnis: 3:5
SR: Merk, Dr. (Kaiserslautern) – **Zuschauer:** 30000 (ausverkauft) – **Besonderes Vorkommnis:** Ailton schießt Foulelfmeter an den Pfosten (67.) – **Spielnote:** 2,5

26. Spieltag

27. März 2004

Hansa Rostock – VfL Wolfsburg 3:1 (3:1)

Rostock: Schober (3) – Möhrle (3), Persson (2,5), Hill (4) – Tjikuzu (4), Maul (4) – Lantz (4) – Rydlewicz (3), Rasmussen (4) – Arvidsson (3), Max (2) – **Trainer:** Schlünz
Wolfsburg: Ramovic (3,5) – Franz (4), Quattrocchi (5), Biliskov (5) – Karhan (4), Sarpei (3,5) – Menseguez (4,5), D'Alessandro (4,5), Hrgovic (4,5) – Topic (4), Klimowicz (-) – **Trainer:** Röber
Eingewechselt: 39. K. Madsen (3) für Maul, 74. Plassnegger (-) für Tjikuzu, 85. Meggle (-) für Rasmussen – 29. Thiam (4) für Klimowicz, 69. Petrov (-) für Biliskov
Tore: 1:0 Arvidsson (9., Linksschuss, Vorarbeit Maul), 1:1 Quattrocchi (26., Kopfball, Karhan), 2:1 Max (34., Linksschuss, Rydlewicz), 3:1 Möhrle (37., Rechtsschuss, Max)
Chancenverhältnis: 4:5
Eckenverhältnis: 4:9
SR: Wack, Dr. (Biberbach) – **Zuschauer:** 19800 – **Spielnote:** 3,5

27. März 2004

Bayern München – Bor. M'gladbach 5:2 (2:0)

Bayern: Kahn (3) – Sagnol (4), Jeremies (3) Kuffour (3,5), Lizarazu (3,5) – Hargreaves (2,5) – Ballack (3) – Schweinsteiger (3,5), Zé Roberto (3) – Santa Cruz (2,5), Makaay (3) – **Trainer:** Hitzfeld
Gladbach: Reitmaier (4,5) – Pletsch (4,5), Gaede (4,5), Strasser (4,5) – Korzynietz (3,5), Hausweiler (5), Carnell (4) – Ulich (5), Demo (4) – van Lent (4,5), Sverkos (2,5) – **Trainer:** Fach
Eingewechselt: 84. T. Linke (-) für Schweinsteiger, 86. Pizarro (-) für Santa Cruz, 88. Salihamidzic (-) für Zé Roberto – 46. Broich (4) für Hausweiler, 63. Kluge (-) für Ulich, 75. van Hout (-) für Demo
Tore: 1:0 Kuffour (21., Kopfball, Vorarbeit Schweinsteiger), 2:0 Santa Cruz (39., Linksschuss, Schweinsteiger), 3:0 Makaay (48., Foulelfmeter, Rechtsschuss, Zé Roberto), 3:1 Sverkos (54., Rechtsschuss, Reitmaier), 3:2 Sverkos (65., Foulelfmeter, Rechtsschuss, Broich), 4:2 Hargreaves (88., Rechtsschuss, Pizarro), 5:2 Ballack (90., Rechtsschuss, Makaay)
Chancenverhältnis: 8:6
Eckenverhältnis: 9:5
SR: Weiner (Giesen) – **Zuschauer:** 56000 – **Spielnote:** 3

27. März 2004

Bayer Leverkusen – Hertha BSC 4:1 (2:1)

Leverkusen: J. Butt (4) – Balitsch (4), Lucio (1), Juan (2), Placente (4) – Ramelow (2) – C. Fritz (2,5), Babic (4) – B. Schneider (3,5) – Berbatov (1,5), Franca (2) – **Trainer:** Augenthaler
Hertha: Fiedler (3,5) – Simunic (5,5), Schmidt (4,5), Rehmer (5,5) – Chahed (4), Dardai (4), Fathi (4) – Neuendorf (3,5) – Marcelinho (2,5) – Pinto (5), Rafael (5) – **Trainer:** Meyer
Eingewechselt: 59. Bierofka (-) für C. Fritz, 77. Bastürk (-) für Balitsch, 79. Neuville (-) für Berbatov – 59. Cagara (4) für Schmidt, 68. Bobic (-) für Dardai, 77. Wichniarek (-) für Rafael
Tore: 0:1 Marcelinho (7., direkter Freistoß, Linksschuss, ohne Vorarbeit), 1:1 Berbatov (29., Rechtsschuss, Ramelow), 2:1 Franca (33., Rechtsschuss, Berbatov), 3:1 Franca (55., Rechtsschuss, C. Fritz), 4:1 Berbatov (72., Rechtsschuss, B. Schneider)
Chancenverhältnis: 7:3
Eckenverhältnis: 3:3
SR: Merk, Dr. (Kaiserslautern) – **Zuschauer:** 22500 (ausverkauft) – **Spielnote:** 3

27. März 2004

SC Freiburg – 1. FC Köln 3:0 (1:0)

Freiburg: Reinard (3) – Hermel (3), B. Diarra (3) – Kruppke (4), Berner (4) – Riether (2,5), Tskitishvili (4) – Cairo (3,5), Antar (3,5) – Coulibaly (5) – Iashvili (3,5) – **Trainer:** Finke
FC Köln: Wessels (3,5) – Dogan (4), Cichon (4), Sichone (5) – Heinrich (3,5) – Feulner (4,5), Grujic (5) – Kringe (4,5), Lottner (5) – Streit (4,5), Podolski (5) – **Trainer:** Koller
Eingewechselt: 63. Müller (-) für Tskitishvili, 72. Sanou (-) für Cairo, 82. Guié-Mien (-) für Coulibaly – 62. Kennedy (-) für Cichon
Tore: 1:0 Iashvili (15., Linksschuss, ohne Vorarbeit), 2:0 Riether (76., Rechtsschuss, Antar), 3:0 Antar (81., Rechtsschuss, Iashvili)
Chancenverhältnis: 5:3
Eckenverhältnis: 4:5
SR: Koop (Lüttenmark) – **Zuschauer:** 25000 (ausverkauft) – **Spielnote:** 4

27. März 2004

Eintracht Frankfurt – 1860 München 0:3 (0:2)

E. Frankfurt: Nikolov (4) – Günther (5), Puljiz (5), Hertzsch (5), Wiedener (5) – Preuß (4), Schur (4) – Lexa (5), Kreuz (5) – Skela (4,5) – Amanatidis (5) – **Trainer:** Reimann
1860: Hofmann (2) – Kurz (3), Costa (3) – Stranzl (3,5), Hoffmann (2,5) – Matth. Lehmann (2), Meyer (2,5) – Görlitz (2,5), Cerny (3) – Agostino (2), Schroth (4) – **Trainer:** Götz
Eingewechselt: 36. Frommer (5) für Wiedener, 57. Beierle (5) für Puljiz, 80. Cha (-) für Lexa – 46. Fernando (3) für Kurz, 67. Lauth (-) für Schroth, 81. Kioyo (-) für Cerny
Tore: 0:1 Görlitz (9., Kopfball, Vorarbeit Schroth), 0:2 Matth. Lehmann (16., Kopfball, Cerny), 0:3 Agostino (59., Linksschuss)
Chancenverhältnis: 4:7
Eckenverhältnis: 12:3
SR: Kinhöfer (Herne) – **Zuschauer:** 28300 – **Gelbe Karte:** Costa – **Spielnote:** 3,5

27. März 2004

Hannover 96 – Borussia Dortmund 1:1 (0:1)

Hannover: Marc Ziegler (3) – Cherundolo (4), Zuraw (3), Mertesacker (3), Schuler (4,5) – Lala (4), Dabrowski (5) – Mathis (4), Jaime (5), Kleber (5) – Brdaric (4) – **Trainer:** Lienen
Dortmund: Warmuz (2,5) – Evanilson (4), S. Reuter (3), Wörns (3), Jensen (3,5) – Kehl (4,5), Dede (4,5) – Gambino (4,5), Frings (2,5) – Ewerthon (4,5), Koller (5) – **Trainer:** Sammer
Eingewechselt: 35. T. Christiansen (4) für Kleber, 71. Krupnikovic (-) für Lala, 7?. Stendel (-) für Jaime – 60. Madouni (5) für Gambino, 75. Odonkor (-) für Ewerthon
Tore: 0:1 Frings (13., Rechtsschuss, ohne

Vorarbeit), 1:1 T. Christiansen (83., Handelfmeter, Linksschuss)
Chancenverhältnis: 4:3
Eckenverhältnis: 5:2
SR: Stark (Ergolding) – **Zuschauer:** 27504 – **Spielnote:** 5

27. März 2004
VfL Bochum – FC Schalke 04 1:2 (1:0)

Bochum: Van Duijnhoven (3) – Colding (5), Kalla (4), Meichelbeck (3,5), P. Bönig (4) – Stevic (4), Zdebel (4) – Wosz (4) – Freier (5), P. Madsen (4), Hashemian (4) – **Trainer:** Neururer
Schalke: Ünlü (5,5) – Lamotte (4), Waldoch (4), Kläsener (4), van Kerckhoven (3) – Vermant (3,5), Kobiashvili (3,5) – Pinto (5), Böhme (5) – Hamit Altintop (4) – Sand (4) – **Trainer:** Heynckes
Eingewechselt: 77. Buckley (-) für Freier, 88. Edu (-) für P. Bönig – 60. Delura (2) für Pinto, 73. Hajto (-) für Lamotte, 73. Glieder (-) für Böhme
Tore: 1:0 Meichelbeck (24., Kopfball, Vorarbeit Wosz), 1:1 Kläsener (77., Linksschuss, van Kerckhoven), 1:2 Delura (82., Kopfball, Vermant)
Chancenverhältnis: 6:6
Eckenverhältnis: 11:6
SR: Kircher (Rottenburg) – **Zuschauer:** 32645 (ausverkauft) – **Spielnote:** 4,5

28. März 2004
Hamburger SV – 1. FC Kaiserslautern 3:2 (1:0)

HSV: Wächter (4) – Wicky (3,5), Hoogma (4), Ujfalusi (3), Hollerbach (3) – Reinhardt (3,5) – Mahdavikia (4), Jarolim (3,5), Rahn (1) – Barbarez (4) – Romeo (3,5) – **Trainer:** Toppmöller
K'lautern: Wiese (3,5) – Riedl (5), Mettomo (4), Wenzel (3), Drescher (3) – Bjelica (3), Michael Lehmann (3) – Nurmela (5), Hristov (3), Malz (4) – Klose (3,5) – **Trainer:** Jara
Eingewechselt: 63. Takahara (-) für Barbarez, 74. Schlicke (-) für Wicky, 89. Fukal (-) für Jarolim – 55. Halil Altintop (4) für Nurmela, 62. Dominguez (-) für Klose, 72. Vreven (-) für Malz
Tore: 1:0 Rahn (30., direkter Freistoß, Linksschuss, ohne Vorarbeit), 2:0 Romeo (46., Rechtsschuss, Rahn), 2:1 Klose (53., Kopfball, Drescher), 3:1 Rahn (70., Linksschuss, Takahara), 3:2 Hristov (79., Linksschuss, Bjelica)
Chancenverhältnis: 8:5
Eckenverhältnis: 7:5
SR: Trautmann (Florstadt) – **Zuschauer:** 41020 – **Spielnote:** 3,5

28. März 2004
VfB Stuttgart – Werder Bremen 4:4 (2:3)

Stuttgart: Hildebrand (4) – Lahm (2), Zivkovic (4,5), Bordon (1,5), Gerber (3) – Soldo (3) – Meira (2,5), Meißner (3) – A. Hleb (3) – Kuranyi (4), Streller (2,5) – **Trainer:** Magath
Bremen: Reinke (5) – Stalteri (4,5), Ismaël (3), Krstajic (3), Schulz (4) – Baumann (3) – Lisztes (3,5), F. Ernst (3) – Micoud (3) – Ailton (1), Klasnic (1,5) – **Trainer:** Schaaf
Eingewechselt: 52. H. Yakin (3) für Meißner, 82. Szabics (-) für Gerber – 79. Lagerblom (-) für Lisztes, 83. Skripnik (-) für Klasnic, 86. Valdez (-) für Ailton
Tore: 1:0 Bordon (3., Kopfball, Vorarbeit Gerber), 1:1 Klasnic (13., Linksschuss, Ailton), 2:1 Bordon (24., direkter Freistoß, Linksschuss), 2:2 Klasnic (35., Linksschuss, Ailton), 2:3 Ailton (43., Linksschuss, Klasnic), 3:3 Bordon (50., direkter Freistoß, Linksschuss), 4:3 Streller (69., Rechtsschuss, H. Yakin), 4:4 Ailton (70., Rechtsschuss, Micoud)
Chancenverhältnis: 12:7
Eckenverhältnis: 5:1
SR: Fandel (Kyllburg) – **Zuschauer:** 48000 – **Gelb-Rote Karte:** Schulz (80.) – **Spielnote:** 1

27. Spieltag

3. April 2004
1860 München – Hannover 96 0:2 (0:0)

1860: Hofmann (3) – Costa (5), Kurz (4,5), Fernando (4), Hoffmann (3,5) – Matth. Lehmann (5), Meyer (4) – Görlitz (4), Cerny (5) – Schroth (5), Agostino (4) – **Trainer:** Götz
Hannover: Marc Ziegler (3) – Cherundolo (3,5), Mertesacker (4), Zuraw (2,5), Schuler (4) – Lala (4) – Dabrowski (4) – Mathis (5), Idrissou (3) – Brdaric (2), T. Christiansen (3) – **Trainer:** Lienen
Eingewechselt: 46. Tyce (4) für Cerny, 59. Lauth (4,5) für Matth. Lehmann, 80. Kioyo (-) für Kurz – 64. de Guzman (-) für Mathis, 83. Stendel (-) für T. Christiansen, 90. Kleber (-) für Brdaric
Tore: 0:1 Zuraw (71., Kopfball, Vorarbeit Schuler), 0:2 Brdaric (74., Linksschuss, Idrissou)
Chancenverhältnis: 2:6
Eckenverhältnis: 2:6
SR: Merk, Dr. (Kaiserslautern) – **Zuschauer:** 26700 – **Spielnote:** 5

3. April 2004
1. FC Köln – Eintracht Frankfurt 2:0 (2:0)

FC Köln: Wessels (2,5) – O. Schröder (4), Cichon (3,5), Dogan (3), Voigt (3) – Grujic (5) – Kringe (2), Feulner (3) – Streit (3,5), Federico (3,5) – Podolski (2) – **Trainer:** Koller
E. Frankfurt: Nikolov (3) – Bürger (4,5), Bindewald (5), Hertzsch (4,5), Günther (5) – Preuß (4), Schur (4), Chris (5) – Skela (4,5) – Lexa (5) – Amanatidis (5) – **Trainer:** Reimann
Eingewechselt: 46. Niedrig (3,5) für Grujic, 73. Sinkala (-) für Feulner, 87. Kennedy (-) für Federico – 46. Beierle (5) für Chris, 46. Frommer (5) für Günther, 73. Dragusha (-) für Lexa
Tore: 1:0 Hertzsch (5., Eigentor, Kopfball, Vorarbeit Voigt), 2:0 Podolski (35., Linksschuss, Federico)
Chancenverhältnis: 8:6
Eckenverhältnis: 4:6
SR: Meyer (Burgdorf) – **Zuschauer:** 45500 – **Spielnote:** 3,5

3. April 2004
VfL Wolfsburg – VfB Stuttgart 1:5 (1:3)

Wolfsburg: Ramovic (5) – Franz (5), Schnoor (4) – Thiam (4), Weiser (4,5) – Sarpei (5) – Menseguez (5), D'Alessandro (4,5), Petrov (5) – Klimowicz (4,5), Topic (5) – **Trainer:** Röber
Stuttgart: Hildebrand (2) – Lahm (3), Zivkovic (3,5), Bordon (4), Gerber (2,5) – Soldo (3) – Meira (3,5), Tiffert (2,5) – A. Hleb (3) – Kuranyi (3), Streller (3) – **Trainer:** Magath
Eingewechselt: 63. Karhan (-) für Sarpei, 66. Hrgovic (-) für Menseguez, 85. Ponce (-) für Topic – 26. Szabics (3) für Streller, 46. H. Yakin (5) für A. Hleb, 81. Heldt (-) für Kuranyi
Tore: 0:1 Gerber (6., Linksschuss, Vorarbeit A. Hleb), 0:2 Streller (26., Linksschuss, Bordon), 1:2 Petrov (30., Linksschuss), 1:3 Lahm (43., Rechtsschuss, A. Hleb), 1:4 Kuranyi (75., Rechtsschuss, Szabics), 1:5 Szabics (86., Linksschuss, H. Yakin)
Chancenverhältnis: 5:8
Eckenverhältnis: 5:2
SR: Stark (Ergolding) – **Zuschauer:** 25396 – **Spielnote:** 2,5

3. April 2004
Hertha BSC – Hansa Rostock 1:1 (0:0)

Hertha: Fiedler (2,5) – A. Friedrich (3,5), Schmidt (4), Madlung (4) – Fathi (4) – Chahed (5), Dardai (4) – Neuendorf (4) – Marcelinho (4,5) – Pinto (3), Wichniarek (4) – **Trainer:** Meyer
Rostock: Schober (2,5) – K. Madsen (3,5), Persson (3), Hill (4,5) – Möhrle (2) – Tjikuzu (4), Lantz (5) – Rydlewicz (5), Rasmussen (3,5) – Max (4), Arvidsson (3,5) – **Trainer:** Schlünz
Eingewechselt: 68. Goor (-) für Neuendorf, 76. Bobic (-) für Wichniarek, 76. Cagara (-) für Dardai – 78. di Salvo (-) für Arvidsson, 81. Plassnegger (-) für Rasmussen, 87. Prica (-) für Max
Tore: 1:0 Pinto (59., Rechtsschuss, Vorarbeit Neuendorf), 1:1 Rasmussen (65., Kopfball, Arvidsson)
Chancenverhältnis: 6:6
Eckenverhältnis: 7:3
SR: Albrecht (Kaufbeuren) – **Zuschauer:** 47305 – **Spielnote:** 4

3. April 2004
Bor. M'gladbach – Bayer Leverkusen 0:0

Gladbach: Stiel (3) – Korzynietz (2,5), Pletsch (3,5), Strasser (3), Carnell (4) – Gaede (3,5) – Ulich (3), Demo (4) – Broich (2,5) – van Lent (4), Sverkos (4) – **Trainer:** Fach
Leverkusen: J. Butt (3,5) – C. Fritz (3,5), Nowotny (3), Juan (2), Placente (4) – Ramelow (4) – Bierofka (4), Babic (4,5) – B. Schneider (3,5) – Berbatov (4), Franca (4) – **Trainer:** Augenthaler
Eingewechselt: 72. Kolkka (-) für Broich, 75. Maric (-) für Sverkos, 84. Hausweiler (-) für Strasser – 28. T. Lucic (4) für C. Fritz, 70. Neuville (-) für Babic, 79. Bastürk (-) für Franca
Chancenverhältnis: 5:3
Eckenverhältnis: 7:3
SR: Kinhöfer (Herne) – **Zuschauer:** 34200 – **Spielnote:** 3,5

3. April 2004
1. FC Kaiserslautern – Bayern München 0:2 (0:0)

K'lautern: Wiese (2) – T. Reuter (5), Knavs (4), Wenzel (3), Drescher (4,5) – Riedl (5), Bjelica (4), Malz (6) – Hristov (4) – Halil Altintop (5), Lokvenc (4) – **Trainer:** Jara
Bayern: Kahn (3,5) – Sagnol (-), Jeremies (3,5), Kuffour (3), Lizarazu (2,5) – Hargreaves (3) – Schweinsteiger (3), Ballack (2) – Zé Roberto (3) – Santa Cruz (4), Makaay (3,5) – **Trainer:** Hitzfeld
Eingewechselt: 75. Boskovic (-) für T. Reuter, 84. Michael Lehmann (-) für Halil Altintop – 23. Salihamidzic (4,5) für Sagnol, 79. Trochowski (-) für Zé Roberto, 84. Pizarro (-) für Santa Cruz
Tore: 0:1 Makaay (47., Rechtsschuss, Vorarbeit Ballack), 0:2 Santa Cruz (77., Kopfball, Zé Roberto)
Chancenverhältnis: 2:10
Eckenverhältnis: 1:6
SR: Fröhlich (Berlin) – **Zuschauer:** 47315 (ausverkauft) – **Gelb-Rote Karte:** Malz (28.) – **Spielnote:** 4

3. April 2004
FC Schalke 04 – Hamburger SV 4:1 (3:1)

Schalke: Heimeroth (2) – Lamotte (2,5), Waldoch (3), Hajto (4), van Kerckhoven (4) – Hamit Altintop (4), Vermant (3) – Delura (3), Böhme (2) – Sand (2,5), Glieder (4) – **Trainer:** Heynckes
HSV: Wächter (5) – Fukal (5), Hoogma (5), Ujfalusi (5), Hollerbach (4) – Schlicke (4) – Jarolim (3,5), Kling (5) – Mahdavikia (3,5), Takahara (5) – Romeo (5) – **Trainer:** Toppmöller
Eingewechselt: 67. Rodriguez (-) für Hajto, 75. Hanke (-) für Glieder, 90. Pinto (-) für Delura – 74. Reinhardt (-) für Kling, 74. Wicky (-) für Takahara
Tore: 1:0 Fukal (10., Eigentor, Kopfball, Vorarbeit Böhme), 2:0 Sand (30., Rechtsschuss, Lamotte), 2:1 Mahdavikia (35., Foulelfmeter, Rechtsschuss, Kling), 3:1 Lamotte (43., Rechtsschuss, Böhme), 4:1 Delura (55., Rechtsschuss, Böhme)
Chancenverhältnis: 8:7
Eckenverhältnis: 8:8
SR: Wack, Dr. (Biberbach) – **Zuschauer:** 61266 (ausverkauft) – **Spielnote:** 2,5

4. April 2004
Borussia Dortmund – VfL Bochum 4:1 (3:1)

Dortmund: Warmuz (3) – Demel (2,5), S. Reuter (4), Wörns (3), Jensen (4) – Flavio Conceicao (3) – Frings (2), Dede (3) – Gambino (2) – Koller (2,5), Ewerthon (3) – **Trainer:** Sammer
Bochum: Van Duijnhoven (4) – Colding (4), Kalla (4,5), Fahrenhorst (4), P. Bönig (5) – Stevic (5), Zdebel (4) – Wosz (4) – Freier (5), P. Madsen (3), Hashemian (4) – **Trainer:** Neururer
Eingewechselt: 46. Bergdölmo (3,5) für Flavio Conceicao, 74. Odonkor (-) für Ewerthon, 83. Leandro (-) für Dede – 46. Buckley (4) für Freier, 58. F. Tapalovic (4) für Stevic, 58. Meichelbeck (3,5) für P. Bönig
Tore: 1:0 Koller (9., Kopfball, Vorarbeit Frings), 1:1 P. Madsen (13., Rechtsschuss, Wosz), 2:1 Gambino (30., Rechtsschuss, Frings), 3:1 Frings (45., indirekter Freistoß, Rechtsschuss), 4:1 Ewerthon (53., Foulelfmeter, Rechtsschuss, Gambino)
Chancenverhältnis: 9:4
Eckenverhältnis: 6:2
SR: Fandel (Kyllburg) – **Zuschauer:** 81000 – **Spielnote:** 2,5

4. April 2004
Werder Bremen – SC Freiburg 1:1 (1:1)

Bremen: Reinke (3) – Davala (3,5), Ismaël (4), Krstajic (5), Stalteri (4) – Baumann (5) – Lisztes (4), F. Ernst (4) – Micoud (3,5) – Klasnic (4), Ailton (3,5) – **Trainer:** Schaaf
Freiburg: Golz (2) – Müller (4), B. Diarra (4) – Willi (4), Riether (3,5), Berner (4) – Tskitishvili (4), Bajramovic (4) – Antar (4) – Kruppke (3), Sanou (4,5) – **Trainer:** Finke
Eingewechselt: 65. Valdez (-) für Lisztes, 79. Charisteas (-) für Davala – 67. Kondé (-) für Tskitishvili, 69. Coulibaly (-) für Willi, 82. Olajengbesi (-) für Sanou
Tore: 0:1 Kruppke (1., Linksschuss, Vorarbeit Bajramovic), 1:1 Ailton (18., Linksschuss, Klasnic)
Chancenverhältnis: 9:3
Eckenverhältnis: 5:4
SR: Keßler (Höhenkirchen) – **Zuschauer:** 42500 (ausverkauft) – **Gelb-Rote Karte:** Bajramovic (66.) – **Spielnote:** 4

28. Spieltag

10. April 2004
Hertha BSC – VfL Wolfsburg 1:0 (1:0)

Hertha: Fiedler (3) – A. Friedrich (3), Simunic (3), Fathi (3,5), Cagara (3,5) – Schmidt (3) – Dardai (3) – Pinto (5), Marcelinho (2,5) – Wichniarek (4,5), Rafael (2,5) – **Trainer:** Meyer
Wolfsburg: Jentzsch (3) – Rytter (3,5), Franz (5), Schnoor (3,5), Weiser (4) – Sarpei (5), Karhan (5) – Topic (4), D'Alessandro (4), Petrov (4,5) – Klimowicz (3,5) – **Trainer:** Gerets
Eingewechselt: 59. Bobic (5) für Wichniarek, 74. Goor (-) für Pinto, 82. Neuendorf (-) für Rafael – 72. Baiano (-) für Karhan, 88. Menseguez (-) für Topic
Tor: 1:0 Rafael (22., Rechtsschuss, Vorarbeit Dardai)
Chancenverhältnis: 6:3
Eckenverhältnis: 6:5
SR: Dr. Fleischer (Dachau) – **Zuschauer:** 33970 – **Spielnote:** 4

10. April 2004
Bayer Leverkusen – 1. FC Kaiserslautern 6:0 (4:0)

Leverkusen: J. Butt (3) – Lucio (1), Nowotny (2), Juan (1,5) – Ramelow (3) – Bierofka (3,5), Babic (3) – B. Schneider (2,5), Bastürk (2) – Franca (1,5), Berbatov (2) – **Trainer:** Augenthaler
K'lautern: Wiese (5) – Knavs (6), Mettomo (6), Wenzel (6) – Vreven (5,5), Drescher (5,5) – Michael Lehmann (5,5), Riedl (5,5) – Hristov (6) – Lokvenc (5), Dominguez (5) – **Trainer:** Jara
Eingewechselt: 64. Neuville (-) für Franca, 70. Balitsch (-) für Bastürk, 79. Callsen-Bracker (-) für Juan – 46. Tchato (4) für Drescher, 56. Nurmela (5,5) für Hristov, 78. Kosowski (-) für Dominguez
Tore: 1:0 Wenzel (2., Eigentor, Vorarbeit B. Schneider), 2:0 Berbatov (22., Rechtsschuss, Franca), 3:0 Lucio (34., Linksschuss, Berbatov), 4:0 Franca (37., Rechtsschuss, Bastürk), 5:0 Bastürk (48., Rechtsschuss, Nowotny), 6:0 Franca (55., Rechtsschuss, Bastürk)
Chancenverhältnis: 9:3
Eckenverhältnis: 3:3
SR: Stark (Ergolding) – **Zuschauer:** 22500 (ausverkauft) – **Spielnote:** 2

10. April 2004
Hansa Rostock – Bor. M'gladbach 1:2 (1:1)

Rostock: Schober (3) – Möhrle (4), Persson (4), Hill (3,5) – Tjikuzu (4), Lantz (4,5), Maul (4,5) – Rydlewicz (3,5), Rasmussen (4,5) – Arvidsson (4), Max (4) – **Trainer:** Schlünz
Gladbach: Stiel (2,5) – Korzynietz (3,5), Pletsch (3), Obradovic (3), Carnell (3,5) – Gaede (3) – Ulich (2,5), Hausweiler (4) – Broich (3) – van Lent (3,5), Sverkos (4,5) – **Trainer:** Fach
Eingewechselt: 46. K. Madsen (3,5) für Maul, 73. di Salvo (-) für Arvidsson, 84. Plassnegger (-) für Persson – 70. van Hout (-) für Sverkos, 71. Demo (-) für Broich, 90. Schulz-Winge (-) für Hausweiler
Tore: 1:0 Rydlewicz (27., Linksschuss, Vorarbeit Max), 1:1 Ulich (29., Rechtsschuss, Broich), 1:2 van Hout (83., Rechtsschuss, van Lent)

Abgeblockt: Die Hamburger Björn Schlicke und Hollerbach gegen den Dortmunder Gambino.

Chancenverhältnis: 5:8
Eckenverhältnis: 2:7
SR: Gagelmann (Bremen) – **Zuschauer:** 25800 – **Spielnote:** 4

10. April 2004
Eintracht Frankfurt – Werder Bremen 0:1 (0:0)
E. Frankfurt: Nikolov (3) – Preuß (4) – Hertzsch (3,5), Chris (3) – Günther (4,5), Bürger (4) – Schur (3,5) – Cha (4,5), Skela (4), Kreuz (3,5) – Amanatidis (5) – **Trainer:** Reimann
Bremen: Reinke (3) – Davala (5), Ismaël (2,5), Krstajic (3), Stalteri (3,5) – Baumann (3) – Lisztes (3,5), F. Ernst (3,5) – Micoud (4,5) – Ailton (5), Klasnic (5) – **Trainer:** Schaaf
Eingewechselt: 73. Bindewald (-) für Hertzsch, 81. Lexa (-) für Cha, 83. Dragusha (-) für Kreuz – 56. Valdez (3) für Klasnic, 56. Borowski (4,5) für Micoud, 71. Charisteas (-) für Ailton
Tor: 0:1 Ismaël (80., Foulelfmeter, Rechtsschuss, Vorarbeit Valdez)
Chancenverhältnis: 3:3
Eckenverhältnis: 4:5
SR: Jansen (Essen) – **Zuschauer:** 33000 (ausverkauft) – **Rote Karten:** Amanatidis (42., Tätlichkeit), Davala (42., Tätlichkeit) – **Spielnote:** 4

10. April 2004
VfL Bochum – 1860 München 4:0 (2:0)
Bochum: Van Duijnhoven (3,5) – Colding (3), Kalla (2,5), Fahrenhorst (3), P. Bönig (4) – Stevic (3,5), Zdebel (1,5) – Wosz (2,5) – Freier (4), P. Madsen (2), Hashemian (1,5) – **Trainer:** Neururer
1860: Hofmann (5) – Stranzl (5), Kurz (4), Fernando (5), Hoffmann (4,5) – Matth. Lehmann (5), Meyer (4,5) – Görlitz (4,5), Tyce (5) – Lauth (5), Agostino (4) – **Trainer:** Götz
Eingewechselt: 65. Diabang (-) für Wosz, 65. F. Tapalovic (-) für Stevic, 79. Edu (-) für P. Bönig – 46. Baier (5) für Tyce, 46. Schroth (5) für Matth. Lehmann
Tore: 1:0 Hashemian (26., Kopfball, Vorarbeit Wosz), 2:0 Hashemian (40., Rechtsschuss), 3:0 P. Madsen (61., Rechtsschuss, Kalla), 4:0 Diabang (81., Rechtsschuss, Freier)
Chancenverhältnis: 8:4
Eckenverhältnis: 3:3
SR: Koop (Lüttenmark) – **Zuschauer:** 23430 – **Spielnote:** 3

10. April 2004
Hamburger SV – Borussia Dortmund 0:2 (0:2)
HSV: Wächter (2) – Wicky (4,5), Hoogma (4), Ujfalusi (2,5), Hollerbach (4,5) – Schlicke (5,5) – Jarolim (5), Kling (5,5) – Barbarez (4,5) – Mahdavikia (6), Romeo (5) – **Trainer:** Toppmöller
Dortmund: Warmuz (2,5) – Demel (4), S. Reuter (4), Wörns (2,5), Jensen (2,5) – Kehl (3) – Frings (1), Dede (2) – Koller (2,5), Gambino (3), Ewerthon (4) – **Trainer:** Sammer
Eingewechselt: 46. Takahara (-) für Kling, 64. V. Hleb (-) für Takahara, 80. Reinhardt (-) für Jarolim – 72. Odonkor (-) für Ewerthon, 87. Bergdölmo (-) für Gambino, 90. Brzenska (-) für Dede
Tore: 0:1 Frings (8., Rechtsschuss, Vorarbeit Dede), 0:2 Koller (27., Rechtsschuss, Kehl)
Chancenverhältnis: 2:7
Eckenverhältnis: 4:1
SR: Kircher (Rottenburg) – **Zuschauer:** 52204 – **Spielnote:** 4

10. April 2004
Bayern München – FC Schalke 04 2:1 (1:1)
Bayern: Kahn (3) – Salihamidzic (3,5), Jeremies (3), Kuffour (3,5), Lizarazu (2,5) – Hargreaves (2,5) – Ballack (4) – Schweinsteiger (3), Zé Roberto (2) – Santa Cruz (3,5) – Makaay (1,5) – **Trainer:** Hitzfeld
Schalke: Heimeroth (2) – Lamotte (5), Kläsener (4), van Kerckhoven (4,5), Rodriguez (4,5) – Vermant (2,5), Kobiashvili (3) – Delura (3,5), Böhme (3,5) – Hamit Altintop (4) – Sand (4,5) – **Trainer:** Heynckes
Eingewechselt: 62. Rensing (-) für Kahn, 65. Pizarro (-) für Schweinsteiger, 83. T. Linke (-) für Makaay – 66. Seitz (-) für Böhme, 73. Hanke (-) für Rodriguez, 78. Glieder (-) für Sand
Tore: 0:1 Vermant (4., Foulelfmeter, Rechtsschuss, Vorarbeit Kobiashvili), 1:1 Makaay (8., Rechtsschuss, Zé Roberto), 2:1 Makaay (64., Linksschuss, Schweinsteiger)
Chancenverhältnis: 8:3
Eckenverhältnis: 8:4
SR: Trautmann (Florstadt) – **Zuschauer:** 63000 (ausverkauft) – **Spielnote:** 3

11. April 2004
SC Freiburg – VfB Stuttgart 0:1 (0:1)
Freiburg: Reinard (2) – Müller (3,5), B. Diarra (2) – Riether (3,5) – Kruppke (5), Berner (4) – Tskitishvili (3,5) – Antar (4,5) – Coulibaly (4), Sanou (3) – Iashvili (4) – **Trainer:** Finke
Stuttgart: Hildebrand (2) – Lahm (3), Meira (3), Bordon (2,5), Gerber (3,5) – Soldo (3) – Meißner (4,5), Tiffert (4,5) – A. Hleb (4) – Kuranyi (2,5), Streller (3) – **Trainer:** Magath
Eingewechselt: 27. Cairo (3) für Kruppke, 79. A. Zeyer (-) für Iashvili – 46. H. Yakin (5) für A. Hleb, 61. Szabics (-) für Streller, 83. Vranjes (-) für Kuranyi
Tor: 0:1 Kuranyi (10., Kopfball, Vorarbeit Lahm)
Chancenverhältnis: 6:6
Eckenverhältnis: 5:6
SR: Weiner (Giesen) – **Zuschauer:** 25000 (ausverkauft) – **Spielnote:** 3

11. April 2004
Hannover 96 – 1. FC Köln 1:0 (1:0)
Hannover: Marc Ziegler (2,5) – Cherundolo (3), Mertesacker (3), Zuraw (3,5), Schuler (3,5) – Lala (3,5), Dabrowski (4) – Mathis (4), Idrissou (5) – T. Christiansen (4), Brdaric (3) – **Trainer:** Lienen
FC Köln: Wessels (2,5) – O. Schröder (3), Dogan (4), Cichon (4), Voigt (4) – Grujic (4,5) – Kringe (4), Sinkala (3,5) – Streit (4), Federico (5) – Podolski (3) – **Trainer:** Koller
Eingewechselt: 71. Stendel (-) für Idrissou, 71. de Guzman (-) für Mathis, 86. T. Schneider (-) für Cherundolo – 41. Sichone (4) für Cichon, 56. Scherz (4) für Federico, 69. Lejan (-) für Streit
Tor: 1:0 Brdaric (34., Linksschuss, Vorarbeit T. Christiansen)
Chancenverhältnis: 7:5
Eckenverhältnis: 3:3
SR: Sippel (München) – **Zuschauer:** 2[illegible]200 (ausverkauft) – **Spielnote:** 4,5

29. Spieltag

17. April 2004
VfB Stuttgart – Eintracht Frankfurt 3:1 (1:0)
Stuttgart: Hildebrand (3) – Lahm (3), Meira (3), Bordon (2,5), Gerber (2) – Soldo (3) – Meißner (3), A. Hleb (2) – H. Yakin (4,5) – Kuranyi (2,5), Streller (3) – **Trainer:** Magath
E. Frankfurt: Nikolov (4) – Preuß (3,5) – Puljiz (4), Chris (3) – Günther (4), Schur (3), Bürger (4,5) – Skela (4,5), Kreuz (4) – Cha (5) – Beierle (5) – **Trainer:** Reimann
Eingewechselt: 53. Cacau (4,5) für Streller, 61. Heldt (-) für H. Yakin, 84. Tiffert (-) für A. Hleb – 66. Lexa (-) für Cha, 66. Dragusha (-) für Bürger, 77. Frommer (-) für Kreuz
Tore: 1:0 Kuranyi (44., Rechtsschuss, Vorarbeit Gerber), 2:0 A. Hleb (50., Linksschuss), 3:0 Bordon (81., Kopfball, Gerber), 3:1 Schur (85., Rechtsschuss, Beierle)
Chancenverhältnis: 8:4
Eckenverhältnis: 8:4
SR: Steinborn (Sinzig) – **Zuschauer:** 48000 (ausverkauft) – **Spielnote:** 3

17. April 2004
VfL Wolfsburg – SC Freiburg 4:0 (2:0)
Wolfsburg: Jentzsch (3) – Rytter (3), Franz (2), Schnoor (3), Weiser (2,5) – Sarpei (2,5), Karhan (3) – D'Alessandro (3) – Präger (4) – Klimowicz (2,5), Baiano (2) – **Trainer:** Gerets
Freiburg: Reinard (4,5) – Olajengbesi (6), B. Diarra (5,5) – Riether (4,5), Hermel (5), Berner (4) – Tskitishvili (5) – Cairo (5), Antar (5) – Coulibaly (5) – Sanou (5,5) – **Trainer:** Finke
Eingewechselt: 53. Menseguez (4) für Präger, 59. Hrgovic (4) für Baiano, 74. Ponce (-) für D'Alessandro – 35. Bajramovic (4,5) für Olajengbesi, 63. A. Zeyer (-) für Riether, 71. Kruppke (-) für Coulibaly
Tore: 1:0 Franz (10., Rechtsschuss, ohne Vorarbeit), 2:0 Baiano (20., Rechtsschuss, Weiser), 3:0 Sarpei (47., Rechtsschuss, Baiano), 4:0 Klimowicz (68., Kopfball, Karhan)
Chancenverhältnis: 7:2
Eckenverhältnis: 5:3
SR: Fröhlich (Berlin) – **Zuschauer:** 16276 – **Rote Karte:** Antar (33., Tätlichkeit) – **Spielnote:** 3

17. April 2004
Bor. M'gladbach – Hertha BSC 1:1 (0:1)
Gladbach: Stiel (3) – Eberl (4,5), Pletsch (3), Strasser (3), Carnell (4) – Gaede (4) – Hausweiler (4) – Ulich (3,5), Demo (4,5) – Sverkos (4), van Lent (4) – **Trainer:** Fach
Hertha: Fiedler (2,5) – Madlung (4), van Burik (3), Simunic (4) – A. Friedrich (3,5), Fathi (4,5) – Dardai (3,5) – Neuendorf (4,5), Marcelinho (4), Pinto (3,5) – Rafael (-) – **Trainer:** Meyer
Eingewechselt: 60. van Hout (3,5) für Hausweiler, 72. Kolkka (-) für Demo, 79. Kluge (-) für Eberl – 28. Wichniarek (5) für Rafael, 46. Chahed (4) für van Burik, 80. Goor (-) für Neuendorf
Tore: 0:1 Pinto (9., Rechtsschuss, Vorarbeit Marcelinho), 1:1 Ulich (86., Rechtsschuss, van Lent)
Chancenverhältnis: 6:3
Eckenverhältnis: 8:4
SR: Meyer (Burgdorf) – **Zuschauer:** 34500 (ausverkauft) – **Spielnote:** 4

17. April 2004
1. FC Kaiserslautern – Hansa Rostock 3:2 (2:1)
K'lautern: Wiese (3) – Knavs (3), Wenzel (3) – Riedl (4), Malz (4) – Bjelica (2,5) – Nurmela (4), Dominguez (3) – Hristov (3) – Halil Altintop (4), Lokvenc (2,5) – **Trainer:** Jara
Rostock: Schober (4) – Persson (4) – Möhrle (4), K. Madsen (3,5) – Tjikuzu (3), Maul (4,5) – Lantz (4) – Rydlewicz (2,5), Plassnegger (5) – Max (5), di Salvo (5) – **Trainer:** Schlünz
Eingewechselt: 65. Mettomo (-) für Halil Altintop, 86. Tchato (-) für Dominguez – 46. Prica (4) für di Salvo, 78. Arvidsson (-) für Maul, 84. Meggle (-) für Persson
Tore: 1:0 Bjelica (32., Linksschuss, ohne Vorarbeit), 2:0 Hristov (36., Linksschuss, Malz),

2:1 Rydlewicz (37., Rechtsschuss, Tjikuzu), 2:2 Rydlewicz (71., Foulelfmeter, Rechtsschuss, Persson), 3:2 Lokvenc (75., Rechtsschuss, Riedl)
Chancenverhältnis: 8:6
Eckenverhältnis: 5:2
SR: Schmidt (Stuttgart) – **Zuschauer:** 34884 – **Rote Karte:** Plassnegger (21., grobes Foulspiel) – **Spielnote:** 2,5

17. April 2004
FC Schalke 04 – Bayer Leverkusen 2:3 (0:1)
Schalke: Heimeroth (2,5) – Poulsen (4,5), Kläsener (3), van Kerckhoven (4), Kobiashvili (2,5) – Hamit Altintop (3), Vermant (4) – Delura (2,5), Böhme (4) – Asamoah (3), Sand (4) – **Trainer:** Heynckes
Leverkusen: J. Butt (3) – Lucio (2), Nowotny (3), Juan (2,5) – Balitsch (4,5), Ramelow (4), Babic (3,5) – B. Schneider (2), Bastürk (4,5) – Franca (3), Berbatov (2) – **Trainer:** Augenthaler
Eingewechselt: 63. Lamotte (-) für Poulsen, 66. Hanke (2) für Asamoah, 87. Glieder (-) für Vermant – 70. Bierofka (-) für Bastürk, 85. Neuville (-) für Franca
Tore: 0:1 Berbatov (30., Rechtsschuss, Vorarbeit Franca), 1:1 Delura (56., Rechtsschuss, Böhme), 1:2 B. Schneider (72., Linksschuss, Babic), 1:3 J. Butt (76., Foulelfmeter, Rechtsschuss, Berbatov), 2:3 Hanke (77., Rechtsschuss, Sand)
Chancenverhältnis: 5:8
Eckenverhältnis: 14:3
SR: Keßler (Höhenkirchen) – **Zuschauer:** 61266 (ausverkauft) – **Spielnote:** 3

17. April 2004
Borussia Dortmund – Bayern München 2:0 (0:0)
Dortmund: Warmuz (3) – Demel (4), Wörns (2), Bergdölmo (3), Jensen (3,5) – Kehl (3) – Dede (3,5) – Gambino (2) – Rosicky (3) – Ewerthon (4), Koller (4) – **Trainer:** Sammer
Bayern: Kahn (2,5) – Kuffour (4), Jeremies (3), T. Linke (3), Salihamidzic (4,5) – Hargreaves (2,5) – Ballack (4) – Schweinsteiger (3), Zé Roberto (4) – Santa Cruz (4), Makaay (5) – **Trainer:** Hitzfeld
Eingewechselt: 46. Odonkor (2,5) für Demel, 79. Leandro (-) für Rosicky, 88. Senesie (-) für Gambino – 65. Pizarro (-) für Schweinsteiger, 84. Trochowski (-) für Zé Roberto, 86. Demichelis (-) für Santa Cruz
Tore: 1:0 Ewerthon (55., Foulelfmeter, Rechtsschuss, Vorarbeit Gambino), 2:0 Wörns (61., Rechtsschuss, Dede)
Chancenverhältnis: 7:3
Eckenverhältnis: 4:1
SR: Merk, Dr. (Kaiserslautern) – **Zuschauer:** 83000 (ausverkauft) – **Spielnote:** 3

17. April 2004
1860 München – Hamburger SV 1:2 (0:0)
1860: Hofmann (5) – Stranzl (4), Fernando (5,5), Hoffmann (4), Saarinen (5) – Meyer (5) – Görlitz (3,5), Tyce (5) – Baier (5) – Agostino (3,5), Lauth (-) – **Trainer:** Götz
HSV: Wächter (3) – Reinhardt (4), Hoogma (3,5), Ujfalusi (2) – Fukal (4,5), Benjamin (4), Wicky (4,5) – Jarolim (5), Rahn (3) – Barbarez (3,5) – Romeo (5) – **Trainer:** Toppmöller
Eingewechselt: 18. Davids (4,5) für Lauth, 62. Schroth (-) für Baier, 70. Shao (-) für Saarinen – 60. V. Hleb (3,5) für Jarolim, 60. Mahdavikia (3) für Romeo, 82. Hollerbach (-) für Rahn
Tore: 0:1 Fernando (65., Eigentor, Kopfball, Vorarbeit Rahn), 0:2 Mahdavikia (79., Rechtsschuss, Rahn), 1:2 Agostino (87., Kopfball, Shao)
Chancenverhältnis: 4:4
Eckenverhältnis: 4:5
SR: Kemmling (Kleinburgwedel) – **Zuschauer:** 26400 – **Spielnote:** 4,5

18. April 2004
1. FC Köln – VfL Bochum 1:2 (0:1)
FC Köln: Wessels (4) – O. Schröder (2,5), Dogan (3), Sichone (4), Voigt (4) – Grujic (3,5) – Kringe (4), Sinkala (4) – Scherz (4,5), Federico (4), Podolski (3,5) – **Trainer:** Koller
Bochum: Van Duijnhoven (2) – Colding (4), Kalla (3,5), Fahrenhorst (3), P. Bönig (5) – Stevic (4), Zdebel (3) – Wosz (3,5) – Freier (4), P. Madsen (4), Hashemian (4,5) – **Trainer:** Neururer
Eingewechselt: 74. Streit (-) für Federico, 83. Lejan (-) für Scherz – 61. Meichelbeck (-) für P. Bönig, 61. Buckley (-) für Hashemian, 80. F. Tapalovic (-) für Wosz
Tore: 0:1 Wosz (30., Rechtsschuss, ohne Vorarbeit), 1:1 Podolski (54., Linksschuss, Federico), 1:2 Fahrenhorst (64., Kopfball, Stevic)
Chancenverhältnis: 10:4
Eckenverhältnis: 3:7
SR: Wack, Dr. (Biberbach) – **Zuschauer:** 43500 – **Gelbe Karten:** P. Madsen, Freier – **Spielnote:** 3

18. April 2004
Werder Bremen – Hannover 96 0:0
Bremen: Reinke (3) – Stalteri (4,5), Ismaël (2,5), Krstajic (2,5), Schulz (4) – Baumann (3) – Lisztes (3,5), F. Ernst (2) – Micoud (4) – Ailton (5,5), Klasnic (3) – **Trainer:** Schaaf
Hannover: Marc Ziegler (1,5) – Cherundolo (2), Mertesacker (1,5), Zuraw (4) – de Guzman (3,5), Lala (3,5), Dabrowski (2,5), Kleber (3,5) – Mathis (4,5), Idrissou (4) – Brdaric (4,5) – **Trainer:** Lienen
Eingewechselt: 60. Lagerblom (3) für Krstajic, 72. Valdez (-) für Klasnic, 72. Charisteas (-) für Ailton – 63. Schröter (-) für Kleber, 81. T. Schneider (-) für Zuraw, 87. Schuler (-) für Mathis
Chancenverhältnis: 8:3
Eckenverhältnis: 5:2
SR: Albrecht (Kaufbeuren) – **Zuschauer:** 43000 (ausverkauft) – **Spielnote:** 3

30. Spieltag

24. April 2004
Bor. M'gladbach – VfL Wolfsburg 0:2 (0:1)
Gladbach: Stiel (4,5) – Korzynietz (3,5), Pletsch (5), Strasser (4), Carnell (4) – Gaede (5) – Ulich (4), Kolkka (5) – Broich (4) – van Hout (5), van Lent (5) – **Trainer:** Fach
Wolfsburg: Jentzsch (2) – Rytter (4), Franz (3), Schnoor (3), Weiser (4) – Sarpei (3,5) – Karhan (3) – D'Alessandro (4), Petrov (4) – Klimowicz (3,5), Baiano (4) – **Trainer:** Gerets
Eingewechselt: 60. Sverkos (4,5) für Kolkka, 66. Kluge (-) für Carnell, 72. Demo (-) für Broich – 46. Thiam (6) für Baiano, 78. Menseguez (-) für D'Alessandro, 82. Biliskov (-) für Weiser
Tore: 0:1 Baiano (44., Linksschuss, Vorarbeit D'Alessandro), 0:2 Karhan (65., Rechtsschuss)
Chancenverhältnis: 7:6
Eckenverhältnis: 10:4
SR: Koop (Lüttenmark) – **Zuschauer:** 33600 – **Spielnote:** 4

24. April 2004
Hertha BSC – 1. FC Kaiserslautern 3:0 (3:0)
Hertha: Fiedler (3,5) – A. Friedrich (2), Madlung (2,5), Simunic (2,5), Cagara (3) – Dardai (2,5), Schmidt (3) – Pinto (4), Marcelinho (2) – Bobic (2), Wichniarek (2) – **Trainer:** Meyer
K'lautern: Wiese (3,5) – Riedl (5), Knavs (5), Wenzel (5), Malz (5) – Michael Lehmann (5) – Hristov (5), Bjelica (5) – Nurmela (5), Dominguez (5,5) – Lokvenc (5) – **Trainer:** Jara
Eingewechselt: 65. Rehmer (-) für A. Friedrich, 73. Goor (-) für Pinto, 84. Neuendorf (-) für Marcelinho – 53. Tchato (5) für Michael Lehmann, 53. Halil Altintop (5) für Dominguez, 84. Wittich (-) für Nurmela
Tore: 1:0 Marcelinho (2., direkter Freistoß, Linksschuss, ohne Vorarbeit), 2:0 Wichniarek (16., Rechtsschuss, Bobic), 3:0 Bobic (24., Kopfball, A. Friedrich)
Chancenverhältnis: 9:3
Eckenverhältnis: 2:4
SR: Kircher (Rottenburg) – **Zuschauer:** 45292 – **Spielnote:** 3

24. April 2004
Eintracht Frankfurt – SC Freiburg 3:0 (2:0)
E. Frankfurt: Nikolov (2,5) – Günther (4), Hertzsch (3), Chris (3), Bürger (4) – Schur (3,5) – Preuß (2,5), Kreuz (4) – Skela (3) – Beierle (2), Frommer (3) – **Trainer:** Reimann
Freiburg: Reinard (3,5) – Schumann (4,5), B. Diarra (4,5) – Riether (5), Berner (5,5) – Hermel (5), Tskitishvili (5) – Coulibaly (4,5) – Kruppke (5), Sanou (5) – Iashvili (5) – **Trainer:** Finke
Eingewechselt: 73. Cha (-) für Frommer, 73. Bindewald (-) für Günther, 86. Lexa (-) für Preuß – 46. Cairo (4) für Berner, 56. Bajramovic (3,5) für Iashvili, 65. Tanko (-) für Sanou
Tore: 1:0 Skela (29., Foulelfmeter, Rechtsschuss, Vorarbeit Beierle), 2:0 Preuß (45., Linksschuss, Frommer), 3:0 Beierle (72., Linksschuss, Skela)
Chancenverhältnis: 9:3
Eckenverhältnis: 3:3
SR: Fandel (Kyllburg) – **Zuschauer:** 25300 – **Spielnote:** 4

24. April 2004
Hannover 96 – VfB Stuttgart 0:1 (0:1)
Hannover: Marc Ziegler (3) – Cherundolo (3,5), Mertesacker (3,5), Zuraw (3,5), Schuler (4,5) – Lala (4,5), Dabrowski (4), de Guzman (3) – Mathis (5,5) – Brdaric (4), T. Christiansen (5,5) – **Trainer:** Lienen
Stuttgart: Hildebrand (3) – Lahm (4), Meira (3,5), Bordon (3), Gerber (3,5) – Soldo (3) – Meißner (3), Tiffert (4,5) – Heldt (5) – Cacau (3,5), Kuranyi (4) – **Trainer:** Magath
Eingewechselt: 46. Idrissou (5) für Schuler, 70. Schröter (-) für Lala, 82. Stendel (-) für Dabrowski – 63. Vranjes (-) für Heldt, 63. Streller (-) für Cacau, 90. Centurion (-) für Tiffert
Tor: 0:1 Meißner (10., Rechtsschuss, Vorarbeit Cacau)
Chancenverhältnis: 3:2
Eckenverhältnis: 7:4
SR: Trautmann (Florstadt) – **Zuschauer:** 27537 – **Spielnote:** 5

24. April 2004
Hamburger SV – 1. FC Köln 4:2 (1:1)
HSV: Wächter (4,5) – Fukal (3), Reinhardt (3,5), Ujfalusi (3,5), Wicky (3) – Schlicke (4) – Jarolim (3) – Mahdavikia (3), Rahn (2) – Romeo (4), Barbarez (3,5) – **Trainer:** Toppmöller
FC Köln: Wessels (4) – O. Schröder (4), Dogan (5), Sinkiewicz (4), Voigt (4,5) – Grujic (5), Sinkala (4,5) – Kringe (3,5) – Scherz (4), Federico (4,5) – Podolski (3,5) – **Trainer:** Koller
Eingewechselt: 31. Benjamin (3,5) für Reinhardt, 73. Cardoso (-) für Romeo, 73. V. Hleb (-) für Barbarez – 60. Streit (4) für Federico, 60. Feulner (4) für Voigt, 76. Springer (-) für Scherz
Tore: 1:0 Rahn (41., direkter Freistoß, Linksschuss, ohne Vorarbeit), 1:1 Podolski (44., Rechtsschuss, Federico), 2:1 Barbarez (52., Linksschuss, Mahdavikia), 3:1 Jarolim (64., Rechtsschuss, Barbarez), 4:1 Fukal (68., Kopfball, Rahn), 4:2 Springer (83., Kopfball, Feulner)
Chancenverhältnis: 9:4
Eckenverhältnis: 7:1
SR: Weiner (Giesen) – **Zuschauer:** 48413 – **Spielnote:** 3

24. April 2004
Bayer Leverkusen – Borussia Dortmund 3:0 (2:0)
Leverkusen: J. Butt (3) – Lucio (2,5), Nowotny (2), Juan (1,5) – Ramelow (2,5) – Bierofka (3,5), Babic (3) – B. Schneider (2,5), Bastürk (2,5) – Franca (2), Berbatov (2) – **Trainer:** Augenthaler
Dortmund: Warmuz (4) – S. Reuter (4,5), Wörns (4), Bergdölmo (5), Jensen (5) – Kehl (4) – Frings (4,5), Rosicky (4,5) – Gambino (4) – Koller (5), Ewerthon (5) – **Trainer:** Sammer
Eingewechselt: 79. Neuville (-) für Franca, 84. Balitsch (-) für Bastürk, 86. Placente (-) für Babic – 60. Evanilson (4) für S. Reuter, 71. Leandro (-) für Wörns, 79. Odonkor (-) für Frings
Tore: 1:0 Babic (6., Linksschuss, Vorarbeit Nowotny), 2:0 Franca (21., Rechtsschuss, Bastürk), 3:0 Berbatov (54., Foulelfmeter, Rechtsschuss, Bierofka)
Chancenverhältnis: 11:3
Eckenverhältnis: 3:6
SR: Meyer (Burgdorf) – **Zuschauer:** 22500 (ausverkauft) – **Spielnote:** 2

24. April 2004
Hansa Rostock – FC Schalke 04 3:1 (1:1)
Rostock: Schober (3) – Möhrle (3), Persson (2,5), Hill (3) – Tjikuzu (2,5), Lantz (2,5), Maul (3) – Rydlewicz (2,5), Rasmussen (2) – Max (1,5), Arvidsson (3) – **Trainer:** Schlünz
Schalke: F. Rost (4) – Poulsen (4), Kläsener (5), van Kerckhoven (5,5), Kobiashvili (4) – Vermant (3,5) – Delura (4,5), Hamit Altintop (4), Seitz (5) – Asamoah (3,5), Sand (5) – **Trainer:** Heynckes
Eingewechselt: 78. Prica (-) für Maul, 87. Meggle (-) für Rydlewicz, 88. di Salvo (-) für Max – 72. Waldoch (-) für Kläsener, 75. Böhme (-) für Vermant, 82. Hanke (-) für Sand
Tore: 0:1 Asamoah (10., Rechtsschuss, Vorarbeit Hamit Altintop), 1:1 Tjikuzu (35., Kopfball, Max), 2:1 Max (62., Linksschuss), 3:1 Max (68., Kopfball, Rasmussen)
Chancenverhältnis: 10:5
Eckenverhältnis: 6:6
SR: Stark (Ergolding) – **Zuschauer:** 26000 – **Spielnote:** 2,5

25. April 2004
VfL Bochum – Werder Bremen 0:0
Bochum: Van Duijnhoven (2,5) – Colding (3,5), Kalla (2), Fahrenhorst (2,5), P. Bönig (3) – Zdebel (3,5), Stevic (3,5) – Wosz (3,5) – Diabang (4,5), Buckley (4,5), Hashemian (4) – **Trainer:** Neururer
Bremen: Reinke (3) – Stalteri (3,5), Baumann (3), Krstajic (2), Schulz (3,5) – Borowski (3,5) – Lisztes (3), F. Ernst (3) – Micoud (4) – Ailton (3,5), Klasnic (4,5) – **Trainer:** Schaaf
Eingewechselt: 58. Edu (4) für Buckley, 85. Meichelbeck (-) für Kalla, 88. F. Tapalovic (-) für Wosz – 69. Charisteas (-) für Klasnic, 69. Valdez (-) für Ailton, 76. Lagerblom (-) für Lisztes
Chancenverhältnis: 4:8
Eckenverhältnis: 5:4
SR: Dr. Fleischer (Dachau) – **Zuschauer:** 32645 (ausverkauft) – **Spielnote:** 3,5

25. April 2004
Bayern München – 1860 München 1:0 (0:0)
Bayern: Kahn (3) – Salihamidzic (4), Jeremies (3,5), T. Linke (3), Lizarazu (3) – Hargreaves (3,5) – Schweinsteiger (4) – Santa Cruz (2), Zé Roberto (3,5) – Pizarro (3), Makaay (4,5) – **Trainer:** Hitzfeld
1860: Hofmann (3) – Cerny (3,5), Stranzl (3), Costa (4), Hoffmann (4) – Kurz (-) – Görlitz (3,5), Matth. Lehmann (4,5), Tyce (3) – Agostino (3,5), Schroth (4) – **Trainer:** Vanenburg
Eingewechselt: 83. Demichelis (-) für Pizarro – 29. Meyer (3,5) für Kurz, 73. Kioyo (-) für Matth. Lehmann, 80. Shao (-) für Tyce
Tor: 1:0 Santa Cruz (50., Linksschuss, Vorarbeit Pizarro)
Chancenverhältnis: 7:2
Eckenverhältnis: 8:6
SR: Jansen (Essen) – **Zuschauer:** 69000 (ausverkauft) – **Spielnote:** 3,5

31. Spieltag

1. Mai 2004
SC Freiburg – Hannover 96 4:1 (1:0)
Freiburg: Reinard (4,5) – Schumann (3), Diarra (3) – Willi (3), Riether (2), Kruppke (3,5) – Bajramovic (2) – Tskitishvili (3) – Cairo (3,5) – Coulibaly (4), Iashvili (2) – **Trainer:** Finke
Hannover: Marc Ziegler (4) – Cherundolo (5), Mertesacker (4), Zuraw (4,5), Kleber (4) – Lala (5), de Guzman (4,5) – Stendel (5), But (5) – T. Christiansen (5), Brdaric (4) – **Trainer:** Lienen
Eingewechselt: 64. Müller (-) für Schumann, 64. Hermel (-) für Bajramovic, 81. Tanko (-) für Cairo – 46. Schröter (4,5) für T. Christiansen, 68. Mathis (-) für But, 72. Dabrowski (-) für Lala
Tore: 1:0 Riether (14., Kopfball, Vorarbeit Bajramovic), 2:0 Bajramovic (51., Kopfball, Willi), 2:1 Brdaric (52., Kopfball, But), 3:1 Iashvili (69., Rechtsschuss), 4:1 Iashvili (78., Linksschuss, Coulibaly)
Chancenverhältnis: 9:3
Eckenverhältnis: 4:7
SR: Steinborn (Sinzig) – Zuschauer: 25000 (ausverkauft) – Gelb-Rote Karten: Cherundolo (25.), Coulibaly (79.) – **Spielnote:** 3,5

1. Mai 2004
VfL Wolfsburg – Eintracht Frankfurt 1:0 (1:0)
Wolfsburg: Jentzsch (2,5) – Rytter (3,5), Franz (3), Schnoor (3), Weiser (3,5) – Karhan (3,5), Sarpei (3) – D'Alessandro (4), Petrov (4)

– Klimowicz (2,5), Fernando Baiano (5) – **Trainer:** Gerets
E. Frankfurt: Nikolov (5) – Günther (3,5), Hertzsch (3), Chris (3,5), Bürger (4) – Preuß (3) – Schur (3) – Cha (5), Skela (4), Kreuz (4) – Amanatidis (4) – **Trainer:** Reimann
Eingewechselt: 64. Menseguez (-) für D'Alessandro, 74. Topic (-) für Fernando Baiano, 84. Hrgovic (-) für Petrov – 27. Beierle (4) für Cha, 64. Frommer (-) für Bürger, 77. Lexa (-) für Günther
Tor: 1:0 Klimowicz (18., Kopfball, Vorarbeit Petrov)
Chancenverhältnis: 4:5
Eckenverhältnis: 7:9
SR: Albrecht (Kaufbeuren) – **Zuschauer:** 24573 – **Gelbe Karte:** Franz – **Spielnote:** 4

1. Mai 2004
1. FC Kaiserslautern – Bor. M'gladbach 2:2 (1:0)
K'lautern: Wiese (4) – Riedl (5), Knavs (5), Wenzel (4), Drescher (4) – Bjelica (4), Malz (5,5) – Hristov (3), Dominguez (5) – Lokvenc (5), Halil Altintop (4) – **Trainer:** Jara
Gladbach: Stiel (4) – Pletsch (3), Gaede (4), Obradovic (6) – Korzynietz (4), Hausweiler (5), Strasser (3) – Ulich (5), Broich (2,5) – van Lent (4), van Hout (5) – **Trainer:** Fach
Eingewechselt: 60. Kosowski (5) für Dominguez, 86. Mettomo (-) für Lokvenc, 90. Michael Lehmann (-) für Malz – 69. Kolkka (-) für Hausweiler, 69. Sverkos (-) für van Hout, 76. Demo (-) für Ulich
Tore: 1:0 Halil Altintop (3., Linksschuss, ohne Vorarbeit), 2:0 Hristov (47., Linksschuss, Drescher), 2:1 Broich (50., Rechtsschuss), 2:2 Demo (90., Rechtsschuss, Kolkka)
Chancenverhältnis: 5:9
Eckenverhältnis: 4:10
SR: Wack, Dr. (Biberbach) – **Zuschauer:** 47018 – **Gelb-Rote Karte:** Obradovic (72.) – **Spielnote:** 3,5

1. Mai 2004
Borussia Dortmund – Hansa Rostock 4:1 (3:0)
Dortmund: Warmuz (4) – Evanilson (3), Demel (3), Madouni (2,5), N. Jensen (4) – Kehl (2) – Dede (3) – Frings (2) – Gambino (2,5) – Koller (3), Ewerthon (3,5) – **Trainer:** Sammer
Rostock: Schober (4,5) – Möhrle (5,5), Persson (5), Hill (5) – Tjikuzu (4), Lantz (4), Maul (5) – Rydlewicz (5), Rasmussen (5) – Max (4), Arvidsson (5) – **Trainer:** Schlünz
Eingewechselt: 65. Odonkor (-) für Ewerthon, 79. Ricken (-) für Frings, 85. Senesie (-) für Gambino – 46. K. Madsen (4,5) für Maul, 46. Meggle (4) für Rasmussen, 74. Prica (-) für Tjikuzu
Tore: 1:0 Madouni (11., Kopfball, Vorarbeit Frings), 2:0 Ewerthon (35., Kopfball, Kehl), 3:0 Koller (38., Kopfball, Demel), 3:1 Max (66., Linksschuss, Tjikuzu), 4:1 Odonkor (75., Rechtsschuss, Frings)
Chancenverhältnis: 10:2
Eckenverhältnis: 8:4
SR: Keßler (Höhenkirchen) – **Zuschauer:** 83000 (ausverkauft) – **Spielnote:** 3

1. Mai 2004
1860 München – Bayer Leverkusen 1:1 (1:0)
1860: Hofmann (2) – Görlitz (3,5), Stranzl (3,5), Costa (4), Hoffmann (3) – Cerny (4) – Tyce (3) – Fernando (4) – Baier (4,5) – Davids (3,5), Agostino (2) – **Trainer:** Vanenburg
Leverkusen: J. Butt (3,5) – T. Lucic (4,5), Ramelow (3), Placente (4,5) – Balitsch (3,5) – B. Schneider (2) – Bierofka (4), Babic (4) – Bastürk (3,5) – Berbatov (4), Franca (3) – **Trainer:** Augenthaler
Eingewechselt: 39. Kioyo (4) für Davids, 53. Matth. Lehmann (3) für Fernando, 62. Lenz (-) für Hofmann – 71. Neuville (-) für Berbatov, 73. Ponte (-) für Bastürk, 87. Kaluzny (-) für Franca
Tore: 1:0 Agostino (4., Rechtsschuss, Vorarbeit Davids), 1:1 B. Schneider (48., Rechtsschuss, Berbatov)
Chancenverhältnis: 5:5
Eckenverhältnis: 4:7
SR: Weiner (Giesen) – **Zuschauer:** 32400 – **Spielnote:** 3

1. Mai 2004
1. FC Köln – Bayern München 1:2 (1:1)
FC Köln: Wessels (5) – Dogan (4), Sinkiewicz (4), Sichone (4) – O. Schröder (3), Springer (4), Voigt (4,5) – Feulner (3), Sinkala (4,5) – Podolski (2,5) – Scherz (4) – **Trainer:** Koller
Bayern: Kahn (2) – Salihamidzic (4,5), Jeremies (4,5), T. Linke (4), Lizarazu (4) – Hargreaves (4) – Ballack (3,5) – Santa Cruz (5), Zé Roberto (4) – Pizarro (2,5), Makaay (5) – **Trainer:** Hitzfeld
Eingewechselt: 82. Streit (-) für Sinkala – 73. Schweinsteiger (-) für Santa Cruz, 82. Trochowski (-) für Zé Roberto, 90. Misimovic (-) für Makaay
Tore: 1:0 Podolski (24., Linksschuss, Vorarbeit Scherz), 1:1 Pizarro (40., Rechtsschuss, Ballack), 1:2 Schweinsteiger (75., Linksschuss, Pizarro)
Chancenverhältnis: 5:9
Eckenverhältnis: 3:9
SR: Kinhöfer (Herne) – **Zuschauer:** 50200 (ausverkauft) – **Spielnote:** 4

1. Mai 2004
Werder Bremen – Hamburger SV 6:0 (3:0)
Bremen: Reinke (3) – Stalteri (3), Ismaël (1), Krstajic (1,5), Schulz (3) – Baumann (2,5) – Lagerblom (2), Borowski (1,5) – Micoud (2) – Klasnic (2), Ailton (3) – **Trainer:** Schaaf
HSV: Starke (6) – Ujfalusi (6), Hoogma (5), Reinhardt (6) – Fukal (5), Schlicke (5), Wicky (5) – Mahdavikia (6), Barbarez (5,5), Benjamin (6) – V. Hleb (6) – **Trainer:** Toppmöller
Eingewechselt: 62. Valdez (-) für Klasnic, 72. Skripnik (-) für Lagerblom, 80. Charisteas (-) für Ailton – 60. Cardoso (5) für Benjamin, 60. Romeo (5,5) für V. Hleb
Tore: 1:0 Barbarez (17., Eigentor, Kopfball, Vorarbeit Micoud), 2:0 Ismaël (22., direkter Freistoß, Rechtsschuss), 3:0 Klasnic (39., Linksschuss, Borowski), 4:0 Ailton (48., Linksschuss, Lagerblom), 5:0 Valdez (80., Rechtsschuss, Ismaël), 6:0 Skripnik (84., Handelfmeter, Linksschuss)
Chancenverhältnis: 11:1
Eckenverhältnis: 7:2
SR: Fröhlich (Berlin) – **Zuschauer:** 42500 (ausverkauft) – **Spielnote:** 1,5

2. Mai 2004
FC Schalke 04 – Hertha BSC 3:0 (1:0)
Schalke: F. Rost (3) – Kläsener (4), Waldoch (3), Kobiashvili (2) – Poulsen (3), Vermant (2,5) – Delura (3), Hamit Altintop (2), Böhme (2,5) – Asamoah (1,5), Sand (2) – **Trainer:** Heynckes
Hertha: Fiedler (3) – Lapaczinski (5), Madlung (5,5), Simunic (5), Fathi (5,5) – Dardai (4,5), Schmidt (5) – Pinto (5), Marcelinho (5), Goor (5) – Wichniarek (5) – **Trainer:** Meyer
Eingewechselt: 62. Lamotte (-) für Kläsener, 78. Rodriguez (-) für Vermant, 78. Glieder (-) für Asamoah – 46. Rehmer (-) für Schmidt, 53. Chahed (4) für Wichniarek, 65. Neuendorf (-) für Marcelinho
Tore: 1:0 Hamit Altintop (18., Rechtsschuss, Vorarbeit Poulsen), 2:0 Böhme (51., Handelfmeter, Linksschuss), 3:0 Sand (59., Linksschuss, Vermant)
Chancenverhältnis: 14:1
Eckenverhältnis: 5:3
SR: Gagelmann (Bremen) – **Zuschauer:** 61266 (ausverkauft) – **Gelb-Rote Karte:** Fathi (50.) – **Rote Karten:** Rehmer (49., Notbremse) – **Spielnote:** 3

2. Mai 2004
VfB Stuttgart – VfL Bochum 1:1 (1:0)
Stuttgart: Hildebrand (2) – Lahm (4), Meira (3,5), Bordon (3), Gerber (4) – Soldo (3,5) – Tiffert (5), Meißner (3,5) – H. Yakin (4,5) – Kuranyi (4), Cacau (3,5) – **Trainer:** Magath
Bochum: Van Duijnhoven (3) – Colding (4), Fahrenhorst (3), Meichelbeck (2), P. Bönig (3,5) – Stevic (2,5) – F. Tapalovic (3,5), Zdebel (3) – Freier (3,5), Hashemian (5), P. Madsen (4,5) – **Trainer:** Neururer
Eingewechselt: 55. A. Hleb (3,5) für Tiffert, 72. Hinkel (-) für Gerber, 82. Zivkovic (-) für Meißner – 78. Diabang (-) für P. Madsen, 78. Edu (-) für Hashemian, 86. Bemben (-) für Freier
Tore: 1:0 Cacau (31., Rechtsschuss, ohne Vorarbeit), 1:1 Meichelbeck (58., Linksschuss)
Chancenverhältnis: 5:7
Eckenverhältnis: 6:5
SR: Merk, Dr. (Kaiserslautern) – **Zuschauer:** 48000 (ausverkauft) – **Spielnote:** 3,5

32. Spieltag

8. Mai 2004
1. FC Kaiserslautern – VfL Wolfsburg 3:2 (0:0)
K'lautern: T. Ernst (5) – T. Reuter (4), Knavs (4), Wenzel (3), Tchato (2) – Riedl (3) – Bjelica (3), Drescher (3) – Hristov (2) – Halil Altintop (3,5), Lokvenc (2) – **Trainer:** Jara
Wolfsburg: Jentzsch (3,5) – Rytter (4), Biliskov (5), Schnoor (4,5), Weiser (3,5) – Sarpei (4,5), Karhan (5) – D'Alessandro (4) – Topic (4), Petrov (2), Klimowicz (3) – **Trainer:** Gerets
Eingewechselt: 71. Klose (-) für T. Reuter, 81. Nurmela (-) für Drescher – 47. Thiam (4) für Rytter, 58. Franz (4) für Topic, 83. Fernando Baiano (-) für Biliskov
Tore: 1:0 Lokvenc (57., Linksschuss, ohne Vorarbeit), 1:1 Klimowicz (65., Rechtsschuss, Petrov), 1:2 Petrov (67., Linksschuss, Karhan), 2:2 Lokvenc (72., Linksschuss, Hristov), 3:2 Bjelica (75., direkter Freistoß, Rechtsschuss)
Chancenverhältnis: 8:4
Eckenverhältnis: 6:3
SR: Jansen (Essen) – **Zuschauer:** 38206 – **Spielnote:** 3

8. Mai 2004
Hannover 96 – Eintracht Frankfurt 3:0 (1:0)
Hannover: Marc Ziegler (3) – Schröter (3), Mertesacker (2,5), Zuraw (2,5), Kleber (2,5) – de Guzman (1,5), Dabrowski (3) – Mathis (4), Jaime (3), Idrissou (1,5) – Brdaric (1,5) – **Trainer:** Lienen
E. Frankfurt: Pröll (3) – Günther (5), Hertzsch (5), Chris (4), Bürger (5,5) – Schur (4,5) – Preuß (4), Skela (5), Kreuz (5) – Amanatidis (5), Beierle (6) – **Trainer:** Reimann
Eingewechselt: 80. Stendel (-) für Jaime, 84. T. Christiansen (-) für Brdaric, 90. Schuler (-) für Kleber – 46. Frommer (5) für Bürger, 46. Cha (5) für Günther, 70. Bindewald (-) für Beierle
Tore: 1:0 Brdaric (42., Rechtsschuss, Vorarbeit Idrissou), 2:0 Brdaric (75., Linksschuss, Jaime), 3:0 Idrissou (89., Linksschuss, Stendel)
Chancenverhältnis: 14:3
Eckenverhältnis: 9:4
SR: Stark (Ergolding) – **Zuschauer:** 27537 (ausverkauft) – **Spielnote:** 2,5

8. Mai 2004
Hamburger SV – VfB Stuttgart 2:1 (1:0)
HSV: Wächter (3) – Fukal (2,5), Hoogma (3), Ujfalusi (3), Wicky (3) – Schlicke (3,5) – Mahdavikia (4), Jarolim (3), Beinlich (2) – Romeo (4,5), Barbarez (4) – **Trainer:** Toppmöller
Stuttgart: Hildebrand (4) – Lahm (4,5), Meira (4), Zivkovic (4), Gerber (4) – Soldo (4) – Tiffert (3,5), Meißner (4) – A. Hleb (4) – Cacau (4,5), Szabics (5) – **Trainer:** Magath

Flugeinlage: Stuttgarts Kuranyi schwebt über den Bochumer Fahrenhorst. Rechts Stevic.

Eingewechselt: 56. Kling (3,5) für Schlicke, 79. Cardoso (-) für Beinlich – 46. Heldt (3,5) für Soldo, 48. Gomez (4) für Szabics, 52. Hinkel (4) für Lahm
Tore: 1:0 Beinlich (38., direkter Freistoß, Linksschuss, ohne Vorarbeit), 2:0 Hoogma (47., Kopfball, Beinlich), 2:1 Cacau (85., Rechtsschuss, Tiffert)
Chancenverhältnis: 5:5
Eckenverhältnis: 3:5
SR: Albrecht (Kaufbeuren) – **Zuschauer:** 55128 – **Gelbe Karte:** Meißner – **Spielnote:** 4

8. Mai 2004
Bayern München – Werder Bremen 1:3 (0:3)
Bayern: Kahn (5) – Salihamidzic (5), Jeremies (3,5), T. Linke (4,5), Lizarazu (5) – Hargreaves (5) – Ballack (5) – Schweinsteiger (5), Zé Roberto (4,5) – Pizarro (5), Makaay (3,5) – **Trainer:** Hitzfeld
Bremen: Reinke (3) – Stalteri (2,5), Ismaël (2), Krstajic (1,5), Schulz (2,5) – Baumann (1,5) – Borowski (2), F. Ernst (1,5) – Micoud (2) – Ailton (2), Klasnic (2) – **Trainer:** Schaaf
Eingewechselt: 46. Santa Cruz (3,5) für Schweinsteiger – 56. Skripnik (3) für Schulz, 71. Lagerblom (-) für Ismaël, 87. Valdez (-) für Klasnic
Tore: 0:1 Klasnic (19., Linksschuss, ohne Vorarbeit), 0:2 Micoud (26., Rechtsschuss, F. Ernst), 0:3 Ailton (35., Linksschuss, Borowski), 1:3 Makaay (56., Rechtsschuss, Santa Cruz)
Chancenverhältnis: 3:7
Eckenverhältnis: 4:2
SR: Steinborn (Sinzig) – **Zuschauer:** 65000 (ausverkauft) – **Spielnote:** 2

8. Mai 2004
Bayer Leverkusen – 1. FC Köln 2:0 (1:0)
Leverkusen: J. Butt (3) – C. Fritz (2), Juan (3), Nowotny (3), Placente (4,5) – Ramelow (2) – B. Schneider (2,5), Babic (4) – Bastürk (4) – Franca (3), Berbatov (3,5) – **Trainer:** Augenthaler
FC Köln: Wessels (3) – Dogan (4), Sinkiewicz (3), Sichone (4,5) – O. Schröder (4), Springer (4,5), Voigt (5) – Feulner (5), Sinkala (5) – Podolski (5) – Scherz (5) – **Trainer:** Koller
Eingewechselt: 81. Neuville (-) für Franca – 46. Kringe (5) für Sinkala, 49. Bade (2) für Wessels, 81. Grujic (-) für Feulner
Tore: 1:0 C. Fritz (21., Linksschuss, ohne Vorarbeit), 2:0 Franca (73., Rechtsschuss, Juan)
Chancenverhältnis: 8:1
Eckenverhältnis: 7:3
SR: Koop (Lüttenmark) – **Zuschauer:** 22500 (ausverkauft) – **Besonderes Vorkommnis:** Bade hält Foulelfmeter von Berbatov (85.) – **Spielnote:** 4,5

8. Mai 2004
Hertha BSC – Borussia Dortmund 6:2 (3:0)
Hertha: Fiedler (2,5) – A. Friedrich (3), Madlung (2,5), Simunic (3), Cagara (3,5) – Schmidt (3), Dardai (3) – Marcelinho (2), Pinto (2,5) – Wichniarek (2), Bobic (2) – **Trainer:** Meyer
Dortmund: Warmuz (6) – Evanilson (5), S. Reuter (4,5), Madouni (5), N. Jensen (5) – Kehl (4,5) – Frings (5), Dede (4,5) – Gambino (3,5), Rosicky (4,5) – Koller (4) – **Trainer:** Sammer
Eingewechselt: 66. Goor (-) für Wichniarek, 79. Neuendorf (-) für Marcelinho, 89. Rafael (-) für Bobic – 46. Ewerthon (2) für N. Jensen, 77. Ricken (-) für S. Reuter, 81. Odonkor (-) für Rosicky
Tore: 1:0 Kehl (7., Eigentor, Rechtsschuss, Vorarbeit Marcelinho), 2:0 Marcelinho (19., Linksschuss, Wichniarek), 3:0 Bobic (37., Rechtsschuss, Wichniarek), 3:1 Ewerthon (52., Rechtsschuss, Gambino), 4:1 Wichniarek (58., Rechtsschuss, Marcelinho), 4:2 Ewerthon (80., Rechtsschuss, Koller), 5:2 Neuendorf (86., Linksschuss, Goor), 6:2 Rafael (90., Rechtsschuss, Neuendorf)
Chancenverhältnis: 11:5
Eckenverhältnis: 0:7
SR: Fandel (Kyllburg) – **Zuschauer:** 56307 – **Spielnote:** 2,5

8. Mai 2004
Bor. M'gladbach – FC Schalke 04 2:0 (2:0)
Gladbach: Stiel (4) – Pletsch (3), Gaede (4), Asanin (3,5) – Korzynietz (4), Hausweiler (2), Strasser (3) – Ulich (4), Broich (4) – Sverkos (2,5), van Lent (4) – **Trainer:** Fach
Schalke: F. Rost (4) – Poulsen (3,5), Waldoch (4), Kläsener (4,5), Kobiashvili (3) – Vermant (4) – Delura (5), Hamit Altintop (3,5), Böhme (5) – Asamoah (4), Sand (4,5) – **Trainer:** Heynckes
Eingewechselt: 80. van Hout (-) für Sverkos, 89. Demo (-) für Broich, 90. Kluge (-) für Hausweiler – 62. Hanke (-) für Delura, 62. Oude Kamphuis (-) für Böhme, 87. Glieder (-) für Sand
Tore: 1:0 Hausweiler (1., Rechtsschuss, ohne Vorarbeit), 2:0 Sverkos (44., Foulelfmeter, Rechtsschuss, Sverkos)
Chancenverhältnis: 5:4
Eckenverhältnis: 4:9
SR: Meyer (Burgdorf) – **Zuschauer:** 34500 (ausverkauft) – **Spielnote:** 4

9. Mai 2004
VfL Bochum – SC Freiburg 3:0 (1:0)
Bochum: Van Duijnhoven (2,5) – Colding (4,5), Fahrenhorst (3), Meichelbeck (3), P. Bönig (3,5) – Stevic (2,5), Zdebel (2,5) – Wosz (3) – Freier (3,5), Hashemian (2), P. Madsen (2) – **Trainer:** Neururer
Freiburg: Reinard (5) – Hermel (5), Diarra (4) – Willi (4,5), Berner (4) – Riether (4,5) – A. Zeyer (5), Tskitishvili (4) – Kruppke (4) – Iashvili (3), Tanko (5) – **Trainer:** Finke
Eingewechselt: 56. F. Tapalovic (3) für Zdebel, 74. T. Gudjonsson (-) für Wosz, 82. Buckley (-) für Stevic – 56. Cairo (5) für Berner, 72. Guié-Mien (-) für A. Zeyer, 80. Müller (-) für Kruppke
Tore: 1:0 P. Madsen (2., Kopfball, Vorarbeit Hashemian), 2:0 Hashemian (53., Rechtsschuss, Freier), 3:0 Cairo (68., Eigentor, Kopfball, Stevic)
Chancenverhältnis: 9:2
Eckenverhältnis: 12:7
SR: Sippel (München) – **Zuschauer:** 29474 – **Spielnote:** 3

9. Mai 2004
Hansa Rostock – 1860 München 3:0 (1:0)
Rostock: Schober (3,5) – Möhrle (3,5), Persson (3,5), K. Madsen (4), Hill (3) – Tjikuzu (3), Maul (3) – Lantz (3) – Rydlewicz (3) – Arvidsson (4,5), Max (2) – **Trainer:** Schlünz
1860: Hofmann (4,5) – Stranzl (4), Kurz (4,5), Costa (4,5), Hoffmann (4,5) – Matth. Lehmann (4) – Cerny (4), Tyce (4) – Kioyo (4), Agostino (5), Schroth (4,5) – **Trainer:** Vanenburg
Eingewechselt: 75. Prica (-) für Arvidsson, 83. Meggle (-) für Lantz, 87. di Salvo (-) für Rydlewicz – 46. Görlitz (5) für Stranzl, 46. Shao (5) für Matth. Lehmann, 64. Davids (-) für Kurz
Tore: 1:0 Max (15., Linksschuss, ohne Vorarbeit), 2:0 Rydlewicz (48., Foulelfmeter, Rechtsschuss, Max), 3:0 Tjikuzu (83., Rechtsschuss, Prica)
Chancenverhältnis: 8:5
Eckenverhältnis: 4:12
SR: Kircher (Rottenburg) – **Zuschauer:** 23000 – **Spielnote:** 3,5

33. Spieltag

15. Mai 2004
Hannover 96 – VfL Wolfsburg 0:0
Hannover: Marc Ziegler (3) – Cherundolo (3,5), Mertesacker (3), Zuraw (3), Kleber (3,5) – de Guzman (3), Dabrowski (4) – Mathis (5), Jaime (4,5), Idrissou (4) – Brdaric (3,5) – **Trainer:** Lienen
Wolfsburg: Jentzsch (2) – Sarpei (4), Franz (3), Biliskov (3), Weiser (3,5) – Karhan (4,5), Thiam (4) – Menseguez (5) – D'Alessandro (4,5), Petrov (5) – Klimowicz (4,5) – **Trainer:** Gerets
Eingewechselt: 72. Schröter (-) für Jaime, 87. Stendel (-) für Mathis, 87. T. Christiansen (-) für Brdaric – 72. Quattrocchi (-) für Biliskov, 82. Topic (-) für Menseguez, 87. Fernando Baiano (-) für Klimowicz
Chancenverhältnis: 6:2
Eckenverhältnis: 8:0
SR: Fandel (Kyllburg) – **Zuschauer:** 27537 (ausverkauft) – **Spielnote:** 5

15. Mai 2004
FC Schalke 04 – 1. FC Kaiserslautern 4:1 (3:0)
Schalke: F. Rost (3,5) – Waldoch (3), Kläsener (4) – Poulsen (4), Kobiashvili (2) – Vermant (3) – Delura (3), Hamit Altintop (2), Böhme (3,5) – Asamoah (3,5), Sand (1) – **Trainer:** Heynckes
K'lautern: T. Ernst (4) – Vreven (5), Knavs (5), Wenzel (5), Tchato (5) – Bjelica (5), T. Reuter (5) – Hristov (5), Drescher (5) – Halil Altintop (3,5), Lokvenc (4,5) – **Trainer:** Jara
Eingewechselt: 65. Oude Kamphuis (-) für Asamoah, 81. Trojan (-) für Böhme, 82. van Kerckhoven (-) für Kläsener – 46. Nurmela (5) für Hristov, 46. Kosowski (4,5) für Lokvenc
Tore: 1:0 T. Reuter (2., Eigentor, Vorarbeit Böhme), 2:0 Sand (24., Kopfball, Kobiashvili), 3:0 Vermant (34., Foulelfmeter, Rechtsschuss, Sand), 3:1 Halil Altintop (56., Rechtsschuss, Tchato), 4:1 Sand (68., Kopfball, Böhme)
Chancenverhältnis: 9:3
Eckenverhältnis: 6:8
SR: Weiner (Giesen) – **Zuschauer:** 61266 (ausverkauft) – **Gelbe Karte:** Bjelica – **Besonderes Vorkommnis:** Th. Ernst hält Foulelfmeter von Böhme (67.) – **Spielnote:** 3

15. Mai 2004
Borussia Dortmund – Bor. M'gladbach 3:1 (2:1)
Dortmund: Warmuz (3,5) – Evanilson (3,5), Wörns (3), Madouni (5), N. Jensen (4) – S. Reuter (4) – Dede (2) – Gambino (4), Frings (2,5) – Koller (2), Ewerthon (3) – **Trainer:** Sammer
Gladbach: Stiel (3) – Pletsch (4), Gaede (4), Asanin (4,5) – Korzynietz (5), Strasser (3) – Hausweiler (5) – Ulich (2), Broich (4) – van Lent (3,5), van Hout (4) – **Trainer:** Fach
Eingewechselt: 61. Flavio Conceicao (-) für S. Reuter, 86. Odonkor (-) für Gambino, 89. Bergdölmo (-) für Madouni – 74. Demo (-) für Broich, 74. Sverkos (-) für van Hout, 81. Kolkka (-) für Hausweiler
Tore: 0:1 Ulich (10., Kopfball, Vorarbeit van Lent), 1:1 Ewerthon (15., Linksschuss, Frings), 2:1 Dede (45., Linksschuss, Koller), 3:1 Koller (83., Rechtsschuss, Frings)
Chancenverhältnis: 10:5
Eckenverhältnis: 2:3
SR: Albrecht (Kaufbeuren) – **Zuschauer:** 82500 (ausverkauft) – **Gelbe Karte:** Dede – **Spielnote:** 2,5

15. Mai 2004
1860 München – Hertha BSC 1:1 (1:0)
1860: Lenz (3) – Görlitz (3), Stranzl (3), Costa (2,5), Hoffmann (3) – Matth. Lehmann (3) – Cerny (4), Meyer (4) – Davids (4), Tyce (2,5) – Agostino (3,5) – **Trainer:** Vanenburg
Hertha: Fiedler (3) – A. Friedrich (5), Madlung (2,5), Simunic (3), Cagara (3) – Dardai (3,5), Schmidt (4) – Marcelinho (3), Pinto (4) – Wichniarek (5), Bobic (4) – **Trainer:** Meyer
Eingewechselt: 64. Fernando (-) für Meyer, 72. Lepoint (-) für Matth. Lehmann, 85. Kioyo (-) für Agostino – 53. Neuendorf (3,5) für Schmidt, 73. Rafael (-) für Wichniarek, 78. Rehmer (-) für Dardai
Tore: 1:0 Costa (5., Kopfball, Vorarbeit Görlitz), 1:1 Madlung (82., Kopfball, Marcelinho)
Chancenverhältnis: 5:2
Eckenverhältnis: 4:2
SR: Trautmann (Florstadt) – **Zuschauer:** 48000 – **Besonderes Vorkommnis:** Kioyo schießt Foulelfmeter am Tor vorbei (89.) – **Spielnote:** 2,5

15. Mai 2004
1. FC Köln – Hansa Rostock 4:0 (1:0)
FC Köln: Bade (2) – O. Schröder (3), Sinkiewicz (2,5), Sichone (3,5) – Springer (4) – Sinkala (4), Voigt (3,5) – Feulner (-) – Streit (4,5), Podolski (2), Scherz (5) – **Trainer:** Koller
Rostock: Schober (3,5) – Möhrle (4), K. Madsen (5), Persson (3,5), Hill (4,5) – Tjikuzu (5), Lantz (3) – Maul (4) – Rydlewicz (5) – Arvidsson (5), Max (5) – **Trainer:** Schlünz
Eingewechselt: 29. Lottner (3,5) für Feulner, 71. Kringe (-) für Scherz, 82. Ebbers (-) für Streit – 46. Meggle (5) für Tjikuzu, 46. Prica (5) für Arvidsson, 74. Aduobe (-) für Lantz
Tore: 1:0 Podolski (45., Handelfmeter, Linksschuss, ohne Vorarbeit), 2:0 Sinkala (56., Kopfball, Voigt), 3:0 Podolski (58., Linksschuss, Springer), 4:0 Lottner (89., Linksschuss)
Chancenverhältnis: 6:3
Eckenverhältnis: 1:4
SR: Gagelmann (Bremen) – **Zuschauer:** 40000 – **Rote Karten:** K. Madsen (44., Handspiel) – **Spielnote:** 4

15. Mai 2004
Werder Bremen – Bayer Leverkusen 2:6 (0:3)
Bremen: Reinke (4,5) – Stalteri (5), Ismaël (5), Krstajic (5), Schulz (5) – Baumann (4) – Borowski (4), F. Ernst (2,5) – Micoud (3,5) – Ailton (3,5), Klasnic (5) – **Trainer:** Schaaf
Leverkusen: J. Butt (3) – Kaluzny (3), Nowotny (2), Placente (4) – C. Fritz (3) – Ramelow (3) – Babic (2) – Bierofka (2,5) – B. Schneider (2) – Berbatov (1), Franca (1) – **Trainer:** Augenthaler
Eingewechselt: 46. Daun (3,5) für Klasnic, 70. Skripnik (-) für Schulz, 73. Wehlage (-) für Stalteri – 72. Neuville (-) für Berbatov, 77. Balitsch (-) für Bierofka, 82. Ponte (-) für Franca
Tore: 0:1 Franca (7., Linksschuss, Vorarbeit Berbatov), 0:2 Bierofka (12., Linksschuss, Franca), 0:3 Franca (21., Rechtsschuss, Berbatov), 1:3 Krstajic (50., Kopfball, Ailton), 2:3 Ailton (53., Linksschuss, Daun), 2:4 Franca (61., Rechtsschuss, Babic), 2:5 Berbatov (65., Kopfball, Babic), 2:6 Neuville (80., Rechtsschuss, B. Schneider)
Chancenverhältnis: 7:10
Eckenverhältnis: 7:4
SR: Merk, Dr. (Kaiserslautern) – **Zuschauer:** 42500 (ausverkauft) – **Spielnote:** 2

15. Mai 2004
VfB Stuttgart – Bayern München 3:1 (1:0)
Stuttgart: Hildebrand (3) – Hinkel (3,5), Meira (2,5), Bordon (2), Lahm (3,5) – Soldo (3) – Meißner (3), A. Hleb (3) – Heldt (3) – Szabics (1), Kuranyi (2) – **Trainer:** Magath
Bayern: Kahn (3) – Salihamidzic (5), Demichelis (5,5), T. Linke (5,5), Lizarazu (4,5) – Jeremies (4) – Hargreaves (4,5), Ballack (4) – Zé Roberto (4,5) – Santa Cruz (5,5), Makaay (5) – **Trainer:** Hitzfeld
Eingewechselt: 69. Zivkovic (-) für Meira, 72. Vranjes (-) für Soldo, 79. Gerber (-) für A. Hleb – 59. Kuffour (4) für Demichelis, 61. Deisler (-) für Lizarazu, 68. Pizarro (-) für Santa Cruz
Tore: 1:0 Szabics (19., Rechtsschuss, Vorarbeit A. Hleb), 2:0 Szabics (52., Rechtsschuss, Heldt), 3:0 Kuranyi (54., Rechtsschuss, Szabics), 3:1 Pizarro (77., Rechtsschuss, Zé Roberto)
Chancenverhältnis: 10:2
Eckenverhältnis: 3:8
SR: Fröhlich (Berlin) – **Zuschauer:** 48400 (ausverkauft) – **Spielnote:** 2,5

15. Mai 2004
SC Freiburg – Hamburger SV 0:0
Freiburg: Reinard (4) – Müller (3), Diarra (3) – Kruppke (4), Riether (2,5), Berner (4,5) – A. Zeyer (4), Tskitishvili (3) – Antar (4), Coulibaly (4), Iashvili (4,5) – **Trainer:** Finke
HSV: Wächter (2,5) – Fukal (3,5), Hoogma (2,5), Ujfalusi (3), Wicky (3,5) – Schlicke (2,5) – Mahdavikia (4), Jarolim (2), Beinlich (4) – Barbarez (3,5), Takahara (4,5) – **Trainer:** Toppmöller
Eingewechselt: 46. Cairo (3) für A. Zeyer, 86. Tanko (-) für Tskitishvili, 89. Guié-Mien (-) für Iashvili – 61. Cardoso (-) für Schlicke, 66. Romeo (-) für Takahara, 79. Reinhardt (-) für Barbarez
Chancenverhältnis: 3:6
Eckenverhältnis: 7:3
SR: Stark (Ergolding) – **Zuschauer:** 25000 (ausverkauft) – **Gelb-Rote Karte:** Fukal (77.) – **Spielnote:** 4

15. Mai 2004
Eintracht Frankfurt – VfL Bochum 3:2 (2:1)
E. Frankfurt: Pröll (2) – Puljiz (3,5), Hertzsch (3) – Bindewald (3), Bürger (3,5) – Schur (3) – Preuß (2,5) – Lexa (3,5), Skela (4) – Beierle (4,5), Amanatidis (3) – **Trainer:** Reimann
Bochum: Van Duijnhoven (3) – Colding (4,5), Kalla (4), Fahrenhorst (4), P. Bönig (4,5) – Stevic (5), Zdebel (4) – Wosz (3) – Freier (5), P. Madsen (5), Hashemian (3) – **Trainer:** Neururer

Groß gemacht: Herthas Keeper Fiedler baut sich vor dem Kölner Scherz auf.

Eingewechselt: 37. Nascimento (3,5) für Hertzsch, 43. Günther (4) für Schur, 80. Kreuz (-) für Puljiz – 68. Buckley (-) für Stevic, 72. Meichelbeck (-) für P. Bönig, 83. Diabang (-) für Kalla
Tore: 1:0 Preuß (13., Linksschuss, Vorarbeit Skela), 2:0 Puljiz (19., Kopfball, Bürger), 2:1 Hashemian (30., Rechtsschuss, Freier), 2:2 Wosz (49., Linksschuss, Hashemian), 3:2 Amanatidis (51., Linksschuss, Preuß)
Chancenverhältnis: 5:7
Eckenverhältnis: 3:6
SR: Kemmling (Kleinburgwedel) – **Zuschauer:** 31300 – **Spielnote:** 2

34. Spieltag

22. Mai 2004

VfL Bochum – Hannover 96 3:1 (1:1)

Bochum: Van Duijnhoven (3) – Colding (4), Kalla (3), Fahrenhorst (2,5), P. Bönig (4,5) – F. Tapalovic (3,5), Zdebel (3,5) – Wosz (3,5) – Freier (3,5), Hashemian (3), P. Madsen (2) – **Trainer:** Neururer
Hannover: Marc Ziegler (2,5) – Abel Xavier (4,5), Mertesacker (5), Zuraw (3,5), Kleber (3,5) – de Guzman (3,5), Lala (3,5) – Jaime (3,5) – Schröter (3,5), Idrissou (5) – T. Christiansen (3,5) – **Trainer:** Lienen
Eingewechselt: 69. Buckley (-) für F. Tapalovic, 79. Stevic (-) für Freier, 86. Vriesde (-) für Hashemian – 46. Haas (2,5) für Marc Ziegler, 79. Montabell (-) für Lala, 79. Stendel (-) für Abel Xavier
Tore: 1:0 P. Madsen (26., Kopfball, Vorarbeit Hashemian), 1:1 T. Christiansen (41., Rechtsschuss, Schröter), 2:1 Freier (76., Linksschuss), 3:1 Fahrenhorst (88., Kopfball, Stevic)
Chancenverhältnis: 6:1
Eckenverhältnis: 7:7
SR: Wack, Dr. (Biberbach) – **Zuschauer:** 32645 (ausverkauft) – **Spielnote:** 3,5

22. Mai 2004

Hamburger SV – Eintracht Frankfurt 2:1 (1:1)

HSV: Wächter (3,5) – Wicky (3), Hoogma (3), Ujfalusi (3), Hollerbach (3) – Schlicke (4) – Mahdavikia (3), Cardoso (3,5), Beinlich (4) – Barbarez (2,5) – Romeo (4) – **Trainer:** Toppmöller
E. Frankfurt: Pröll (2,5) – Bindewald (3,5), Puljiz (3,5), Chris (2,5), Bürger (4,5) – Schur (3,5) – Preuß (3) – Lexa (3,5), Skela (4,5) – Frommer (5), Amanatidis (2,5) – **Trainer:** Reimann
Eingewechselt: 54. Takahara (4,5) für Cardoso, 61. Reinhardt (-) für Schlicke, 86. V. Hleb (-) für Romeo – 61. Cha (-) für Lexa, 61. Dragusha (-) für Frommer, 76. Beierle (-) für Skela
Tore: 0:1 Amanatidis (26., Rechtsschuss, Vorarbeit Skela), 1:1 Mahdavikia (28., Rechtsschuss, Romeo), 2:1 Barbarez (57., Linksschuss, Takahara)
Chancenverhältnis: 4:2
Eckenverhältnis: 2:0
SR: Kircher (Rottenburg) – **Zuschauer:** 52854 – **Spielnote:** 3

22. Mai 2004

Bayern München – SC Freiburg 2:0 (1:0)

Bayern: Kahn (3) – Sagnol (3,5), Kuffour (3), R. Kovac (3), Lizarazu (2) – Jeremies (2,5), Ballack (2) – Deisler (3), Zé Roberto (3) – Pizarro (3) – Makaay (4) – **Trainer:** Hitzfeld
Freiburg: Reinard (4,5) – Müller (4), Diarra (2,5) – Kruppke (5), Riether (3,5), Berner (4) – Tskitishvili (5) – Antar (5) – Cairo (4), Coulibaly (4), Iashvili (5) – **Trainer:** Finke
Eingewechselt: 46. Schweinsteiger (3) für Deisler, 67. Santa Cruz (-) für Pizarro, 88. Rau (-) für Lizarazu – 34. A. Zeyer (4) für Berner, 59. Schumann (4) für Müller, 77. Guié-Mien (-) für Cairo
Tore: 1:0 Deisler (18., Linksschuss, Vorarbeit Ballack), 2:0 Lizarazu (73., Foulelfmeter, Linksschuss, Ballack)
Chancenverhältnis: 8:1
Eckenverhältnis: 7:2
SR: Weiner (Giesen) – **Zuschauer:** 63000 (ausverkauft) – **Spielnote:** 3,5

22. Mai 2004

Bayer Leverkusen – VfB Stuttgart 2:0 (0:0)

Leverkusen: J. Butt (2,5) – C. Fritz (3), Kaluzny (3,5), Nowotny (2), Placente (3,5) – Ramelow (3) – B. Schneider (2,5), Babic (3) – Bastürk (3,5) – Franca (3,5), Berbatov (2) – **Trainer:** Augenthaler
Stuttgart: Hildebrand (2,5) – Hinkel (4), Meira (5), Bordon (3), Lahm (4) – Soldo (3,5) – A. Hleb (4), Meißner (4) – Heldt (3,5) – Kuranyi (4), Szabics (3,5) – **Trainer:** Magath
Eingewechselt: 78. Bierofka (-) für Bastürk, 86. Neuville (-) für Franca, 87. Balitsch (-) für B. Schneider – 46. Tiffert (5) für Heldt, 52. Cacau (5) für Szabics, 74. Streller (-) für Meißner
Tore: 1:0 Berbatov (63., Rechtsschuss, Vorarbeit Franca), 2:0 B. Schneider (85., Rechtsschuss)
Chancenverhältnis: 6:7
Eckenverhältnis: 5:2
SR: Meyer (Burgdorf) – **Zuschauer:** 22500 (ausverkauft) – **Besonderes Vorkommnis:** Butt schießt Foulelfmeter an den Pfosten (85.) – **Spielnote:** 3

22. Mai 2004

Hansa Rostock – Werder Bremen 3:1 (1:1)

Rostock: Schober (3) – Möhrle (3,5), Persson (3), Hill (3,5) – Tjikuzu (4), Lantz (2), Maul (3) – Meggle (4) – Arvidsson (4), Max (4,5), Prica (2,5) – **Trainer:** Schlünz
Bremen: Reinke (3) – Stalteri (5), Baumann (3,5), Krstajic (3,5), Schulz (4) – Lagerblom (4,5) – Borowski (4,5), F. Ernst (4) – Micoud (4,5) – Klasnic (4,5), Ailton (5) – **Trainer:** Schaaf
Eingewechselt: 75. Plassnegger (-) für Meggle, 83. di Salvo (-) für Max, 86. Klewer (-) für Schober – 61. Valdez (-) für Lagerblom, 76. Charisteas (-) für Klasnic
Tore: 1:0 Prica (29., Rechtsschuss, Vorarbeit Tjikuzu), 1:1 Krstajic (37., direkter Freistoß, Linksschuss), 2:1 Krstajic (46., Eigentor, Maul), 3:1 Lantz (74., Foulelfmeter, Rechtsschuss, Prica)
Chancenverhältnis: 5:5
Eckenverhältnis: 1:1
SR: Jansen (Essen) – **Zuschauer:** 29000 (ausverkauft) – **Spielnote:** 3

22. Mai 2004

Hertha BSC – 1. FC Köln 3:1 (0:0)

Hertha: Fiedler (4,5) – A. Friedrich (3), Madlung (4,5), Simunic (2,5), Cagara (3,5) – Schmidt (4) – Neuendorf (4), Marcelinho (3,5), Pinto (3) – Wichniarek (3,5), Bobic (3) – **Trainer:** Meyer
FC Köln: Bade (3) – O. Schröder (4,5), Grujic (4,5), Sichone (4) – Sinkala (4), Feulner (3,5), Kringe (4), Springer (4) – Streit (3,5), Scherz (4) – Podolski (2,5) – **Trainer:** Koller
Eingewechselt: 64. Rafael (-) für Wichniarek, 73. Rehmer (-) für Neuendorf, 77. Kiraly (-) für Fiedler – 71. Lottner (-) für Feulner, 82. Ebbers (-) für Scherz, 88. Schindzielorz (-) für Kringe
Tore: 1:0 Marcelinho (51., Foulelfmeter, Linksschuss, Vorarbeit Wichniarek), 1:1 Podolski (54., indirekter Freistoß, Linksschuss), 2:1 Bobic (63., Rechtsschuss, Simunic), 3:1 Rafael (78., Kopfball, Rehmer)
Chancenverhältnis: 9:7
Eckenverhältnis: 2:6
SR: Steinborn (Sinzig) – **Zuschauer:** 56038 – **Spielnote:** 3

22. Mai 2004

Bor. M'gladbach – 1860 München 3:1 (2:1)

Gladbach: Stiel (3) – Korzynietz (4), Pletsch (4), Asanin (4), Obradovic (2,5) – Gaede (3,5) – Ulich (3), Kolkka (3) – Demo (3) – van Lent (3), Sverkos (3) – **Trainer:** Fach
1860: Lenz (4,5) – Görlitz (5), Stranzl (3,5) Costa (4), Hoffmann (4) – Matth. Lehmann (5) – Cerny (5) – Davids (5), Meyer (4), Tyce (4) – Schroth (5) – **Trainer:** Vanenburg
Eingewechselt: 67. Korell (-) für Korzynietz, 76. van Houdt (-) für Kolkka, 81. Kamps (-) für Stiel – 66. Fernando (-) für Meyer, 72. Kioyo (-) für Davids, 86. Shao (-) für Fernando
Tore: 0:1 Hoffmann (21., Foulelfmeter, Rechtsschuss, Vorarbeit Schroth), 1:1 Sverkos (22., Kopfball, Pletsch), 2:1 Demo (35., Kopfball, Ulich), 3:1 van Lent (75., Kopfball Ulich)
Chancenverhältnis: 7:5
Eckenverhältnis: 4:10
SR: Fandel (Kyllburg) – **Zuschauer:** 34500 (ausverkauft) – **Spielnote:** 4

22. Mai 2004

1. FC Kaiserslautern – Borussia Dortmund 1:1 (1:0)

K'lautern: T. Ernst (3) – Drescher (4), Knavs (4), Wenzel (3), Tchato (3) – Bjelica (4) – Riedl (3) – Hristov (2,5) – Klose (4), Halil Altintop (4), Lokvenc (2) – **Trainer:** Jara
Dortmund: Warmuz (3) – Evanilson (4), Wörns (3), Bergdölmo (3), N. Jensen (3) – Kehl (4) – Dede (4,5) – Frings (5) – Gambino (4) – Koller (3), Ewerthon (5) – **Trainer:** Sammer
Eingewechselt: 82. Malz (-) für Halil Altintop, 89. Nurmela (-) für Klose, 90. Mettomo (-) für Bjelica – 59. Ricken (4) für Gambino, 80. Rosicky (-) für Evanilson, 89. Odonkor (-) für Frings
Tore: 1:0 Lokvenc (6., Kopfball, Vorarbeit Bjelica), 1:1 Koller (71., Kopfball, Kehl)
Chancenverhältnis: 3:4
Eckenverhältnis: 4:2
SR: Fröhlich (Berlin) – **Zuschauer:** 47315 (ausverkauft) – **Spielnote:** 4

22. Mai 2004

VfL Wolfsburg – FC Schalke 04 1:1 (1:1)

Wolfsburg: Jentzsch (2) – Rytter (3,5), Franz (4,5), Schnoor (3), Weiser (3) – Karhan (2,5), Thiam (4) – Menseguez (4), Petrov (4) – Klimowicz (3,5), Fernando Baiano (4) – **Trainer:** Gerets
Schalke: F. Rost (4,5) – Poulsen (3,5), Waldoch (3), Kläsener (3,5), van Kerckhoven (3,5) – Oude Kamphuis (3,5), Vermant (3) – Asamoah (4), Hamit Altintop (4,5), Böhme (3) – Sand (3,5) – Trainer: Heynckes
Eingewechselt: 64. Topic (-) für Fernando Baiano, 74. Sarpei (-) für Menseguez, 82. Hrgovic (-) für Petrov – 72. Hanke (-) für Sand, 72. Seitz (-) für Asamoah
Tore: 1:0 Karhan (3., Linksschuss, Vorarbeit Petrov), 1:1 Franz (20., Eigentor, Vermant)
Chancenverhältnis: 6:5
Eckenverhältnis: 5:4
SR: Sippel (München) – **Zuschauer:** 30000 (ausverkauft) – **Spielnote:** 3,5

Die Bundesliga auf einen Blick

BUNDESLIGA 2003/04	Werder Bremen	Bayern München	Bayer Leverkusen	VfB Stuttgart	VfL Bochum	Borussia Dortmund	FC Schalke 04	Hamburger SV	Hansa Rostock	VfL Wolfsburg	Bor. M'gladbach	Hertha BSC	SC Freiburg	Hannover 96	1. FC Kaiserslautern	Eintracht Frankfurt	1860 München	1. FC Köln	Heimbilanz Auswärtsbilanz					Gesamt	
																			g.	u.	v.	Tore	Pkt.	Tore	Punkte
1. Werder Bremen	K	1:1 3:1	2:6 3:1	1:3 4:4	3:1 0:0	2:0 1:2	4:1 0:0	6:0 1:1	3:0 1:3	5:3 2:0	1:1 2:1	4:0 3:0	1:1 4:2	0:0 5:1	1:0 1:0	3:1 1:0	2:1 2:0	3:2 4:1	11 11	4 4	2 2	42:21 37:17	37 37	79:38	74
2. Bayern München	1:3 1:1	I	3:3 3:1	1:0 1:3	2:0 0:1	4:1 0:2	2:1 0:2	1:0 2:0	3:3 2:1	2:0 2:3	5:2 0:0	4:1 1:1	2:0 6:0	3:1 3:3	4:1 2:0	3:1 1:1	1:0 1:0	2:2 2:1	13 7	3 5	1 5	43:19 27:20	42 26	70:39	68
3. Bayer Leverkusen	1:3 6:2	1:3 3:3	C	2:0 3:2	1:3 0:1	3:0 2:2	3:1 3:2	1:0 1:3	3:0 2:0	4:2 1:0	1:0 0:0	4:1 4:1	4:1 0:1	4:0 2:2	6:0 0:0	1:2 2:1	2:2 1:1	2:0 0:0	12 7	1 7	4 3	43:18 30:21	37 28	73:39	65
4. VfB Stuttgart	4:4 3:1	3:1 0:1	2:3 0:2	K	1:1 0:0	1:0 2:0	0:0 0:0	0:0 1:2	2:0 2:0	1:0 5:1	1:1 1:0	0:0 0:1	4:1 1:0	3:1 1:0	2:0 0:1	3:1 2:0	2:0 3:0	0:0 2:2	9 9	7 3	1 5	29:13 23:11	34 30	52:24	64
5. VfL Bochum	0:0 1:3	1:0 0:2	1:0 3:1	0:0 1:1	E	3:0 1:4	1:2 2:0	1:1 1:1	0:0 2:0	1:0 2:3	1:0 2:2	2:2 1:1	3:0 2:4	3:1 2:2	4:0 2:2	1:0 2:3	4:0 1:3	4:0 2:1	11 4	5 6	1 7	30:6 27:33	38 18	57:39	56
6. Borussia Dortmund	2:1 0:2	2:0 1:4	2:2 0:3	0:2 0:1	4:1 0:3	R	0:1 2:2	3:2 2:0	4:1 1:2	4:0 4:2	3:1 1:2	1:1 2:6	1:0 2:2	6:2 1:1	1:1 1:1	2:0 1:0	3:1 2:0	1:0 0:1	12 4	3 4	2 9	39:16 20:32	39 16	59:48	55
7. FC Schalke 04	0:0 1:4	2:0 1:2	2:3 1:3	0:0 0:0	0:2 2:1	2:2 1:0	S	4:1 2:2	0:1 1:3	1:1 1:1	2:1 0:2	3:0 3:1	3:0 1:2	2:2 2:1	4:1 2:0	1:1 0:3	0:0 1:1	2:1 2:0	7 6	7 4	3 7	28:16 21:26	28 22	49:42	50
8. Hamburger SV	1:1 0:6	0:2 0:1	3:1 0:1	2:1 0:0	1:1 1:1	0:2 2:3	2:2 1:4	P	2:1 0:3	2:0 1:5	2:1 0:3	2:0 1:1	4:1 0:0	0:3 2:3	3:2 0:4	2:1 3:2	3:1 2:1	4:2 1:0	11 3	3 4	3 10	33:22 14:38	36 13	47:60	49
9. Hansa Rostock	3:1 0:3	1:2 3:3	0:2 0:3	0:2 0:2	0:2 0:0	2:1 1:4	3:1 1:0	3:0 1:2	O	3:1 1:3	1:2 1:1	0:1 1:1	4:1 2:2	3:1 3:3	4:0 2:3	3:0 1:1	3:0 4:1	1:1 0:4	10 2	1 7	6 8	34:18 21:36	31 13	55:54	44
10. VfL Wolfsburg	0:2 3:5	3:2 0:2	0:1 2:4	1:5 0:1	3:2 0:1	2:4 0:4	1:1 1:1	5:1 0:2	3:1 1:3	R	1:3 2:0	3:0 0:1	4:0 2:3	2:1 0:0	4:1 2:3	1:0 2:3	3:1 0:1	2:0 3:2	11 2	1 2	5 13	38:25 18:36	34 8	56:61	42
11. Bor. M'gladbach	1:2 1:1	0:0 2:5	0:0 0:1	0:1 1:1	2:2 0:1	2:1 1:3	2:0 1:2	3:0 1:2	1:1 2:1	0:2 3:1	T	1:1 1:2	2:2 1:4	1:0 0:2	2:1 2:2	0:2 1:3	3:1 2:1	1:0 0:1	7 3	6 3	4 11	21:16 19:33	27 12	40:49	39
12. Hertha BSC	0:3 0:4	1:1 1:4	1:4 1:4	1:0 0:0	1:1 2:2	6:2 1:1	1:3 0:3	1:1 0:2	1:1 1:0	1:0 0:3	2:1 1:1	M	0:0 3:2	2:3 3:1	3:0 2:4	1:2 0:0	1:1 1:1	3:1 0:3	6 3	6 6	5 8	26:24 16:35	24 15	42:59	39
13. SC Freiburg	2:4 1:1	0:6 0:2	1:0 1:4	0:1 1:4	4:2 0:3	2:2 0:1	2:1 0:3	0:0 1:4	2:2 1:4	3:2 0:4	4:1 2:2	2:3 0:0	A	4:1 0:3	1:0 2:2	1:0 0:3	1:0 1:1	3:0 0:1	10 0	3 5	4 12	32:25 10:42	33 5	42:67	38
14. Hannover 96	1:5 0:0	3:3 1:3	2:2 0:4	0:1 1:3	2:2 1:3	1:1 2:6	1:2 2:2	3:2 3:0	3:3 1:3	0:0 1:2	2:0 0:1	1:3 3:2	3:0 1:4	G	0:1 0:1	3:0 2:2	1:1 2:0	1:0 2:1	5 4	7 3	5 10	27:26 22:37	22 15	49:63	37
15. 1. FC Kaiserslautern	0:1 0:1	0:2 1:4	0:0 0:6	1:0 0:2	2:2 0:4	1:1 1:1	0:2 1:4	4:0 2:3	3:2 0:4	3:2 1:4	2:2 1:2	4:2 0:3	2:2 0:1	1:0 1:0	A	1:0 3:1	0:1 1:2	1:0 2:1	8 3	5 1	4 13	25:19 14:43	29 10	39:62	36
16. Eintracht Frankfurt	0:1 1:3	1:1 1:3	1:2 2:1	0:2 1:3	3:2 0:1	0:1 0:2	3:0 1:1	2:3 1:2	1:1 0:3	3:2 0:1	3:1 2:0	0:0 2:1	3:0 0:1	2:2 0:3	1:3 0:1	Z	0:3 0:1	2:0 0:2	6 3	4 1	7 13	25:24 11:29	22 10	36:53	32
17. 1860 München	0:2 1:2	0:1 0:1	1:1 2:2	0:3 0:2	3:1 0:4	0:2 1:3	1:1 0:0	1:2 1:3	1:4 0:3	1:0 1:3	1:2 1:3	1:1 1:1	1:1 0:1	0:2 1:1	2:1 1:0	1:0 3:0	I	2:1 3:1	5 3	4 4	8 10	16:25 16:30	19 13	32:55	32
18. 1. FC Köln	1:4 2:3	1:2 2:2	0:0 0:2	2:2 0:0	1:2 0:4	1:0 0:1	0:2 1:2	0:1 2:4	4:0 1:1	2:3 0:2	1:0 0:1	3:0 1:3	1:0 0:3	1:2 0:1	1:2 0:1	2:0 0:2	1:3 1:2	N	6 0	2 3	9 14	22:23 10:34	20 3	32:57	23

Dem 1. FC Kaiserslautern wurden wegen Verstößen im Lizenzierungsverfahren drei Punkte abgezogen.

Die Bundesliga-Torjäger

Ailton (Werder Bremen)	28
Makaay (Bayern München)	23
Max (Hansa Rostock)	20
Hashemian (VfL Bochum)	16
Ewerthon (Borussia Dortmund)	16
Koller (Borussia Dortmund)	16
Berbatov (Bayer Leverkusen)	16
Klimowicz (VfL Wolfsburg)	15
Franca (Bayer Leverkusen)	14
P. Madsen (VfL Bochum)	13
Klasnic (Werder Bremen)	13
Brdaric (Hannover 96)	12
Romeo (Hamburger SV)	11
Pizarro (Bayern München)	11
Kuranyi (VfB Stuttgart)	11
Fernando Baiano (VfL Wolfsburg)	11
Micoud (Werder Bremen)	10
Barbarez (Hamburger SV)	10
Klose (1. FC Kaiserslautern)	10
Podolski (1. FC Köln)	10
Schneider (Bayer Leverkusen)	10
Iashvili (SC Freiburg)	9
Christiansen (Hannover 96)	9
Sverkos (Bor. M'gladbach)	9
van Lent (Bor. M'gladbach)	9
Lauth (1860 München)	9
Szabics (VfB Stuttgart)	9
Marcelinho (Hertha BSC)	8
Skela (Eintracht Frankfurt)	8
Hristov (1. FC Kaiserslautern)	8
Lokvenc (1. FC Kaiserslautern)	8
Sand (FC Schalke 04)	8
Petrov (VfL Wolfsburg)	8

Die meisten Bundesliga-Spiele

Körbel (Eintracht Frankfurt)	602
Kaltz (Hamburger SV)	581
Fichtel (FC Schalke 04)	552
Votava (Werder Bremen)	546
Fischer (FC Schalke 04)	535
Immel (VfB Stuttgart)	534
Neuberger (Eintr. Frankfurt)	520
Lameck (VfL Bochum)	518
Stein (Hamburger SV)	512
Reuter (Borussia Dortmund)	502
Dietz (MSV Duisburg)	495
Jakobs (Hamburger SV)	493
Geye (1. FC Kaiserslautern)	485
Burdenski (Werder Bremen)	478
Maier (Bayern München)	473
Reck (Werder Bremen)	471
Matthäus (Bayern München)	464
Schumacher (1. FC Köln)	464
Zorc (Borussia Dortmund)	463
Tenhagen (VfL Bochum)	457
Nigbur (FC Schalke 04)	456
Rüssmann (FC Schalke 04)	453
Kuntz (1. FC Kaiserslautern)	449
Burgsmüller (Bor. Dortmund)	447
Thon (FC Schalke 04)	443
Grabowski (Eintr. Frankfurt)	441
Riedl (1. FC Kaiserslautern)	441
Zewe (Fortuna Düsseldorf)	440
Frontzeck (Bor. M'gladbach)	436
Kahn (Bayern München)	436
Kleff (Borussia M'gladbach)	433

Die Rekord-Torjäger

Gerd Müller (Bayern München)	365
Fischer (FC Schalke 04)	268
Heynckes (Bor. M'gladbach)	220
Burgsmüller (Bor. Dortmund)	213
Kirsten (Bayer Leverkusen)	181
Kuntz (1. FC Kaiserslautern)	179
Klaus Allofs (1. FC Köln)	177
Dieter Müller (1. FC Köln)	177
Löhr (1. FC Köln)	166
K.-H. Rummenigge (FC Bayern)	162
Hölzenbein (Eintr. Frankfurt)	160
Walter (VfB Stuttgart)	157
Th. Allofs (1. FC Kaiserslautern)	148
Nickel (Eintracht Frankfurt)	141
Seeler (Hamburger SV)	137
Hrubesch (Hamburger SV)	136
Elber (Bayern München)	133
Völler (Werder Bremen)	132
Zorc (Borussia Dortmund)	131
Allgöwer (VfB Stuttgart)	129
D. Hoeneß (Bayern München)	127
Volkert (Hamburger SV)	125
Mill (Borussia M'gladbach)	123
Laumen (Bor. M'gladbach)	121
Matthäus (Bayern München)	121
Wohlfarth (Bayern München)	120
Rupp (Borussia M'gladbach)	119
Worm (MSV Duisburg)	119
Littbarski (1. FC Köln)	116
Emmerich (Bor. Dortmund)	115
Geye (Fortuna Düsseldorf)	113

Anmerkung: Angegeben ist jeweils der Verein, für den der Spieler die meisten Einsätze absolviert hat; bei noch aktiven Spielern der letzte Verein.

Die Bundesliga nach 40 Spieljahren

	Spieljahre	Gesamtbilanz Sp.	g.	u.	v.	Tore	Punkte	Heimbilanz Sp.	g.	u.	v.	Tore	Punkte	Auswärtsbilanz Sp.	g.	u.	v.	Tore	Punkte
1. Bayern München	39	1330	739	315	276	2846:1582	2532	665	484	116	65	1784:630	1568	665	255	199	211	1062:952	964
2. Hamburger SV	41	1390	574	379	437	2333:1984	2101	695	403	169	123	1428:743	1378	695	171	210	314	905:1241	723
3. Werder Bremen	40	1356	580	340	436	2255:1926	2080	678	405	164	109	1413:747	1379	678	175	176	327	842:1179	701
4. VfB Stuttgart	39	1322	556	326	440	2277:1908	1994	661	396	140	125	1412:707	1328	661	160	186	315	865:1201	666
5. 1. FC Köln	38	1288	545	324	419	2256:1370	1959	644	373	138	133	1393:775	1257	644	172	186	286	863:1095	702
6. 1. FC Kaiserslautern	40	1356	538	339	479	2186:2116	1953	678	401	170	107	1358:715	1373	678	137	169	372	828:1401	580
7. Bor. M'gladbach	37	1262	527	339	396	2296:1854	1920	631	347	172	112	1403:738	1213	631	180	167	284	893:1116	707
8. Borussia Dortmund	37	1254	523	324	407	2181:1882	1893	627	365	153	109	1358:707	1248	627	158	171	298	823:1175	645
9. Eintracht Frankfurt	37	1254	479	310	465	2079:1945	1747	627	355	150	122	1335:741	1215	627	124	160	343	744:1204	532
10. FC Schalke 04	36	1220	442	318	460	1772:1854	1644	610	308	177	125	1097:675	1101	610	134	141	335	675:1179	543
11. Bayer Leverkusen	25	854	342	254	258	1388:1166	1280	427	233	118	76	822:443	817	427	109	136	182	566:718	463
12. VfL Bochum	29	990	311	260	419	1386:1596	1193	495	234	134	127	836:588	836	495	77	126	292	550:1008	357
13. MSV Duisburg	26	880	283	242	355	1221:1402	1091	440	197	138	105	731:530	729	440	86	104	250	490:872	362
14. Hertha BSC	23	774	290	190	294	1146:1220	1060	387	216	97	74	720:434	745	387	74	93	220	426:786	315
15. 1. FC Nürnberg	23	778	252	192	334	1027:1260	948	389	174	114	101	637:498	636	389	78	78	233	390:762	312
16. Fortuna Düsseldorf	22	752	238	206	308	1121:1329	920	376	172	112	92	698:520	628	376	66	94	216	423:809	292
17. 1860 München	20	672	238	170	264	1022:1059	884	336	167	76	93	610:422	577	336	71	94	171	412:637	307
18. Karlsruher SC	22	744	222	215	307	1025:1301	881	372	164	124	84	629:483	616	372	58	91	223	396:818	265
19. Eintr. Braunschweig	20	672	236	170	266	908:1026	878	336	181	89	66	582:340	632	336	55	81	200	326:686	246
20. Hannover 96	16	540	157	137	246	779:955	608	270	117	79	74	491:387	430	270	40	58	172	288:568	178
21. KFC Uerdingen 05	14	476	138	129	209	644:844	543	238	105	67	66	404:352	382	238	33	62	143	240:492	161
22. Arminia Bielefeld	11	408	115	97	196	465:622	442	204	89	52	63	316:260	319	204	26	45	133	190:437	123
23. Hansa Rostock	10	344	109	92	143	431:504	419	172	75	48	49	262:197	273	172	34	44	94	169:307	146
24. SC Freiburg	9	306	101	74	131	407:471	377	153	68	39	46	246:187	243	153	33	35	85	161:284	134
25. VfL Wolfsburg	7	238	89	57	92	355:358	324	119	65	25	29	217:139	220	119	24	32	63	138:219	104
26. SVW Mannheim	7	238	71	72	95	299:378	285	119	51	41	27	197:149	194	119	20	31	68	102:229	91
27. Kickers Offenbach	7	238	77	51	110	368:486	282	119	61	26	32	238:184	209	119	16	25	78	130:302	73
28. RW Essen	7	238	61	79	98	346:483	262	119	46	43	30	213:198	181	119	15	36	68	133:285	81
29. FC St. Pauli	7	238	50	75	113	261:417	225	119	39	39	41	154:162	156	119	11	36	72	107:255	69
30. Wattenscheid 09	4	140	34	48	58	186:248	150	70	26	22	22	108:91	100	70	8	26	36	78:157	50
31. Dynamo Dresden	4	140	33	45	62	132:211	144	70	27	24	19	82:68	105	70	6	21	43	50:143	39
32. 1. FC Saarbrücken	5	166	32	48	86	202:336	144	83	22	32	29	117:134	98	83	10	16	57	85:202	46
33. RW Oberhausen	4	136	36	31	69	182:281	139	68	31	18	19	119:99	111	68	5	13	50	63:182	28
34. Alemannia Aachen	3	102	34	21	47	140:200	123	51	26	13	12	96:72	91	51	8	8	35	44:128	32
35. Energie Cottbus	3	102	28	20	54	108:176	104	51	22	8	21	71:71	74	51	6	12	33	37:105	30
36. Wuppertaler SV	3	102	25	27	50	136:200	102	51	20	14	17	93:87	74	51	5	13	33	43:113	28
37. Bor. Neunkirchen	3	98	25	18	55	109:223	93	49	22	11	16	71:85	77	49	3	7	39	38:138	16
38. FC Homburg	3	102	21	27	54	103:200	90	51	18	17	16	72:74	71	51	3	10	38	31:126	19
39. SpVgg Unterhaching	2	68	20	19	29	75:101	79	34	17	11	6	43:30	62	34	3	8	23	32:71	17
40. Stuttgarter Kickers	2	72	20	17	35	94:132	77	36	11	8	17	41:49	41	36	9	9	18	53:83	36
41. SV Darmstadt 98	2	68	12	18	38	86:157	54	34	10	10	14	52:68	40	34	2	8	24	34:89	14
42. Tennis Bor. Berlin	2	68	11	16	41	85:174	49	34	10	10	14	54:66	40	34	1	6	27	31:108	9
43. SSV Ulm 1846	1	34	9	8	17	36:62	35	17	7	4	6	22:23	25	17	2	4	11	14:39	10
44. Fortuna Köln	1	34	8	9	17	46:79	33	17	6	6	5	31:32	24	17	2	3	12	15:47	9
45. Preußen Münster	1	30	7	9	14	34:52	30	15	5	4	6	21:23	19	15	2	5	8	13:29	11
46. Blau-Weiß Berlin	1	34	3	12	19	36:76	21	17	2	8	7	20:31	14	17	1	4	12	16:45	7
47. VfB Leipzig	1	34	3	11	20	32:69	20	17	2	9	6	20:28	15	17	1	2	14	12:41	5
48. Tasmania Berlin	1	34	2	4	28	15:108	10	17	2	3	12	8:46	9	17	0	1	16	7:62	1

Tabelle wurde nach dem Drei-Punkte-System errechnet.

In der Saison 1971/72 wurden alle Spiele von Arminia Bielefeld nur für den Gegner gewertet. 1993/94 wurden Dynamo Dresden 4 Punkte, 1999/2000 Eintracht Frankfurt 2 Punkte, 2003/04 1. FC Kaiserslautern 3 Punkte abgezogen.

Arminia Bielefeld 34 6 7 21 41:75 25

Alle Tabellenführer

Bayern München	481 x
Bor. Mönchengladbach	127 x
Werder Bremen	116 x
1. FC Kaiserslautern	91 x
Hamburger SV	89 x
Borussia Dortmund	89 x
1. FC Köln	81 x
Eintracht Frankfurt	56 x
Bayer Leverkusen	47 x
VfB Stuttgart	47 x
FC Schalke 04	38 x
Eintracht Braunschweig	35 x
1. FC Nürnberg	32 x
TSV München 1860	18 x
Hertha BSC Berlin	8 x
Bayer Uerdingen	7 x
Fortuna Düsseldorf	5 x
Kickers Offenbach	5 x
FC Hansa Rostock	5 x
Karlsruher SC	5 x
Hannover 96	4 x
VfL Bochum	3 x
MSV Duisburg	3 x
Arminia Bielefeld	3 x
Rot-Weiß Essen	2 x
Rot-Weiß Oberhausen	2 x
FC St. Pauli	1 x
SC Freiburg	1 x

Eine Liga – besser als ihr Ruf

Zweitklassigkeit – nicht unbedingt ein Gütesiegel. Aber die 2. Bundesliga hat in fast allen Belangen deutlich aufgeholt. Und sie bietet enorm viel Spannung. Zwischen den Aufstiegs- und Abstiegsplätzen liegt nur eine ganz kleine Differenz.

Die Ausgeglichenheit führt zu vielen philosophischen Fragen

Kaum Platz zur Entfaltung: Ahlens Brasilianer Carlos André (Mitte) gegen die beiden Fürther Surmann (li.) und Azzouzi.

Ihren Kritikern wird sie es wohl nie Recht machen können, die Zweite Liga. Zwar hat sie es im Laufe der Jahre ihrer Eingleisigkeit geschafft, nicht mehr als technisch unter bemittelte »Klopperliga« bezeichnet zu werden, doch um Anerkennung ringt sie weiterhin schwer.

Vor allem in Zeiten, wo die große Schwester Bundesliga einen Rekordbesuch nach dem anderen aufstellt. Da nutzt es der Zweiten Liga auch nichts, wenn sie eine Saison hinlegt, die an Dramatik, Spannung, aber auch an Klasse nicht zu überbieten ist. Der Umstand, dass sie in der Spielzeit 2003/2004 unglaublich ausgeglichen war, der Unterschied zwischen einem Aufstiegs- und Abstiegsplatz häufig nur sechs, sieben Punkte betrug, hat sie nicht vor vernichtenden Urteilen bewahrt.

Klar, Ausgeglichenheit lässt sich getreu der Devise, dass ein Glas halbvoll oder halbleer sein kann, völlig konträr interpretieren. Die eine geht in Richtung Qualität, die andere in Richtung Schwäche. Diejenigen, die an der Zweiten Liga ohnehin kein gutes Haar lassen, wählen natürlich letzte-

res. »So schlecht wie lange nicht mehr« sei es gewesen, das Unterhaus der Bundesliga, und »deswegen wäre es auch so leicht wie lange nicht mehr gewesen aufzusteigen«.
Seltsam – marschiert ein Verein wie der 1. FC Köln in der Spielzeit 2002/2003 von Beginn souverän und mit großem Abstand auf den vierten, den ersten Nicht-Aufstiegsrang, vorneweg, wird dies der Liga auch als ein Fehlen an Qualität ausgelegt. Wie gesagt, manchen kann sie es wirklich nicht Recht machen. Doch zurück zu der vergangenen Saison und zu der These, dass es so leicht gewesen wäre, aufzusteigen.
Wirklich? Frag' nach beim Meister, dem 1. FC Nürnberg und dessen Trainer Wolfgang Wolf. »Einerseits war es wirklich leichter als in den vergangenen Jahren, weil es keine Vereine gegeben hat, die sich einen deutlichen Vorsprung heraus spielen konnten. Das war für uns, die wir zunächst große Probleme hatten, im Herbst nur 14. waren, natürlich ein Vorteil«, sagt Wolf. Nun zum Nein. »Auf der anderen Seite war es sehr schwer und ein brutal hartes Stück Arbeit, weil du gegen wirklich jeden Gegner verlieren konntest und somit immer an deine Leistungsgrenze gehen musstest«, führt Wolfgang Wolf aus.
Sein Kollege Uwe Rapolder, der die Arminia aus Bielefeld mit einem furiosen Endspurt noch zum Aufstieg führte, kann dies nur unterstreichen: »Als ich die Arminia übernahm, hatte sie sechs Punkte Abstand auf einen Aufstiegsrang. Dass wir diesen Rückstand aufgeholt haben, lag nicht daran, dass die Liga so schwach war, sondern dass sich meine Mannschaft Spiel um Spiel gesteigert hat. Denn wäre die Liga wirklich schwach gewesen, dann hätte uns unsere Serie nichts genutzt, weil dann die vor uns liegenden Klubs ihren Vorsprung nicht mehr hergegeben hätten.«
Von mangelnder Qualität der Spielklasse mag auch Rudi Bommer nichts hören, der zuletzt mit Burghausen in puncto Klassenerhalt so seine liebe Mühe hatte und nun den Münchner »Löwen« wieder die Erstklassigkeit bringen soll. »Was Tempo, Taktik und auch Zweikampfhärte betreffen, braucht sich die Zweite vor der Ersten Liga nicht mehr verstecken.« Und um den 60ern zu verdeutlichen, was sie erwartet, hat er ihnen seinen Ex-Klub als mahnendes Beispiel vor Augen gehalten. »Wir hatten uns ordentlich verstärkt, durften nach der Winterpause insgeheim mit dem dritten Platz liebäugeln, als wir in eine Krise gerieten. Und schneller als wir uns versahen, standen wir unten. In dieser Liga wird jede Schwäche brutal bestraft.«
Die seit Jahren dem Aufstieg vergeblich hinterher galoppierenden »Zebras« aus Duisburg können ein Lied davon singen. Sie haben zuletzt nichts unversucht gelassen, auf Bewährtes gesetzt, oder, wie in der vergangenen Saison, den radikalen Umbruch gewagt. Nur: Alle Mühen war letztlich vergebens. Obwohl es bei jeder der zwei Varianten an namhaften, erstliga-erfahrenen Spielern wahrlich nicht gemangelt hat. In der abgelaufenen Spielzeit hieß die Schwäche des MSV zum Beispiel lange Zeit eigenes Stadion, das damals, weil mitten im Umbau begriffen, einer Baustelle glich. In einer vom Herbst bis in das Frühjahr hinein andauernden Phase verlor der MSV dort so viele Punkte, dass er im Mittelmaß stecken blieb. Zwar durfte er stets ein wenig nach oben schielen, doch der Blick nach unten war lange Zeit der notwendigere. Und dass ein personell so gut besetztes Team wie die Duisburger sich so wenig Luft zu den Abstiegsrängen

Rassiges Kopfball-Duell: Der Burghausener Stefan Reisinger (re.) gegen einen Abwehrspieler des MSV Duisburg.

In letzter Sekunde gerettet: Aachens Abwehrspieler Alexander Klitzpera (li.) klärt vor dem Regensburger Karsten Hutwelker.

verschaffen konnte, zeugt eben doch von der Qualität dieser Liga.

Oder man nehme den DFB-Pokal. Dass mit Aachen ein Zweitligist im Finale gegen Bremen stand und dem Deutschen Meister beim 2:3 ein ebenbürtiger Gegner war, mag man noch damit abtun, dass die Großen im Unterbewusstsein die Kleinen immer ein wenig unterschätzen und sie sich deswegen auch meist schwer tun. Eine Argumentationskette, die man auch demjenigen entgegen kann, der die Aachener Siege im Viertelfinale gegen die Münchner Bayern und im Halbfinale gegen Gladbach als Gütesiegel für die Zweite Liga wertet.

Wie sieht es aber mit dem Umstand aus, dass nicht viel gefehlt hätte, und das Halbfinale wäre ein reines Zweitliga-Treffen gewesen. Greuther Fürth führte eine Minute vor Schluss gegen Werder mit 2:1, sah wie der sichere Sieger aus, musste dann aber nach zwei groben individuellen Patzern eine 2:3-Niederlage hinnehmen.»Total unverdient«. Wer das sagte? Bremens Sportdirektor Klaus Allofs. Und der MSV war in Gladbach die klar bessere Mannschaft, hatte erst im Elfmeterschießen unglücklich das Nachsehen.

Zufall mag es auch gewesen sein, dass der VfB Lübeck, jener VfB, der zu schwach war, um in der Zweiten Liga die Klasse zu halten, stark genug war, um ins Halbfinale vorzudringen und dort Werder Bremen im eigenen Stadion an den Rand einer Niederlage brachte. Alles Zufall? Das wäre doch etwas viel der Zufälle. *Christian Biechele*

Rechte Seite: Dicke Backen: Ivan Kozak (li.) vom Absteiger Union Berlin klärt mit letztem Einsatz vor dem KSC-Stürmer Conor Casey.

saller
AK

Ein Hauch der alten DDR-Oberliga

Profifußball im Erzgebirgestadion von Aue: Der Pole Andrzej Juskowiak (Mitte) köpft gegen Unterhachings Keeper Philipp Heerwagen.

2 plus 6 lautete die Formel nach der Wiedervereinigung des deutschen Fußballs. Zwei Bundesligisten (Hansa Rostock, Dynamo Dresden) und sechs Zweitligisten (VfB Leipzig, Chemnitzer FC, Carl Zeiss Jena, Hallescher FC, Rot-Weiß Erfurt, Stahl Brandenburg) repräsentierten damals den Fußball der neuen Länder.

Doch die Präsenz in der Zweiten Liga hielt nicht lange vor. Der Osten verschwand fast von der Landkarte, als nur noch der Chemnitzer FC (2000/01) und der 1. FC Union Berlin (2001/02) das Fähnlein hoch hielten. Nun sind erstmal seit sechs Jahren wieder vier Vereine vertreten. Der Osten meldet sich also zurück. Die vier Teams in Liga zwei rufen die Erinnerung an die alten DDR-Oberliga-Schlachten hervor. »Das garantiert volle Häuser und erstklassige Stimmung«, sieht es der Cottbuser Manager Klaus Stabach.
Energie hat sich dank solider Finanzpolitik und einer krisenfesten Führungsmannschaft seit Jahren im Profifußball etabliert. In drei Jahren Bundesliga von 2000 bis 2003 sorgte der Nobody aus der Lausitz für Furore und verpasste in diesem Sommer nur durch die schlechtere Tordifferenz den sofortigen Wiederaufstieg. »Ein Betriebsunfall, den wir im nächsten Jahr korrigieren werden«, gibt sich Präsident Dieter Krein optimistisch. Erzgebirge Aue, unter dem Namen Wismut ab

Mitte der fünfziger Jahre die Nummer eins im DDR-Fußball, bestand das erste Jahr in der Zweiten Liga mit Bravour. Nach einer Periode der Anpassung wurden die Erzgebirgler zum Favoritenschreck und konnten nach einer starken Rückrunde sogar kurzzeitig an die Tür zur Bundesliga anklopfen. »Das wäre allerdings des Guten zu viel gewesen. Wir bleiben auf unserem Teppich«, holte Trainer Gerd Schädlich die Träumer auf den Boden zurück.

Mit Dynamo Dresden und Rot-Weiß Erfurt kehrten zwei Totgesagte in den Profifußball zurück. Der Kultklub aus Dresden, achtmaliger DDR-Meister und gestählt in 98 Europacup-Spielen, erlebte seine schwärzeste Stunde, als ihm nach dem Abstieg aus der Bundesliga 1995 die Lizenz verweigert wurde und damit der Absturz in die Viertklassigkeit erfolgte. Zwielichtige Macher aus dem Westen hatten den Verein in den finanziellen Ruin geführt. Neun Millionen Euro betrugen die Schulden. Doch Schwarz-Gelb starb nicht. Trainer Christoph Franke, der 2001 beim Chemnitzer FC geschasst wurde, führte das Dynamo-Team aus der Oberliga über zwei Jahre Regionalliga nun in die zweite Etage des deutschen Fußballs. Der frühere Chemnitzer Oberliga-Verteidiger baute ein Team aus Routiniers und jungen hungrigen Spielern, die sich nicht mit der Regionalliga nicht zufrieden gaben.

In Dresden, der Heimatstadt des deutschen Meisters (DSC) von 1943 und 1944, und Umgeburg wird der Fußball mit der Muttermilch eingesogen. Wie anders ist es sonst zu erklären, dass in der Regionalliga beim (vor)entscheidenden Aufstiegsspiel gegen Schlusslicht Neumünster 28 000 Zuschauer das Harbig-Stadion aus den Nähten platzen ließen und dass sieben Tage später 12 000 Fans sich auf den Weg nach Uerdingen machten, um dort den endgültigen Aufstieg zu feiern.

Der Blick geht nun sogar schon Richtung Bundesliga. Mit einem Dreijahresplan, ein wenig an die »DDR-Plangesellschaft« erinnernd, soll das Come-

Toller Reflex im Stadion der Freundschaft von Cottbus: Energie-Keeper Piplica rettet gegen den Regensburger Abwehrspieler Dione.

Kultstadion im Ostteil Berlins: Wie ein Mann standen die Fans von Union Berlin hinter ihrem Team – den Abstieg der »Eisernen« konnten aber auch sie nicht verhindern.

back in der Eliteklasse erfolgen. Bis dahin muss aber erst einmal das marode Harbig-Stadion für 650 000 Euro zweitligatauglich gemacht werden. Doch das fußball-verrückte Dresden braucht eine neue moderne Arena. Bürgermeister Ingolf Roßberg kündigte den millionenteuren Bau an. »Wir werden es schaffen, wenn wir es wollen.«

20 000 Zuschauer im ausverkauften Steigerwaldstadion gegen beim 2:1-Sieg gegen Saarbrücken erlebten den Aufstieg der Erfurter mit. So viele waren zum letzten Mal vor 16 Jahren in die Arena gepilgert, damals gegen den DDR-Rekordmeister BFC Dynamo, als die Eintrittskarte noch 1,10 Ostmark und die Thüringer Rostbratwurst 90 Ostpfennige kosteten. Nur ein Jahr hatte Rot-Weiß nach der Wiedervereinigung den Platz in die zweiten Liga halten können. Danach ging es rapide bergab mit dem Tiefpunkt der Insolvenz 1997. 1,5 Millionen Euro betrugen die Schulden des Vereins, der 1954 unter dem Namen Turbine DDR-Meister wurde. Doch wie Dresden wird auch der Erfurter Verein jetzt von lokalen Größen geführt, die Umfeld und Strukturen kennen.

»Nicht Siege sind wichtig zum Überleben, sondern Solidität«, sagt deshalb Geschäftsführerin Karoline Fröhlich. Trainer René Müller, jahrelanger DDR-Auswahltorhüter und Europacup erfahren mit dem 1. FC Lokomotive Leipzig, kennt das vergangene Leid aus eigener Dresdner Erfahrung.

»Sechs Oxford-Studenten gehen zu IBM, top-studiert, mit perfekten Koteletten. Ein Gebräu von Besserwissern. Aber sie kriegen nichts geregelt, weil sie sich nicht unterordnen konnten. So war es nach der Wende auch in Ost-Vereinen«, malt Müller das Bild der Nachwende-Fehler. Der 45-Jährige schaffte seit seinem Amtsantritt im Som-

mer 2003 innerhalb eines Jahres den Aufbau eines neuen Teams und völlig überraschend den Aufstieg. Auch in kniffligen Situationen bewahrte der oft unterkühlt wirkende Coach einen kühlen Kopf und hatte damit Erfolg. Nun ist also auch wieder Thüringen auf der Landkarte des Profi-Fußballs.

Nicht von ungefähr ist auch die Besetzung der Trainerposten. Der Cottbuser Eduard Geyer, der Energie nun im elften Jahr trainiert, ist neben Hertha-Retter Hans Meyer und Shootingstar Juri Schlünz die Galionsfigur der Ost-Schule. Aber auch Aue mit Gerd Schädlich, Dynamo Dresden mit Christoph Franke und Erfurt mit René Müller setzen auf Trainer, die mit der Struktur, dem Umfeld, dem Charakter und der Mentalität der neuen Bundesländer zurecht kommen. Der Erfolg gibt ihnen recht. *Jürgen Nöldner*

Dauerbrenner im Osten: Eduard Geyer, der letzte Auswahltrainer der DDR, ist seit zehn Jahren bei Energie Cottbus der verantwortliche Mann.

RWO – oder Andersens Märchen mit dem Entlein

Rot-Weiß Oberhausen hatte vor der Saison niemand auf der Rechnung. Doch ein Trainerneuling und eine Handvoll unbekannter Kicker sorgten lange für Furore. Fast wie im Märchen machte Jörn Andersen aus dem hässlichen Entlein einen Aufstiegsaspiranten für die Bundesliga.

Als Stürmer war der Norweger mit deutschem Pass hier zu Lande ja durchaus ein Begriff gewesen. 67 Mal hatte er in 243 Bundesligaspielen getroffen für Nürnberg, Frankfurt, Düsseldorf, den HSV und Dynamo Dresden. 1990 bekam er bei der Eintracht für seine 18 Saisontreffer die Torjägerkanone überreicht. Doch Erfahrungen als Chef-Coach hatte Andersen bis zum Sommer 2003 nur bei der U 21 des Schweizer Erstligisten FC Locarno gesammelt. Oberhausens Klub-Chef Hermann Schulz war trotzdem auf Anhieb überzeugt, den richtigen Mann geholt zu haben. »Weil ich mit ihm prima über Fußball diskutieren konnte, weil er nichts vorausgesetzt hat und ohne Vorurteile kam.«

Der seinerzeit 40-jährige Andersen krempelte sofort einiges um bei RWO. Vor allem die Mannschaft. Insgesamt 16 neue Spieler holte er in der Saison 2003/04 zu den Rot-Weißen, 14 Akteure aus dem bisherigen Kader wurden weggeschickt. Dabei folgte die Suche nach Verstärkungen selten konventionellen Methoden. Ein Mal hatte Andersen gleichzeitig 30 Profis zum Vorspielen eingeladen – keiner davon wurde letztlich verpflichtet. Denn nicht nur gut sollten die Neuen sein, sondern auch billig. Mit knapp 4,5 Millionen Euro verfügten die Oberhausener über den kleinsten Etat der Zweiten Liga. Zum Schluss hatte Andersen einen Kader beisammen mit weitgehend unbekannten Kickern aus 13 Nationen. Und RWO galt neben Erzgebirge Aue als Absteiger Nummer zwei.

Doch die Rot-Weißen überraschten in der Hinrunde alle. Sie zeigten flotten Offensiv-Fußball in einem astreinen 4-4-2-System, holten zwischendurch fünf Siege am Stück und verbrachten die Winterpause sensationell auf dem ersten Platz.

Andere Welt bei RWO: In der Schlussphase der Saison musste selbst Co-Trainer Jürgen Luginger (li.) wieder aktiv werden. Hier gegen den Trierer Pekovic.

Torjubel per Salto mortale: Oberhausens Brasilianer Simioni feierte mit Akrobatik. Das RWO-Maskottchen: Eine leibhaftige Glücksgans mit Blick auf die Bundesliga. Der Erfolgs-Trainer: Der Norweger Jörn Andersen gab bei RWO die Richtung an.

Neben dem zuverlässigen Kapitän und Torwart Oliver Adler (36) ragte vor allem der pfeilschnelle Flügelstürmer Alhassane Ouedraogo (23) aus der Mannschaft heraus. Nur das Umfeld hielt nicht ganz Schritt mit dem sportlichen Erfolg. Ein Trikotsponsor fand sich trotz des Höhenfluges keiner, zu den Heimspielen kamen im Schnitt nur gut 6000 Fans ins Niederrhein-Stadion.

Und in der Rückserie stellten sich plötzlich auch Rückschläge auf dem Fußballfeld ein. Aus sieben Spielen im Frühjahr 2004 holte RWO nur einen Sieg. Andersen steuerte gegen. Er veränderte sein so erfolgreiches System, führte den Libero wieder ein und erinnerte seine Profis mehrmals öffentlich an die einmalige Chance, Oberhausen nach 31 Jahren wieder in die Bundesliga zu schießen. Es half alles nichts, zwei Punkte fehlten am Ende für Platz drei, den sich am 34. Spieltag der FSV Mainz 05 sicherte.

Aber Rot-Weiß hat Blut geleckt. Zur neuen Saison wird noch einmal ein großer personeller Schnitt vollzogen, erneut musste eine halbe Mannschaft den Verein verlassen. Stattdessen sollen Spieler wie das Kölner Ur-Gestein Thomas Cichon oder der Ahlener Mittelfeldmann Chiquinho dabei helfen, den Traum vom Oberhaus doch noch zu verwirklichen. »Diese Verpflichtungen sind auch ein Signal an die anderen, wo unsere Ziele liegen«, sagt Andersen selbstbewusst. Sogar der Etat wurde um gut eine Million Euro aufgestockt. Aber der Trainer ist auch Realist genug, die Chancen für seine Außenseiter-Truppe richtig einzuschätzen: »Durch die Absteiger Köln, 1860 und Frankfurt ist die Liga sicher noch ein Stück stärker geworden.«

Martin Gruener

Die 2. Bundesliga auf einen Blick

2. BUNDESLIGA 2003/04	1. FC Nürnberg	Arminia Bielefeld	FSV Mainz 05	Energie Cottbus	RW Oberhausen	Alemannia Aachen	MSV Duisburg	Erzgebirge Aue	SpVgg Greuther Fürth	Wacker Burghausen	Eintracht Trier	LR Ahlen	SpVgg Unterhaching	Karlsruher SC	VfB Lübeck	Jahn Regensburg	1. FC Union Berlin	VfL Osnabrück	Heimbilanz / Auswärtsbilanz g.	u.	v.	Tore	Pkt.	Gesamt Tore	Punkte
1. 1. FC Nürnberg	K	1:0 3:1	2:2 1:2	2:2 3:1	1:3 1:3	3:0 2:3	2:0 1:2	2:0 3:3	1:1 2:2	2:0 0:0	3:1 2:0	2:0 0:2	3:0 1:1	2:0 3:2	1:2 1:2	3:2 1:2	3:0 5:3	2:0 4:3	12 6	3 4	2 7	35:13 33:32	39 22	68:45	61
2. Arminia Bielefeld	1:3 0:1	I	1:0 2:0	1:3 2:1	1:3 2:3	3:0 0:2	1:3 2:0	1:1 1:1	1:1 2:1	3:1 1:0	3:1 3:2	3:0 0:0	1:0 0:1	3:1 2:2	1:3 0:0	0:0 2:1	2:1 0:1	5:0 0:0	9 7	3 5	5 5	31:21 19:16	30 26	50:37	56
3. FSV Mainz 05	2:1 2:2	0:2 0:1	C	4:1 0:0	2:0 0:0	3:2 2:2	4:1 1:0	1:1 1:1	1:3 1:3	1:0 0:2	3:0 0:1	0:0 3:1	2:0 1:1	1:1 1:1	3:1 4:1	1:1 0:0	2:1 1:1	0:0 2:2	10 3	5 10	2 4	30:15 19:19	35 19	49:34	54
4. Energie Cottbus	1:3 2:2	1:2 3:1	0:0 1:4	K	3:1 0:0	3:1 2:0	1:1 2:4	2:1 0:1	4:2 1:2	2:1 1:1	2:3 0:2	3:2 0:0	3:1 0:2	2:1 1:3	1:1 1:1	3:0 0:0	2:1 1:0	3:0 1:0	11 4	3 6	3 7	36:21 16:23	36 18	52:44	54
5. RW Oberhausen	3:1 3:1	3:2 3:1	0:0 0:2	0:0 1:3	E	1:2 0:1	0:3 1:1	1:4 1:1	3:1 1:0	1:2 0:5	1:2 3:0	1:3 2:0	3:1 4:1	1:0 2:1	3:3 0:1	2:1 1:1	0:0 2:2	3:2 2:0	7 8	4 4	6 5	26:27 26:21	25 28	52:48	53
6. Alemannia Aachen	3:2 0:3	2:0 0:3	2:2 2:3	0:2 1:3	1:0 2:1	R	2:1 1:2	1:0 1:0	0:0 1:7	0:1 1:1	2:0 3:3	1:1 0:0	5:1 1:1	0:0 0:1	3:1 5:3	1:0 2:1	4:2 1:2	2:1 1:3	11 4	4 4	2 9	29:14 22:37	37 16	51:51	53
7. MSV Duisburg	2:1 0:2	0:2 3:1	0:1 1:4	4:2 1:1	1:1 3:0	2:1 1:2	S	2:2 1:2	1:1 3:3	1:0 2:1	2:0 1:1	1:2 3:2	0:1 0:1	0:2 0:1	2:1 1:1	2:2 5:0	1:0 1:2	3:1 2:2	8 5	4 5	5 7	24:20 28:26	28 20	52:46	48
8. Erzgebirge Aue	3:3 0:2	1:1 1:1	1:1 1:1	1:0 1:2	1:1 4:1	0:1 0:1	2:1 2:2	P	1:1 1:5	3:0 0:2	2:1 1:2	2:0 0:1	3:3 2:1	2:0 5:3	0:0 2:2	0:1 1:1	2:1 0:3	1:0 1:0	8 4	7 5	2 8	25:15 22:30	31 17	47:45	48
9. SpVgg Greuther Fürth	2:2 1:1	1:2 1:1	3:1 3:1	2:1 2:4	0:1 1:3	7:1 0:0	3:3 1:1	5:1 1:1	O	2:2 2:0	4:2 0:2	2:0 2:3	2:4 1:3	2:1 0:1	2:0 0:1	2:2 0:0	2:2 0:3	1:1 1:0	8 3	6 6	3 8	42:26 16:25	30 15	58:51	45
10. Wacker Burghausen	0:0 0:2	0:1 1:3	2:0 0:1	1:1 1:2	5:0 2:1	1:1 1:0	1:2 0:1	2:0 0:3	0:2 2:2	R	1:1 0:0	0:1 1:3	0:2 2:1	0:0 0:0	2:1 2:2	2:0 2:0	3:1 2:1	4:1 0:3	7 5	5 4	5 8	24:14 16:25	26 19	40:39	45
11. Eintracht Trier	0:2 1:3	2:3 1:3	1:0 0:3	2:0 3:2	0:3 2:1	3:3 0:2	1:1 0:2	2:1 1:2	2:0 2:4	0:0 1:1	T	3:0 0:2	2:1 0:0	1:1 1:0	4:2 2:2	4:0 1:2	1:1 3:1	0:0 0:3	8 4	6 3	3 10	28:18 18:33	30 15	46:51	45
12. LR Ahlen	2:0 0:2	0:0 0:3	1:3 0:0	0:0 2:3	0:2 3:1	0:0 1:1	2:3 2:1	1:0 0:2	3:2 0:2	3:1 1:0	2:0 0:3	M	2:2 0:0	1:2 0:1	1:1 1:4	3:1 0:3	1:0 2:0	0:1 2:1	7 5	5 3	5 9	22:18 14:27	26 18	36:45	44
13. SpVgg Unterhaching	1:1 0:3	1:0 0:1	1:1 0:2	2:0 1:3	1:4 1:3	1:1 1:5	1:0 1:0	1:2 3:3	3:1 4:2	1:2 2:0	0:0 1:2	0:0 2:2	A	3:0 1:0	0:1 2:0	2:2 0:1	1:1 0:0	2:1 1:2	6 5	7 3	4 9	21:17 20:29	25 18	41:46	43
14. Karlsruher SC	2:3 0:2	2:2 1:3	1:1 1:1	3:1 1:2	1:2 0:1	1:0 0:0	1:0 2:0	3:5 0:2	1:0 1:2	0:0 0:0	0:1 1:1	1:0 2:1	0:1 0:3	G	1:0 2:2	0:3 1:1	2:1 2:2	3:0 2:1	8 3	3 7	6 7	22:20 16:24	27 16	38:44	43
15. VfB Lübeck	2:1 2:1	0:0 3:1	1:4 1:3	1:1 1:1	1:0 3:3	3:5 1:3	1:1 1:2	2:2 0:0	1:0 0:2	2:2 1:2	2:2 2:4	4:1 1:1	0:2 1:0	2:2 0:1	A	0:3 4:0	0:2 2:1	1:1 1:3	4 5	8 4	5 8	23:29 24:28	20 19	47:57	39
16. Jahn Regensburg	2:1 2:3	1:2 0:0	0:0 1:1	0:0 0:3	1:1 1:2	1:2 0:1	0:5 2:2	1:1 1:0	0:0 2:2	0:2 0:2	2:1 0:4	3:0 1:3	1:0 2:2	1:1 3:0	0:4 3:0	Z	3:1 2:2	1:0 0:3	6 3	6 6	5 8	17:21 20:30	24 15	37:51	39
17. 1. FC Union Berlin	3:5 0:3	1:0 1:2	1:1 1:2	0:1 1:2	2:2 0:0	2:1 2:4	2:1 0:1	3:0 1:2	3:0 2:2	1:2 1:3	1:3 1:1	0:2 0:1	0:0 1:1	2:2 1:2	1:2 2:0	2:2 1:3	I	2:0 2:0	6 2	5 4	6 11	26:24 17:29	23 10	43:53	33
18. VfL Osnabrück	3:4 0:2	0:0 0:5	2:2 0:0	0:1 0:3	0:2 2:3	3:1 1:2	2:2 1:3	0:1 0:1	0:1 1:1	3:0 1:4	3:0 0:0	1:2 1:0	2:1 1:2	1:2 0:3	3:1 1:1	3:0 0:1	0:2 0:2	N	6 1	3 4	8 12	26:22 9:33	21 7	35:55	28

Die Torjäger der 2. Liga

Mintal (1. FC Nürnberg)	18
Copado (SpVgg Unterhaching)	18
Ruman (SpVgg Greuther Fürth)	16
Boakye (Arminia Bielefeld)	14
Ahanfouf (MSV Duisburg)	14
Casey (Karlsruher SC)	14
Zandi (VfB Lübeck)	14
Baumgart (1. FC Union Berlin)	13
Feinbier (SpVgg Greuther Fürth)	13
Thurk (FSV Mainz 05)	13
Krzynowek (1. FC Nürnberg)	12
Schied (VfL Osnabrück)	12
Kurth (MSV Duisburg)	11
Racanel (Eintracht Trier)	11
Saenko (Karlsruher SC)	10
Patschinski (Eintracht Trier)	10
Reisinger (Wacker Burghausen)	9
Reghecampf (Energie Cottbus)	9
Tanque Silva (Energie Cottbus)	9
Bugera (MSV Duisburg)	9
Ciric (1. FC Nürnberg)	9
Vittek (1. FC Nürnberg)	9

Einmarsch zum Niederrhein-Derby: Rot-Weiß Oberhausen empfängt den Nachbarn MSV Duisburg.

YOUNG SPIRIT

Der Wille trieb sie zum Double

Erst die Meisterschaft, dann setzten sie mit dem Sieg im DFB-Pokal das i-Tüpfelchen. Werder Bremen machte die Saison zum totalen Triumph. In Berlin setzten sie mit dem Erfolg über Alemannia Aachen das letzte Ausrufezeichen.

Grün-Weiße Götter statt Roland und Stadtmusikanten

Übermächtig: Werders serbischer Abwehrrecke Mladen Krstajic schraubt sich höher als der Aachener Stürmer Bachirou Salou und gewinnt das Kopfball-Duell.

»Bruder Johannes«, gemeinhin mit anderen Werten und Spezialgebieten in Zusammenhang gebracht, bewies Fachkenntnis. »Ein sehr schönes Spiel und ein gerechtes Resultat«, sprach Johannes Rau, der Bundespräsident, als er Pokal und Medaillen überreicht hatte.

Wie Recht der erste Mann im Staate hatte: Mit Werder Bremen gab es im 61. Finale um den DFB-Pokal einen gleichermaßen programmgemäßen wie verdienten Sieger. »Ein Triumph der Normalität«, titelte das kicker-sportmagazin über diesen erwarteten Erfolg der Norddeutschen, die die Saison der Superlative drei Wochen nach dem Titelgewinn in der Bundesliga mit dem Gewinn des Pokals krönten.
Nachts im Ballroom des Ritz-Carlton-Hotels am Potsdamer Platz, wo die Bremer die grün-weiße Jubelfete in feinen Räumen steigen ließen, sprach Jürgen L. Born, der Vorsitzende des Vorstands bei dem Erfolgsklub, bewusst respektlos von den »beiden Apparaten«, die sie nun eroberten hätten. Erst die Schale und nun der Pott, die beide ihr Blattgold in dem mit über 300 Ehrengästen zum Bersten gefüllten Festsaal funkeln ließen. »Genau 105 Jahre haben wir dafür gebraucht«, erzählte der rhetorisch begabte Born und wies somit nochmals auf historische Tatbestände hin: Werder Bremen ist erst der vierte deutsche Klub, dem das in Fußballerkreisen wie ein Lottogewinn begehrte Double glückte. 1937 die Schalker Knappen, 1978 die Kölner sowie gleich vier Mal (1986, 2000, 2003 und 2004) die Rekord-Titelsammler von Bayern München hatten es den Hanseaten vorgemacht. Diese fühlten sich nun im siebten Himmel. Nach getaner, anstrengender Arbeit, wie die Helden des Tages zugaben. Thomas Schaaf, jenes Eigengewächs als Erfolgstrainer, der nach dem Pokalsieg

1999 mit dem Doppelschlag aus dem Jahr 2004 bereits im fünften Arbeitsjahr als Chef seinen dritten Titel hamsterte, sprach von »dem Ende eines wunderschönes Jahres«. Und schließlich von dem, was alle Fußball-Fans wussten: »Der Double-Gewinn ist nichts Alltägliches.«

Am gleichen Mikrofon im so langsam WM-Format gewinnendem Berliner Olympiastadion, dem deutschen Wembley, zum 20. Mal in Folge Austragungsstätte des finalen Cup-Spektakels, hatte Frank Baumann, Schaafs Kapitän und Führungsspieler, Minuten zuvor von den Mühen des Erfolgs referiert. Aachen, so der Nationalspieler, habe ihnen alles abverlangt. »Doch wir haben den Kampf angenommen, sind auch nach dem unglücklichen Gegentor zurück gekommen, wie so häufig in dieser Saison, und haben einen ungefährdeten Sieg gelandet.« Es war eine korrekte Schilderung des Spielverlaufs. Alemannisches Herzblut und Courage reichten nicht aus, um bremische Cleverness und Kaltschnäuzigkeit zu übertrumpfen. Alles lief nach Plan, so dass Deutschlands Fußball-Kaiser schon zur Pause seinen Platz im ZDF-Studio als Kommentator räumen wollte: »Das Spiel ist gelaufen. Wir können nach Hause gehen.«

Im Grunde genommen stimmte diese von Franz Beckenbauer abgegebene Prognose, wenngleich es im zweiten Durchgang noch mal spannend und dramatisch wurde. Vor 71 682 Zuschauern in der ausverkauften Riesenarena hatte der favorisierte Erstligist gnadenlos Fehler des in der Innenverteidigung mit Mbwando und Klitzpera überforderten Herausforderer genutzt. Die Geistesgegenwart der Portugal-Fahrer Ernst und Baumann, die Borowski und Klasnic in glänzende Schusspositionen brachten, sorgte für die Vorentscheidung vor der Pause.

Ausgeguckt: Bremens kroatischer Shootingstar Ivan Klasnic versucht Aachens Keeper Straub mit einem Lupfer zu überwinden.

Pokalhelden im Mittelpunkt: Beim Jubel der Werder-Asse gerieten DFB-Präsident Mayer-Vorfelder und selbst Bundespräsident Johannes Rau zu Randfiguren.

Goldener Pott und goldene Schuhe: Werder-Torjäger Ailton konnte sich von beiden nicht trennen.

Rechte Seite: Der Tag nach dem Pokal-Erfolg: Stolz präsentiert Ailton die Trophäe auf dem Bremer Rathaus-Balkon.

Legende ••••• ••••• •••• Legende ••••• ••••• ••••

Legende ••••• ••••• •••• Legende ••••• ••••• ••••

Legende ••••• ••••• •••• Legende ••••• ••••• ••••

Legende ••••• ••••• •••• Legende ••••• ••••• ••••

Goliath Werder hatte seine Zähne gezeigt, David Alemannia sank in die Knie. Werders mangelnde Souveränität, schon in der Endphase der Liga nach gewonnener Meisterschaft zu besichtigen, diesmal dokumentiert durch die Unbedeutsamkeit der Superstars Johan Micoud und Ailton, machte die Angelegenheit noch mal spannend. Ausgerechnet Blank, ein Ex-Bremer, dort nicht gerade positiv aufgefallen, schaffte den Anschluss, ließ hoffen. Ehe mit Tim Borowski, dem zweimaligen Nationalspieler, der erst nach der schweren Knieverletzung für Lisztes ins Erfolgsteam gerückt war, sich der Matchwinner zu Wort meldete. Sein zweiter Treffer war die endgültige Entscheidung, zumal der überforderte und übereifrige Mbwando zu Recht Rot nach einer Attacke gegen Borowski sah. Meijers Schlusspunkt in der Nachspielzeit war nicht mehr als eine Ergebniskorrektur. 3:2 für Werder Bremen, damit nach 1961, 1991, 1994 und 1999 zum fünften Mal Cupgewinner.

Für Aachen blieb am Ende nur der Respekt der Fachwelt und der Fans. Die wackeren Alemannen hatten sich gewehrt, ohne je eine echte Siegchance gehabt zu haben, ohne eine reelle Chance, nach Kickers Offenbach (1970) und Hannover 96 (1992) als dritter unterklassiger Verein den Pokal zu erobern. Eine Woche nach dem verpassten Bundesliga-Aufstieg musste der Verein aus dem Drei-Länder-Eck damit einen zweiten Nackenschlag verdauen.

Und es kam noch dicker für die Rheinländer. Jörg Berger, der die Truppe zu neuen Höhen gelotst hatte, war nach interner Rangeleien in die Schusslinie geraten und musste seinen Hut nehmen. »Die Trennung geschieht bewusst auf dem sportlichen Höhepunkt der Zusammenarbeit«, teilte der Klub mit. Und auch Berger sprach später von »Einvernehmlichkeit« und einer »sehr wohltuenden Trennung nach einer schwierigen, aber auch erfolgreichen Zeit.« Insgesamt Tristesse in der Kaiserstadt, wo die Mannschaft auseinander fällt: Grlic geht, Pflipsen, Lanzaat geht. Jörg Schmadtke, der Sportdirektor, muss eine neue Mannschaft aufbauen.

Die alte Aachener Elf, für die als Trost trotz der verpassten Chancen die Qualifikation für den UEFA-Cup heraussprang, hatte Spaß gemacht im Pokalwettbewerb, war das Sinnbild für die Erfolge der Underdogs. Erst 1860 München, dann die Bayern, schließlich Lokalrivale Mönchengladbach – drei Erstligisten hatten die Berger-Schützlinge ausgeschaltet, wobei gerade die Begegnungen gegen die Bayern und die rheinische Borussia am Tivoli unvergessen bleiben werden.

Werder stand für das Gegenbeispiel. Die Bremer als der Favorit, der sich trotz aller Widrigkeiten durchsetzte, obwohl auch er mitunter vom Pokal-Knock-out nicht weit entfernt gewesen ist. Im Viertelfinale hatten sie in Fürth das Aus vor den Augen, ehe sie mit zwei Toren in der 90. Minute durch Micoud und Klasnic eine schon verloren geglaubte Partie kippten. Noch dramatischer ging es im Halbfinale im eigenen Weserstadion zu: Im Nord-Derby hielt der VfB Lübeck, der Zweitliga-Absteiger, dagegen, schaffte den Sprung in die Verlängerung. Erst in der 114. Minute glückte Joker Nelson Valdez das Goldene Tor, das Bremen die Tür zum Finale in Berlin öffnete.

Dort gab es die totale grün-weiße Glückseligkeit. Auf dem Rasen und hinterher auf dem Parkett des Ballsaals der Nobelherberge in Deutschlands neuer Mitte. Spät in der Nacht der Nächte, als der Zeiger der Uhr längst den Pfingstsonntag angekündet hatte, liefen die Werder-Profis beim Feiern wieder mal zur Hochform auf. Zuvor hatten sie eher unterkühlt den erneuten Erfolg zelebriert. »Halt Bayern like«, wie Sportdirektor Klaus Allofs meinte, der auch eine Erklärung dafür abgab: »In diesem Pokalfinale konnten wir doch nur verlieren.«

Wie stark Werder wirklich ist, diese Frage ließ auch das Endspiel unbeantwortet. Dass Werder vor einer »schweren Saison« steht, darüber ist sich Valérien Ismael im Klaren, der nicht von neuen Titeln spricht, sondern bewusst bescheidene Ziele ansetzt: »Unter die ersten Fünf in der Meisterschaft und gut abschneiden in der Champions League.« Dort wird der »Doppel-Meister« seine Prüfung bestehen müssen. Doch Vormann Born glaubt, dass die Mannschaft der neuen Herausforderung gerecht werden kann: »Wir müssen Deutschland gut vertreten und wollen die Nation nicht blamieren.«

So sprach der Präses und adelte sogleich die Spieler als »grün-weiße Götter«, die zu wahren Denkmälern Bremens avanciert seien. Vergessen der Roland, vergessen die Stadtmusikanten. Werder ist top, Werder ist in. *Hans-Günter Klemm*

Das Dokument einer Sensation: Im Viertelfinale schaffte Alemannia Aachen die Überraschung und bezwang am Tivoli den Titelverteidiger Bayern München mit 2:1 Toren.

1. Runde

Verein	Tore
TSG Hoffenheim	4[1]
Eintracht Trier	3
VfL Wolfsburg Am.	2
Energie Cottbus	0
Rot-Weiß Erfurt	1[2]
Alemannia Aachen	1
Waldhof Mannheim	0
1. FC Union Berlin	4
SSV Reutlingen	1
Hertha BSC Berlin	6
TSV Gerbrunn	0
Wacker Burghausen	14
FSV Mainz 05 Am.	1[2]
Karlsruher SC	1
Holstein Kiel	1
Bayer Leverkusen	3
Jahn Regensburg	2
VfL Bochum	1
Bayer Leverkusen Am.	0
VfB Stuttgart	4
SpVgg Unterhaching	6
Rot-Weiß Oberhausen	2
Ludwigsfelder FC	1
Werder Bremen	9
Erzgebirge Aue	0
SpVgg Greuther Fürth	3
ASV Bergedorf 85	1
VfL Wolfsburg	6
FC Emmendingen	1
SC Freiburg	4
TSV Aindling	0
FC Schalke 04	3
Borussia Neunkirchen	0
Bayern München	5
Eintracht Braunschweig	4
1. FC Kaiserslautern	1
FC Oberneuland	2[1]
1. FC Köln	5
VfL Kirchheim/Teck	0
Hannover 96	3
Sportfreunde Siegen	1[3]
LR Ahlen	2
VfL Osnabrück	0
Hansa Rostock	0[5]

Verein	Tore
Reinickendorfer Füchse	0
1. FC Nürnberg	2
BSV Rehden	1
TSV München 1860	5
SSVg Velbert	0[6]
FSV Mainz 05	0
FC Magdeburg	0
MSV Duisburg	0[2]
Eintracht Glas/Chemie Wirges	0
Borussia Dortmund	3
Eintracht Rheine	0[1]
VfB Lübeck	2
FC Schönberg	0
Bor. Mönchengladbach	3
Kickers Offenbach	1[2]
Eintracht Frankfurt	1
FC St. Pauli	0[6]
Arminia Bielefeld	0
Dynamo Dresden	0
Hamburger SV	1

[1] n. V.
[2] n. V. (Elfm. 3:4)
[3] n. V. (Wertung 2:0, da Ahlen verbotenerweise vier Nicht-UEFA-Ausländer gleichzeitig eingesetzt hatte)
[4] n. V. (Elfm. 4:5)
[5] n. V. (Elfm. 5:3)
[6] n. V. (Elfm. 4:3)

2. Runde

Verein	Tore
VfL Wolfsburg Am.	2
1. FC Köln	3
Wacker Burghausen	0
VfB Stuttgart	1
Hansa Rostock	2[1]
Hertha BSC Berlin	2
Bayern München	1[2]
1. FC Nürnberg	1
FC St. Pauli	2[3]
VfB Lübeck	3
Werder Bremen	3[3]
VfL Wolfsburg	1
SSVg Velbert	1[3]
Jahn Regensburg	2
Eintracht Frankfurt	1[3]
MSV Duisburg	2
SC Freiburg	7[3]
FC Schalke 04	3
1. FC Union Berlin	0
Bayer Leverkusen	5
Alemannia Aachen	1
TSV München 1860	1
SpVgg Unterhaching	2
Hamburger SV	4
TSG Hoffenheim	4
Karlsruher SC	0
Sportfreunde Siegen	1[3]
SpVgg Greuther Fürth	2
Eintracht Braunschweig	2
Hannover 96	0
Bor. Mönchengladbach	2
Borussia Dortmund	1

[1] n. V. (Elfm. 3:4)
[2] n. V. (Elfm. 7:6)
[3] n. V.
[4] n. V. (Elfm. 5:4)

Achtelfinale

Verein	Tore
Eintracht Braunschweig	0
Alemannia Aachen	5
TSG Hoffenheim	3
Bayer Leverkusen	2
Jahn Regensburg	3[1]
MSV Duisburg	3
Bor. Mönchengladbach	4
VfB Stuttgart	2
1. FC Köln	1[2]
SpVgg Greuther Fürth	1
VfB Lübeck	1
SC Freiburg	0
Werder Bremen	6
Hertha BSC Berlin	1
Bayern München	3
Hamburger SV	0

[1] n. V. (Elfm. 2:4)
[2] n. V. (Elfm. 1:3)

Viertelfinale

Verein	Tore
SpVgg Greuther Fürth	2
Werder Bremen	3
TSG Hoffenheim	0
VfB Lübeck	1
Bor. Mönchengladbach	2[1]
MSV Duisburg	2
Alemannia Aachen	2
Bayern München	1

[1] n. V. (Elfm. 4:3)

Halbfinale

Verein	Tore
Werder Bremen	3[1]
VfB Lübeck	2
Alemannia Aachen	1
Bor. Mönchengladbach	0

Endspiel

Verein	Tore
Werder Bremen	3
Alemannia Aachen	2

[1] n. V.

revigres

Außenseiter Porto triumphiert in der Arena

Das Finale von Gelsenkirchen wurde zum Triumph des FC Porto. Endspielgegner Monaco blieb ohne Chance. Dies hatten zuvor schon die vermeintlich Großen des europäischen Fußballs erlebt. Ob Real, ManU oder die Bayern – alle blieben vorher auf der Strecke. Inklusive Pokalverteidiger Milan.

FC Porto als das Meisterwerk des »Baumeisters« José Mourinho

Gelsenkirchen erlebte den Gipfel – das Endspiel in der europäischen Königsklasse. 53 053 Zuschauer in der futuristisch anmutenden Arena »AufSchalke« wurden Zeugen eines souveränen Triumphs des FC Porto.

Blau-weiß war Trumpf in der Nacht des 26. Mai 2004. Dort, wo sonst die Anhänger des FC Schalke 04 die Arena in ein eben solches Farbenmeer verwandeln, dort dominierten diesmal die Farben des portugiesischen Meisters. Der setzte sich im Endspiel der vermeintlichen Underdogs klar und deutlich gegen den AS Monaco mit 3:0 Toren durch. Nachdem die Portugiesen in der Saison zuvor den UEFA-Cup gewonnen hatten, krönten sie in Gelsenkirchen ihren beeindruckenden Parcours in der Königsklasse, der Champions League. Der FC Porto – das war das Meisterwerk des »Baumeisters« José Mourinho. Der 41-jährige, smarte Trainer hatte das Team aus der Hauptstadt des Portweins seit 2001 geformt und gefördert, hatte trotz relativ geringer Finanzmittel ein Kollektiv der europäischen Spitzenklasse gebastelt. Eine flexible, aber knallharte Defensive, ein bewegliches, spielstarkes Mittelfeld und ein laufstarker und treffsicherer Angriff waren Grundlage eines höchst modernen Systems, das im Europa der Saison 2003/04 vergeblich seinesgleichen suchte.

Der Gegner aus Monaco hatte sich dagegen aus der vor einem Jahr herrschenden Notlage in einen trotzigen Rausch der Siege gespielt. Aus der der Gefahr des finanziellen Kollapses im Fürstentum und der Unsicherheiten um die Lizenz entwickelte die Mannschaft des erst 35-jährigen französischen Trainers Didier Deschamps die Konterattacke auf den europäischen Thron. Prinz Albert Höchstselbst hatte die Klubführung in die Hände genommen, der von ihm eingesetzte neue Präsident Pierre Svara war nicht mehr als eine statthaltende Marionette in Monaco.

»Andere Finalpaarungen wären attraktiver gewesen, aber es kommen die ins Finale, die am besten gespielt haben«, hatte Franz Beckenbauer im Vorfeld des Endspiels jene Nörgler beschieden, die bedauerten, dass keine der so genannten Gigan-

Schwäbische Freudentänze: Mit tollen Auftritten sorgte die junge Mannschaft des VfB Stuttgart in der Champions League für viel Aufsehen. Hier freuen sich Kuranyi, Szabics und Hleb über einen Torerfolg.

Fassungslos nach der vergebenen Chance: Bayern-Torjäger Roy Makaay langt sich nach dem 1:1-Unentschieden gegen Real Madrid in die Haare. In dem Spiel war mehr drin.

ten wie Real Madrid, Manchester United, Bayern München, Juventus Turin oder auch Titelverteidiger AC Mailand für den Gipfel in Gelsenkirchen qualifiziert hatten. »Porto und Monaco haben sich das Endspiel redlich verdient. Die Großen werden darüber nachdenken müssen, für kleinere ist es ein Ansporn«, machte der »Kaiser« noch einmal klar, dass auch die Giganten eine Endspiel-Teilnahme nicht automatisch gepachtet haben.

Mit tagelangen Video-Analysen und entsprechender Taktik-Schulung hatte José Mourinho seinen FC Porto auf das Finale vorbereitet. Der gestrenge Tüftler hatte seine Spieler in zahlreichen seiner geliebten Einzelgespräche auf ihre Aufgaben eingestimmt. So konnte es kaum verwundern, dass das Finale zunächst von der Taktik geprägt kaum Höhepunkte hatte.

Die Offensivpower des AS Monaco erhielt dagegen schon früh zwei entscheidende Dämpfer. Zunächst wurde Top-Torjäger Fernando Morientes, den man günstig von Real Madrid ausgeliehen hatte (Real zahlte 65 Prozent seines 4,5-Millionen-Euro-Gehalts) wegen einer fraglichen Abseitsposition zurückgepfiffen, dann verletzte sich ausgerechnet Kapitän Ludovic Giuly schon nach 20 Minuten an der Leiste und musste durch Prso ersetzt werden. Ausgerechnet Giuly. Ohne die »Lokomotive« Ludovic, der später auf Grund der Verletzung auch für die EURO in Portugal passen musste, fehlte es den Profis aus dem Fürstentum an der Leitfigur, die in den vorherigen Runden x-Mal Spiele umgebogen hatte.

So war den Experten klar, wie solche Spiele verlaufen: Das Team, das den ersten Fehler macht, ist auf der Verlierer-Straße. So profitierte der erst 19-jährige Brasilianer Carlos Alberto in der 39. Minute von einer schwachen Abwehr des Griechen Zikos in den Reihen des AS Monaco. Carlos Alberto war erst im Januar für 1,5 Millionen Euro von Fluminense zum FC Porto gestoßen, stellte mit seinem ersten Treffer in der Champions League die Weichen auf Sieg. Der im Laufe der Saison überragende Spielmacher Deco, eingebürgerter Brasilianer, erhöhte in der 71. Minute auf 2:0, ehe dem eingewechselten Russen Alenichev vier Minuten später der Treffer zum 3:0-Endstand gelang.

Der FC Porto, der 1987 zuletzt den Europapokal der Landesmeister gegen Bayern München gewonnen hatte, stellte die konstanteste und stabilste Mannschaft der Champions League. Nur eine Niederlage (1:3 daheim in der Gruppenphase gegen Real Madrid) hatten die Portugiesen kassiert, danach blieben sie in elf weiteren Spielen ungeschlagen. Mit dem 34-jährigen Torhüter Vitor Baia stellt Porto einen der wenigen Profis, der alle

drei Europapokale gewinnen konnte: 1997 siegte er Pokal der Pokalsieger, 2003 im UEFA-Cup und eben 2004 mit der Krönung in der Champions League.
In der Gruppenphase hatte der FC Porto den »Galaktischen« von Real Madrid noch den Vortritt gelassen, danach wurde gnadenlos abgeräumt: Im Achtelfinale wurde Manchester United ausgeschaltet, im Viertelfinale erwies sich Olympique Lyon als zu leicht und im Halbfinale machten die Portugiesen mit einem 1:0-Sieg bei Deportivo La Coruna in Finaleinzug perfekt.
Ähnlich hochkarätig war auch die Liste derer, die Finalgegner Monaco ausschaltete. Nach dem Aufsehen erregenden 8:3-Kantersieg über La Coruna in der Gruppenphase und Platz eins nach der Vorrunde mussten Lokomotive Moskau, Real Madrid und schließlich der FC Chelsea die Offensivklasse des Teams aus dem Fürstentum anerkennen. Besonders beeindruckend dabei die Spiele gegen Real Madrid und den hoch gehandelten FC Chelsea.
Ausgerechnet gegen Real revanchierte sich der vor der Saison bei den »Galaktischen« aussortierte Fernando Morientes. Der spanische Nationalstürmer, der dem Weltmeister Ronaldo weichen musste, markierte in beiden Spielen jeweils einen wichtigen Treffer. Insgesamt brachte es der vertriebene Torjäger auf neun Treffer in der Champions League und avancierte somit zum erfolgreichsten Torschützen der Saison.
An den »Opfer« des AS Monaco, Real Madrid und den FC Chelsea, waren auch die beiden deutschen Vertreter in der Champions League gescheitert. Jeweils im Achtelfinale war für den wieder einmal mit hohen Ansprüchen gestarteten FC Bayern München und auch für den »Newcomer« VfB Stuttgart Endstation.
Die Münchner Bayern quälten sich wenig inspiriert durch die Klippen der Gruppenphase. Erst am sechsten und letzten Spieltag konnte sich die Bayern durch einen mühseligen 1:0-Erfolg über den RSC Anderlecht und einem gleichzeitigen 3:2-Sieg von Olympique Marseille über Celtic Glasgow für das Achtelfinale qualifizieren. Bis dahin hatte die Treffsicherheit des neuen holländischen Torjägers Roy Makaay (insgesamt sechs Tore in der Champions League) die Defizite der Mannschaft kaschiert.
Im Achtelfinale dann sorgte dann ein katastrophaler Patzer von Nationalkeeper Oliver Kahn im

Rechts: Die Trilogie eines folgenschweren Patzers: Den harmlosen Freistoß von Reals Spezialisten Roberto Carlos lässt Bayern-Keeper Oliver Kahn zur Überraschung aller durch »die Hosenträger« rutschen.

Als Champions-League-Gewinner grüßen: Die Stars des FC Porto, die einen eindrucksvollen Beweis ihrer Leistungsstärke ablieferten.

Rechts: Zwei Helden des FC Porto: Torwart-Routinier Vitor Baia und der junge Brasilianer Carlos Alberto bei der Ehrenrunde.

Hinspiel gegen Real Madrid für große Ernüchterung. Nach der verdienten Führung durch Makaay (75. Minute) ließ der ehemals als »Torwart-Titan« bezeichnete Kahn einen Freistoß von Roberto Carlos durch die »Hosenträger« rutschen. Das Remis war dann für das Rückspiel ein zu dünnes Polster. Ein Tor von Welt-Fußballer Zinedine Zidane machte die Träume der Bayern zunichte, obwohl die Königlichen insgesamt einen eher irdischen Eindruck machten.
Dagegen schlug sich die junge Mannschaft des VfB Stuttgart bei der ersten Champions-League-Teilnahme besser als erwartet. Bravourös schlugen die Schwaben Manchester United (2:1) , distanzierten international renommierte Mannschaften wie Panathinaikos Athen und die Glasgow Rangers. Im Achtelfinale scheiterte das von Trainer Felix Magath betreute Team mit viel Pech an den cleveren Profis aus Chelsea, ohne selbst ein Tor erzielt zu haben.

Gar nicht erst qualifizieren für die Champions League konnte sich Borussia Dortmund. Schon in der Qualifikation scheiterten die Schwarz-Gelben am FC Brügge. Dabei wäre doch eine Finalteilnahme ausgerechnet in Gelsenkirchen für die Dortmunder etwas ganz besonders gewesen …

Hardy Hasselbruch

Vorrunde

Gruppe A

Olympique Lyon	1	2
Bayern München	1	1
Olympique Lyon	3	0
Celtic Glasgow	2	2
Olympique Lyon	1	0
RSC Anderlecht	0	1
Bayern München	2	0
Celtic Glasgow	1	0
Bayern München	1	1
RSC Anderlecht	0	1
Celtic Glasgow	3	0
RSC Anderlecht	1	1

1. Olympique Lyon	**7:7**	**10**
2. Bayern München	**6:5**	**9**
3. Celtic Glasgow	**8:7**	**7**
4. RSC Anderlecht	**4:6**	**7**

Gruppe B

FC Arsenal	2	0
Lokomotive Moskau	0	0
FC Arsenal	0	5
Inter Mailand	3	1
FC Arsenal	1	1
Dynamo Kiew	0	2
Lokomotive Moskau	3	1
Inter Mailand	0	1
Lokomotive Moskau	3	0
Dynamo Kiew	2	2
Inter Mailand	2	1
Dynamo Kiew	1	1

1. FC Arsenal	**9:6**	**10**
2. Lokomotive Moskau	**7:7**	**8**
3. Inter Mailand	**8:11**	**8**
4. Dynamo Kiew	**8:8**	**7**

Gruppe C

AS Monaco	8	0
Deportivo La Coruña	3	1
AS Monaco	1	2
PSV Eindhoven	1	1
AS Monaco	4	0
AEK Athen	0	0
Deportivo La Coruña	2	2
PSV Eindhoven	0	3
Deportivo La Coruña	3	1
AEK Athen	0	1
PSV Eindhoven	2	1
AEK Athen	0	0

1. AS Monaco	**15:6**	**11**
2. Deportivo La Coruña	**12:12**	**10**
3. PSV Eindhoven	**8:7**	**10**
4. AEK Athen	**1:11**	**2**

Gruppe D

Juventus Turin	4	0
Real Sociedad San Sebastian	2	0
Juventus Turin	2	0*
Galatasaray Istanbul	1	2
Juventus Turin	7	2
Olympiakos Piräus	0	1
Real Sociedad San Sebastian	1	2
Galatasaray Istanbul	1	1
Real Sociedad San Sebastian	1	2
Olympiakos Piräus	0	2
Galatasaray Istanbul	1	0
Olympiakos Piräus	0	3

1. Juventus Turin	**15:6**	**13**
2. Real Sociedad San Sebastian	**8:8**	**9**
3. Galatasaray Istanbul	**6:8**	**7**
4. Olympiakos Piräus	**6:13**	**4**

* in Dortmund

Gruppe E

Manchester United	2	1
VfB Stuttgart	0	2
Manchester United	5	1
Panathinaikos Athen	0	0
Manchester United	3	1
Glasgow Rangers	0	0
VfB Stuttgart	2	3
Panathinaikos Athen	0	1
VfB Stuttgart	1	1
Glasgow Rangers	0	2
Panathinaikos Athen	1	3
Glasgow Rangers	1	1

1. Manchester United	**13:2**	**15**
2. VfB Stuttgart	**9:6**	**12**
3. Panathinaikos Athen	**5:13**	**4**
4. Glasgow Rangers	**4:10**	**4**

Gruppe F

Real Madrid	1	3
FC Porto	1	1
Real Madrid	4	2
Olympique Marseille	2	1
Real Madrid	1	0
Partizan Belgrad	0	0
FC Porto	1	3
Olympique Marseille	0	2
FC Porto	2	1
Partizan Belgrad	1	1
Olympique Marseille	3	1
Partizan Belgrad	0	1

1. Real Madrid	**11:5**	**14**
2. FC Porto	**9:8**	**11**
3. Olympique Marseille	**9:11**	**4**
4. Partizan Belgrad	**3:8**	

Gruppe G

FC Chelsea	0	1
Sparta Prag	0	0
FC Chelsea	0	2*
Besiktas Istanbul	2	0
FC Chelsea	2	4
Lazio Rom	1	0
Sparta Prag	2	0
Besiktas Istanbul	1	1
Sparta Prag	1	2
Lazio Rom	0	2
Besiktas Istanbul	0	1
Lazio Rom	2	1

1. FC Chelsea	**9:3**	**13**
2. Sparta Prag	**5:5**	**8**
3. Besiktas Istanbul	**5:7**	**7**
4. Lazio Rom	**6:10**	**5**

Gruppe H

AC Mailand	1	0
Celta Vigo	2	0
AC Mailand	0	1
FC Brügge	1	0
AC Mailand	1	1
Ajax Amsterdam	0	0
Celta Vigo	1	1
FC Brügge	1	1
Celta Vigo	3	0
Ajax Amsterdam	2	1
FC Brügge	2	0
Ajax Amsterdam	1	2

1. AC Mailand	**4:3**	**10**
2. Celta Vigo	**7:6**	**9**
3. FC Brügge	**5:6**	**8**
4. Ajax Amsterdam	**6:7**	**6**

* in Gelsenkirchen

Achtelfinale

VfB Stuttgart	0	0
FC Chelsea	1	0
Bayern München	1	0
Real Madrid	1	1
FC Porto	2	1
Manchester United	1	1
Real Sociedad San Sebastian	0	0
Olympique Lyon	1	1
Celta Vigo	2	0
FC Arsenal	3	2
Sparta Prag	0	1
AC Mailand	0	4
Deportivo La Coruña	1	1
Juventus Turin	0	0
Lokomotive Moskau	2	0
AS Monaco	1	1

Viertelfinale

AC Mailand	4	0
Deportivo La Coruña	1	4
FC Porto	2	2
Olympique Lyon	0	2
FC Chelsea	1	2
FC Arsenal	1	1
Real Madrid	4	1
AS Monaco	2	3

Halbfinale

AS Monaco	3	2
FC Chelsea	1	2
FC Porto	0	1
Deportivo La Coruña	0	0

Endspiel

am 26. 5. in Gelsenkirchen

AS Monaco	0
FC Porto	3

Zweikampf im Finale: Portos Pedro Mendes (links) und Monacos Linksverteidiger Patrice Evra schenken sich im Finale nichts.

Deutsche Teams in der Qualifikation

13. August 2003

FC Brügge – Borussia Dortmund 2:1 (2:0)

Brügge: Verlinden – De Cock, Clement, Rozehnal, van der Heyden – Simons – Stoica, Ceh – Verheyen, Martens, Mendoza – **Trainer:** Sollied
Dortmund: Weidenfeller – S. Reuter, Wörns, Madouni, Bergdölmo – Kehl, Flavio Conceicao – Rosicky, Dede – Koller, Amoroso – **Trainer:** Sammer
Eingewechselt: 73. Saeternes für Martens, 85. Smolders für Mendoza, 85. Gvozdenovic für Stoica – 46. O. Addo für Bergdölmo, 71. Ewerthon für Amoroso, 85. Ricken für Rosicky
Tore: 1:0 Ceh (33.), 2:0 Verheyen (45.), 2:1 Amoroso (52.)
SR: Collina, Pierluigi (Italien) – **Zuschauer:** 18559

27. August 2003

Borussia Dortmund – FC Brügge 2:1 (1:1)

Dortmund: Weidenfeller – Bergdölmo, Wörns, Madouni – Dede – S. Reuter, Kehl – Rosicky – O. Addo – Koller, Amoroso – **Trainer:** Sammer
Brügge: Butina – De Cock, Clement, Rozehnal, van der Heyden – Simons – Englebert – Stoica – Verheyen – Martens, Mendoza – **Trainer:** Sollied
Eingewechselt: 75. Ewerthon für Madouni, 86. Fernandez für S. Reuter – 46. Ceh für Stoica, 82. Saeternes für Martens, 114. Maertens für Verheyen
Tore: 1:0 Amoroso (3.), 1:1 Mendoza (27., direkter Freistoß), 2:1 Ewerthon (86.)
SR: Riley (England) – **Zuschauer:** 62000 (ausverkauft)

1. Spieltag

16. September 2003

Manchester United – Panathinaikos Athen 5:0 (4:0)

Man Utd.: Howard – G. Neville, Ferdinand, O'Shea, Silvestre – P. Neville, N. Butt, Fortune, Giggs – Solskjaer, van Nistelrooy – **Trainer:** Ferguson
Pan. Athen: Nikopolidis – Seitaridis, Henriksen, Kirjakos, Fissas – Zutautas, Maric, Goumas, Sinmartean – Papadopoulos, Konstantinou – **Trainer:** Shum
Eingewechselt: 45. Bellion für Solskjaer, 58. Djemba Djemba für N. Butt, 58. Fletcher für O'Shea – 46. Chalkias für Nikopolidis, 46. Epalle für Goumas, 62. Olisadebe für Papadopoulos
Tore: 1:0 Silvestre (13.), 2:0 Fortune (14.), 3:0 Solskjaer (33.), 4:0 N. Butt (40.), 5:0 Djemba Djemba (83.)
SR: Sars (Frankreich) – **Zuschauer:** 66520

16. September 2003

Glasgow Rangers – VfB Stuttgart 2:1 (0:1)

Rangers: Klos – Berg, Khizanishvili, Ball – Nerlinger – Ricksen, Emerson, Vanoli – Arteta – Mols, Arwelade – **Trainer:** McLeish
Stuttgart: Hildebrand – Hinkel, Meira, Bordon, Gerber – Soldo – Tiffert, A. Hleb – Heldt – Kuranyi, Cacau – **Trainer:** Magath
Eingewechselt: 34. Ross für Ricksen, 46. Lövenkrands für Vanoli, 66. Nuno Capucho für Emerson – 46. Amanatidis für Cacau, 70. Meißner für Heldt, 81. Szabics für Gerber
Tore: 0:1 Kuranyi (45.), 1:1 Nerlinger (74.), 2:1 Lövenkrands (79.)
SR: Veissiere, Gilles (Frankreich) – **Zuschauer:** 42000 – **Gelbe Karte:** Nerlinger

16. September 2003

Real Madrid – Olympique Marseille 4:2 (2:1)

Real Madrid: Casillas – Salgado, Pavon, Raul Bravo, Roberto Carlos – Cambiasso, Beckham, Luis Figo, Zidane – Raul, Ronaldo – **Trainer:** Queiroz
Marseille: Runje – van Buyten, Ecker, Meite, Beye – Hemdani, Meriem, Celestini – Marlet, Mido, Drogba – **Trainer:** Perrin
Eingewechselt: 73. Guti für Cambiasso, 86. Portillo für Ronaldo, 86. Solari für Zidane – 38. Johansen für Marlet, 62. Vachousek für Hemdani, 66. S. N'Diaye für Drogba
Tore: 0:1 Drogba (26.), 1:1 Roberto Carlos (29.), 2:1 Ronaldo (34.), 3:1 Ronaldo (57.), 4:1 Luis Figo (61., Foulelfmeter), 4:2 van Buyten (83.)
SR: Stark (Ergolding) – **Zuschauer:** 65000

16. September 2003

Partizan Belgrad – FC Porto 1:1 (0:1)

Partizan: Radakovic – Djordjevic, Stojanoski, West – Cirkovic, Nadj, Duljaj, Rzasa – Ilic – Iliev, Delibasic – **Trainer:** Matthäus
FC Porto: Vitor Baia – P. Ferreira, Jorge Costa, Carvalho, Valente – Costinha, Mendes, Maniche, Deco – McCarthy, Derlei – **Trainer:** Mourinho
Eingewechselt: 46. Drulovic für Cirkovic, 46. Savic für Stojanoski, 84. Brnovic für Iliev – 70. Jankauskas für McCarthy, 79. Bosingwa für Maniche, 89. Fernandes für Deco
Tore: 0:1 Costinha (22.), 1:1 Delibasic (54.)
SR: Benes, Michal (Tschechien) – **Zuschauer:** 30176 (ausverkauft)

16. September 2003

Besiktas Istanbul – Lazio Rom 0:2 (0:1)

Besiktas: Cordoba – Tayfur, Zago, Dobra, Guiaro – Metin, Giunti, Ahmet, Ibrahim Üzülmez – Pancu, Mansiz – **Trainer:** Lucescu
Lazio: Peruzzi – Oddo, Stam, Fernando Couto, Favalli – Fiore, Albertini, Stankovic, Sergio Conceicao – Corradi, C. Lopez – **Trainer:** Mancini
Eingewechselt: 56. Sergen Yalcin für Mansiz, 56. Hassan für Metin, 72. Kaloglou für Giunti – 60. Giannichedda für Sergio Conceicao, 70. Muzzi für C. Lopez, 83. Liverani für Corradi
Tore: 0:1 Stam (37.), 0:2 Fiore (77.)
SR: Nielsen, Kim Milton (Dänemark) – **Zuschauer:** 26520

16. September 2003

Sparta Prag – FC Chelsea 0:1 (0:0)

Sparta: Blazek – Petras, Johana, Hübschmann, Labant – Poborsky, Nemec, Kovac, Michalik – I. Gluscevic, Jun – **Trainer:** Kotrba
Chelsea: Cudicini – Johnson, Desailly, Bridge, Gallas – Petit, Geremi, Makelele, Veron – Crespo, Mutu – **Trainer:** Ranieri
Eingewechselt: 46. Sionko für Petras, 56. Zboncak für Michalik, 87. Jezek für Labant – 46. Lampard für Petit, 46. Duff für Mutu, 72. Hasselbaink für Crespo
Tore: 0:1 Gallas (85.)
SR: Dr. Fleischer (Dachau) – **Zuschauer:** 18977 (ausverkauft)

16. September 2003

AC Mailand – Ajax Amsterdam 1:0 (0:0)

Milan: Dida – Cafu, Nesta, Maldini, Costacurta – Gattuso, Pirlo, Seedorf, Kaka – Shevchenko, Inzaghi – **Trainer** Ancelotti
Ajax: Lobont – Pasanen, Galasek, Maxwell, Yakubu – Trabelsi, Escude, Pienaar, van der Vaart – Sonck, Ibrahimovic – **Trainer:** Koeman
Eingewechselt: 33. Laursen für Costacurta, 64. Serginho für Seedorf, 76. Ambrosini für Inzaghi – 54. Sneijder für Sonck, 70. Soetaers für Escudé, 80. V. Sikora für Pienaar
Tore: 1:0 Inzaghi (67.)
SR: Michel, Lubos (Slowakei) – **Zuschauer:** 50000 – Rote Karten: Gattuso (90., Tätlichkeit)

16. September 2003

FC Brügge – Celta Vigo 1:1 (0:0)

Brügge: Butina – De Cock, Clement, Maertens, van der Heyden – Simons, Stoica, Ceh – Verheyen, Martens, Mendoza – **Trainer:** Sollied
Celta: Pinto Colorado – Sergio, Berizzo, Contreras, Juanfran – Jose Ignacio, Angel – Jesuli, Vagner, Gustavo Lopez – Milosevic – **Trainer:** Lotina
Eingewechselt: 32. Englebert für Stoica, 69. Gvozdenovic für Maertens, 78. Saeternes für Ceh – 64. Jandro für Gustavo Lopez, 78. Velasco Damas für Angel, 82. Silvinho für Jesuli
Tore: 0:1 Juanfran (50.), 1:1 Juanfran (84., Eigentor)
SR: Kaznaferis (Griechenland) – **Zuschauer:** 27000 – **Gelbe Karte:** Contreras – **Rote Karten:** Mendoza (45., Tätlichkeit)

17. September 2003

Bayern München – Celtic Glasgow 2:1 (0:0)

Bayern: Kahn – Sagnol, R. Kovac, T. Linke, Lizarazu – Hargreaves – Ballack – Salihamidzic, Zé Roberto – Pizarro, Makaay – **Trainer:** Hitzfeld
Celtic: Hedman – Varga, Balde, McNamara – Agathe, Petrov, Lennon, Thompson – Sutton – Hartson, Larsson – **Trainer:** O'Neill
Eingewechselt: 73. Santa Cruz für Salihamidzic, 73. Rau für Lizarazu – 66. Miller für Hartson
Tore: 0:1 Thompson (57.), 1:1 Makaay (73.), 2:1 Makaay (86.)
SR: de Santis (Italien) – **Zuschauer:** 48000

17. September 2003

Olympique Lyon – RSC Anderlecht 1:0 (1:0)

Lyon: Coupet – Deflandre, Edmilson, Müller, Réveillère – M. Diarra, Essien, Dhorasoo, Juninho Pernambucano – Govou, Elber – **Trainer:** Le Guen
Anderlecht: Zitka – Zewlakow, De Boeck, Tihinen, Deschacht – Hasi, Baseggio – Wilhelmsson, Zetterberg, Seol – Dindane – **Trainer:** Broos
Eingewechselt: 69. Carriere für Juninho Pernambucano, 72. Malouda für Govou, 88. Luyindula für Elber – 64. Mornar für Hasi
Tore: 1:0 Juninho Pernambucano (26., Foulelfmeter)
SR: Gomes Costa (Portugal) – **Zuschauer:** 35000

17. September 2003

FC Arsenal – Inter Mailand 0:3 (0:3)

Arsenal: J. Lehmann – Lauren, Campbell, K. Toure, Cole – Pires, Vieira, Gilberto Silva, Ljungberg – Henry, Wiltord – **Trainer:** Wenger
Inter: Toldo – J. Zanetti, Cannavaro, Materazzi, Cordoba – van der Meyde, C. Zanetti, Emre, Gonzalez – Cruz, Martins – **Trainer:** Cuper
Eingewechselt: 64. Bergkamp für Pires, 64. Kanu für Gilberto Silva, 79. Parlour für Wiltord – 66. Lamouchi für Emre, 70. Helveg für van der Meyde, 84. Kallon für Cruz
Tore: 0:1 Cruz (22.), 0:2 van der Meyde (24.), 0:3 Martins (41.)
SR: Mejuto Gonzales (Spanien) – **Zuschauer:** 34393 – Besonderes Vorkommnis: Toldo hält Foulelfmeter von Henry (33.)

17. September 2003

Dynamo Kiew – Lokomotive Moskau 2:0 (0:0)

Dyn. Kiew: Shovkovsky – Fedorov, Dmytrulin, Gavrancic, Nesmachnyy – Belkevich, Ghioane, Peev, Husyev – Leko, Shatskikh – **Trainer:** Mikhailichenko
Lok. Moskau: S. Ovchinnikov – Nizhegorodov, Ignashevich, Pashinin, Sennikov – Leksetho, Maminov, Izmaylov, Loskov, Khokhlov – Ashvetia – **Trainer:** Sjomin
Eingewechselt: 46. Khatskevich für Dmytrulin, 62. Diogo Rincon für Husyev, 79. Cernat für Ghioane – 87. Leandro für Izmaylov, 88. Pimenov für Ashvetia
Tore: 1:0 Diogo Rincon (83.), 2:0 Diogo Rincon (90.)
SR: Fröjdfeldt (Schweden) – **Zuschauer:** 78000

17. September 2003

AEK Athen – Deportivo La Coruna 1:1 (0:1)

AEK Athen: Chiotis – Borbokis, Kapsis, Kostenoglou, Georgeas – Zagorakis, Katsuranis, Kreek, Tsiartas – Okkas, Liberopoulos – **Trainer:** Bajevic
Deportivo: Molina – Romero, Naybet, Mauro Silva, Jorge Andrade – Valeron, Hector, Sergio – Luque, Pandiani, Victor – **Trainer:** Irureta
Eingewechselt: 20. Moras für Kapsis, 64. Ivic für Liberopoulos, 81. Nalitzis für Kreek – 66. Duscher für Sergio, 71. Diego Tristan für Luque, 78. Scaloni für Pandiani
Tore: 0:1 Pandiani (12.), 1:1 Tsiartas (86.)
SR: McCurry (Schottland) – **Zuschauer:** 13600 (ausverkauft)

17. September 2003

PSV Eindhoven – AS Monaco 1:2 (0:1)

Eindhoven: Waterreus – Colin, Bouma, Ooijer, Y.P. Lee – van der Schaaf, Van Bommel, Rommedahl, Robben – Kezman, Park – **Trainer:** Hiddink
Monaco: Roma – Rodriguez, Squillaci, Evra, Givet – E. Cissé, Giuly, Rothen, Bernardi – Morientes, Zikos – **Trainer:** Deschamps
Eingewechselt: 46. Vennegoor of Hesselink für van der Schaaf, 83. de Jong für Robben – 73. Plasil für E. Cissé, 86. Adebayor für Giuly, 89. Prso für Rothen
Tore: 0:1 Morientes (31.), 0:2 E. Cissé (56.), 1:2 Bouma (65.)
SR: Bennett, Stephen Graham (England) – **Zuschauer:** 30000

17. September 2003

Juventus Turin – Galatasaray Istanbul 2:1 (1:1)

Juventus: Buffon – Thuram, Ferrara, Montero, Tacchinardi – Zambrotta, Appiah, Camoranesi, Nedved – Del Piero, Trezeguet – **Trainer:** Lippi
Galatasaray: Mondragon – Bülent, F. De Boer, Hakan Ünsal, Cesar Prates – Hasan Sas, Ergün, Batista, Sarioglu – Pinto, Hakan Sükür – **Trainer:** Terim
Eingewechselt: 46. Davids für Tacchinardi, 65. Tudor für Camoranesi, 78. di Vaio für Trezeguet – 56. Cihan für Hasan Sas, 80. Arif Erdem für Pinto, 84. Tamas für Hakan Ünsal
Tore: 1:0 Del Piero (5.), 1:1 Hakan Sükür (17.), 2:1 Ferrara (73.)
SR: Ivanov (Russland) – **Zuschauer:** 14420

17. September 2003

Real Sociedad – Olympiakos Piräus 1:0 (0:0)

Real Sociedad: Westerveld – Lopez Rekarte, Jauregi Irazola, Schürrer, Aranzabal – Karpin, Barkero, Aranburu, Alonso X. – D. Kovacevic, De Paula – **Trainer:** Denoueix
O. Piräus: Kafergiannakis – Karembeu – Kostulas, Mavrogenidis, Anatolakis, Venetidis – Kafes, Stoltidis, Georgiadis – Djordjevic, Giovanni – **Trainer:** Protasov
Eingewechselt: 61. Nihat für De Paula, 61. Lee für Barkero – 54. Chutos für Giovanni, 75. Pantos für Mavrogenidis, 83. Gonias für Kafes
Tore: 1:0 D. Kovacevic (80., Foulelfmeter)
SR: Fisker (Dänemark) – **Zuschauer:** 32000

2. Spieltag

30. September 2003

RSC Anderlecht – Bayern München 1:1 (0:0)

Anderlecht: Zitka – Zewlakow, Kompany, Tihinen, Deschacht – Hendrikx, Hasi, Seol – Baseggio – Mornar, Dindane – **Trainer:** Broos
Bayern: Kahn – Kuffour, R. Kovac, T. Linke, Lizarazu – Demichelis – Ballack – Hargreaves, Zé Roberto – Pizarro – Makaay – **Trainer:** Hitzfeld
Eingewechselt: 83. Kolar für Hendrikx, 87. Zetterberg für Mornar – 63. Santa Cruz für Ze Roberto, 63. Schweinsteiger für Hargreaves, 74. Salihamidzic für Kuffour
Tore: 1:0 Mornar (53.), 1:1 Santa Cruz (74.)
SR: Medina Cantalejo (Spanier) – **Zuschauer:** 21788 (ausverkauft) – **Gelb-Rote Karte:** Pizarro (36.)

30. September 2003

Celtic Glasgow – Olympique Lyon 2:0 (0:0)

Celtic: Hedman – Varga, Balde, McNamara – Agathe, Lennon, Sutton, Petrov, Thompson – Larsson, Hartson – **Trainer:** O'Neill
Lyon: Coupet – Deflandre, Müller, Edmilson, Réveillère – M. Diarra, Dhorasoo, Govou, Juninho Pernambucano – Carriere, Elber – **Trainer:** Le Guen
Eingewechselt: 64. Miller für Hartson – 63. Essien für Carriere, 74. Luyindula für Dhorasoo, 79. Malouda für Govou
Tore: 1:0 Miller (70.), 2:0 Sutton (78.)
SR: Iturralde González (Spanier) – **Zuschauer:** 58027 – **Besonderes Vorkommnis:** Coupet hält Foulelfmeter von A. Thompson (40.)

30. September 2003
Lokomotive Moskau – FC Arsenal 0:0
Lok. Moskau: S. Ovchinnikov – Sennikov, Pashinin – Gurenko, Ignashevich, Evseev – Maminov – Loskov, Khokhlov, Izmaylov – Ashvetia – **Trainer:** Sjomin
Arsenal: J. Lehmann – Lauren, Keown, K. Toure, Cole – Pires, Edu, Gilberto Silva, Parlour – Henry, Wiltord – **Trainer:** Wenger
Eingewechselt: 65. Pimenov für Ashvetia, 73. Nizhegorodov für Evseev –
SR: Wegereef, Jan (Niederlande) – **Zuschauer:** 30000

30. September 2003
Inter Mailand – Dynamo Kiew 2:1 (1:1)
Inter: Toldo – J. Zanetti, Adani, Cannavaro, Cordoba – van der Meyde, C. Zanetti, Emre, Gonzalez – Cruz, Martins – **Trainer:** Cuper
Dyn. Kiew: Shovkovskyi – Dmytrulin, Peev, Fedorov, Sablic, Nesmachnyy – Ghioane, Diogo Rincon, Leko, Belkevich – Shatskikh – **Trainer:** Mikhailichenko
Eingewechselt: 59. Vieri für Martins, 61. Helveg für van der Meyde, 78. Kallon für Cruz – 68. Khatskevich für Dmytrulin, 86. Melashchenko für Shatskikh
Tore: 1:0 Adani (23.), 1:1 Fedorov (34.), 2:1 Vieri (90.)
SR: Bré (Frankreich) – **Zuschauer:** 24326

30. September 2003
Deportivo La Coruna – PSV Eindhoven 2:0 (1:0)
Deportivo: Molina – Manuel Pablo, Jorge Andrade, Naybet, Capdevila – Sergio, Mauro Silva – Victor, Valeron, Luque – Pandiani – **Trainer:** Irureta
Eindhoven: Waterreus – Ooijer, Hofland, Bouma, Y.P. Lee – Van Bommel, Vogel – Rommedahl, Park, van der Schaaf – Kezman – **Trainer:** Hiddink
Eingewechselt: 46. Fran für Luque, 58. Diego Tristan für Pandiani, 80. Munitis für Valeron – 54. Robben für van der Schaaf, 78. Vennegoor of Hesselink für Vogel
Tore: 1:0 Sergio (20.), 2:0 Pandiani (52., Foulelfmeter)
SR: Larsen (Dänemark) – **Zuschauer:** 19000

30. September 2003
AS Monaco – AEK Athen 4:0 (2:0)
Monaco: Roma – Givet, Squillaci, Rodriguez, Evra – Zikos, Bernardi – Giuly, Rothen – Morientes, Adebayor – **Trainer:** Deschamps
AEK Athen: Chiotis – Amponsah, Kreek, Moras, Georgeas – Zagorakis, Katsuranis, Georgatos, Maladenis – Okkas, Liberopoulos – **Trainer:** Bajevic
Eingewechselt: 69. E. Cissé für Adebayor, 76. Prso für Morientes, 85. Plasil für Rothen – 15. Kostenoglou für Kreek, 61. Tsiartas für Moras, 76. Kapsis für Zagorakis
Tore: 1:0 Giuly (23.), 2:0 Morientes (27.), 3:0 Morientes (57.), 4:0 Prso (86.)
SR: Farina (Italien) – **Zuschauer:** 14000

30. September 2003
Olympiakos Piräus – Juventus Turin 1:2 (1:1)
O. Piräus: Katergiannakis – Pantos, Antzas, Kostulas, Venetidis – Mavrogenidis, Karembeu, Stoltidis, Djordjevic – Castillo, Giovanni – **Trainer:** Protasov
Juventus: Buffon – Thuram, Legrottaglie, Montero, Zambrotta – Appiah, Davids, Tacchinardi – Nedved – Trezeguet, di Vaio – **Trainer:** Lippi
Eingewechselt: 66. Gonias für Mavrogenidis, 66. Georgiadis für Giovanni, 74. Tatsis für Castillo – 56. Miccoli für di Vaio, 89. Birindelli für Nedved
Tore: 1:0 Stoltidis (11.), 1:1 Nedved (21.), 1:2 Nedved (79.)
SR: Poulat (Frankreich) – **Zuschauer:** 13000

30. September 2003
Galatasaray Istanbul – Real Sociedad 1:2 (0:1)
Galatasaray: Mondragon – Cesar Prates, Bülent, F. De Boer, Tamas – Sarioglu, Ayhan Akman, Cihan, Ergün – Hasan Sas, Hakan Sükür – **Trainer:** Terim
Real Sociedad: Westerveld – Potillon, Jauregi Iraola, Kvarme, Aranzabal – Karpin, Gabilondo, Aranburu, Alonso X. – Nihat, D. Kovacevic – **Trainer:** Denoueix
Eingewechselt: 40. Batista für Cesar Prates, 46. Arif Erdem für Tamas, 84. Balijc für Cihan – 65. Alkiza B. für Nihat, 67. Lee für Gabilondo, 78. De Paula für D. Kovacevic
Tore: 0:1 D. Kovacevic (3.), 1:1 Hakan Sükür (61.), 1:2 Alonso X. (72.)
SR: Fandel (Kyllburg) – **Zuschauer:** 42300 – Rote Karten: Hasan Sas (83., Tätlichkeit)

1. Oktober 2003
VfB Stuttgart – Manchester United 2:1 (0:0)
Stuttgart: Hildebrand – Hinkel, Meira, Bordon, Lahm – Soldo – Vranjes, A. Hleb – Heldt – Kuranyi, Szabics – **Trainer:** Magath
Man Utd.: Howard – G. Neville, Ferdinand, Silvestre, O'Shea – Keane – Scholes, P. Neville – Giggs, Cristiano Ronaldo, van Nistelrooy – **Trainer:** Ferguson
Eingewechselt: 71. Gerber für Lahm, 73. Tiffert für Vranjes, 87. Meißner für A. Hleb – 65. Fortune für O'Shea, 82. Forlán für Ferdinand, 90. Fletcher für Cristiano Ronaldo
Tore: 1:0 Szabics (50.), 2:0 Kuranyi (52.), 2:1 van Nistelrooy (67., Foulelfmeter)
SR: Bolognino (Italien) – **Zuschauer:** 50348 (ausverkauft) – **Gelbe Karte:** Tiffert – Besonderes Vorkommnis: Howard hält Foulelfmeter von Meira (79.)

1. Oktober 2003
Panathinaikos Athen – Glasgow Rangers 1:1 (0:1)
Pan. Athen: Chalkias – Seitaridis, Morris, Kirjakos, Fissas – Michaelsen, Zutautas, Epalle, Maric – Konstantinou, Vlaovic – **Trainer:** Shum
Rangers: Klos – Khizanishvili, Moore, Berg, Ball – Nuno Capucho, Emerson, Arteta, Lövenkrands – Arweladse, Mols – **Trainer:** McLeish
Eingewechselt: 46. Goumas für Kirjakos, 64. Papadopoulos für Vlaovic, 79. Konstantinidis für Epalle – 77. Vanoli für Lövenkrands, 85. Nerlinger für Arweladse
Tore: 0:1 Emerson (35.), 1:1 Konstantinidis (88.)
SR: Dauden Ibanez, Arturo (Spanien) – **Zuschauer:** 11000

1. Oktober 2003
FC Porto – Real Madrid 1:3 (1:2)
FC Porto: Vitor Baia – P. Ferreira, Pedro Emanuel, Carvalho, Valente – Costinha, Mendes, Maniche, Deco, Fernandes – Derlei – **Trainer:** Mourinho
Real Madrid: Casillas – Salgado, Pavon, Raul Bravo, Roberto Carlos – Helguera, Guti, Luis Figo, Zidane – Solari, Ronaldo – **Trainer:** Queiroz
Eingewechselt: 46. Bosingwa für Fernandes, 46. McCarthy für Mendes, 70. Jankauskas für Pedro Emanuel – 83. Raul für Ronaldo, 90. Cambiasso für Solari
Tore: 1:0 Costinha (8.), 1:1 Helguera (28.), 1:2 Solari (37.), 1:3 Zidane (66.)
SR: Collina, Pierluigi (Italien) – **Zuschauer:** 40000

1. Oktober 2003
Olympique Marseille – Partizan Belgrad 3:0 (0:0)
Marseille: Runje – van Buyten, Ecker, Meite, Perez – Vachousek, Meriem, Celestini – Marlet, Mido, Drogba – **Trainer:** Perrin
Partizan: Radakovic – Djordjevic, Stojanoski, West, Malbasa – Cirkovic, Nadj, Duljaj – Ilic – Iliev, Delibasic – **Trainer:** Matthäus
Eingewechselt: 61. Fernandao für Marlet, 73. Hemdani für Meriem, 77. Sychev für Mido – 81. Brnovic für Iliev, 81. Drulovic für Ilic, 87. Savic für Cirkovic
Tore: 1:0 Drogba (62.), 2:0 Drogba (68.), 3:0 Drogba (81.)
SR: Messina (Italien) – **Zuschauer:** 58000 – **Gelb-Rote Karte:** Delibasic (45.)

1. Oktober 2003
Lazio Rom – Sparta Prag 2:2 (0:2)
Lazio: Peruzzi – Oddo, Stam, Mihajlovic, Favalli – Fiore, Albertini, Stankovic, Sergio Conceicao – Corradi, Inzaghi – **Trainer:** Mancini
Sparta: Blazek – Flachbart, Johana, Hübschmann, Labant – Poborsky, Pergl, Kovac, Zelenka – Kincl, Sionko – **Trainer:** Kotrba
Eingewechselt: 46. Liverani für Albertini, 61. Muzzi für Sergio Conceicao, 82. Dabo für Inzaghi – 85. I. Gluscevic für Kincl, 87. Michalik für Sionko, 90. Krmas für Zelenka
Tore: 0:1 Sionko (27.), 0:2 Poborsky (35.), 1:2 Inzaghi (46.), 2:2 Inzaghi (60., Foulelfmeter)
SR: Colombo (Frankreich) – **Zuschauer:** 25405

1. Oktober 2003
FC Chelsea – Besiktas Istanbul 0:2 (0:2)
Chelsea: Cudicini – Terry, Desailly, Gallas, Babayaro – Lampard, Geremi, Makelele, Veron – Crespo, Mutu – **Trainer:** Ranieri
Besiktas: Cordoba – Tayfur, Zago, Guiaro, Emre Asik – Koc, Giunti, Sergen Yalcin, Ibrahim Üzülmez – Pancu, Mansiz – **Trainer:** Lucescu
Eingewechselt: 24. Bridge für Babayaro, 46. Duff für Mutu, 46. Hasselbaink für Crespo – 58. Dobra für Koc, 68. Yasin Sülün für Giunti, 82. Hassan für Sergen Yalcin
Tore: 0:1 Sergen Yalcin (24.), 0:2 Sergen Yalcin (29.)
SR: Cardoso Cortez Batista (Portugal) – **Zuschauer:** 32957 – **Gelb-Rote Karte:** Mansiz (51.)

1. Oktober 2003
Celta Vigo – AC Mailand 0:0
Celta: Pinto Colorado – Velasco Damas, Caceres, Contreras, Juanfran – Giovanella, Angel – Jesuli, Vagner, Mostovoi – Gustavo Lopez – **Trainer:** Lotina
Milan: Dida – Cafu, Nesta, Maldini, Costacurta – Rui Costa, Pirlo, Ambrosini, Kaka – Shevchenko, Serginho – **Trainer:** Ancelotti
Eingewechselt: 45. Sergio für Contreras, 58. Milosevic für Gustavo Lopez, 86. Jandro für Jesuli – 62. Inzaghi für Serginho, 65. Rivaldo für Kaka, 75. Brocchi für Shevchenko
SR: Riley (England) – **Zuschauer:** 26000

1. Oktober 2003
Ajax Amsterdam – FC Brügge 2:0 (1:0)
Ajax: Lobont – Pasanen, Galasek, Maxwell, Soetaers – Trabelsi, Escudé, Pienaar, van der Vaart – Sonck, Ibrahimovic – **Trainer:** Koeman
Brügge: Butina – De Cock, Cornelis, Rozehnal, van der Heyden – Simons, Clement, Englebert, Gvozdenovic – Verheyen, Saeternes – **Trainer:** Sollied
Eingewechselt: 46. Sneijder für Soetaers, 60. de Jong für Pienaar, 77. van Damme für van der Vaart – 66. Ceh für Englebert, 79. Simic für Gvozdenovic, 87. Lange für Saeternes
Tore: 1:0 Sonck (12.), 2:0 Sonck (54.)
SR: Barber (England) – **Zuschauer:** 49371 – **Gelbe Karte:** de Jong

3. Spieltag

21. Oktober 2003
Olympique Lyon – Bayern München 1:1 (0:1)
Lyon: Coupet – Deflandre, Müller, Edmilson, Réveillère – Essien, Dhorasoo – M. Diarra, Juninho Pernambucano – Govou, Elber – **Trainer:** Le Guen
Bayern: Kahn – Kuffour, R. Kovac, T. Linke, Lizarazu – Deisler, Demichelis, Ballack, Zé Roberto – Santa Cruz – Makaay – **Trainer:** Hitzfeld
Eingewechselt: 46. Malouda für Deflandre, 67. Luyindula für Govou, 71. Carriere für Dhorasoo – 46. Jeremies für Demichelis, 90. Salihamidzic für Zé Roberto
Tore: 0:1 Makaay (25.), 1:1 Luyindula (88.)
SR: Michel, Lubos (Slowakei) – **Zuschauer:** 37659

21. Oktober 2003
RSC Anderlecht – Celtic Glasgow 1:0 (0:0)
Anderlecht: Zitka – Zewlakow, Kompany, De Boeck, Deschacht – Kolar, Hasi, Wilhelmsson – Baseggio – Mornar, Dindane – **Trainer:** Broos
Celtic: Hedman – Varga, Balde, McNamara – Agathe, Lennon, Sutton, Petrov, Thompson – Larsson, Hartson – **Trainer:** O'Leary
Eingewechselt: 88. Hendrikx für Wilhelmsson, 90. Tihinen für Kolar – 46. Valgaeren für McNamara, 80. Miller für Lennon
Tore: 1:0 Dindane (72.)
SR: Stuchlik (Österreich) – **Zuschauer:** 28000

21. Oktober 2003
Dynamo Kiew – FC Arsenal 2:1 (1:0)
Dyn. Kiew: Shovkovskyi – Dmytrulin, Peev, Gavrancic, Fedorov, Nesmachnyy – Ghioane, Husyev, Leko, Belkevich – Shatskikh – **Trainer:** Mikhailichenko
Arsenal: J. Lehmann – Lauren, Campbell, K. Toure, Cole – Pires, Edu, Gilberto Silva, Parlour – Henry, Wiltord – **Trainer:** Wenger
Eingewechselt: 33. Sablic für Dmytrulin, 65. Diogo Rincon für Husyev, 79. Khatskevich für Ghioane – 61. Vieira für Edu, 74. Ljungberg für Parlour, 74. Kanu für Gilberto Silva
Tore: 1:0 Shatskikh (27.), 2:0 Belkevich (64.), 2:1 Henry (80.)
SR: Plautz (Österreich) – **Zuschauer:** 65000

21. Oktober 2003
Lokomotive Moskau – Inter Mailand 3:0 (1:0)
Lok. Moskau: S. Ovchinnikov – Sennikov, Leksetho – Buznikin, Ignashevich, Evseev – Maminov – Loskov, Khokhlov, Izmaylov – Ashvetia – **Trainer:** Sjomin
Inter: Toldo – J. Zanetti, Brechét, Cannavaro, Cordoba – Almeyda, C. Zanetti, Recoba, Materazzi – Cruz, Vieri – **Trainer:** Zaccheroni
Eingewechselt: 46. Pashinin für Buznikin, 75. Gurenko für Evseev – 61. Martins für Cruz, 61. Emre für Materazzi, 72. Coco für Brechét
Tore: 1:0 Loskov (2.), 2:0 Ashvetia (50.), 3:0 Khokhlov (57.)
SR: Wack, Dr. (Biberbach) – **Zuschauer:** 25000

21. Oktober 2003
Deportivo La Coruna – AS Monaco 1:0 (0:0)
Deportivo: Molina – Manuel Pablo, Jorge Andrade, Naybet, Romero – Sergio, Victor, Valeron, Luque – Duscher, Diego Tristan – **Trainer:** Irureta
Monaco: Roma – Givet, Squillaci, Rodriguez, Evra – Plasil, Bernardi – Giuly, Rothen, E. Cissé – Morientes – **Trainer:** Deschamps
Eingewechselt: 57. Fran für Luque, 65. Pandiani für Valeron, 81. Scaloni für Victor – 78. Adebayor für Morientes, 87. Prso für Plasil
Tore: 1:0 Diego Tristan (83.)
SR: de Bleeckere (Belgien) – **Zuschauer:** 25000

21. Oktober 2003
AEK Athen – PSV Eindhoven 0:1 (0:1)
AEK Athen: Michailidis – Amponsah, Kassapis, Kapsis, Georgeas – Zagorakis, Katsuranis, Tsiartas, Rusev – Okkas, Liberopoulos – **Trainer:** Bajevic
Eindhoven: Waterreus – Ooijer, Hofland, Bouma, Y.P. Lee – Lucius, Vogel – Rommedahl, de Jong – Kezman, Robben – **Trainer:** Hiddink
Eingewechselt: 61. Lakis für Rusev, 61. Ivic für Liberopoulos, 78. Borbokis für Kassapis – 63. Colin für Hofland
Tore: 0:1 Lucius (37.)
SR: Irvine (Nordirland) – **Zuschauer:** 11500 – Rote Karten: Amponsah (65., Notbremse)

21. Oktober 2003
Juventus Turin – Real Sociedad 4:2 (0:0)
Juventus: Buffon – Thuram, Tudor, Iuliano, Zambrotta – Appiah, Camoranesi, Tacchinardi – Nedved – Trezeguet, di Vaio – **Trainer:** Lippi
Real Sociedad: Westerveld – Potillon, Jauregi Iraola, Schürrer, Aranzabal – Karpin, Gabilondo, Alkiza B., Alonso X. – Lee, D. Kovacevic – **Trainer:** Denoueix
Eingewechselt: 66. Davids für Camoranesi, 75. Montero für Tudor, 84. Birindelli für di Vaio – 66. De Pedro für Lee, 74. Nihat für D. Kovacevic, 81. Aranburu für Alonso X.

Tore: 1:0 Trezeguet (3.), 2:0 di Vaio (7.), 3:0 di Vaio (45.), 4:0 Trezeguet (63.), 4:1 Tudor (67., Eigentor), 4:2 De Pedro (80.)
SR: Poll, Graham (England) – **Zuschauer:** 30000

21. Oktober 2003

Galatasaray Istanbul – Olympiakos Piräus 1:0 (1:0)

Galatasaray: Mondragon – Cesar Prates, Bülent, F. De Boer – Sarioglu, Batista, Ayhan Akman, Cihan, Ergün – Arif Erdem, Hakan Sükür – **Trainer:** Terim
O. Piräus: Bucek – Pantos, Antzas, Anatolakis, Venetidis – Mavrogenidis, Karembeu, Stoltidis, Djordjevic – Castillo, Giovanni – **Trainer:** Protasov
Eingewechselt: 69. Hakan Ünsal für Cesar Prates, 76. Petre für Arif Erdem, 90. Usta für Sarioglu – 62. Kafes für Stoltidis, 77. Georgiadis für Castillo, 85. Tatsis für Mavrogenidis
Tore: 1:0 Cihan (9.)
SR: Meier, Urs (Schweiz) – **Zuschauer:** 45000

22. Oktober 2003

Glasgow Rangers – Manchester United 0:1 (0:1)

Rangers: Klos – Khizanishvili, Moore, Berg, Ball – Ricksen, Arteta, Vanoli, Lövenkrands – Arweladse, Mols – **Trainer:** McLeish
Man Utd.: Howard – G. Neville, Ferdinand, Silvestre, O'Shea – Keane – Scholes, P. Neville, Fortune – Giggs, van Nistelrooy – **Trainer:** Ferguson
Eingewechselt: 67. Nerlinger für Vanoli, 86. Ross für Khizanishvili – 86. N. Butt für P. Neville, 90. Djemba Djemba für Fortune
Tore: 0:1 P. Neville (5.)
SR: Frisk, Anders (Schweden) – **Zuschauer:** 50000

22. Oktober 2003

VfB Stuttgart – Panathinaikos Athen 2:0 (2:0)

Stuttgart: Hildebrand – Hinkel, Meira, Bordon, Lahm – Soldo – Vranjes, A. Hleb – Heldt – Szabics, Kuranyi – **Trainer:** Magath
Pan. Athen: Nikopolidis – Seitaridis, Henriksen, Morris – Michaelsen, Zutautas, Fissas – Basinas, Münch – Maric – Papadopoulos – **Trainer:** Shum
Eingewechselt: 62. Tiffert für Heldt, 77. Meißner für Vranjes, 84. Amanatidis für Szabics – 46. Konstantinou für Papadopoulos, 69. Konstantinidis für Münch
Tore: 1:0 Szabics (13.), 2:0 Soldo (25.)
SR: Allaerts (Belgien) – **Zuschauer:** 50348 (ausverkauft)

22. Oktober 2003

Real Madrid – Partizan Belgrad 1:0 (1:0)

Real Madrid: Casillas – Salgado, Pavon, Raul Bravo, Roberto Carlos – Beckham, Helguera, Luis Figo, Zidane – Raul, Ronaldo – **Trainer:** Queiroz
Partizan: Pantic – Djordjevic, Ognjanovic, Rzasa, Malbasa – Savic, Nadj, Duljaj – Drulovic, Ilic – Iliev – **Trainer:** Matthäus
Eingewechselt: 46. Guti für Pavon, 79. Solari für Zidane, 79. Portillo für Ronaldo – 46. Stojanoski für Rzasa, 90. Brnovic für Djordjevic, 90. Cakar für Nadj
Tore: 1:0 Raul (38.)
SR: Busacca (Schweiz) – **Zuschauer:** 64000

22. Oktober 2003

Olympique Marseille – FC Porto 2:3 (1:2)

Marseille: Runje – van Buyten, Ecker, Meite, Perez – Hemdani, Meriem, Celestini – Marlet, Mido, Drogba – **Trainer:** Perrin
FC Porto: Vitor Baia – P. Ferreira, Jorge Costa, Carvalho, Valente – Costinha, Maniche, Deco, Paulinho Santos – Peixoto, Derlei – **Trainer:** Mourinho
Eingewechselt: 66. Sychev für Perez, 67. Vachousek für Mido – 65. Bosingwa für Peixoto, 73. Alenichev für P. Ferreira, 88. Jankauskas für Derlei
Tore: 1:0 Drogba (24.), 1:1 Maniche (31.), 1:2 Derlei (35.), 1:3 Alenichev (81.), 2:3 Marlet (84.)
SR: Vassaras, Kyros (Griechenland) – **Zuschauer:** 57000 – **Gelbe Karte:** Vitor Baia

Sicherer Rückhalt: Entschlossen greift sich Ajax-Keeper Lobont die Kugel vor Stürmer Milosevic.

22. Oktober 2003

FC Chelsea – Lazio Rom 2:1 (0:1)

Chelsea: Cudicini – Terry, Johnson, Gallas, Bridge – Lampard, Makelele, Veron – Mutu – Crespo, Duff – **Trainer:** Ranieri
Lazio: Peruzzi – Oddo, Stam, Mihajlovic, Favalli – Zauri, Albertini, Stankovic, Sergio Conceicao – Corradi, Inzaghi – **Trainer:** Mancini
Eingewechselt: 64. Grönkjaer für Veron, 78. Geremi für Duff, 87. J. Cole für Mutu – 68. Muzzi für Inzaghi, 75. Fiore für Zauri, 84. Liverani für Stankovic
Tore: 0:1 Inzaghi (38.), 1:1 Lampard (57.), 2:1 Mutu (65.)
SR: Hauge, Terje (Norwegen) – **Zuschauer:** 40405

22. Oktober 2003

Sparta Prag – Besiktas Istanbul 2:1 (0:0)

Sparta: Blazek – Kovac, Johana, Hübschmann, Labant – Poborsky, Nemec, Pergl, Zelenka – Kincl, Sionko – **Trainer:** Kotrba
Besiktas: Cordoba – Tayfur, Zago, Guiaro, Emre Asik – Dobra, Giunti, Sergen Yalcin, Ibrahim Üzülmez – Pancu, Ahmet Dursun – **Trainer:** Lucescu
Eingewechselt: 86. J. Cluscevic für Kincl, 88. Jun für Sionko, 90. Michalik für Zelenka – 65. Kaloglou für Ahmet Dursun, 81. Hassan für Sergen Yalcin
Tore: 1:0 Zelenka (58.), 1:1 Pancu (60., Foulelfmeter), 2:1 Poborsky (84.)
SR: Mejuto Gonzales (Spanien) – **Zuschauer:** 14512

22. Oktober 2003

AC Mailand – FC Brügge 0:1 (0:1)

Milan: Dida – Cafu, Nesta, Maldini, Pancaro – Seedorf, Pirlo, Brocchi, Kaka – Shevchenko, Inzaghi – **Trainer:** Ancelotti
Brügge: Verlinden – De Cock, Rozehnal, van der Heyden, Maertens – Simons, Clement, Gvozdenovic, Martens – Ceh – Mendoza – **Trainer:** Sollied
Eingewechselt: 62. Rui Costa für Kaka, 62. Serginho für Seedorf, 76. Tomasson für Shevchenko – 78. Verheyen für Martens, 79. Saeternes für Mendoza, 90. Stoica für Ceh
Tore: 0:1 Mendoza (33.)
SR: Ovrebo (Norwegen) – **Zuschauer:** 43823

22. Oktober 2003

Ajax Amsterdam – Celta Vigo 1:0 (0:0)

Ajax: Lobont – Pasanen, Galasek, Maxwell, van Damme – Trabelsi, Sneijder, Pienaar, van der Vaart – Sonck, Ibrahimovic – **Trainer:** Koeman
Celta: Pinto Colorado – Velasco Damas, Caceres, Silvinho, Juanfran – Giovanella, Berizzo – Jesuli, Luccin, Mostovoi – Milosevic – **Trainer:** Lotina
Eingewechselt: 39. Mitea für van der Vaart, 64. de Jong für Trabelsi, 79. Yakubu für Sonck – 81. Catanha für Giovanella, 85. Angel für Caceres
Tore: 1:0 Ibrahimovic (53.)
SR: Merk, Dr. (Kaiserslautern) – **Zuschauer:** 48514

4. Spieltag

4. November 2003

Manchester United – Glasgow Rangers 3:0 (2:0)

Man Utd.: Howard – G. Neville, Ferdinand, Silvestre, Fortune – Cristiano Ronaldo, Keane, P. Neville, Giggs – Forlán, van Nistelrooy – **Trainer:** Ferguson
Rangers: Klos – Khizanishvili, Berg, Moore, Ball – Lövenkrands, Arteta, Hughes, Vanoli – Arweladse, Mols – **Trainer:** McLeish
Eingewechselt: 67. Bellion für Giggs, 67. Kleberson für Forlán, 77. Fletcher für van Nistelrooy – 51. Nuno Capucho für Mols, 68. Ross für Moore, 82. Burke für Vanoli
Tore: 1:0 Forlán (6.), 2:0 van Nistelrooy (44.), 3:0 van Nistelrooy (60.)
SR: Collina, Pierluigi (Italien) – **Zuschauer:** 66707

4. November 2003

Panathinaikos Athen – VfB Stuttgart 1:3 (0:0)

Pan. Athen: Nikopolidis – Goumas, Henriksen – Seitaridis, Fissas – Zutautas – Basinas – Michaelsen, Maric – Konstantinou, Papadopoulos – **Trainer:** Shum
Stuttgart: Hildebrand – Hinkel, Meira, Wenzel, Lahm – Soldo, Vranjes – Tiffert, Amanatidis – Kuranyi, Szabics – **Trainer:** Magath
Eingewechselt: 72. Sinmartean für Michaelsen, 79. Konstantinidis für Maric – 46. A. Hleb für Amanatidis, 46. Heldt für Vranjes, 79. Meißner für Szabics
Tore: 1:0 Konstantinou (60.), 1:1 Fissas (67., Eigentor), 1:2 Kuranyi (75.), 1:3 Hinkel (77.)
SR: de Santis (Italien) – **Zuschauer:** 6018

4. November 2003

Partizan Belgrad – Real Madrid 0:0

Partizan: Pantic – Djordjevic, Bajic, West – Savic, Nadj, Malbasa – Duljaj, Ilic – Delibasic, Iliev – **Trainer:** Matthäus
Real Madrid: Casillas – Salgado, Pavon, Raul Bravo, Roberto Carlos – Luis Figo, Beckham, Helguera, Zidane – Raul, Ronaldo – **Trainer:** Queiroz
Eingewechselt: 19. Rzasa für Malbasa, 46. Stojanoski für Delibasic, 67. Drulovic für Nadj – 12. Guti für Roberto Carlos
Tore:
SR: Bolognino (Italien) – **Zuschauer:** 32000 (ausverkauft)

4. November 2003

FC Porto – Olympique Marseille 1:0 (1:0)

FC Porto: Vitor Baia – P. Ferreira, Jorge Costa, Carvalho, Valente – Alenichev, Costinha, Maniche – Bosingwa, McCarthy, Derlei – **Trainer:** Mourinho
Marseille: Runje – Meite, van Buyten, Christanval, Ecker – Perez, Meriem, Hemdani, Vachousek – Marlet, Drogba – **Trainer:** Perrin
Eingewechselt: 60. Costa für Valente, 62. M. Ferreira für McCarthy, 82. Mendes Fernando für Bosingwa – 53. Mido für Perez, 79. Johansen für Vachousek, 80. Sychev für Marlet
Tore: 1:0 McCarthy (21.)
SR: Poll, Graham (England) – **Zuschauer:** 33000

4. November 2003

Lazio Rom – FC Chelsea 0:4 (0:1)

Lazio: Sereni – Zauri, Fernando Couto, Mihajlovic, Favalli – Fiore, Albertini, Liverani, Stankovic – Corradi, Inzaghi – **Trainer:** Mancini
Chelsea: Cudicini – Johnson, Terry, Gallas, Bridge – Makelele, Lampard, Duff, Veron – Crespo, Mutu – **Trainer:** Ranieri
Eingewechselt: 59. Negro für Fiore, 71. Muzzi für Albertini, 71. C. Lopez für Inzaghi – 57. Grönkjaer für Mutu, 67. Gudjohnsen für Crespo, 77. J. Cole für Veron
Tore: 0:1 Crespo (15.), 0:2 Gudjohnsen (70.), 0:3 Duff (75.), 0:4 Lampard (80.)
SR: Ivanov (Russland) – **Zuschauer:** 48485

4. November 2003

Besiktas Istanbul – Sparta Prag 1:0 (0:0)

Besiktas: Cordoba – Tayfur, Zago, Guiaro, Ahmet – Dobra, Giunti, Sergen Yalcin, Ibrahim Üzülmez – Pancu, Mansiz – **Trainer:** Lucescu
Sparta: Blazek – Kovac, Johana, Hübschmann, Labant – Poborsky, Krmas, Pergl, Zelenka – Kincl, Sionko – **Trainer:** Kotrba
Eingewechselt: 62. Hassan für Dobra, 72. Metin für Ibrahim Üzülmez, 90. Ahmet Dursun für Sergen Yalcin – 60. Jun für Sionko, 77. Michalik für Kincl, 84. J. Gluscevic für Krmas

Tore: 1:0 Guiaro (81.)
SR: Busacca (Schweiz) – **Zuschauer:** 34700

4. November 2003
FC Brügge – AC Mailand 0:1 (0:0)
Brügge: Verlinden – De Cock, Rozehnal, Maertens, van der Heyden – Gvozdenovic, Clement – Simons, Verheyen – Ceh – Mendoza – **Trainer:** Sollied
Milan: Dida – Cafu, Nesta, Maldini, Pancaro – Gattuso, Pirlo – Seedorf, Kaka – Shevchenko, Tomasson – **Trainer:** Ancelotti
Eingewechselt: 62. Stoica für Ceh, 77. Saeternes für Clement – 35. Costacurta für Maldini, 42. Simic für Tomasson, 87. Ambrosini für Kaka
Tore: 0:1 Kaka (86.)
SR: Fandel (Kyllburg) – **Zuschauer:** 20000

4. November 2003
Celta Vigo – Ajax Amsterdam 3:2 (2:0)
Celta: Pinto Colorado – Sergio, Caceres, Silvinho, Juanfran – Vagner, Angel – Jesuli, Luccin, Mostovoi – Milosevic – **Trainer:** Lotina
Ajax: Lobont – Yakubu, Galasek, de Jong, Grygera – Escudé, Mitea, Maxwell, van der Vaart – Sonck, Ibrahimovic – **Trainer:** Koeman
Eingewechselt: 82. Gustavo Lopez für Jesuli, 85. Contreras für Vagner, 90. Oubina für Mostovoi – 65. Heitinga für Yakubu, 69. Litmanen für Ibrahimovic, 78. Wamberto für Galasek
Tore: 1:0 Luccin (25., Foulelfmeter), 2:0 Milosevic (39.), 2:1 Sonck (53.), 3:1 Vagner (63.), 3:2 van der Vaart (81.)
SR: Veissiere, Gilles (Frankreich) – **Zuschauer:** 25000 – **Gelbe Karte:** Mostovoi

5. November 2003
Bayern München – Olympique Lyon 1:2 (1:1)
Bayern: Kahn – Sagnol, Kuffour, R. Kovac, Lizarazu – Salihamidzic, Demichelis, Zé Roberto – Ballack – Pizarro, Makaay – **Trainer:** Hitzfeld
Lyon: Coupet – Berthod, Müller, Edmilson, Réveillère – Essien, Malouda – M. Diarra, Juninho Pernambucano – Luyindula, Elber – **Trainer:** Le Guen
Eingewechselt: 67. Santa Cruz für Pizarro, 72. Jeremies für Demichelis, 72. Scholl für Sagnol – 77. Govou für Essien, 78. Cacapa für Elber, 90. Carriere für Juninho Pernambucano
Tore: 0:1 Juninho Pernambucano (6., direkter Freistoß), 1:1 Makaay (14.), 1:2 Elber (53.)
SR: Barber (England) – **Zuschauer:** 59000 (ausverkauft) – **Gelbe Karte:** Ballack

5. November 2003
Celtic Glasgow – RSC Anderlecht 3:1 (3:0)
Celtic: Hedman – Varga, Balde, McNamara – Agathe, Lennon, Sutton, Petrov, Miller – Larsson, Hartson – **Trainer:** O'Neill
Anderlecht: Zitka – Zewlakow, Kompany, Tihinen, Deschacht – Hendrikx, Hasi, Wilhelmsson – Baseggio – Mornar, Dindane – **Trainer:** Broos
Eingewechselt: 75. Gray für Miller, 83. Maloney für Hartson, 90. Sylla für Maloney – 63. Kolar für Hendrikx
Tore: 1:0 Larsson (12.), 2:0 Miller (17.), 3:0 Sutton (29.), 3:1 Dindane (77.)
SR: Vassaras, Kyros (Griechenland) – **Zuschauer:** 59057 – Besonderes Vorkommnis: Hedman hält Foulelfmeter von Mornar (77.)

5. November 2003
FC Arsenal – Dynamo Kiew 1:0 (0:0)
Arsenal: J. Lehmann – Lauren, Campbell, K. Toure, Cole – Pires, Ljungberg, Gilberto Silva, Parlour – Henry, Bergkamp – **Trainer:** Wenger
Dyn. Kiew: Shovkovskyi – Peev, Gavrancic, Fedorov, Nesmachnyy – Onyshchenko, Ghioane, Husyev, Leko, Belkevich – Shatskikh – **Trainer:** Mikhailichenko
Eingewechselt: 69. Wiltord für Ljungberg, 76. Kanu für Parlour, 90. Edu für Bergkamp – 22. Sablic für Onyshchenko, 60. Diogo Rincon für Husyev, 71. Nanni für Shatskikh
Tore: 1:0 Cole (89.)
SR: Cardoso Cortez Batista (Portugal) – **Zuschauer:** 35000

5. November 2003
Inter Mailand – Lokomotive Moskau 1:1 (1:0)
Inter: Toldo – J. Zanetti, Helveg, Cannavaro, Adani – Almeyda, C. Zanetti, Materazzi, Gonzalez – Vieri, Recoba – **Trainer:** Zaccheroni
Lok. Moskau: S. Ovchinnikov – Sennikov, Leksetho – Pashinin, Ignashevich, Evseev – Maminov – Loskov, Khokhlov, Izmaylov – Ashvetia – **Trainer:** Sjomin
Eingewechselt: 68. Lamouchi für C. Zanetti, 77. Cruz für Recoba, 90. Karagounis für Gonzalez – 77. Buznikin für Ashvetia, 90. Nizhegorodov für Izmaylov
Tore: 1:0 Recoba (14.), 1:1 Loskov (55.)
SR: de Bleeckere (Belgien) – **Zuschauer:**

5. November 2003
AS Monaco – Deportivo La Coruna 8:3 (5:2)
Monaco: Roma – Givet, Squillaci, Rodriguez, Evra – Plasil, Bernardi – Giuly, Rothen – E. Cissé, Prso – **Trainer:** Deschamps
Deportivo: Molina – Manuel Pablo, Jorge Andrade, Naybet, Romero – Mauro Silva, Scaloni, Valeron, Sergio – Amavisca, Diego Tristan – **Trainer:** Irureta
Eingewechselt: 66. Zikos für Plasil, 75. Adebayor für Prso, 83. Ibarra für Evra – 46. Munua für Molina, 46. Munitis für Manuel Pablo, 60. Pandiani für Sergio
Tore: 1:0 Rothen (2.), 2:0 Giuly (11.), 3:0 Prso (26.), 4:0 Prso (29.), 4:1 Diego Tristan (39.), 5:1 Prso (45.), 5:2 Scaloni (45.), 6:2 Plasil (47.), 7:2 Prso (49.), 7:3 Diego Tristan (52.), 8:3 E. Cissé (67.)
SR: Hauge, Terje (Norwegen) – **Zuschauer:** 17000

5. November 2003
PSV Eindhoven – AEK Athen 2:0 (0:0)
Eindhoven: Waterreus – Ooijer, Hofland, Bouma, Y.P. Lee – Lucius, Colin – Park, de Jong – Kezman, Robben – **Trainer:** Hiddink
AEK Athen: Michailidis – Kostenoglou, Kassapis, Moras, Georgeas – Zagorakis, Katsuranis, Lakis, Rusev – Okkas, Liberopoulos – **Trainer:** Bajevic
Eingewechselt: – 33. Tsiartas für Rusev, 69. Konstantinidis für Lakis, 78. Ivic für Okkas
Tore: 1:0 Bouma (51.), 2:0 Robben (63.)
SR: Plautz (Österreich) – **Zuschauer:** 28000

5. November 2003
Real Sociedad – Juventus Turin 0:0
Real Sociedad: Westerveld – Lopez Rekarte, Jauregi Iraola, Schürrer, Aranzabal – Karpin, De Pedro, Alkiza B., Alonso X. – Nihat, D. Kovacevic – **Trainer:** Denoueix
Juventus: Buffon – Ferrara, Tudor, Iuliano, Birindelli – Davids, Conte, Pessotto – Nedved – Miccoli, di Vaio – **Trainer:** Lippi
Eingewechselt: 75. Lee für De Pedro – 69. Appiah für Pessotto, 76. Zalayeta für di Vaio, 82. Tacchinardi für Conte
Tore:
SR: Bré (Frankreich) – **Zuschauer:** 31000

5. November 2003
Olympiakos Piräus – Galatasaray Istanbul 3:0 (2:0)
O. Piräus: Katergiannakis – Georgiadis, Antzas, Anatolakis, Venetidis – Mavrogenidis, Karembeu, Stoltidis, Djordjevic – Castillo, Giovanni – **Trainer:** Protasov
Galatasaray: Mondragon – Cesar Prates, Bülent, F. De Boer, Ak – Petre, Ayhan Akman, Cihan, Ergün – Hasan Sas, Hakan Sükür – **Trainer:** Terim
Eingewechselt: 65. Kafes für Castillo, 89. Niniadis für Georgiadis, 90. Kostulas für Mavrogenidis – 40. Balijc für Cihan, 66. Lukunku für Ergün, 81. Sarioglu für Cesar Prates
Tore: 1:0 Mavrogenidis (6.), 2:0 Castillo (34.), 3:0 Giovanni (90.)
SR: Michel, Lubos (Slowakei) – **Zuschauer:** 14000 – Rote Karten: Ayhan Akman (88., Tätlichkeit)

5. Spieltag

25. November 2003
Celtic Glasgow – Bayern München 0:0
Celtic: Hedman – Balde, Varga, McNamara – Agathe – Thompson – Petrov, Lennon – Sutton – Larsson, Hartson – **Trainer:** O'Neill
Bayern: Kahn – Sagnol, Kuffour, R. Kovac, Lizarazu – Hargreaves, Jeremies – Ballack – Santa Cruz, Salihamidzic, Makaay – **Trainer:** Hitzfeld
Eingewechselt: 63. Miller für Agathe, 86. Sylla für Hartson – 73. Pizarro für Santa Cruz
SR: Temmink (Niederlande) – **Zuschauer:** 60506 (ausverkauft)

25. November 2003
RSC Anderlecht – Olympique Lyon 1:0 (0:0)
Anderlecht: Zitka – Zewlakow, Kompany, Tihinen, Deschacht – Zetterberg, Hasi, Wilhelmsson – Baseggio – Mornar, Kolar – **Trainer:** Broos
Lyon: Puydebois – Berthod, Müller, Edmilson, Réveillère – Govou, Malouda – M. Diarra, Juninho Pernambucano – Luyindula, Elber – **Trainer:** Le Guen
Eingewechselt: 67. Hendrikx für Zewlakow, 87. Vanderhaeghe für Zetterberg, 89. Iachtchouk für Kolar – 74. Carriere für M. Diarra, 80. Cacapa für Berthod
Tore: 1:0 Tihinen (71.)
SR: Messina (Italien) – **Zuschauer:** 20800

25. November 2003
Inter Mailand – FC Arsenal 1:5 (1:1)
Inter: Toldo – J. Zanetti, Cordoba, Cannavaro, Brechét – Lamouchi, C. Zanetti, Materazzi, van der Meyde – Vieri, Martins – **Trainer:** Zaccheroni
Arsenal: J. Lehmann – Cygan, Campbell, K. Toure, Cole – Pires, Ljungberg, Edu, Parlour – Henry, Kanu – **Trainer:** Wenger
Eingewechselt: 57. Almeyda für Lamouchi, 59. Pasquale für Cannavaro, 69. Cruz für van der Meyde – 72. Gilberto Silva für Kanu, 89. Aliadiere für Henry
Tore: 0:1 Henry (25.), 1:1 Vieri (32.), 1:2 Ljungberg (49.), 1:3 Henry (85.), 1:4 Edu (88.), 1:5 Pires (89.)
SR: Stark (Ergolding) – **Zuschauer:** 45000

25. November 2003
Lokomotive Moskau – Dynamo Kiew 3:2 (2:1)
Lok. Moskau: S. Ovchinnikov – Sennikov, Leksetho – Pashinin, Ignashevich, Evseev – Maminov – Loskov, Khokhlov, Buznikin – Ashvetia – **Trainer:** Sjomin
Dyn. Kiew: Shovkovskyi – Onyshchenko, Gavrancic, Sablic, Nesmachnyy – Ghioane, Husyev, Dmytrulin, Belkevich – Diogo Rincon, Shatskikh – **Trainer:** Mikhailichenko
Eingewechselt: 83. Parks für Buznikin, 90. Nizhegorodov für Parks – 56. Khatskevich für Ghioane, 66. Peev für Onyshchenko
Tore: 1:0 Buznikin (28.), 1:1 Belkevich (37.), 2:1 Ignashevich (45., Foulelfmeter), 2:2 Shatskikh (65.), 3:2 Parks (89.)
SR: de Bleeckere (Belgien) – **Zuschauer:** 23000

25. November 2003
Deportivo La Coruna – AEK Athen 3:0 (1:0)
Deportivo: Molina – Hector, Jorge Andrade, Capdevila, Cesar – Fran, Victor, Valeron, Sergio – Duscher, Pandiani – **Trainer:** Irureta
AEK Athen: Michailidis – Borbokis, Kapsis, Kassapis, Amponsah – Zagorakis, Katsuranis, Tsiartas, Lakis – Okkas, Nalitzis – **Trainer:** Bajevic
Eingewechselt: 59. Luque für Valeron, 72. Scaloni für Victor, 76. Romero für Cesar – 43. Kostenoglou für Kassapis, 76. Petkov für Lakis, 79. Konstantinidis für Okkas

Wiedersehen mit Bayern: Lyons Stürmer Elber im Duell mit Demichelis und Ballack.

Tore: 1:0 Hector (22.), 2:0 Valeron (54.), 3:0 Luque (73.)
SR: Riley (England) – **Zuschauer:** 17000

25. November 2003

AS Monaco – PSV Eindhoven 1:1 (1:0)

Monaco: Roma – Givet, Squillaci, Rodriguez, Evra – Zikos, Bernardi – Giuly, Rothen – Morientes, Prso – **Trainer:** Deschamps
Eindhoven: Waterreus – Bögelund, Faber, Bouma, Y.P. Lee – Lucius, Vonlanthen – Park, Vogel – Kezman, Robben – **Trainer:** Hiddink
Eingewechselt: 60. E. Cissé für Prso, 78. Ibarra für Evra, 82. Adebayor für Morientes – 65. Vennegoor of Hesselink für Vonlanthen, 73. Colin für Bögelund, 78. de Jong für Y.P. Lee
Tore: 1:0 Morientes (34.), 1:1 Vennegoor of Hesselink (85.)
SR: Siric (Kroatien) – **Zuschauer:** 17000 – Gelb-Rote Karten: Lucius (50.), Zikos (85.) – Rote Karten: Giuly (89., Tätlichkeit)

25. November 2003

Olympiakos Piräus – Real Sociedad 2:2 (0:1)

O. Piräus: Katergiannakis – Georgiadis, Antzas, Anatolakis, Venetidis – Mavrogenidis, Karembeu, Stoltidis, Pantos – Castillo, Giovanni – **Trainer:** Protasov
Real Sociedad: Westerveld – Lopez Rekarte, Jauregi Iraola, Schürrer, Aranzabal – Karpin, Gabilondo, Alkiza B., Alonso X. – Nihat, D. Kovacevic – **Trainer:** Denoueix
Eingewechselt: 46. Kafes für Antzas, 57. Niniadis für Mavrogenidis, 87. Tatsis für Venetidis – 76. Lee für Nihat, 82. Aranburu für Karpin, 89. Boris für Alonso X.
Tore: 0:1 Gabilondo (31.), 1:1 Stoltidis (59.), 2:1 Castillo (71.), 2:2 Schürrer (74.)
SR: Hamer (Luxemburg) – **Zuschauer:** 14000

26. November 2003

Panathinaikos Athen – Manchester United 0:1 (0:0)

Pan. Athen: Nikopolidis – Goumas, Henriksen, Seitaridis, Münch – Zutautas, Basinas, Sinmartean, Maric – Konstantinou, Papadopoulos – **Trainer:** Shum
Man Utd.: Howard – O'Shea, Ferdinand, Silvestre, Fortune – Cristiano Ronaldo, N. Butt, Kleberson, Giggs, Fletcher – Forlán – **Trainer:** Ferguson
Eingewechselt: 46. Epalle für Sinmartean, 75. Vlaovic für Konstantinou, 83. Sapanis für Papadopoulos – 75. Bellion für Fletcher
Tore: 0:1 Forlán (85.)
SR: Wegereef, Jan (Niederlande) – **Zuschauer:** 23000

26. November 2003

VfB Stuttgart – Glasgow Rangers 1:0 (1:0)

Stuttgart: Hildebrand – Hinkel, Meira, Wenzel, Lahm – Soldo, Meißner – Heldt, A. Hleb – Kuranyi, Szabics – **Trainer:** Magath
Rangers: Klos – Ross, Berg, Khizanishvili, Ball – Ricksen, HughesNuno Capucho, Vanoli – Arweladse, Lövenkrands – **Trainer:** McLeish
Eingewechselt: 49. Tiffert für Heldt, 72. Centurion für A. Hleb, 89. Branco für Szabics – 54. Mols für Vanoli, 70. Östenstad für Ross, 80. Burke für Lövenkrands
Tore: 1:0 Wenzel (45.)
SR: Mejuto Gonzales (Spanien) – **Zuschauer:** 50348 (ausverkauft)

26. November 2003

Olympique Marseille – Real Madrid 1:2 (0:1)

Marseille: Runje – Meite, van Buyten, Christanval, Ecker – Celestini, Meriem, Hemdani, Vachousek – Mido, Drogba – **Trainer:** Perrin
Real Madrid: Casillas – Salgado, Helguera, Raul Bravo, Roberto Carlos – Luis Figo, Beckham, Cambiasso, Zidane – Raul, Ronaldo – **Trainer:** Queiroz
Eingewechselt: 72. Sychev für Vachousek, 82. Fernandao für Mido – 82. Solari für Roberto Carlos, 87. Guti für Zidane, 90. Ruben für Ronaldo
Tore: 0:1 Beckham (36.), 1:1 Mido (63.), 1:2 Ronaldo (74.)
SR: Frisk, Anders (Schweden) – **Zuschauer:** 56000

26. November 2003

FC Porto – Partizan Belgrad 2:1 (1:0)

FC Porto: Vitor Baia – P. Ferreira, Jorge Costa, Carvalho, M. Silva – Deco, Costinha, Maniche – Bosingwa, McCarthy, Derlei – **Trainer:** Mourinho
Partizan: Pantic – Djordjevic, Cirkovic, Stojanoski – Savic, Ivic, Malbasa – Duljaj, Ilic – Delibasic, Iliev – **Trainer:** Matthäus
Eingewechselt: 46. Mendes für Bosingwa, 67. Almeida für McCarthy, 80. Jankauskas für Derlei – 38. Radakovic für Cirkovic, 58. Cakar für Ilic, 78. Drulovic für Stojanoski
Tore: 1:0 McCarthy (25.), 2:0 McCarthy (50.), 2:1 Delibasic (90.)
SR: Allaerts (Belgien) – **Zuschauer:** 23000

26. November 2003

Lazio Rom – Besiktas Istanbul 1:1 (0:1)

Lazio: Peruzzi – Oddo, Stam, Negro, Favalli – Sergio Conceicao, A bertini, Giannichedda, Stankovic – Corradi, Inzaghi – **Trainer:** Mancini
Besiktas: Cordoba – Tayfur, Zago, Guiaro, Emre Asik – Koc, Giunti, Sergen Yalcin, Ibrahim Üzülmez – Pancu, Mansiz – **Trainer:** Lucescu
Eingewechselt: 46. Muzzi für Sergio Conceicao, 46. Fiore für Giannichedda, 53. Zauri für Favalli – 81. Metin für Sergen Yalcin, 90. Ahmet für Giunti
Tore: 0:1 Pancu (45., Foulelfmeter), 1:1 Muzzi (56.)
SR: Merk, Dr. (Kaiserslautern) – **Zuschauer:** 49000

26. November 2003

FC Chelsea – Sparta Prag 0:0

Chelsea: Cudicini – Melchiot, Terry, Gallas, Bridge – Makelele, Lampard, Duff, J. Cole – Crespo, Mutu – **Trainer:** Ranieri
Sparta: Blazek – Kovac, Homola, Hübschmann, Labant – Poborsky, Krmas, Pergl, Zelenka – Michalik, Sionko – **Trainer:** Kotrba
Eingewechselt: 74. Gudjohnsen für Crespo, 74. Geremi für J. Cole – 73. V. Gluscevic für Michalik, 88. Flachbart für Zelenka, 90. Jezek für Sionko
Tore:
SR: Larsen (Dänemark) – **Zuschauer:** 40152

26. November 2003

Ajax Amsterdam – AC Mailand 0:1 (0:0)

Ajax: Lobont – Yakubu, Galasek, de Jong, Heitinga – Escudé, Mitea, Maxwell, Sneijder – Obodai, Ibrahimovic – **Trainer:** Koeman
Milan: Dida – Cafu, Costacurta, Maldini, Laursen – Gattuso, Pirlo – Seedorf, Kaka – Shevchenko, Inzaghi – **Trainer:** Ancelotti
Eingewechselt: 40. Litmanen für Ibrahimovic, 55. Wamberto für Obodai, 77. V. Sikora für Mitea – 46. Pancaro für Laursen, 71. Ambrosini für Inzaghi, 77. Rui Costa für Kaka
Tore: 0:1 Shevchenko (52.)
SR: Meier, Urs (Schweiz) – **Zuschauer:** 51000

26. November 2003

Celta Vigo – FC Brügge 1:1 (0:0)

Celta: Pablo Cavallero – Sergio, Berizzo, Silvinho, Juanfran – Jose Ignacio, Angel – Jesuli, Luccin, Mostovoi – Milosevic – **Trainer:** Lotina
Brügge: Verlinden – De Cock, Rozehnal, Englebert, Martens – Gvozdenovic, Clement – Simons, Verheyen – Ceh – Saeternes – **Trainer:** Sollied
Eingewechselt: 46. Gustavo Lopez für Silvinho, 65. Pinto Colorado für Pablo Cavallero, 82. Jandro für Mostovoi – 86. Lange für Gvozdenovic, 88. Roelancts für Ceh
Tore: 1:0 Mostovoi (75.), 1:1 Lange (90.)
SR: Poulat (Frankreich) – **Zuschauer:** 20000

2. Dezember 2003

Galatasaray Istanbul – Juventus Turin 2:0 (0:0)

Galatasaray: Mondragon – Cesar Prates, F. De Boer, Ak, Petre – Göktan, Tamas, Cihan, Ergün, Hakan Ünsal – Hakan Sükür – **Trainer:** Terim
Juventus: Chimenti – Ferrara, Tudor, Iuliano, Pessotto – Davids, Conte, Maresca – Zalayeta – Miccoli, Di Vaio – **Trainer:** Lippi
Eingewechselt: 45. Hasan Sas für Cesar Prates, 84. Bülent für F. De Boer, 90. Cihan für Hakan Sükür – 75. Appiah für Iuliano, 86. Camoranesi für Conte
Tore: 1:0 Hakan Sükür (47.), 2:0 Hakan Sükür (90.)
SR: Nielsen, Kim Milton (Dänemark) – **Zuschauer:** 66000 – **Gelbe Karte:** Davids

6. Spieltag

9. Dezember 2003

Manchester United – VfB Stuttgart 2:0 (1:0)

Man Utd.: Carroll – G. Neville, Ferdinand, Silvestre, O'Shea – Fletcher, P. Neville, Scholes, Fortune – Giggs – van Nistelrooy – **Trainer:** Ferguson
Stuttgart: Hildebrand – Hinkel, Meira, Wenzel, Lahm – Soldo – Vranjes, A. Hleb – Heldt – Kuranyi, Szabics – **Trainer:** Magath
Eingewechselt: 71. Bellion für Giggs, 71. Forlán für van Nistelrooy, 79. Djemba Djemba für Scholes – 46. Cacau für Szabics, 46. Tiffert für Vranjes, 76. Centurion für A. Hleb
Tore: 1:0 van Nistelrooy (45.), 2:0 Giggs (58.)
SR: Poulat (Frankreich) – **Zuschauer:** 64000 (ausverkauft)

9. Dezember 2003

Glasgow Rangers – Panathinaikos Athen 1:3 (1:1)

Rangers: Klos – Ross, Berg, Khizanishvili, Ball – Ricksen, Hughes – Nuno Capucho, Burke – Mols, Lövenkrands – **Trainer:** McLeish
Pan. Athen: Nikopolidis – Goumas, Henriksen, Seitaridis, Morris – Zutautas, Basinas, Sinmartean, Münch – Konstantinou, Sapanis – **Trainer:** Shum
Eingewechselt: 66. Vanoli für Khizanishvili, 70. Östenstad für Burke, 84. Duffy für Ross – 46. Epalle für Sinmartean, 78. Vlaovic für Sapanis
Tore: 1:0 Mols (28.), 1:1 Zutautas (32.), 1:2 Basinas (62.), 1:3 Konstantinou (80.)
SR: Fandel (Kyllburg) – **Zuschauer:** 48588

9. Dezember 2003

Real Madrid – FC Porto 1:1 (1:1)

Real Madrid: Cesar Sanchez – Salgado, Borja, Raul Bravo, Roberto Carlos – Luis Figo, Solari, Cambiasso, Zidane – Ronaldo, Pavon – **Trainer:** Queiroz
FC Porto: Vitor Baia – P. Ferreira, Costa, Pedro Emanuel, Carvalho – Mendes, Alenichev, Deco, Costinha – Jankauskas, Derlei – **Trainer:** Mourinho
Eingewechselt: 46. Minambres für Luis Figo, 46. Portillo für Ronaldo, 89. Lopez für Cambiasso – 73. Almeica für Jankauskas, 81. Bosingwa für Alenichev, 90. Moraes für Derlei
Tore: 1:0 Solari (9.), 1:1 Derlei (35., Foulelfmeter)
SR: Bennett, Stephen Graham (England) – **Zuschauer:** 40000

9. Dezember 2003

Partizan Belgrad – Olympique Marseille 1:1 (0:0)

Partizan: Pantic – Djordjevic, Cirkovic, Rzasa – Savic, Ivic, Malbasa – Duljaj, Ilic – Delibasic, Iliev – **Trainer:** Matthäus
Marseille: Gavanon – Meite, van Buyten, Christanval, Ecker – Johansen, S. N'Diaye, Hemdani, Vachousek – Mido, Drogba – **Trainer:** Perrin
Eingewechselt: 65. Drulovic für Rzasa, 87. Cakar für Ilic, 87. Radoncic für Iliev – 16. Beye für Christanval
Tore: 0:1 Mido (61.), 1:1 Delibasic (80.)
SR: Mejuto Gonzales (Spanien) – **Zuschauer:** 28000

9. Dezember 2003

Sparta Prag – Lazio Rom 1:0 (0:0)

Sparta: Blazek – Kovac, Johana, Hübschmann, Labant – Poborsky, V. Gluscevic, Pergl, Zelenka – Michalik, Sionko – **Trainer:** Kotrba
Lazio: Peruzzi – Fernando Couto, Stam, Negro, Favalli – Gottardi, Albertini, Fiore, Stankovic – Corradi, Muzzi – **Trainer:** Mancini
Eingewechselt: 73. Kincl für Michalik, 85. Jezek für V. Gluscevic, 89. Jun für Sionko – 53. Liverani für Gottardi, 73. Inzaghi für Muzzi, 89. Sergio Conceicao für Favalli
Tore: 1:0 Kincl (90.)
SR: Cardoso Cortez Batista (Portugal) – **Zuschauer:** 17825

9. Dezember 2003

Besiktas Istanbul – FC Chelsea 0:2 (0:0)

Besiktas: Cordoba – Zago, Guiaro, Emre Asik, Tayfur – Yasin Sülün, Dobra, Sergen Yalcin, Ibrahim Üzülmez – Pancu, Mansiz – **Trainer:** Lucescu
Chelsea: Cudicini – Johnson, Babayaro, Desailly, Gallas – Makelele, Lampard, Terry, Geremi – Grönkjaer, Hasselbaink – **Trainer:** Ranieri
Eingewechselt: 70. Koc für Dobra, 75. Metin für Sergen Yalcin, 81. Ahmet für Yasin Sülün – 72. Duff für Grönkjaer, 83. Bridge für Babayaro
Tore: 0:1 Hasselbaink (77.), 0:2 Bridge (85.)
SR: Frisk, Anders (Schweden) – **Zuschauer:** 53000

9. Dezember 2003

AC Mailand – Celta Vigo 1:2 (1:1)

Milan: Abbiati – Kaladze, Costacurta, Simic, Laursen – Redondo, Seedorf – Serginho, Kaka – Borriello, Brocchi – **Trainer:** Ancelotti
Celta: Pablo Cavallero – Caceres, Berizzo, Silvinho, Juanfran – Jose Ignacio, Angel – Jesuli, Luccin, Gustavo Lopez – Milosevic – **Trainer:** Lotina
Eingewechselt: 46. Tomasson für Kaka, 46. Rui Costa für Seedorf, 69. Abate für Costacurta – 80. Giovanella für Jose Ignacio, 84. Catanha für Milosevic, 90. Contreras für Gustavo Lopez
Tore: 1:0 Kaka (40.), 1:1 Jesuli (42.), 1:2 Jose Ignacio (71.)
SR: Vassaras, Kyros (Griechenland) – **Zuschauer:** 36107

9. Dezember 2003

FC Brügge – Ajax Amsterdam 2:1 (1:1)

Brügge: Verlinden – De Cock, Rozehnal, Englebert, Martens – van der Heyden, Clement – Simons, Verheyer – Ceh – Lange – **Trainer:** Sollied
Ajax: Lobont – Escudé, Grygera, de Jong, Heitinga – van der Vaart, Mitea, Maxwell, Sneijder – Sonck, Ibrahimovic – **Trainer:** Koeman
Eingewechselt: 66. Saeternes für Lange, 79. Smolders für Rozehnal, 89. Cornelis für Martens – 72. Litmanen für Ibrahimovic, 79. Soetaers für Mitea, 85. van Damme für Grygera
Tore: 1:0 Lange (27.), 1:1 Sonck (42., Handelfmeter), 2:1 Saeternes (84.)
SR: Messina (Italien) – **Zuschauer:** 28500

10. Dezember 2003

Bayern München – RSC Anderlecht 1:0 (1:0)

Bayern: Kahn – Salihamidzic, Kuffour, T. Linke, Lizarazu – Hargreaves, Ballack, Zé Roberto – Santa Cruz, Makaay, Pizarro – **Trainer:** Hitzfeld
Anderlecht: Zitka – Zewlakow, Kompany, Tihinen, Deschacht – Hasi, Zetterberg, Baseggio, Hendrikx – Mornar, Dindane – **Trainer:** Broos
Eingewechselt: 67. Sagnol für Zé Roberto, 79. Schweinsteiger für Salihamidzic – 63. Wilhelmsson für Zewlakow, 79. Iachtchouk für Hasi, 86. Kolar für Hendrikx
Tore: 1:0 Makaay (42., Foulelfmeter)
SR: Nielsen, Kim Milton (Dänemark) – **Zuschauer:** 52000

10. Dezember 2003

Olympique Lyon – Celtic Glasgow 3:2 (1:1)

Lyon: Coupet – Berthod, Cacapa, Edmilson, Réveillère – Govou, Malouda – M. Diarra, Juninho Pernambucano – Luyindula, Elber – **Trainer:** Le Guen

Celtic: Hedman – Balde, Varga, Gray – Mjällby, Petrov, Lennon, Miller – Sutton – Larsson, Hartson – **Trainer:** O'Neill
Eingewechselt: 77. Carriere für Berthod, 87. Dhorasoo für Elber, 89. Müller für Juninho Pernambucano – 68. Sylla für Hartson, 68. Wallace für Gray, 80. Kennedy für Sutton
Tore: 1:0 Elber (6.), 1:1 Hartson (24.), 2:1 Juninho Pernambucano (52.), 2:2 Sutton (75.), 3:2 Juninho Pernambucano (86., Handelfmeter)
SR: Meier, Urs (Schweiz) – **Zuschauer:** 38659 (ausverkauft)

10. Dezember 2003

FC Arsenal – Lokomotive Moskau 2:0 (1:0)

Arsenal: J. Lehmann – Cygan, Campbell, K. Toure, Cole – Pires, Vieira, Gilberto Silva, Bergkamp – Henry, Ljungberg – **Trainer:** Wenger
Lok. Moskau: S. Ovchinnikov – Sennikov, Leksetho – Pashinin, Ignashevich, Evseev – Maminov – Loskov, Khokhlov, Buznikin – Ashvetia – **Trainer:** Sjomin
Eingewechselt: 76. Kanu für Bergkamp – 46. Gurenko für Buznikin, 46. Parks für Ashvetia
Tore: 1:0 Pires (12.), 2:0 Ljungberg (68.)
SR: Michel, Lubos (Slowakei) – **Zuschauer:** 35343

10. Dezember 2003

Dynamo Kiew – Inter Mailand 1:1 (0:0)

Dyn. Kiew: Shovkovskyi – Gavrancic, Sablic, Nesmachnyy – Leko, Ghioane, Peev, Dmytrulin, Belkevich – Diogo Rincon, Shatskikh – **Trainer:** Mikhailichenko
Inter: Toldo – J. Zanetti, Cordoba, Cannavaro, Adani – Emre, Almeyda, Pasquale, van der Meyde – Vieri, Cruz – **Trainer:** Zaccheroni
Eingewechselt: 74. Husyev für Ghioane, 78. Cernat für Dmytrulin, 84. Milewski für Peev – 50. Martins für van der Meyde, 83. Lamouchi für Cruz, 88. Recoba für Emre
Tore: 0:1 Adani (69.), 1:1 Diogo Rincon (85.)
SR: Veissiere, Gilles (Frankreich) – **Zuschauer:** 82893

10. Dezember 2003

PSV Eindhoven – Deportivo La Coruna 3:2 (1:0)

Eindhoven: Waterreus – Bögelund, Bouma, Y.P. Lee, Ooijer – de Jong, Vennegoor of Hesselink – Park, Vogel – Kezman, Robben – **Trainer:** Hiddink
Deportivo: Molina – Hector, Jorge Andrade, Capdevila, Scaloni – Fran, Naybet, Duscher, Valeron, Sergio – Diego Tristan – **Trainer:** Irureta
Eingewechselt: 46. Rommedahl für Park – 57. Luque für Sergio, 63. Pandiani für Diego Tristan, 84. Cesar für Scaloni
Tore: 1:0 de Jong (14.), 2:0 Robben (48.), 2:1 Luque (58.), 2:2 Pandiani (83.), 3:2 de Jong (90.)
SR: Collina, Pierluigi (Italien) – **Zuschauer:** 28000

10. Dezember 2003

AEK Athen – AS Monaco 0:0

AEK Athen: Michailidis – Borbokis, Kapsis, Kreek, Moras – Zagorakis, Katsuranis, Tsiartas, Lakis – Okkas, Liberopoulos – **Trainer:** Bajevic
Monaco: Sylva – Givet, Squillaci, Rodriguez, Evra – E. Cissé, Bernardi – Plasil, Ibarra – Morientes, Adebayor – **Trainer:** Deschamps
Eingewechselt: 56. Nalitzis für Lakis, 67. Maladenis für Liberopoulos, 83. Konstantinidis für Okkas – 62. Camara für Adebayor, 73. Carole für Ibarra
SR: Stark (Ergolding) – **Zuschauer:** 11000

10. Dezember 2003

Juventus Turin – Olympiakos Piräus 7:0 (4:0)

Juventus: Chimenti – Montero, Tudor, Iuliano, Pessotto – Birindelli, Conte, Maresca – Zalayeta – Miccoli, Trezeguet – **Trainer:** Lippi
O. Piräus: Eleftheropoulos – Kostulas, Mavrogenidis, Anatolakis, Venetidis – Karembeu, Kafes, Pantos – Giovanni, Djordjevic – Castillo – **Trainer:** Protasov
Eingewechselt: 58. di Vaio für Trezeguet, 66. Del Piero für Miccoli, 84. Zambrotta für Iuliano – 62. Gonias für Kafes, 68. Georgiadis für Anatolakis, 77. Niniadis für Giovanni
Tore: 1:0 Trezeguet (15.), 2:0 Miccoli (20.), 3:0 Trezeguet (25.), 4:0 Maresca (28.), 5:0 di Vaio (63.), 6:0 Del Piero (68.), 7:0 Zalayeta (79.)
SR: Plautz (Österreich) – **Zuschauer:** 8000

10. Dezember 2003

Real Sociedad – Galatasaray Istanbul 1:1 (0:1)

Real Sociedad: Alberto – Kvarme, Lopez Rekarte, Schürrer, Aranzabal – Karpin, Gabilondo, Alkiza B., Alonso X. – Nihat, De Paula – **Trainer:** Denoueix
Galatasaray: Mondragon – Bülent, F. De Boer, Tamas, Petre – Göktan, Sarioglu, Ergün, Hakan Ünsal – Hakan Sükür, Hasan Sas – **Trainer:** Terim
Eingewechselt: 72. Aranburu für De Paula – 66. Arif Erdem für Hasan Sas, 76. Cihan für Hakan Ünsal
Tore: 0:1 Hakan Sükür (27.), 1:1 De Paula (51.)
SR: Hauge, Terje (Norwegen) – **Zuschauer:** 29000

Achtelfinale Hinspiel

24. Februar 2004

Celta Vigo – FC Arsenal 2:3 (1:1)

Celta: Pablo Cavallero – Velasco Damas, Sergio, Berizzo, Silvinho – Luccin, Jose Ignacio – Angel, Mostovoi, Edu – Milosevic – **Trainer:** Antic
Arsenal: J. Lehmann – Lauren, K. Toure, Campbell, Clichy – Ljungberg, Edu, Vieira, Pires – Reyes, Henry – **Trainer:** Wenger
Eingewechselt: 63. Vagner für Angel, 75. Pinilla für Edu – 77. Kanu für Reyes, 89. Bentley für Ljungberg, 89. Cygan für Clichy
Tore: 0:1 Edu (18.), 1:1 Edu (27.), 1:2 Edu (58.), 2:2 Jose Ignacio (64.), 2:3 Pires (79.)
SR: Frisk, Anders (Schweden) – **Zuschauer:** 31000

24. Februar 2004

Sparta Prag – AC Mailand 0:0

Sparta: Blazek – Pergl, Hübschmann, Johana, Labant – Poborsky, Kovac, Zelenka, Michalik – Stajner, V. Gluscevic – **Trainer:** Kotrba
Milan: Dida – Cafu, Costacurta, Maldini, Pancaro – Gattuso, Pirlo, Kaka, Seedorf – Inzaghi, Shevchenko – **Trainer:** Ancelotti
Eingewechselt: 73. Baranek für I. Gluscevic, 84. V. Gluscevic für Stajner, 90. Sivok für Zelenka – 86. Serginho für Inzaghi
Tore:
SR: Poll, Graham (England) – **Zuschauer:** 20640 (ausverkauft)

24. Februar 2004

Lokomotive Moskau – AS Monaco 2:1 (1:0)

Lok. Moskau: S. Ovchinnikov – Sennikov, Asatiani, Pashinin, Evseev – Gurenko, Maminov – Khokhlov, Loskov, Izmaylov – Ashvetia – **Trainer:** Sjomin
Monaco: Roma – Ibarra, Givet, Rodriguez, Evra – Zikos, Bernardi – E. Cissé, Rothen – Morientes, Prso – **Trainer:** Deschamps
Eingewechselt: 46. Obiorah für Ashvetia, 80. Parks für Izmaylov, 84. Nizhegorodov für Khokhlov – 66. Adebayor für Prso
Tore: 1:0 Izmaylov (32.), 2:0 Maminov (60.), 2:1 Morientes (69.)
SR: Mejuto Gonzales (Spanien) – **Zuschauer:** 24000

24. Februar 2004

Bayern München – Real Madrid 1:1 (0:0)

Bayern: Kahn – Sagnol, Kuffour, R. Kovac, Lizarazu – Demichelis – Hargreaves – Ballack – Zé Roberto – Pizarro, Makaay – **Trainer:** Hitzfeld
Real Madrid: Casillas – Salgado, Helguera, Raul Bravo, Roberto Carlos – Beckham, Guti – Luis Figo, Raul, Zidane – Ronaldo – **Trainer:** Queiroz
Eingewechselt: 46. Salihamidzic für Lizarazu, 76. Santa Cruz für Pizarro, 90. Jeremies für Demichelis – 90. Solari für Ronaldo
Tore: 1:0 Makaay (75.), 1:1 Roberto Carlos (83., direkter Freistoß)
SR: Hauge, Terje (Norwegen) – **Zuschauer:** 59000 (ausverkauft)

25. Februar 2004

FC Porto – Manchester United 2:1 (1:1)

FC Porto: Vitor Baia – P. Ferreira, Jorge Costa, Carvalho, Valente – Mendes, Maniche, Alenichev – Deco – Carlos Alberto, McCarthy – **Trainer:** Mourinho
Man Utd.: Howard – P. Neville, G. Neville, Brown, Fortune – Scholes, N. Butt, Keane, Giggs – van Nistelrooy, Saha – **Trainer:** Ferguson
Eingewechselt: 62. Jankauskas für Alenichev, 76. Fernandes für Carlos Alberto, 83. Moraes für McCarthy – 71. O'Shea für P. Neville, 77. Cristiano Ronaldo für Saha
Tore: 0:1 Fortune (14.), 1:1 McCarthy (29.), 2:1 McCarthy (79.)
SR: Fandel (Kyllburg) – **Zuschauer:** 52000 (ausverkauft) – **Gelbe Karte:** N. Butt – Rote Karten: Keane (87., Tätlichkeit)

25. Februar 2004

VfB Stuttgart – FC Chelsea 0:1 (0:1)

Stuttgart: Hildebrand – Hinkel, Meira, Bordon, Lahm – Soldo – Meißner – A. Hleb – Heldt – Kuranyi, Szabics – **Trainer:** Magath
Chelsea: Cudicini – Johnson, Gallas, Terry, Bridge – Geremi, Lampard, Makelele, Grönkjaer – Crespo, Gudjohnsen – **Trainer:** Ranieri
Eingewechselt: 46. Tiffert für Meißner, 66. Cacau für Heldt – 66. Duff für Grönkjaer, 73. Hasselbaink für Gudjohnsen, 89. J. Cole für Crespo
Tore: 0:1 Meira (12., Eigentor)
SR: Vassaras, Kyros (Griechenland) – **Zuschauer:** 42000 (ausverkauft)

25. Februar 2004

Real Sociedad – Olympique Lyon 0:1 (0:1)

Real Sociedad: Westerveld – Lopez Rekarte, Jauregi Iraola, Schürrer, Aranzabal – Alonso X., Alkiza B. – Karpin, Nihat, Gabilondo – D. Kovacevic – **Trainer:** Denoueix
Lyon: Coupet – Deflandre, Edmilson, Müller, Sartre – M. Diarra – Essien, Juninho Pernambucano – Govou, Malouda – Luyindula – **Trainer:** Le Guen
Eingewechselt: 64. Lee für Gabilondo, 74. Aranburu für Alonso X., 80. De Paula für Nihat – 66. Berthod für Sartre, 80. Dhorasoo für Govou
Tore: 0:1 Schürrer (18., Eigentor)
SR: de Santis (Italien) – **Zuschauer:** 31000

25. Februar 2004

Deportivo La Coruna – Juventus Turin 1:0 (1:0)

Deportivo: Molina – Scaloni, Jorge Andrade, Naybet, Romero – Mauro Silva, Sergio – Victor, Valeron, Luque – Diego Tristan – **Trainer:** Irureta
Juventus: Buffon – Thuram, Legrottaglie, Montero, Pessotto – Zambrotta, Tacchinardi, Appiah, Nedved – Trezeguet, Del Piero – **Trainer:** Lippi
Eingewechselt: 69. Pandiani für Diego Tristan, 81. Fran für Luque, 85. Manuel Pablo für Victor – 46. Miccoli für Trezeguet, 56. Birindelli für Montero, 63. Conte für Pessotto
Tore: 1:0 Luque (37.)
SR: Veissiere, Gilles (Frankreich) – **Zuschauer:** 25000

Achtelfinale Rückspiel

9. März 2004

Manchester United – FC Porto 1:1 (1:0)

Man Utd.: Howard – P. Neville, Brown, G. Neville, O'Shea – Fletcher, N. Butt, Djemba Djemba – Scholes – van Nistelrooy, Giggs – **Trainer:** Ferguson
FC Porto: Vitor Baia – P. Ferreira, Carvalho, Jorge Costa, Valente – Costinha – Maniche, Deco, Alenichev – McCarthy, Carlos Alberto – **Trainer:** Mourinho
Eingewechselt: 46. Saha für Djemba Djemba, 74. Cristiano Ronaldo für Fletcher, 82. Solskjaer für Cristiano Ronaldo – 36. Pedro Emanuel für Jorge Costa, 60. Jankauskas für Carlos Alberto, 80. Fernandes für Alenichev
Tore: 1:0 Scholes (32.), 1:1 Costinha (90.)
SR: Ivanov (Russland) – **Zuschauer:** 67029 (ausverkauft)

9. März 2004

FC Chelsea – VfB Stuttgart 0:0

Chelsea: Cudicini – Johnson, Gallas, Terry, Bridge – Makelele, Parker – Grönkjaer, Lampard – Duff, Crespo – **Trainer:** Ranieri
Stuttgart: Hildebrand – Hinkel, Zivkovic, Bordon, Lahm – Soldo – Meira, Meißner – A. Hleb – Kuranyi, Cacau – **Trainer:** Magath
Eingewechselt: 31. Desailly für Johnson, 61. Geremi für Parker, 82. Mutu für Duff – 40. Szabics für Cacau, 63. Tiffert für Meißner, 81. Gomez für Hinkel
Tore:
SR: Nielsen, Kim Milton (Dänemark) – **Zuschauer:** 36657 (ausverkauft)

9. März 2004

Olympique Lyon – Real Sociedad 1:0 (0:0)

Lyon: Coupet – Malouda, Deflandre, Edmilson, Müller – Govou, M. Diarra, Essien, Juninho Pernambucano, Dhorasoo – Luyindula – **Trainer:** Le Guen
Real Sociedad: Alberto – Lopez Rekarte, Jauregi Iraola, Schürrer, Potillon – Aranburu, Alonso X., Alkiza B. – Karpin, Gabilondo – D. Kovacevic – **Trainer:** Denoueix
Eingewechselt: 16. Vercoutre für Coupet, 83. Elber für Luyindula, 87. Berthod für Dhorasoo – 60. Nihat für Aranburu, 60. De Pedro für Gabilondo, 85. De Paula für Schürrer
Tore: 1:0 Juninho Pernambucano (77.)
SR: Riley (England) – **Zuschauer:** 38918

9. März 2004

Juventus Turin – Deportivo La Coruna 0:1 (0:1)

Juventus: Buffon – Tacchinardi, Thuram, Ferrara, Montero – Camoranesi, Legrottaglie, Appiah, Nedved – Del Piero, di Vaio – **Trainer:** Lippi
Deportivo: Molina – Scaloni, Jorge Andrade, Naybet, Capdevila – Mauro Silva, Sergio – Victor, Valeron, Luque – Pandiani – **Trainer:** Irureta
Eingewechselt: 8. Miccoli für Del Piero, 46. Pessotto für Legrottaglie, 70. Chiumento für Camoranesi – 62. Fran für Luque, 77. Duscher für Valeron, 82. Diego Tristan für Pandiani
Tore: 0:1 Pandiani (12.)
SR: Michel, Lubos (Slowakei) – **Zuschauer:** 24680

10. März 2004

FC Arsenal – Celta Vigo 2:0 (2:0)

Arsenal: J. Lehmann – Lauren, K. Toure, Campbell, Cole – Ljungberg, Vieira, Edu, Pires – Bergkamp, Henry – **Trainer:** Wenger
Celta: Pablo Cavallero – Velasco Damas, Sergio, Caceres, Silvinho – Jose Ignacio, Oubina, Luccin, Gustavo Lopez – Mostovoi – Pinilla – **Trainer:** Antic
Eingewechselt: 70. Reyes für Edu, 70. Gilberto Silva für Pires, 77. Kanu für Bergkamp – 21. Contreras für Silvinho, 29. Jesuli für Luccin, 71. Vagner für Gustavo Lopez
Tore: 1:0 Henry (14.), 2:0 Henry (34.)
SR: Collina, Pierluigi (Italien) – **Zuschauer:** 35402 – **Gelb-Rote Karte:** Contreras (74.)

10. März 2004

AC Mailand – Sparta Prag 4:1 (1:0)

Milan: Dida – Cafu, Nesta, Maldini, Pancaro – Gattuso, Pirlo, Ambrosini – Kaka – Inzaghi, Shevchenko – **Trainer:** Ancelotti
Sparta: Blazek – Pergl, Hübschmann, Johana, Labant – Poborsky, Kovac, Sivok, Zelenka, Michalik – Stajner – **Trainer:** Kotrba
Eingewechselt: 76. Tomasson für Inzaghi, 86. Rui Costa für Shevchenko, 88. Costacurta für Cafu – 56. Jun für Zelenka, 70. V. Gluscevic für Michalik, 88. Poledica für Stajner
Tore: 1:0 Inzaghi (45.), 1:1 Jun (59.), 2:1 Shevchenko (67.), 3:1 Shevchenko (80.), 4:1 Gattuso (85.)
SR: Merk, Dr. (Kaiserslautern) – **Zuschauer:** 50000 – Gelbe Karten: Gattuso – Pergl

10. März 2004

AS Monaco – Lokomotive Moskau 1:0 (0:0)

Monaco: Roma – Ibarra, Rodriguez, Givet, Evra – Zikos, Bernardi, Rothen – Prso, Morientes, Adebayor – **Trainer:** Deschamps
Lok. Moskau: S. Ovchinnikov – Evseev, Sennikov, Pashinin, Nizhegorodov – Izmaylov, Maminov, Asatiani, Loskov – Ashvetia, Obiorah – **Trainer:** Sjomin
Eingewechselt: 77. E. Cissé für Adebayor, 90. Plasil für Prso – 65. Gurenko für Sennikov, 67. Parks für Ashvetia
Tore: 1:0 Prso (60.)
SR: Cardoso Cortez Batista (Portugal) – **Zuschauer:** 15000 – Besonderes Vorkommnis: Ovchinnikov hält Foulelfmeter von Prso (20.)

10. März 2004

Real Madrid – Bayern München 1:0 (1:0)

Real Madrid: Casillas – Salgado, Mejia-Perez, Helguera, Raul Bravo – Beckham, Guti – Luis Figo, Zidane, Solari – Raul – **Trainer:** Queiroz
Bayern: Kahn – Sagnol, Kuffour, R. Kovac, Lizarazu – Hargreaves, Demichelis – Ballack – Zé Roberto – Pizarro, Makaay – **Trainer:** Hitzfeld
Eingewechselt: 90. Cambiasso für Solari, 90. Borja für Guti – 46. Schweinsteiger für Hargreaves, 67. Salihamidzic für Sagnol, 68. Santa Cruz für Pizarro
Tore: 1:0 Zidane (32.)
SR: Meier, Urs (Schweiz) – **Zuschauer:** 75000 (ausverkauft)

Viertelfinale Hinspiel

23. März 2004

FC Porto – Olympique Lyon 2:0 (1:0)

FC Porto: Vitor Baia – P. Ferreira, Carvalho, Pedro Emanuel, Valente – Maniche – Alenichev, Deco, Costinha – Carlos Alberto, McCarthy – **Trainer:** Mourinho
Lyon: Coupet – Deflandre, Edmilson, Müller, Malouda – M. Diarra, Juninho Pernambucano – Govou, Essien – Luyindula, Elber – **Trainer:** Le Guen
Eingewechselt: 57. Jankauskas für Carlos Alberto, 77. Bosingwa für Costinha, 82. Fernandes für Alenichev – 46. Dhorasoo für Juninho Pernambucano, 73. Réveillère für Deflandre
Tore: 1:0 Deco (44.), 2:0 Carvalho (71.)
SR: Hauge, Terje (Norwegen) – **Zuschauer:** 46910 (ausverkauft) – **Gelbe Karte:** Fernandes

23. März 2004

AC Mailand – Deportivo La Coruna 4:1 (1:1)

Milan: Dida – Costacurta, Maldini – Cafu, Pancaro – Gattuso, Seedorf – Kaka, Pirlo – Inzaghi, Shevchenko – **Trainer:** Ancelotti
Deportivo: Molina – Scaloni, Jorge Andrade, Naybet, Sergio – Duscher – Mauro Silva, Capdevila – Valeron – Luque – Pandiani – **Trainer:** Irureta
Eingewechselt: 72. Serginho für Pancaro, 79. Ambrosini für Inzaghi, 84. Tomasson für Shevchenko – 66. Fran für Duscher, 79. Manuel Pablo für Sergio, 84. Diego Tristan für Luque
Tore: 0:1 Pandiani (11.), 1:1 Kaka (45.), 2:1 Shevchenko (46.), 3:1 Kaka (49.), 4:1 Pirlo (53., direkter Freistoß)
SR: Ivanov (Russland) – **Zuschauer:** 60335

24. März 2004

Real Madrid – AS Monaco 4:2 (0:1)

Real Madrid: Casillas – Salgado, Helguera, Mejia-Perez, Raul Bravo – Luis Figo, Beckham, Guti, Zidane – Raul, Ronaldo – **Trainer:** Queiroz
Monaco: Roma – Givet, Squillaci, Rodriguez, Evra – E. Cissé, Zikos, Bernardi, Rothen – Morientes, Giuly – **Trainer:** Deschamps
Eingewechselt: 28. Pavon für Raul Bravo, 77. Borja für Guti, 82. Solari für Ronaldo – 66. Plasil für E. Cissé, 84. Ibarra für Givet, 89. El-Fakiri für Evra
Tore: 0:1 Squillaci (43.), 1:1 Helguera (51.), 2:1 Zidane (70.), 3:1 Luis Figo (77., Elfmeter im Nachschuß), 4:1 Ronaldo (81.), 4:2 Morientes (83.)

Der Auftakttreffer des Finales: Carlos Alberto zieht gegen Monacos Kapitän Rodriguez ab.

SR: Michel, Lubos (Slowakei) – **Zuschauer:** 70000 – Besonderes Vorkommnis: Roma hält Foulelfmeter von Luis Figo (77.)

24. März 2004

FC Chelsea – FC Arsenal 1:1 (0:0)

Chelsea: Ambrosio – Gallas, Desailly, Terry, Bridge – Parker, Makelele, Lampard, Duff – Gudjohnsen, Mutu – **Trainer:** Ranieri
Arsenal: J. Lehmann – Lauren, K. Toure, Campbell, Cole – Ljungberg, Vieira, Edu, Pires – Bergkamp, Henry – **Trainer:** Wenger
Eingewechselt: 72. J. Cole für Parker, 72. Crespo für Mutu, 86. Melchiot für Gudjohnsen – 72. Gilberto Silva für Bergkamp, 78. Reyes für Ljungberg
Tore: 1:0 Gudjohnsen (53.), 1:1 Pires (59.)
SR: Mejuto Gonzales (Spanien) – **Zuschauer:** 40000 (ausverkauft) – **Gelb-Rote Karte:** Desailly (84.)

Viertelfinale Rückspiel

6. April 2004

AS Monaco – Real Madrid 3:1 (1:1)

Monaco: Roma – Givet, Ibarra, Rodriguez, Evra – E. Cissé, Plasil, Rothen – Giuly – Morientes, Prso – **Trainer:** Deschamps
Real Madrid: Casillas – Salgado, Helguera, Mejia-Perez, Roberto Carlos – Luis Figo, Borja, Guti, Zidane – Raul, Ronaldo – **Trainer:** Queiroz
Eingewechselt: 61. Nonda für Prso, 82. El-Fakiri für Giuly, 85. Adebayor für Morientes – 72. Solari für Borja, 85. Raul Bravo für Salgado, 88. Portillo für Guti
Tore: 0:1 Raul (36.), 1:1 Giuly (45.), 2:1 Morientes (48.), 3:1 Giuly (66.)
SR: Collina, Pierluigi (Italien) – **Zuschauer:** 18500

6. April 2004

FC Arsenal – FC Chelsea 1:2 (1:0)

Arsenal: J. Lehmann – Lauren, K. Toure, Campbell, Cole – Ljungberg, Vieira, Edu, Pires – Reyes, Henry – **Trainer:** Wenger
Chelsea: Ambrosio – Gallas, Melchiot, Terry, Bridge – Parker, Makelele, Lampard, Duff – Gudjohnsen, Hasselbaink – **Trainer:** Ranieri
Eingewechselt: 81. Bergkamp für Henry – 46. Grönkjaer für Parker, 83. J. Cole für Duff, 83. Crespo für Hasselbaink
Tore: 1:0 Reyes (45.), 1:1 Lampard (51.), 1:2 Bridge (87.)
SR: Merk, Dr. (Kaiserslautern) – **Zuschauer:** 35486

7. April 2004

Olympique Lyon – FC Porto 2:2 (1:1)

Lyon: Coupet – Berthod, Edmilson, Müller, Malouda – M. Diarra, Juninho Pernambucano – Dhorasoo, Essien – Luyindula, Elber – **Trainer:** Le Guen
FC Porto: Vitor Baia – P. Ferreira, Carvalho, Jorge Costa, Valente – Maniche – Alenichev, Deco, Costinha – Carlos Alberto, McCarthy – **Trainer:** Mourinho
Eingewechselt: 60. Bergougnoux für Juninho Pernambucano, 60. Réveillère für Essien, 76. Deflandre für Dhorasoo – 47. Pedro Emanuel für Carlos Alberto, 57. Jankauskas für McCarthy, 76. Mendes für Deco
Tore: 0:1 Maniche (6.), 1:1 Luyindula (14.), 1:2 Maniche (47.), 2:2 Elber (90.)
SR: Frisk, Anders (Schweden) – **Zuschauer:** 41000 – **Gelbe Karte:** Juninho Pernambucano – **Gelb-Rote Karte:** Edmilson (74.)

7. April 2004

Deportivo La Coruna – AC Mailand 4:0 (3:0)

Deportivo: Molina – Manuel Pablo, Jorge Andrade, Naybet, Sergio – Romero – Mauro Silva, Victor – Valeron, Luque – Pandiani – **Trainer:** Irureta
Milan: Dida – Maldini, Cafu, Nesta, Pancaro – Gattuso, Seedorf – Kaka, Pirlo – Tomasson, Shevchenko – **Trainer:** Ancelotti
Eingewechselt: 66. Fran für Luque, 87. Duscher für Sergio, 90. Djalminha für Valeron – 59. Serginho für Pirlo, 57. Inzaghi für Tomasson, 77. Rui Costa für Pancaro
Tore: 1:0 Pandiani (5.), 2:0 Valeron (35.), 3:0 Luque (44.), 4:0 Fran (76.)
SR: Meier, Urs (Schweiz) – **Zuschauer:** 27000 – **Gelbe Karte:** Victor

Halbfinale Hinspiel

20. April 2004

AS Monaco – FC Chelsea 3:1 (1:1)

Monaco: Roma – Givet, Ibarra, Rodriguez, Evra – Zikos, Bernardi, Rothen – Giuly – Morientes, Prso – **Trainer:** Deschamps
Chelsea: Ambrosio – Melchiot, Desailly, Terry, Bridge – Parker, Makelele, Lampard, Grönkjaer – Gudjohnsen, Crespo – **Trainer:** Ranieri
Eingewechselt: 57. E. Cissé für Prso, 83. Nonda für Giuly, 89. Plasil für Rothen – 46. Veron für Grönkjaer, 62. Hasselbaink für Melchiot, 69. Huth für Parker
Tore: 1:0 Prso (17.), 1:1 Crespo (22.), 2:1 Morientes (78.), 3:1 Nonda (83.)
SR: Meier, Urs (Schweiz) – **Zuschauer:** 18500 (ausverkauft) – **Rote Karten:** Zikos (53., Tätlichkeit)

21. April 2004

FC Porto – Deportivo La Coruna 0:0

FC Porto: Vitor Baia – Paulo Ferreira, Ricardo Carvalho, Jorge Costa, Nuno Valente – Maniche – Alenichev, Deco, Costinha – Carlos Alberto, McCarthy – **Trainer:** Mourinho
Deportivo: Molina – Manuel Pablo, Jorge Andrade, Naybet, Sergio – Romero – Mauro Silva, Victor – Valeron – Luque, Pandiani – **Trainer:** Irureta
Eingewechselt: 46. Pedro Ribeiro für Costinha, 46. Jankauskas für Alenichev, 70. M. Ferreira für McCarthy – 45. Fran für Luque, 79. Duscher für Sergio, 88. Cesar für Victor
SR: Merk, Dr. (Kaiserslautern) – **Zuschauer:** 52000 (ausverkauft) – **Rote Karten:** Jorge Andrade (87., Tätlichkeit)

Halbfinale Rückspiel

4. Mai 2004

Deportivo La Coruna – FC Porto 0:1 (0:0)

Deportivo: Molina – Manuel Pablo, Cesar, Naybet, Sergio – Romero, Duscher, Victor – Valeron – Luque – Pandiani – **Trainer:** Irureta
FC Porto: Vitor Baia – Paulo Ferreira, Ricardo Carvalho, Jorge Costa, Nuno Valente – Maniche – Pedro Ribeiro, Deco, Costinha – Carlos Alberto, Derlei – **Trainer:** Mourinho
Eingewechselt: 55. Scaloni für Valeron, 67. Diego Tristan für Sergio, 72. Fran für Luque – 68. Pedro Emanuel für Carlos Alberto, 87. Bosingwa für Pedro Ribeiro, 90. McCarthy für Derlei
Tore: 0:1 Derlei (60., Foulelfmeter)
SR: Collina, Pierluigi (Italien) – **Zuschauer:** 35000 – **Gelb-Rote Karte:** Naybet (70.)

5. Mai 2004

FC Chelsea – AS Monaco 2:2 (2:1)

Chelsea: Cudicini – Melchiot, J. Cole, Terry, Bridge – Grönkjaer, Lampard, Geremi, Gallas – Gudjohnsen, Hasselbaink – **Trainer:** Ranieri
Monaco: Roma – Evra, Squillaci, Rodriguez, Givet – Bernard – E. Cissé, Ibarra, Giuly, Rothen – Morientes – **Trainer:** Deschamps
Eingewechselt: 64. Johnson für Melchiot, 69. Crespo für Hasselbaink, 69. Parker für Geremi – 46. Plasil für Squillaci, 67. Prso für Giuly, 81. Nonda für Morientes
Tore: 1:0 Grönkjaer (22.), 2:0 Lampard (44.), 2:1 Ibarra (45.), 2:2 Morientes (60.)
SR: Frisk, Anders (Schweden) – **Zuschauer:** 42500 (ausverkauft)

Finale

26. Mai 2004

AS Monaco – FC Porto 0:3 (0:1)

Monaco: Roma – Ibarra, Rodriguez, Givet, Evra – Zikos – Bernardi – E. Cissé, Rothen – Morientes, Giuly – **Trainer:** Deschamps
FC Porto: Vitor Baia – Paulo Ferreira, Jorge Costa, Ricardo Carvalho, Nuno Valente – Costinha – Pedro Ribeiro, Maniche – Deco – Derlei, Carlos Alberto – **Trainer:** Mourinho
Eingewechselt: 23. Prso für Giuly, 64. Nonda für E. Cissé, 72. Squillaci für Givet – 60. Alenichev für Carlos Alberto, 79. McCarthy für Derlei, 85. Pedro Emanuel für Deco
Tore: 0:1 Carlos Alberto (39.), 0:2 Deco (71.), 0:3 Alenichev (75.)
SR: Nielsen, Kim Milton (Dänemark) – **Zuschauer:** 53000 (ausverkauft) – **Gelbe Karte:** Bernardi

Valencia – ein Erfolg mit System

Trainer Rafa Benitez hat den UEFA-Cup-Sieger geformt. Schnörkelloser, aber effizienter Fußball – damit triumphierte das spanische Team. Die Überlegenheit musste im Finale auch Olympique Marseille anerkennen.

Der FC Valencia mit Rasenschach auf höchstem Niveau

Die Hand verweigerte Didier Drogba dem UEFA-Präsidenten natürlich nicht. Auch die Silbermedaille nahm der Torjäger Olympique Marseilles aus den Händen von Lennart Johansson noch entgegen. Doch er hängte sie sich nicht um den Hals.

Das frühe Aus für Marseilles Keeper: Schiedsrichter Pierluigi Collina zeigt Fabien Barthez die Rote Karte.

Zu groß war der Frust, viel zu tief saß der Stachel nach der 0:2-Niederlage der Franzosen im UEFA-Pokal-Finale gegen den FC Valencia an jenem 19. Mai 2004 in Göteborg. Bevor der spanische Meister den Triumphzug der Elf von Trainer José Anigo beendete, hatten Drogba und Co. einige Favoriten reihenweise aus dem Wettbewerb gekegelt. Im Halbfinale Newcastle United, zuvor Inter Mailand und den FC Liverpool. Und fünf der sieben Olympique-Treffer in diesen sechs Partien gingen auf das Konto jenes Angreifers von der Elfenbeinküste. Insgesamt ließ er es elf Mal in der Champions League und im UEFA-Cup krachen. In der Königsklasse war Marseille an Real Madrid und dem späteren Gewinner FC Porto in der Gruppenphase gescheitert. Beide waren eine Nummer zu groß.
Im Ullevi-Stadion zu Göteborg aber lieferte Olympique dem FC Valencia einen ausgeglichenen Kampf. Allerdings war es eher Rasenschach, das beide zelebrierten: Taktisch auf höchstem Niveau spielend, die Räume und das Spielfeld durch Verschieben und enges Markieren der Gegenspieler eng machend. Abwehrfehler gab es auf beiden Seiten nicht – bis zur ersten Minute der Nachspielzeit der ersten Halbzeit. Dann patzte Marseille zwei Mal: Zunächst durch Habib Beye, der nach einer Flanke unterm Ball durchsprang. Valencias Angreifer Mista angelte sich die Kugel, doch bevor er Keeper Fabien Barthez umkurven konnte, holte dieser ihn unsanft von den Beinen. Elfmeter, Rot für Barthez, 1:0 für Valencia durch Vicente. Der Anfang vom Ende für Marseille.
Später, während Valencias Spieler ihre Ehrenrunde mit dem Pokal liefen, schlich Barthez von einem Kollegen zum anderen, um sie zu trösten. Er wusste, was er verbrochen hatte. Denn dieser Platzverweis des französischen Nationaltorwarts war entscheidend, da die Spanier im zweiten Durchgang aus einer kompakten Defensive kontern konnten. Einen dieser Gegenstöße schloss Mista, der Drogba an diesem Abend ausstach, mit dem 2:0 ab.
Mista, torgefährlich, giftig – auch in der Primera Division 19 Mal erfolgreich für den neuen Titelträger. Doch nicht gut genug für Spaniens Nationalelf. In der tummeln sich mit David Albelda und Ruben Baraja zwar die beiden Schlüsselspieler Valencias (auch in diesem Endspiel), doch den großen Glanz strahlen die Levantiner nicht aus. Ihre Stärken sind das Kollektiv, die taktische Disziplin und das geradlinige Spiel: Und dies reichte, weil zwar nicht glanzvoll, aber fehlerfrei vorgetragen zum Finalsieg.
Der Weg dorthin war für Valencia weniger steinig als für Marseille: Im Halbfinale reichte ein mageres 1:0 im Rückspiel gegen Villarreal. Beim spanischen Liga-Konkurennten hatte das Team von Trainer Rafael Benitez 0:0 gespielt. Der kassierte vom Kollegen Anigo nach dem Finale das größte Lob: »Valencia war stärker als alle anderen Gegner, die wir aus dem Weg geräumt haben.« Und die waren, siehe oben, recht erlesen. Umso glücklicher war Benitez: »Das hatte uns vor der Saison niemand zugetraut, dass wir gleich zwei Titel holen. Ich wusste zwar, dass wir einiges erreichen könnten. Aber Meisterschaft und UEFA-Cup – daran hätte ich in meinen kühnsten Träumen nicht gedacht.«
Nun also Valencia. Und nicht Celtic Glasgow. Dabei hatte sich der Vorjahres-Finalist nichts sehnlicher gewünscht, als nach der Niederlage

Linke Seite: Kein Durchkommen für den Sturmtank: Marseilles Didier Drogba bleibt an Valencias Verteidiger Curro Torres hängen.

Und tschüß: Borussia Dortmund vor dem letzen UEFA-Cup-Auftritt gegen den FC Sochaux.

vom Mai 2003 gegen den FC Porto (2:3 per Silver Goal in der Verlängerung) in diesem Jahr den Pott nach Schottland zu holen. Vor allem Henrik Larsson wollte in seinem letzten Jahr für den schottischen Meister in seiner schwedischen Heimat das 2003 Versäumte diesmal nachholen. Natürlich nicht vor der Saison – da waren Larsson und Co. in der Champions League, mussten aber in der Gruppe A Olympique Lyon und dem FC Bayern München den Vortritt lassen. In der Trostrunde, dem UEFA-Pokal, dem »Cup der Enttäuschten«, wie ihn Franz Beckenbauer einst in seiner charmanten Art betitelt hatte, wollte man alles wieder gut machen. Doch nach dem Celtic zunächst die Tschechen aus Teplice und dann sogar den FC Barcelona ausgeschaltet hatten, stolperten die Katholiken aus Glasgow ausgerechnet über den Underdog FC Villarreal.

Apropos stolpern, apropos Teplice: Falls Sie deutsche Namen in der Runde der UEFA-Cup-Teilnehmer 2003/04 vermissen sollten – wir unterschlagen sie nicht. Aber auf ganz großer Bühne waren die Bundesligisten eben sehr schnell nicht vertreten. Die Peinlichkeiten fingen schon im UI-Cup an: Werder Bremen scheiterte an der österreichischen Macht aus Pasching, Wolfsburg unterlag Perugia, das später in der Serie A monatelang auf seinen ersten Sieg warten sollte. Nur Schalke kam durch, besiegte besagtes Pasching. In Runde eins strichen dann jedoch Hertha BSC bei Groclin Grodzisk, Kaiserslautern gegen Teplice und der Hamburger SV gegen Dnjepropetrovsk die deutschen Segel.

Gegner und Namen, die man auf der Landkarte suchen muss und nach einem Bier schon nicht mehr unfallfrei buchstabieren kann. Deutsche Überheblichkeit lässt grüßen. Die Bundesliga spielt international schon lange nicht mehr die erste Geige, vor allem, weil im UEFA-Cup Erfolge leichtfertig und mit falscher Einstellung verschenkt werden. Und weil manche Klubs einfach nicht besser sind. Dortmund und Schalke, die beiden Verbliebenen, ließen sich wenigstens zunächst nicht lumpen, überstanden wenigstens eine Runde, scheiterten dann aber noch vorm Jahreswechsel an Sochaux und Kopenhagen. Geld, das die Ruhrgebiets-Vereine in den folgenden Runden per TV- und Zuschauereinnahmen verdient hätten, bekamen andere.

Der AS Rom zum Beispiel, der es nicht minder dringend brauchte. Doch auch die Roma hielt nicht lange durch. Totti und Co. wurden mit Blick auf die Serie A so lange geschont – bis man draußen war. Übrigens auch an Villarreal gescheitert.

Der UEFA-Cup 2003/04 – ein denkwürdiger Wettbewerb, allein schon deshalb, weil er zum letzten Mal in dieser Form ausgetragen wurde. 2004/05 wird nach einer K.-o.-Runde im Gruppenmodus weiter gespielt. Dann sind zwei weitere Heimspiele garantiert. Das Gelddrucken mit dem Stempel »UEFA« auf den Euro-Scheinen geht weiter.

Rafael Benitez wird dann auch wieder dabei sein, allerdings mit dem FC Liverpool. Und Didier Drogba? Der Untröstliche von Göteborg wird mit Marseille sicher nicht mitspielen, denn der Finalist 2004 pokerte zu hoch, stürzte in der Liga aus den internationalen Rängen und verzichtete auch auf den UI-Cup. Vielleicht aber spielt er ja auch eine Etage höher, Champions-League-Klubs hatten ihn schon im Frühling im Visier. Vielleicht löst dann bei Didier Drogba die Freude über das Geleistete irgendwann den Frust über diese hässliche Silbermedaille ab.

Thomas Böker

Rechts: Zwei Valencia-Helden: Torjäger Mista (links) und Nationalspieler Ruben Baraja nach dem Titelgewinn.

Erste Runde

Kamen Ingrad Velika	0	0
FC Schalke 04	0	1
Austria Wien	1	0
Borussia Dortmund	2	1
Hamburger SV	2	0
Dnjepr Dnjepropetrovsk	1	3
Hertha BSC Berlin	0	0
Groclin Grodzisk	0	1
1. FC Kaiserslautern	1	0
FK Teplice	2	1
AIK Solna	0	0
FC Valencia	1	1
Dinamo Bukarest	2	3
Schachtjor Donezk	0	2
Maccabi Haifa	2	2
Publikum Celje	1	2
ZSKA Sofia	1	1
Torpedo Moskau	1	1*
FC Dundee	1	0
AC Perugia	2	1
Cementarnica 55 Skopje	0	0
RC Lens	1	5
Newcastle United	5	1
NAC Breda	0	0
AA La Louvière	1	0
Benfica Lissabon	1	1
Panionios Athen	2	1
FC Nordsjælland	1	0
Heart of Midlothian	2	0
Zeljeznicar Sarajevo	0	0
Austria Salzburg	0	2
Udinese Calcio	1	1
Gençlerbirligi Ankara	3	1
Blackburn Rovers	1	1
Matador Púchov	1	0
FC Barcelona	1	8
Dinamo Zagreb	3	0
MTK Budapest	1	0
Hapoel Ramat Gan	0	0
Levski Sofia	1	4
Sartid Smederovo	1	1
Slavia Prag	2	2
FC Villarreal	0	3
Trabzonspor	0	2
Grasshoppers Zürich	1	0
Hajduk Split	1	0
Olimpija Ljubljana	1	0
FC Liverpool	1	3

* n. V. (Elfm. 2:3)

Vålerenga Oslo	0	1
Grazer AK	0	1
Zimbru Chisinau	1	1
Aris Saloniki	1	2
Ferencváros Budapest	1	1*
FC Kopenhagen	1	1
Varteks Varazdin	1	2
Debreceni VSC	3	3
Girondins Bordeaux	2	1
Artmedia Petrzalka	1	1
AS Rom	4	1
Vardar Skopje	0	1
Manchester City	3	1
SC Lokeren	2	0
Spartak Moskau	2	1
Esbjerg fB	0	1
Wisla Kraków	2	2
NEC Nijmegen	1	1
União Leiria	1	1
Molde FK	0	3
AJ Auxerre	1	1
Neuchâtel Xamax	0	0
FK Ventspils	1	0
Rosenborg Trondheim	4	6
Gaziantepspor	1	0
Hapoel Tel Aviv	0	0
Odense BK	2	3
Roter Stern Belgrad	2	4
Sporting Lissabon	2	1
Malmö FF	0	0
FC Utrecht	2	4
MSK Zilina	0	0
Metalurg Donezk	1	0
AC Parma	1	3
MyPa Anjalankoski	0	0
FC Sochaux	1	2
APOEL Nikosia	1	2
RCD Mallorca	2	4
FC Southampton	1	0
Steaua Bukarest	1	1
Feyenoord Rotterdam	2	1
FC Kärnten	1	0
PAOK Saloniki	0	3
Lyn	1	0
Malatyaspor	0	2 **
FC Basel	2	1
Brøndby IF	1	1
Viktoria Zizkov	0	0

* n. V. (Elfm. 2:3)
** n. V.

Zweite Runde

Borussia Dortmund	2	0
FC Sochaux	2	4
FC Schalke 04	2	1*
Brøndby IF	1	2
Dinamo Zagreb	0	1
Dnjepr Dnjepropetrovsk	2	1
Manchester City	1	0
Groclin Grodzisk	1	0
Panionios Athen	0	0
FC Barcelona	3	2
Benfica Lissabon	3	2
Molde FK	1	0
Slavia Prag	2	0
Levski Sofia	2	0
Rosenborg Trondheim	0	1
Roter Stern Belgrad	0	0
FC Valencia	0	4
Maccabi Haifa	0	0
Spartak Moskau	4	1
Dinamo Bukarest	0	3
Gaziantepspor	3	3
RC Lens	0	1
AC Perugia	2	1
Aris Saloniki	0	1
FC Utrecht	0	0
AJ Auxerre	0	4
Steaua Bukarest	1	0
FC Liverpool	1	1
Vålerenga Oslo	0	0**
Wisla Kraków	0	0
PAOK Saloniki	1	0
Debreceni VSC	1	0
FC Kopenhagen	1	1
RCD Mallorca	2	1
Austria Salzburg	0	0
AC Parma	4	4
FC Basel	2	0
Newcastle United	3	1
AS Rom	1	1
Hajduk Split	0	1
Gençlerbirligi Ankara	1	3
Sporting Lissabon	1	0
FC Villarreal	2	0
Torpedo Moskau	0	1
Feyenoord Rotterdam	0	1
FK Teplice	2	1
Girondins Bordeaux	0	2
Heart of Midlothian	1	0

* n. V. (Elfm. 1:3)
** n. V. (Elfm. 4:3)

Dritte Runde

Brøndby IF	0	1
FC Barcelona	1	2
AC Parma	0	0
Gençlerbirligi Ankara	1	3
Benfica Lissabon	1	1
Rosenborg Trondheim	0	2
Olympique Marseille	1	0
Dnjepr Dnjepropetrovsk	0	0
Celtic Glasgow	3	0
FK Teplice	0	1
AC Perugia	0	1
PSV Eindhoven	0	3
Groclin Grodzisk	0	1
Girondins Bordeaux	1	4
FC Valencia	3	2
Besiktas Istanbul	2	0
Galatasaray Istanbul	2	0
FC Villarreal	2	3
FC Brügge	1	0
Debreceni VSC	0	0
FC Sochaux	2	0
Inter Mailand	2	0
FC Liverpool	2	4
Levski Sofia	0	2
Spartak Moskau	0	1
RCD Mallorca	3	0
Gaziantepspor	1	0
AS Rom	0	2
AJ Auxerre	0	1
Panathinaikos Athen	0	0
Vålerenga Oslo	1	1
Newcastle United	1	3

Achtelfinale

Girondins Bordeaux	3	1
FC Brügge	1	0
Genclerbirligi Ankara	1	0*
FC Valencia	0	2
AJ Auxerre	1	0
PSV Eindhoven	1	3
Newcastle United	4	3
RCD Mallorca	1	0
Benfica Lissabon	0	3
Inter Mailand	0	4
Celtic Glasgow	1	0
FC Barcelona	0	0
FC Liverpool	1	1
Olympique Marseille	1	2
FC Villarreal	2	1
AS Rom	0	2

* n. V.

Viertelfinale

Girondins Bordeaux	1	1
FC Valencia	2	2
PSV Eindhoven	1	1
Newcastle United	1	2
Olympique Marseille	1	1
Inter Mailand	0	0
Celtic Glasgow	1	0
FC Villarreal	1	2

Halbfinale

Newcastle United	0	0
Olympique Marseille	0	2
FC Villarreal	0	0
FC Valencia	0	1

Endspiel

FC Valencia	2
Olympique Marseille	0

DEUTSCHER
FUSSBALL-BUND
1

Das Ende einer Dienstreise

Die EURO in Portugal endete mit einer Ernüchterung – das Aus der Nationalmannschaft in der Vorrunde. Das Ende auch für den Teamchef Rudi Völler nach vier Jahren, in denen nur wenig voran ging.

Das andere Aus für Rudi Völler und die Mutprobe für den Nachfolger

Das Turnier-Ergebnis war niederschmetternd. Drei Spiele, zwei Tore, zwei Punkte. Auch bei der EURO 2004 ereilte die deutsche Nationalmannschaft das EM-Aus schon beim Abschluss der Vorrunde.

Einziger Lichtblick im tristen Allerlei: Wenigstens Michael Ballack konnte im Dress der Nationalmannschaft überzeugen. Insgesamt waren es leider viel zu wenige.

Wie vier Jahre zuvor bei der EURO 2000 in Belgien und Holland. Und: Die erste personelle Konsequenz war auch diesmal exakt deckungsgleich mit der damaligen. Wie 2000 Erich Ribbeck trat auch diesmal Rudi Völler am Tag nach dem EM-K.-o. von seinem Amt als Teamchef zurück. Deckungsgleich war vor allem der letzte Auslöser für Ribbecks wie für Völlers Demission. Wie vor vier Jahren als entthronter Titelverteidiger beim blamablen 0:3 gegen die B-Elf der als Gruppensieger bereits feststehenden Portugiesen war es den Deutschen auch diesmal als Vize-Weltmeister nicht gelungen, gegen das ebenfalls mit neun Reservisten angetretene Team des Gruppenersten Tschechien den für das Erreichen des Viertelfinales nötigen Sieg zu erkämpfen. Die 1:2-Niederlage war eine maßlose Enttäuschung. Deckungsgleich war daneben das Verhalten der beiden Chefs in der Stunde des Abschieds. Wie Ribbeck im Sommer 2000 (»Mir ist es nicht gelungen, aus Deutschlands besten Fußballern eine schlagkräftige Truppe zu machen«) so übernahm auch jetzt Völler die volle Verantwortung, verlor bei seinem starken Abgang wie vor vier Jahren »Sir Erich« weder Würde noch Contenance und trat ohne Schuldzuweisungen an Dritte mit Stil und Souveränität zurück.

Darüber hinaus freilich trennen vier gravierende Unterschiede den diesmaligen vom damaligen Teamchef-Rücktritt. Zum einen hatte kaum einer Ribbeck nach dessen Abschied eine Träne nachgeweint; der Schlussapplaus für Rudi Völler wollte und will dagegen nicht enden. Zum andern muss-

Die Wutrede des Teamchefs: Nach dem Auftritt gegen Färöer platzte Rudi Völler der Kragen, und er redete sich den aufgestauten Frust von der Seele.

te sich Ribbeck von seiner Mannschaft wegen deren erschreckender Taten- und eklatanter Willenlosigkeit beim 0:3 gegen Portugal schmählich im Stich gelassen fühlen; Völler aber wollte und konnte seinem Team – »auch wenn es einfach zu wenig war und daher weh tat, was wir gegen diese tschechische Mannschaft geboten hatten« – keinen Vorwurf machen. »Sie hat bei diesem Turnier alles gegeben.«

Zum Dritten war Erich Ribbecks Reaktion damals als Ausdruck seiner Resignation allgemein erwartet worden; Völlers Ausstieg aus seinem bis 2006 datierten Vertrag kam dagegen völlig überraschend. Daraus ergab sich nahezu zwangsläufig der vierte Unterschied: Hatte vor vier Jahren bereits am Tag des EM-Endspiels, zehn Tage nach Ribbecks Rücktritt, Rudi Völler in Köln als (zunächst übergangsweiser) Nachfolger präsentiert werden können, so verlief die Suche nach dem neuen Mann, der die deutsche Nationalelf nun zur WM 2006 führen soll, weitaus komplizierter und langwieriger. Dabei schien eine Diskussion über alle diese Parallelen und Unterschiede zwischen dem damaligen Debakel und der diesmaligen Enttäuschung unvorstellbar, als die deutsche Mannschaft sich bei ihrer EURO-Premiere 2004 in Porto auf die Minute topfit, hochkonzentriert und taktisch diszipliniert als eine homogene Einheit voller Leidenschaft und Aggressivität präsentiert hatte. In dieser vorher so genannten »Stunde der Wahrheit« schien der Vize-Weltmeister tatsächlich sein von Völler angekündigtes »wahres Gesicht« zu zeigen, und entpuppte sich beim hoch verdienten 1:1 gegen Holland als Serienkiller und Serientäter zugleich. Weil er die mit der 1:5-Niederlage im Herbst 2001 beginnende und seitdem anhaltende Serie der Niederlagen gegen die Großen des Weltfußballs mit diesem Unentschieden endlich abreißen ließ. Und weil er die Serie bestätigte, wonach ein deutsches Team noch nie mit einer Niederlage in eine EM gestartet ist.

Doch ausgerechnet als die in den Monaten zuvor von so vielen Bedenken und massiven Kritiken begleitete quälende Suche nach dem tatsächlichen Standort der Mannschaft mit dem eindrucksvollen EM-Start zu erfreulicher Gewissheit geführt, pralle Zuversicht die Zweifel vertrieben und der Begriff von der »Turniermannschaft« schon wieder die Runde gemacht hatte, kam es bei dem ernüchternde 0:0 gegen Lettland erst zum Rückschlag und danach zum K.-o.-Schlag gegen Tschechien. Rudi Völlers so wechselvolle vierjährige Karriere als Teamchef endete im sportlichen Nichts.

Dabei hatte es sich der Teamchef auf dem dicken Polster des Vizeweltmeisters nach dem WM-Turnier in Japan und Korea 2002 wahrlich nicht bequem gemacht. Mit einem Kurs der Erneuerung und Verjüngung verlieh er seinem Team andere Strukturen und frischere Konturen. Doch Rudi Völler, der mit seinem furiosen Einstand beim 4:1 gegen Spanien im August 2000 begeistert begrüßt und zwei Jahre später als Vizeweltmeister enthusiastisch gefeiert worden war, gelang es im Jahr vor der EM in Portugal nicht, seiner Mannschaft zu Kontinuität und vor allem zu Durchschlagskraft im Angriff zu verhelfen. Die Serie der Niederlagen gegen europäische Renommierteams setzte sich gegen Italien (0:1) und Frankreich (0:3) auch in deutschen Stadien fort. Zu den wenigen Höhepunkten auf dem Weg nach Portugal zählten die letzten beiden Spiele in der Qualifikation gegen Schottland (2:1) und Island (3:0), mit denen die EM-Tickets statistisch noch souverän auf direktem Weg gelöst werden konnten. Die beiden blamablen Niederlagen bei den EM-Tests in Rumänien (1:5) und gegen Ungarn (0:2) stellten dann aber wieder das gesamte deutsche EM-Vorhaben für viele Kritiker in Frage. In der Tat offenbarten sich bei der EURO 2004 unter dem Strich die wahren Defizite und Mängel der deutschen Auswahl, was zu der wenig ermutigenden Feststellung führt, dass sich das deutsche Team im Vergleich zum letzten Turnier bei der WM 2002 in nahezu allen Bereich zurückentwickelt hat. Die Innendeckung konnte auch mit Routine längst nicht mehr ihre Abstimmungs- und Zuordnungsfehler ausgleichen.

Der Spielaufbau verlief immer schleppender und prägte eine Spielweise, die in ihrem langsamen, behäbigen und mutlosen Vortrag das totale Kontrastprogramm zu dem temporeichen, kraftvollen und im wahrsten Sinn des Wortes mitreißenden Allgemeinniveau der EM 2004 gewesen war. Und die Angreifer, die in Japan und Korea noch neun der 14 deutschen Treffer erzielt hatten, übertrafen einander an Harmlosigkeit. Völlers Nachfolger steht nun vor der Aufgabe, in den kommenden Monaten verborgene oder verschüttete Substanz im Nationalteam zu entdecken oder frei zu schaufeln und mit dem vorhandenen Potenzial um Philipp Lahm als die große Entdeckung des EM-Jahres und Michael Ballack, der als einziger deutscher Spieler mit einer überdurchschnittlichem EM-Gesamtleistung in das All-Star-Team der EURO 2004 berufen wurde, zu einer mit Blick auf 2006 Hoffnung weckenden Einheit zu formen. Talente wie Freier und Friedrich, Lauth und Kuranyi, Ernst und Rau, Hinkel und Lahm oder wie zuletzt bei der EM Schweinsteiger und Podolski, denen Völler in den vergangenen beiden Jahren den Weg in die A-Nationalmannschaft geebnet hatte, bilden das Fundament für den notwendigen Umbruch.

Ein Umbruch der bei den ausschließlich aus Freundschaftsspielen bestehendem Programm bis zur WM 2006 für den Völler-Nachfolger zunächst einmal zur Mutprobe wird …

Wolfgang Tobien

Gute Miene zum bösen Spiel: Die neue Doppelspitze des DFB mit Präsident Gerhard Mayer-Vorfelder (rechts) und seinem designierten Nachfolger Dr. Theo Zwanziger.

adidas
adidas

Otto und die Helden von Hellas

Die EURO von Portugal endete mit einer Sensation: Griechenland bezwang im Finale den Gastgeber, nachdem sich alle Favoriten zuvor schon verabschiedet hatten. Für Trainer Otto Rehhagel die späte, aber verdiente Krönung.

Otto Rehhagel und Charisteas machen das »Wunder von Lissabon« perfekt

Der Moment der Entscheidung: Angelos Charisteas ist nach einem Eckball per Kopf zur Stelle und erzielt den entscheidenden Treffer im Finale von Lissabon.

Am Ende stand das »Wunder von Lissabon«: Griechenland siegte im Endspiel der EURO 1:0 gegen den Gastgeber Portugal. Am Ende siegte der 1:150-Außenseiter aus der Ägäis – und dies gar nicht unverdient.

Angelos Charisteas hieß der Torschütze, Edel-Reservist beim deutschen Double-Gewinner Werder Bremen, hatte die vermeintlichen »Underdogs« in der 57. Minute des Endspiels gegen die Favoriten im Anschluss an einen Eckball per Kopf in Front gebracht und den Spielern des Veranstalters Portugals fiel danach auch keine passende Antwort mehr ein. Das Finale von Lissabon im Estadio da Luz – es war der Sieg des fußballerischen Realismus gegen den erhofften Erfolg der Offensive. Schon im Auftaktspiel der EURO hatten beide Teams die Klingen gekreuzt. Favorit Portugal mit dem letzten Anlauf der »Goldenen Generation« um die Herren Figo, Rui Costa und Fernando Couto auf einen ersten Titel. Doch am Ende siegten die Außenseiter um den deutschen Trainer Otto Rehhagel. Der 65-jährige Trainerfuchs, seit 2001 im Dienst der Hellenen, hatte sein Team

blendend auf den erwarteten Sturmlauf der filigranen Zauberer eingestellt. Mit einer nüchternen, erfolgsorientierten Spielweise stellte »Rehhakles«, wie er schnell umgetauft wurde, die Gastgeber kalt. Ein Distanzschuss von Karagounis, ein cool verwandelter Elfmeter von Routinier Bassinas, jeweils zu Beginn der beiden Halbzeiten (7./51. Minuten), sorgten für die Vorentscheidung. Der späte Anschlusstreffer durch den fidelen Jungstar Cristiano Ronaldo (19) war nur noch Ergebnis-Kosmetik.
Portugal gegen Griechenland – ein Endspiel der EURO, dass im Vorfeld der Euro kaum einer erwartet hatte. Titelverteidiger Frankreich, Italien als Finalgegner von 2000 und die Spanier als Vertreter der erfolgreichsten Klubmannschaften der Saison, England mit seinen Pemier-League-gestählten Profis, bestenfalls Tschechien als spielstarker Außenseiter standen zuvor auf der Liste der Turnier-Favoriten. In Deutschland ruhten die Hoffnungen auf Teamchef Rudi Völler, der als »Galionsfigur« das Team irgendwie als Turniermannschaft präsentieren sollte. In welcher Form, war schwammig. Nüchtern, realistisch, ohne große spielerische Qualität – »Es wird schon irgendwie werden« hieß das Motto.
Doch einer nach dem anderen verabschiedete sich aus dem Turnier. Betont vorsichtig (unter Trainer Trapattoni), gewohnt arrogant verabschiedete sich Italien. Die Superstars des Apennin um »Spucker« Totti und vermeintlichen Könnern wie Del Piero und Torjäger Vieri verabschiedeten sich ebenso zeitig in der Vorrunde wie Spanien und auch die Auswahl des DFB. Italien verschluckte sich an den Skandinaviern aus den Dänemark und Schweden, siegte gerade gegen die enttäuschenden Bulgaren. Die Spanier labten sich an ihrer technischen Überlegenheit, ohne daraus den entscheidenden Profit zu schlagen und mussten, wie so häufig in den vergangenen Turnieren, Portugal und Griechenland den Vortritt lassen.
Entscheidend wirkte sich vor allem die mangelnde körperliche Frische der Superstars Raul, Morientes und Baraja (alle Spanien) sowie die mangelnde Offensiv-Bereitschaft der Italiener, teilweise verordnet durch den Defensiv-Fanatiker Trapattoni, aus. Im Viertelfinale erwischte es dann auch die vorsichtig-müden Engländer, die unter dem schwedischen Trainer-Strategen Sven Göran Eriksson merkwürdig blutleer daher kamen. Der typische »Fighting-spirit« jedenfalls war kaum erkennbar. Die Insel-Profis powerten meist nur eine Halbzeit, danach wirkten sie seltsam zurückhaltend, ja müde. Die Ausnahme bildet nur ein unerschrockener 18-jähriger Wayne Rooney. Vier Tore erzielte der furchtlose Youngster, bevor ihn ein Fußbruch im Viertelfinale gegen Portugal außer

Der Moment des Trostes: Portugals Trainer Scolari tröstet seinen total enttäuschten Youngster Cristiano Ronaldo nach der Final-Niederlage.

FIGO
7

PORTUGAL
FORÇA

Huldigung für Otto Rehhagel:
Nach der Rückkehr aus Portugal gab's einen unbeschreiblichen Empfang für den Erfolgstrainer im Panathinaikos-Stadion.

Ganz links:
Glückwunsch des Kapitäns: Luis Figo gratuliert Griechenlands Trainer Otto Rehhagel.

Links:
Vergebliche Unterstützung: Portugals Fans gaben alles – für die Mannschaft reichte es nicht.

Konfetti-Regen in blau und weiß: Die Ehrung für den neuen Europameister Griechenland. Im Vordergrund mit Pokal: Kapitän Zagorakis.

Gefecht setzte – gleichbedeutend mit dem letzten Auftritt der Engländer.
So weit kamen andere erst gar nicht. Deutschland verabschiedete sich wie Bulgarien, Kroatien, die Schweiz und Lettland ohne Sieg aus dem Turnier. Ein Resultat, dass die letzten Resultate im internationalen Vergleich nur bestätigte – Deutschland, die ehemalige Fußball-Macht ist nur noch Mittelmaß. Hölzern, mittelmäßig, wohl bemüht, aber ohne Qualität. Da half selbst der schier unerschöpfliche Kredit einer »Galionsfigur« ohne Trainerschein wie Rudi Völler nicht weiter.
Im Viertelfinale war dann auch »Schicht« für Nationen wie Titelverteidiger Frankreich und England. Die Franzosen, Top-Favorit mit einer imponierenden Bilanz im Vorfeld der EURO, waren nur ein müder Abklatsch jener Elf, die zuvor Europa mit Esprit und Zauber, Spielwitz und unfallfreier Organisation in den Bann zogen hatte. Allein, im Viertelfinale gegen Griechenland wirkten die Zidanes, Henrys und Pires' seltsam ausgelaugt und zahnlos. Selbst die vorher scheinbar unbezwingbare Defensive zeigte Lücken und Schwächen – eine davon nutze Charisteas nach Flanke des überragenden griechischen Kapitäns Zagorakis gnadenlos aus.
Die hoch gewetteten Engländer dagegen ereilte das Schicksal im Elfmeterschießen – wieder einmal. Gegen Portugal traf zwar zunächst ihr farbloser Goalgetter Michael Owen, ehe ausgerechnet England-Legionär Helder Postiga (Tottenham) der Ausgleich gelang. Rui Costa und schließlich Lampard erzwangen das Elfmeterschießen, bei dem ausgerechnet Kapitän Beckham und Youngster Vassell zu tragischen Figuren wurden, Torhüter Ricardo auf der Gegenseite zum umjubelten Held emporstieg.
Dem skandinavischen Überraschungs-Duo mit Dänemark und Schweden, das zuvor durch ihren frischen Fußball die Massen in ihren Bann gezogen hatte, bereiteten die deutschen »Ärgernisse« Tschechien und Holland den Garaus. Verdient (Tschechien) und glücklich im Elfmeterschießen (Holland) kamen beide deutschen Gruppengegner ins Halbfinale, wo dann allerdings Endstation war. Die fußballerisch beste Elf des Turniers, die Tschechen mit dem überragenden Torjäger Milan Baros (fünf Tore), unterlagen durch das einzige »Silver Goal« des Turniers durch den Griechen Dellas, Holland unterlag den im eigenen Land adrenalingetriebenen Portugiesen.
Am Ende siegte ausgerechnet das Kollektiv der Griechen. Typisch. Denn Portugal erlebte ein rauschendes Fest des Fußballs, am Ende siegte allerdings mit den Griechen die disziplinierteste und körperlich frischeste Elf des Turniers.

Hardy Hasselbruch

ZAGORAKIS
7
Euro2004
Vive o 2004!™
UEFA
Euro2004
PORTUGAL

adidas
SIEMENS
mobile

Ein Rekord für die Ewigkeit

Glanz und Gloria auf Europas Fußballfeldern. Doch der Erfolg ist nicht zu kaufen, nur hartes Teamwork macht Titel möglich. Imponierend die Bilanz des FC Arsenal in England: 38 Spiele ohne Niederlage.

Valencia erntet den Lohn für Benitez' systematische Arbeit

Im historischen Rückblick wird man die Saison 2003/04 möglicherweise als das Ende eines Zyklus bei Real Madrid sehen – und als den Beginn eines solchen beim FC Barcelona. Also jener beiden Vereine, deren Schicksal stets miteinander verknüpft zu sein scheint. Geht es beim einen bergauf, dann zugleich beim anderen garantiert bergab – und umgekehrt.

Für Barca musste es nach vier Jahren ohne Titelgewinn und der zuletzt nicht einmal mehr geschafften Qualifikation für die Champions League ganz einfach endlich wieder aufwärts gehen. Die Voraussetzungen dafür wurden im Juni 2003 durch die Ablösung jener »Funktionärsmafia« geschaffen, die den Verein eine Vierteljahrhundert lang in die Geiselhaft ihrer partikularen Interessen genommen hatte. Mit dem neuen Präsidenten Joan Laporta zog ein neuer Geist ins Camp Nou ein, der sportlich vor allem von zwei Leuten repräsentiert wurde, die das eben installierte Präsidium an Bord geholt hatte:
Erstens Trainer Frank Rijkaard, unter dem die Mannschaft in spielerischer Hinsicht wieder anzuknüpfen versuchte an die goldenen Jahre der Trainer-Ära Cruyff. Was nicht zuletzt deshalb möglich wurde, weil – zweitens – mit dem Brasilianer Ronaldinho einer jener Kicker verpflichtet worden war, der das schafft, was Cruyff »den Unterschied markieren« nannte. Der junge Ballkünstler vermochte das Publikum zu illusionieren – und zugleich seinen Mitspielern die nötige Siegermentalität zu bescheren, weil er stets mannschaftsdienlich agierte und dann auch noch in den entscheidenden Momenten selbst die ausschlaggebenden Akzente setzte. So wurde Ronaldinho unumstritten zum Spieler der Saison in Spanien. Doch ein erfolgreiches Team besteht eben nicht nur aus einem Mann. Folglich benötigte Rijkaard einige Zeit, um die Equipe zur finden und zu formen, die man sich von dem noch jungen Trainer

Linke Seite: Vehemenz in Valencia: Mittelfeldspieler Ruben Baraja war eine der Triebfedern für den Meistertitel. Der Nationalspieler erzielte wichtige Tore für den Titel.

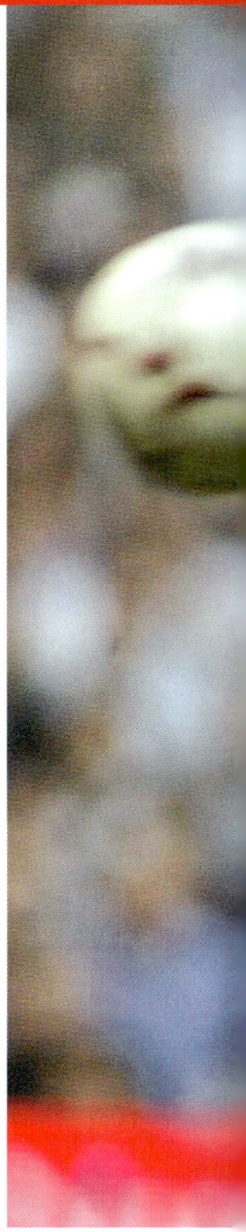

Die Meistertrophäe fest im Griff: Valencias Kapitän David Albelda (li.) und Ruben Baraja.

erwartet hatte. Es gab vorerst etliche Enttäuschungen und Rückschläge. Zur Hälfte der Saison schien man in Barcelona heilfroh sein zu müssen, wenn die Equipe überhaupt in die nächste Champions League gelangen würde.
Doch dann begann sich das geduldige Festhalten der Vereinsführung am Coach zu lohnen: Seine Elf blieb im Frühjahr 17 Spiele lang ohne Niederlage und gelangte so in einer beeindruckenden Aufholjagd noch auf den zweiten Tabellenplatz. Und zur berechtigt erscheinenden Hoffnung, das Barca in den kommenden Jahren wieder zum engsten Kreis der Titelaspiranten zählen wird.
Dieser Rolle wähnte man sich bei Real Madrid am Beginn der Saison wohl zu sicher. In den Jahren zuvor hatten die Madrilenen unter der Leitung von Präsident Florentino Perez, Sportdirektor Jorge Valdano und Trainer Vicente del Bosque in Wechselschritten jede zweite Spielzeit eine Meisterschaft und eine Champions League gewonnen. Doch Perez & Valdano wollten noch mehr und sie wollten selbst noch mehr im Rampenlicht stehen, weshalb sie den Coach durch den unscheinbaren Portugiesen Carlos Queiroz ersetzten. Ihre Erwartung lautete offenbar: Mit den von ihnen eingekauften Superstars auf den Spielfeld könne jeder Trainer alles gewinnen. Welch ein Irrtum!
Das zeigte sich schon bald nach Meisterschaftsbeginn, als die »Galaktischen« in Villarreal gerade noch ein Remis schafften und dann in Valencia gänzlich entzaubert wurden. Die unter Del Bosque entwickelte Spielkultur der unzähligen Angriffsvarianten ging flöten zu Gunsten einer einzigen simplen Idee: Ronaldo am Strafraum in Ballbesitz zu bringen. Der brachte es so zwar mit 24 Treffern zum Torschützenkönig der Saison und sicherte seiner Elf eine Reihe knapper Siege, die Real Madrid während etwa zwei Drittel der Meisterschaft tatsächlich als Titelanwärter erscheinen ließen.
Doch insgesamt war die Mannschaft in der Attacke deutlich weniger effizient und zugleich in der Defensive erheblich verwundbarer als in den Jahren zuvor. Da machte sich der von Perez & Valdano im Sommer 2003 verfügte Hinauswurf des langjährigen Abwehrchefs Fernando Hierro ebenso bemerkbar wie im defensiven Mittelfeld das Fehlen von Makelele, der zum FC Chelsea übersiedelt war, weil er nicht länger bei minderem Lohn die Kärrnerarbeit für die Kollegen mit den Supergagen verrichten wollte.
Kurzum, trotz lange Zeit scheinbar ausreichender Resultate stimmte es in Wahrheit hinten und vorne nicht bei Real Madrid – und am Beginn des Saison-Endspurts kam dann der vorherzusehende Einbruch an allen Fronten: Das Pokalfinale ging gegen Real Saragossa verloren, in der Champions League scheiterten die Favoriten im Viertelfinale an AS Monaco und in der Meisterschaft langte es letztendlich nur noch für den vierten Rang. Statt der erwarteten drei Titel gab es nicht einen – was Trainer Queiroz den Kopf kostete und Sportdirektor Valdano zum Rücktritt zwang. Das Ende eines erfolgreichen Zyklus, der auch mit seinem Namen verbunden war, konnte damit als besiegelt gelten.

Duell der Giganten: Real Madrids Kapitän Raul im Zweikampf mit Barcelonas Abwehrspieler Oleguer.

Tabellenplatz drei ging an Deportivo La Coruna – und damit an jene Equipe, die in diesem Jahr endlich den Durchbruch zur absoluten Spitze der europäischer Vereinsmannschaften schaffen wollte aber im Champions-League-Halbfinale am FC Porto scheiterte.
In dieser Saison tat sich erstmals seit Jahren in der Primera Division keine Überraschungsmannschaft hervor. Diese Rolle hatten zuletzt Real Sociedad San Sebastian und Celta de Vigo eingenommen – die nun beide ihre Champions-League-Teilnahme in der heimischen Meisterschaft teuer bezahlten. Die Elf aus San Sebastian musste bis knapp vor Schluss gegen den Abstieg kämpfen – und jene aus Vigo hatte schlussendlich zusammen mit dem FC Murcia und Real Valladolid den bitteren Gang ins Unterhaus anzutreten.
So blieben also an der Tabellenspitze die vier üblichen Verdächtigen unter sich – und von denen zeigte sich der FC Valencia am beständigsten. Trainer Rafa Benitez gewann in seiner dritten Saison bei diesem Verein seinen zweiten Meistertitel – und als Draufgabe noch den UEFA-Cup. Das mit einem eher knappen Kader ohne große Stars Pablo Aimar, der argentinische Spielmacher, stand an zahlreichen Spieltagen verletzungsbedingt nicht zur Verfügung. So kann dieser Erfolg vor allem als Beleg dafür interpretiert werden, was ein seriös und systematisch arbeitender Trainer (vielmehr: ein Trainerteam – denn Benitez verstand seine drei Assistenten stets als gleichrangige Partner) mit eher mittelmäßigen Spielern zustande zu bringen in der Lage ist, wenn er sie dosiert und im Rahmen klar umrissener Aufgabenstellungen einzusetzen versteht.
Der FC Valencia schaffte nicht nur den ausgeglichensten Saisonverlauf – er stellte auch die in sich ausgeglichenste Mannschaft: An Torerfolgen den unmittelbaren Konkurrenten ebenbürtig – und zugleich in der Abwehr unverwundbarer als diese. Torhüter Santiago Canizares kassierte in 37 Partien lediglich 25 Treffer – und war damit der erfolgreichste Keeper der Saison.

Harald Irnberger

Genialer Kaka zaubert Milan zum 17. Scudetto

Kaum zu bremsen: Milans Mittelfeld-Ass Kaka ist bei seinen Tempodribblings schwer zu packen. Hier versucht es Juventus' Tacchinardi.

Lange Zeit herrschte ein spannender Dreikampf um den Scudetto. Aber kurz nach Beginn der Rückrunde trennte sich das Trio und der AC Mailand setzte zu einem beeindruckenden Alleingang an, dem weder der AS Rom und schon gar nicht Juventus gewachsen waren.

Am Ende war es ein klarer Zieleinlauf in der italienischen Serie A. Mit elf Punkten Vorsprung setzte Milan eine neue Marke im Calcio. 82 Punkte bedeuten Rekord seit der Einführung der Drei-Punkte-Regel, in der Saison 2000/01 hatte es der AS Rom auf 75 gebracht, der alten Bestmarke. 38 der insgesamt 82 Punkte holten die »Rossoneri« dabei auswärts, gleich elf Siege landete das Team von Trainer Carlo Ancelotti in gegnerischen Stadien.

»Mit dem Titelgewinn habe ich bewiesen, dass ich ein Siegertyp bin«, frohlockte Ancelotti nach seinem ersten Meistertitel in der Serie A. Auch eine rhetorische Antwort auf die Kritiker auf dem Apenin, die dem knorrigen, ehemaligen Meisterspieler vorwarfen, ihm fehle der letzte Tick, das entscheidende Etwas. Doch dieser Makel ist jetzt

getilgt und Carlo Ancelotti gewann nach der Champions League 2002/03 endlich seinen ersten Scudetto als Trainer.
Für den dominierenden AC Mailand war es gar schon der 17. Titelgewinn insgesamt. Und Milan war ein Muster an Beständigkeit im Verlauf der Saison. Nur zwei Niederlagen musste der Klub des italienischen Ministerpräsidenten Silvio Berlusconi einstecken. Eine daheim kurz vor Weihnachten am 14. Spieltag beim 1:2 gegen Udinese Calcio, eine am 33. Spieltag in Reggio di Calabria (ebenfalls mit 1:2), als der Titelgewinn schon in trockenen Tüchern war und das heimstarke Reggina noch wichtige Punkte im Abstiegskampf benötigte.
Bei seinem Erfolgsweg durch die Saison baute der AC Mailand im Wesentlichen auf die Profis, die im Jahr zuvor die Champions League gewonnen hatten. Nur punktuell verstärkte Trainer Ancelotti sein eingespieltes Kollektiv. So fügte er zwei ablösefreie Außenverteidiger hinzu: rechts den brasilianischen Weltmeister-Kapitän Cafu vom AS Rom und links den routinierten italienischen Nationalspieler Pancaro von Lazio Rom. Und als »Sahnehäubchen« verpflichtete Milan das brasilianische Offensivtalent Kaka vom FC Sao Paulo.
Als Investition für die Zukunft war dieser Transfer des 22-jährigen offensiven Mittelfeldspielers gedacht. Doch die »bescheidene« Ablösesumme von 7,5 Millionen Euro amortisierte sich schon in der ersten Saison. Zehn Tore in seiner ersten Saison in der Serie A – so viel Tore schoss noch kein Mittelfeldspieler in seinen ersten Jahr –, ein unwiderstehliches Tempospiel und eine imponierende Kombinationssicherheit mit den Milan-Spitzen. Kaka war die Entdeckung der Saison.
Den Rest besorgten die üblichen Verdächtigen in Rot-Schwarz: In vorderster Front natürlich der Ukrainer Andriy Shevchenko. Mit 24 Toren erwies sich der pfeilschnelle Stürmer als bester Goalgetter der Serie A. Für den zumeist verletzten Filippo Inzaghi, der in seinen nur wenigen Spielen gerade vier Tore beisteuern konnte, sprang der Däne Jon-Dahl Tomasson in die Bresche, der immerhin zwölf Mal traf.
In der Abwehr konnte sich Trainer Ancelotti wieder auf die Stützen Alessandro Nesta und Paolo Maldini vor dem starken Keeper Dida verlassen. Gab's einen Ausfall zu beklagen, stand der Senior Billy Costacurta (38) bereit, um in die Bresche zu springen, ohne dass dabei ein Stück an bewährter Sicherheit verloren ging. In der Mittelfeldraute assistierten »Quarterback« Pirlo, »Terrier« Gattuso und ein überragender Clarence Seedorf dem Brasilianer Kaka. Für noch mehr spielerischen Glanz als der Meister sorgte allerdings lange Zeit Vizemeister AS Rom. Die Roma bot unter dem Trainer Fabio Capello über Monate hinweg Fußball vom Feinsten, begeisterte als so genannter »Wintermeister«. Angetrieben von einem überragenden Kapitän Francesco Totti inszenierten die Römer schwungvollen Offensiv-Fußball mit den meisten Toren in der Serie A. 67 Mal hatte die Roma Grund zum Torjubel, Totti selbst war 20 Mal erfolgreich.
Seine wichtigsten Helfer in dem filigranen, tempogeladenen Kombinationswirbel waren der 22-jährige Frechdachs Antonio Cassano, der auch durch seine überragenden Leistungen den Sprung zu den »Azzurri« für Portugal schaffte und ein brasilianisches Juwel namens Mancini. Ein verkappter Rechtsaußen, pfeilschnell und torgefährlich, den die Roma zuvor in der Serie B bei Venedig geparkt hatte.
Hinten sorgte der junge Keeper Pelizzoli, der den unsicheren Kantonisten Antonioli ablöste, für ein neues Sicherheitsgefühl. Nur 16 Gegentreffer kassierte die Roma in der Saison – Rekord. Aber ausgerechnet in den beiden direkten Duellen gegen den AC Mailand war die Roma den Anforderungen nicht gewachsen. Und dem Vizemeister AS Rom droht wegen der finanziell undurchsichtigen Lage eine ungewisse Zukunft. So wurde Abwehrchef Walter Samuel für 25 Millionen Euro an Real Madrid abgegeben und auch »Zampano« Capello verließ das »sinkende Schiff«.
Fabio Capello wechselte nach fünf Jahren Roma zu Juventus Turin, dem Dritten der Meisterschaft. Der »Alten Dame« Juventus ging als erstem in dem Dreikampf der Vorsaison die Puste aus. Drei Titel hatte Trainer-Grande Marcello Lippi vor der Saison versprochen. Am Ende stand Juventus mit

Freude nach dem Titelgewinn: Milans Brasilianer Cafu (li.) und Kaka (re.) freuen sich gemeinsam mit dem Ukrainer Shevchenko.

Italienischer Titel mit brasilianischem Anstrich: Kaka und Cafu waren zwei Schlüsselspieler für den Milan-Erfolg. Stolz schwenken sie die brasilianische Fahne.

leeren Händen da. Dabei begann Juventus Turin die Saison durchaus viel versprechend. Die Maschinerie lief geschmiert und Juve dominierte das erste Saisondrittel in der Serie A. Doch dann traf genau das ein, was der französische Torjäger David Trezeguet in einem Interview mit dem kicker thematisiert hatte. »Wir können nur erfolgreich spielen, wenn wir physisch topfit sind. Spielerisch haben wir gegenüber der Roma und Milan Defizite«, mahnte der Stürmer frühzeitig und behielt Recht.

Die überalterte Abwehr machte Fehler, wie man sie früher bei Juve nicht erlebte. Das Mittelfeld war abgesehen vom Tschechen Pavel Nedved in der Hinrunde nur eine Ansammlung biederer Handwerker, denen es an Esprit mangelte. Und vorne war Trezeguet allein auf weiter Flur, zumal Italiens Superstar Del Piero mehr Auszeiten als üblich nahm.

Was allerdings in der Serie A über allem schwebte, war die instabile Wirtschaftslage fast aller Klubs. Zumal die EU-Kommissare in Brüssel auch noch ein Sonder-Abschreibungsgesetz (Salva Calcio) der Berlusconi-Regierung kippten. Mit dem AC Parma, Lazio und AS Rom wussten wenigstens drei renommierte Klubs der Serie A am Ende der abgelaufenen Saison nicht so genau, unter welchen finanziellen Bedingungen sie in der neuen Spielzeit an den Start gehen.

Hardy Hasselbruch

Die »Gunners« und die historische Dimension

Seit 1996 heißt der Meister in der Premier League entweder Manchester United oder FC Arsenal. Diesmal hatten die »Gunners« wieder mal die Nase vorne. Ohne Niederlage überstanden sie die Saison. Eine historische Leistung.

Arsène Wenger hatte sich einfach vertan. Arsenals französischer Trainer war eben ein Jahr zu früh dran gewesen, als er zu Beginn der Saison 2002/03 selbstsicher verkündete: »Wir verlieren kein Match.« Wenger lag falsch, allerdings nur zeitlich. Er hätte noch eine Spielzeit warten sollen. Was damals höchst vermessen klang, darf nun, da seine Mannschaft das scheinbar Unmögliche in einer der stärksten Ligen der Welt geschafft hat, getrost als ein Beweis von realistischer Einschätzung eigener und gegnerischer Stärke gelten.

Der FC Arsenal blieb eine ganze Saison lang ungeschlagen. Das hatte allein Preston North End in der allerersten Saison des englischen Ligafuß-

Londoner Duell in der Premier League: Arsenal gegen Chelsea – das war auch das Duell zwischen Edu und Maric Melchiot.

balls, 1889, geschafft. Ein Rekord für die Ewigkeit, der von einer Mannschaft aufgestellt wurde, in der nahezu alles zusammen passte. Der deutsche Torwart Jens Lehmann war nicht immer unumstritten, blieb aber ein fester Wert zwischen den Pfosten. In der Abwehr konnte sich Wenger auf die Innenverteidigung mit dem erfahrenen, hünenhaften englischen Nationalspieler Sol Campbell und dem jungen Kolo Touré von der Elfenbeinküste verlassen. Auf den Außenbahnen waren der Kameruner Lauren sowie Ashley Cole, ein weiterer englischer Nationalspieler, sicher in der Defensive und sorgten gleichzeitig für Druck nach vorne.

Im Mittelfeld standen mit den Franzosen Patrick Vieira und Robert Pires, den Brasilianern Gilberto Silva und Edu sowie dem Schweden Fredrik Ljungberg ebenfalls Akteure zur Verfügung, die sich bei aller Kreativität auch nicht für Dreckarbeit nach hinten zu schade waren. Und im Angriff war neben dem einmal mehr mit genialem Spielverständnis gesegneten holländischen Veteranen Dennis Bergkamp natürlich der alles überragende Stürmerstar Thierry Henry ein ganz entscheidender Erfolgsgarant, der mit 30 Treffern nicht nur Torschützenkönig der Premier League wurde, sondern auch den Goldenen Schuh als Europas bester Goalgetter gewann.

Arsenals Hauptkonkurrenten standen schon nach dem zweiten Spieltag fest. Neben den »Gunners« hatten da nur noch Manchester United und der FC Chelsea zwei Siege eingefahren. Diese Konstellation sollte sich als saisontypisch erweisen. Das Trio setzte sich bereits im ersten Viertel der Spielzeit deutlich vom Rest des Feldes ab.

Mit Manchester United war wie üblich zu rechnen gewesen. Dass es für den Titelverteidiger diesmal nicht reichte, hatte viele verschiedene Ursachen auf und neben dem Spielfeld. Da war die Dopingaffäre um den englischen Nationalspieler Rio Ferdinand, der im Oktober einen Drogentest versäumte, und im Januar für acht Monate gesperrt wurde. Trainer Sir Alex Ferguson versäumte es in der Winterpause, einen adäquaten Ersatz für diesen Innenverteidiger von internationaler Klasse zu beschaffen.

David Beckhams Bedeutung als Torvorbereiter und für das Teamgefüge wurde nach seinem Weggang umso deutlicher. Der monatelange, verletzungsbedingte Ausfall von Edeljoker Ole Gunnar Solskjaer schwächte die Offensive zusätzlich. Die Neuzugänge wie Cristiano Ronaldo, Kleberson oder Djemba-Djemba waren vor allem als langfristige Verstärkungen eingeplant und bestätigten diese Erwartung dadurch, dass sie nur phasenweise glänzten. Verschiedene Nebenkriegsschauplätze mit Ferguson im Zentrum sorgten zusätz-

lich für Unruhe. Zum einen der Streit zwischen dem Trainer und zwei Hauptaktionären des Klubs um die Rechte an einem Rennpferd und zum anderen die Verwicklung von Trainersohn Jason in illegale Transfergeschäfte um United-Spieler ließen ManU nicht aus den negativen Schlagzeilen kommen. Im Februar verlor der Titelverteidiger schließlich den Anschluss an Arsenal.
Etwa zur gleichen Zeit geriet auch der FC Chelsea entscheidend ins Hintertreffen. Die »Blues« waren vor dieser Saison ganz plötzlich zu einem Titelkandidaten gemacht worden. Durch Roman Abramovich.
Der russische Milliardär hatte am 2. Juli 2003 rund 210 Millionen Euro für 93 Prozent der Klub-Aktien bezahlt und danach weitere 88 Millionen für Neuzugänge ausgegeben. Nationalspieler wie Juan Sebastian Veron (Argentinien), Damien Duff (Irland), Adrian Mutu (Rumänien), Claude Makelele (Frankreich), Geremi (Kamerun), Joe Cole und Wayne Bridge (beide England) verstärkten den Kader. Die Rechnung ging (fast) auf: Zweiter in der Premier League, Halbfinale in der Champions League.
Eine große Leistung von Trainer Claudio Ranieri, der diesen zusammengewürfelten Haufen von Stars zu einer weitgehend funktionierenden Einheit machte. Zwischen den ganzen Topnamen behauptete sich übrigens auch ein junger Deutscher. Robert Huth kam in der Abwehr einige Male zum Einsatz und zeigte defensive Qualitäten, im Spiel nach vorne jedoch nur begrenzte Fähigkeiten.
Für Ranieri reichte das Erreichte nicht. Bereits während der gesamten Saison hatten ihn Gerüchte über eventuelle Nachfolger verfolgt und hatte das Damokles-Schwert der Entlassung über ihm gehangen. Nicht etwa, weil er zu erfolglos war, sondern weil sich der neue Klubbesitzer einfach auch auf der Trainerbank etwas Neues wünschte. Nach der Saison musste der stilvolle Italiener gehen und der frischgebackene portugiesische Champions-League-Sieger Mourinho vom FC Porto übernahm das Ruder.
Ein neuer Trainer soll auch beim FC Liverpool in Zukunft einen größeren Erfolg garantieren. Die »Reds« gehörten zu den großen Enttäuschungen der letzten Saison. Viele Spieler, darunter auch der Deutsche Didi Hamann, blieben unter ihren Möglichkeiten. Gerade noch sicherten sie sich den letzten Champions-League-Platz. Doch auch das rettete Gerard Houllier nicht den Arbeitsplatz. Er musste für Rafa Benitez, der mit dem FC Valencia den UEFA-Pokal holte, weichen.
Knapp an einem europäischen Wettbewerb vorbei schrammte Aston Villa, wo sich der deutsche U-21-Nationalspieler Thomas Hitzlsperger einen Stammplatz erkämpfte. Positiv fiel auch der junge Moritz Volz als offensiver Rechtsverteidiger beim FC Fulham auf. Erfolgreich gegen den Abstieg stemmten sich die Routiniers Michael Tarnat mit Manchester City und Markus Babbel mit den Blackburn Rovers. Vergeblich kämpfte dagegen Leeds United, das 2001 noch im Halbfinale der Champions League stand, um den Klassenerhalt. Trotz großer Namen musste der hoch verschuldete Traditionsklub den Weg in die Zweitklassigkeit antreten und sieht nun einer ungewissen Zukunft entgegen.

Manfred Münchrath

Meisterfeier bei den »Gunners«: Zahlreiche Fans feierten ihre Stars und den Meister-Trainer Arsène Wenger.

Linke Seite: Ein Deutscher und die englische Meister-Trophäe: Torhüter Jens Lehmann schmückte sich gleich in seinem ersten Jahr beim FC Arsenal mit dem Titel.

Schoko Schachners Märchen mit den Grazer Athletikern

Trainer Walter »Schoko« Schachner und sein Team haben auf der Landkarte des rotweißroten Fußballs Graz zur Metropole und den Grazer Stadionplatz 1, Sitz der GAK-Zentrale, zur derzeit edelsten Adresse gemacht.

Und noch etwas: Schachner und Co. haben sich zudem große Verdienste im Kampf gegen eines der resistentesten Vorurteile des Fußballs erworben: Gegen das, dass Torhüter und Linksaußen allesamt mit Vorsicht zu genießen wären... Denn Rudi Roth, der GAK-Präsident, war zu seinen aktiven Zeiten ein Tormann. Hannes Weninger, der Sportmanager des GAK, trug auch die Nr. 1 auf dem Rücken. Und Schoko Schachner, der Chefcoach, hat sich in seiner aktiven Zeit als Topstürmer (64 Länderspiele, 23 Tore, sieben Jahre Legionär in Italien bei Cesena, beim AC Turin, Pisa und Avellino) oftmals auf der Linksaußen-Position wieder gefunden.

Der erstmalige Titelgewinn des GAK in seiner 102-jährigen Geschichte, der mit dem Double aufpoliert wurde, muss auch jenen zu Denken geben, die Fußball zu einer akademischen Disziplin erhoben haben. Schachner, der sich als 19-Jähriger bei seiner ersten WM in Spanien noch als Betriebselektriker karrenzieren hat lassen, hat bewiesen, dass eine proletarische Herkunft und ein Bekenntnis zu diesen Wurzeln keine Erfolgs-

Der Meistermacher in Österreich: Walter »Schoko« Schachner schlug mit seinem Grazer AK den Klubs aus der Hauptstadt Wien ein Schnippchen.

Jubel nach dem Titelgewinn: Trainer Schachner mit der Schale. Flankiert wird er von den Spielern Ehmann (li.) und Torjäger Kollmann.

hemmnisse sind. Die in dieser Saison gedemütigte Wiener Austria, die als Nobelklub darauf baute, dass der Fußball hauptsächlich in Managerkursen seine Geheimnisse preis gibt und dass das wohlfeile Wort mehr als die zupackende Tat zähle, konnte nicht einmal mit einem Vielfachen der finanziellen Möglichkeiten dem geballten Sachverstand »Schokos« trotzen.

Der GAK war Schachners Mittel zum Zweck, seine traumatischen Erfahrungen echter oder auch nur empfundener Unterschätzung therapeutisch zu verarbeiten: Einer der von unten kommt, muss doppelt so viel arbeiten und dürfe sich nur die Hälfte an Fehlern erlauben. Also hat der Ex-Italien-Legionär zwar auch obsessiv Theorie gepaukt, sich in Teambuilding-Seminaren geschult – aber seinem »Vorstadtkinder-Instinkt« nie die Referenz verwehrt.

Als der in kürzester Zeit vom belächelten Möchtegern-Aufsteiger zur dominanten Trainerpersönlichkeit avancierte Schachner 2002 von der Austria Wien geschasst worden war, waren die launischen Praterveilchen der Austria Tabellenführer. Dem weltmännischen Christoph Daum hatte er weichen müssen. Wenige Tage darauf unterschrieb er beim GAK, dem damaligen Schlusslicht. Eineinhalb Jahre später hatte der erzwungene Klubwechsel märchenhafte Auswirkungen: Der GAK ist Meister, ist Cupsieger. Die Austria überall nur Zweiter.

Fast kitschig das Szenario bei der Meisterfeier: Just Frank Stronach, der als allmächtiger Austria-Boss an Schachner zweifelte, musste in seiner Funktion als Bundesliga-Präsident Schachner gratulieren. Der Wortlaut: »Schoko, Sie hätten ja damals als Co-Trainer von Christoph Daum bei der Austria bleiben können.« Schachner: »Herr Stronach jetzt wissen sie vielleicht, dass ich keine Nummer zwei bin!« Virtuos spielte Schachner im Duell gegen die Austria das »Wir-da-unten-gegen-die-da-oben-Spiel«.

Denn echte »Underdogs« schauen anders aus als die Grazer Athletiker, die mit dem Kroater Mario Tokic, dem Bosnier Samir Muratinovic und dem Tschechen Libor Sionko hochkarätige ausländische Nationalspieler in ihren Reihen hatten. Der Liga-Krösus war zwar die Austria, aber auch der GAK hat in dieser Saison finanzielles Hasard gespielt. Die Austria Wien hat das Etikett »teuerster rotweißroter Vizemeister aller Zeiten« auf sich picken.

Denn Klub-Boss Frank Stronach hatte in dieser Saison bewiesen, dass nicht jeder aus Schaden klug wird. Wie schon Schachner, hatte er mit dem Deutschen Jogi Löw erneut einen Trainer, der die Tabelle anführte, in seinen Kompetenzen beschnitten. Neun Monate der »Amtszeit« von Löw waren da vergangen. Löw wollte hinter dem Sportdirektor Günther Kronsteiner nicht die Nummer zwei sein. Und ging. Die Austria-Truppe war in der entscheidenden Meisterschaftsphase in ihre Einzelteile zerfallen und hatte gegen Didi Kühbauers Mattersburger 1:4 verloren.

Löw war also doch nicht der von den Austria-Bossen ausgemachte Hemmschuh. Auf Harmonie getrimmt, fehlte den Wienern die notwendige Aggressivität, um sich bei den Big-Point-Spielen durchzusetzen. Für die Austria – von Frank Stronach in fünf Jahren immerhin mit rund 70 Millionen Euro gesponsert – ist der Vizemeistertitel wie eine Verhöhnung aller im Klub aufgestellten Kosten-Nutzen-Rechnungen.

Und Rapid Wien? Als Tabellenvierter gab's nur einen wirklichen Grund zur Freude. Der deutsche Legionär Steffen Hofmann wurde von den österreichischen Trainern und Mannschafts-Kapitänen zum Spieler der Saison gewählt.

Hubert Winklbauer

Selbst »Chappi« war machtlos gegen den FC Basel

Als Stéphane Chapuisat vor zwei Jahren von Grasshopper Zürich zu Young Boys Bern wechselte, dachten so ziemlich alle, der »Schweizer Fußballer des Jahrhunderts« würde in der Hauptstadt für gutes Geld seine erfolgreiche Karriere unspektakulär ausklingen lassen.

Ich hab's gemacht: Basels Torjäger Julio Hernan Rossi feiert einen seiner zahlreichen Treffer während der Meisterschaft.

Zyniker behaupteten gar, Young Boys gewähre dem Stürmer lediglich noch das Gnadenbrot. Weit gefehlt! »Chappi« spielte in der abgelaufenen Saison beinahe so überzeugend auf wie während seiner acht Dortmunder Jahre, in denen er für die Borussia in 218 Bundesligaspielen 102 Tore erzielte. Chapuisat ist inzwischen 35 und langsamer geworden, auf seinen Torinstinkt und seine Abschlussstärke hat dies aber keinen negativen Einfluss: mit 22 Treffern gewann er souverän die Torschützenwertung in der Super League 2003/2004. »Chappis« Tore waren maßgeblich dafür verantwortlich, dass die Berner Zweite wurden, ihre beste Saison seit 1985/1986 spielten – damals ließen sie sich als Meister feiern – und sich für die Champions-League-Qualifikation qualifizierten.

An der Dominanz des FC Basel konnten allerdings auch Chapuisat und seine Treffer nichts ändern. Selten in der 109-jährigen Geschichte des Schweizerischen Fußballverbandes (SFV) war eine Meisterschaft an der Tabellenspitze so langweilig. Basel gewann seinen zehnten Meistertitel mit 13 Punkten Vorsprung, gewann 13 Begegnungen in Folge, verlor nur drei seiner 36 Punktspiele, die erste Niederlage setzte es erst in der 24. Runde ab (0:1 beim FC Zürich).

Der FC Basel dürfte den Schweizer Fußball auch in den nächsten Jahren dominieren. Er verfügt über den stärksten Spielerkader, über das beste Management und vor allem über das meiste Geld. Das fließt ihm einerseits von der milliardenschweren Vizepräsidentin und Transfer-Chefin Gigi Oeri zu, eine gebürtige Deutsche und Erbin des Chemiekonzerns Roche. Andererseits konnte Basel vor ein paar Wochen einen Sponsorenvertrag mit dem Chemiemulti Novartis abschließen, der dem Verein jährlich über 2,5 Millionen Euro einbringt. Für Schweizer Verhältnisse eine horrende Summe und absoluter Rekord.

Für Schlagzeilen der anderen Art sorgte der FC Wil. Von großen Finanzproblemen geplagt suchte der Kleinklub aus der Ostschweiz im vergangenen Jahr Hilfe beim ehemaligen »Europas Fußballer des Jahres« Igor Belanov. Der Ukrainer, einst Spieler bei Borussia Mönchengladbach und Eintracht Braunschweig, stieg als Mehrheitsaktionär bei Wil ein und richtete schließlich ein heilloses Chaos an. Fünf Trainer dienten dem Verein in der vergangenen Saison, dauernd sorgte Belanov für Unfrieden, indem er sich in sportliche Belange einmischte. Wil gewann zwar geradezu sensationell den Pokalwettbewerb (3:2-Finalsieg gegen Grasshopper Zürich), fiel nach diesem Coup jedoch in eine schwere Krise und stieg letztlich ab. Belanov hat sich mittlerweile wieder aus Wil ver-

abschiedet und einen Scherbenhaufen hinterlassen. Die Finanznöte sind noch immer akut, der Klub muss die kommende Zweitliga-Saison mit einem Abzug von zwei Punkten beginnen. Immerhin darf der Verein als Pokalsieger noch am UEFA-Pokal teilnehmen.
Die Grasshoppers hätten von einem UEFA-Cup-Ausschluss des FC Will profitiert, aber das wäre geradezu ein Hohn gewesen. Der Meister 2003 spielte eine miserable Saison. Weder Marcel Koller, der nach ein paar Spieltagen entnervt das Handtuch warf und das Angebot des 1. FC Köln annahm, noch sein Nachfolger Alain Geiger vermochten der Mannschaft ein Gesicht zu geben. Der Schweizer Rekordmeister spielte seine schwächste Saison seit vielen Jahren, verlor 19 Partien und landete in der zehn Teams umfassenden Super League auf Rang sieben.
Noch schlechter lief es für einen anderen Traditionsverein: Neuchâtel Xamax. Der zweifache Meister, der in den 80er-Jahren im Europapokal Teams wie Real Madrid, Celtic Glasgow Bayern München und den Hamburger SV besiegt und dem Stars wie Uli Stielike gedient hatten, zierte lange Zeit das Tabellenende. Letztlich schafften die Neuenburger immerhin noch den Sprung auf Platz neun, der ihnen zwei Entscheidungsspiele gegen den Zweiten der Challenge League, den FC Vaduz, sicherte.
Hätte Vaduz in der Relegation das bessere Ende für sich behalten, wäre dies einem Novum im Schweizer Klubfußball gleichgekommen. Denn noch nie hat im Oberhaus ein Vertreter des Fürstentums Liechtenstein gespielt. Bereits Monate zuvor hatte der Schweizer Verband entschieden, den »Ausländern«, trainiert von Martin Andermatt (ehemals Eintracht Frankfurt und SSV Ulm), im Falle eines Aufstiegs eine Spielerlaubnis für die Super League zu erteilen.

Andreas Werz

Dusche für den Meistertrainer: Basels Meistercoach Christian Gross wird nach dem erneuten Titelgewinn von seinen Spielern »getauft«.

Fußball in Europa

Erklärung zu den Tabellen:

M = Meister des Vorjahres
P = Pokalsieger desVorjahres
N = Neuling
* = Absteiger dieser Saison

ALBANIEN

1. SK Tirana (M)	36	90:36	80
2. Dinamo Tirana (P)	36	68:39	71
3. Vllaznia Shkoder	36	77:51	68
4. Partizani Tirana	36	65:39	67
5. Teuta Durres	36	57:49	52
6. SK Lushnja	36	35:52	42
7. Shkumbini Peqin	36	44:61	41
8. KS Elbasani	36	47:55	40
9. Besa Kavaje *	36	36:81	29
10. Flamurtari Vlore *	36	24:80	14

Aufsteiger: KF Laci, Egnatia Rrogozhine
Pokal-Endspiel: Partizani Tirana – Dinamo Tirana 1:0

ANDORRA

1. FC Santa Coloma (M, P)	20	44:21	45
2. UE Sant Juliá	20	57:18	43
3. Ranger's Venecia	20	34:17	34
4. FC Encamp	20	31:20	28
5. CE Principat	20	52:41	31
6. FC Lusitans	20	24:29	21
7. Inter d'Escaldes	20	20:43	12
8. UE Engordany (N) *	20	20:93	11

Nach einer Vorrunde (14 Spiele) spielten die ersten vier Mannschaften um die Meisterschaft, die letzten vier gegen den Abstieg.

Aufsteiger: Atletic d'Escaldes
Pokal-Endspiel: FC Santa Coloma – UE Sant Juliá 1:0

ASERBAIDSCHAN

1. Neftschi Baku	26	66:15	69
2. FK Schamkir	26	67:11	64
3. Karabach Agdam	26	63:17	60
4. Hazar Universiteti Baku	26	43:16	51
5. Dinamo Baku	26	45:32	41
6. Schafa Baku	26	40:23	39
7. Bakili Baku	26	40:46	34
8. MOIK Baku	26	25:32	29
9. Adliyya Baku	26	27:40	29
10. Schahdag Gusar	26	29:41	27
11. Kapaz Ganja	26	22:45	23
12. Hazar Sumgayit	26	32:78	22
13. Turan Tavuz	26	15:59	16
14. Lokomotive Imisli *	26	17:76	12
15. Umid Baku *	0	0:0	0

(2002/03 wurde keine Meisterschaft ausgetragen)

Aufsteiger: Bei Redaktionsschluss nicht bekannt.
Pokal-Endspiel: Neftschi Baku – FK Schamkir n. V. 1:0

BELGIEN

1. RSC Anderlecht	34	77:27	81
2. FC Brügge (M)	34	77:31	72
3. Standard Lüttich	34	68:31	65
4. KRC Genk	34	58:40	59
5. Excelsior Mouscron	34	64:42	59
6. VC Westerlo	34	51:45	52
7. GB Antwerpen	34	34:40	44
8. AA La Louvière (P)	34	45:46	44
9. KAA Gent	34	33:34	40
10. KSC Lokeren	34	45:54	39
11. Lierse SK	34	33:40	39
12. SK Beveren	34	45:58	38
13. VV St. Truiden	34	36:50	38
14. Cercle Brügge (N)	34	28:52	35
15. Sporting Charleroi	34	35:47	33
16. RAEC Mons	34	29:52	33
17. K. Heusden-Zolder (N) *	34	36:68	28
18. RFC Antwerpen *	34	30:67	27

Aufsteiger: FC Brüssel, KV Oostende
Pokal-Endspiel: FC Brügge – SK Beveren 4:2

BOSNIEN-HERZEGOWINA

1. Siroki Brijeg	30	58:32	61
2. Zeljeznicar Sarajevo (P)	30	67:35	59
3. FK Sarajevo	30	58:25	56
4. Leotar Trebinje (M)	30	46:23	56
5. Sloboda Tuzla	30	38:36	42
6. Modrica Maksima (N)	30	43:43	40
7. Borac Banja Luka	30	40:42	39
8. HNK Orasje	30	40:51	39
9. Rudar Ugljevik	30	31:43	39
10. NK Posusje	30	35:48	39
11. Zrinjski Mostar	30	40:47	38
12. Celik Zenica	30	42:43	37
13. Zepce Limorad	30	26:38	37
14. NK Travnik (N)	30	30:43	37
15. Glasinac Sokolac *	30	34:49	33
16. Brotnjo Citluk *	30	29:59	19

Aufsteiger: Buducnost Banovici, Slavija Srpsko Sarajevo
Pokal-Endspiel: Modrica Maksima – Borac Banja Luka 1:1, Elfmeterschießen 4:2

BULGARIEN

1. Lokomotive Plovdiv	30	74:24	75
2. Levski Sofia (P)	30	59:16	72
3. ZSKA Sofia (M)	30	65:28	65
4. Litex Lovetsch	30	43:20	64
5. Slavia Sofia	30	57:30	57
6. Tscherno More Varna	30	45:53	38
7. Marek Dupniza	30	33:50	38
8. Nafteks Burgas	30	49:38	35
9. Lokomotive Sofia	30	37:48	33
10. Rodopa Smoljan (N)	30	28:47	33
11. Belasitza Petritsch	30	34:52	31
12. Vidima-Rakovski Sevlievo (N)	30	32:48	30
13. Spartak Varna	30	35:46	30
14. Botev Plovdiv *	30	33:60	27
15. Makedonska Slava Simitli (N) *	30	32:58	26
16. Tschernomoretz Burgas *	30	30:68	18

Aufsteiger: Beroe Stara Zagora, Pirin Blagoevgrad, PFC Nesebar
Pokal-Endspiel: Litex Lovetsch – ZSKA Sofia n. V. 2:2, Elfmeterschießen 4:3

DÄNEMARK

1. FC Kopenhagen (M)	33	56:27	68
2. Bröndby IF (P)	33	55:29	67
3. Esbjerg fB	33	71:44	62
4. Odense BK	33	66:46	57
5. Aalborg BK	33	55:41	57
6. FC Midtjylland	33	65:51	48
7. Viborg FF	33	47:44	42
8. Aarhus GF	33	45:67	36
9. FC Nordsjaelland	33	35:59	32
10. Herfölge BK (N)	33	34:57	31
11. Frem Kopenhagen (N) *	33	40:65	27
12. Akademisk BK *	33	31:70	17

Aufsteiger: Silkeborg IF, Randers Freja
Pokal-Endspiel: FC Kopenhagen – Aalborg BK 1:0

ENGLAND

1. FC Arsenal (P)	38	73:26	90
2. FC Chelsea	38	67:30	79
3. Manchester United (M)	38	64:35	75
4. FC Liverpool	38	55:37	60
5. Newcastle United	38	52:40	56
6. Aston Villa	38	48:44	56
7. Charlton Athletic	38	51:51	53
8. Bolton Wanderers	38	48:56	53
9. FC Fulham	38	52:46	52
10. Birmingham City	38	43:48	50
11. FC Middlesbrough	38	44:52	48
12. FC Southampton	38	44:45	47
13. FC Portsmouth (N)	38	47:54	45
14. Tottenham Hotspur	38	47:57	45
15. Blackburn Rovers	38	51:59	44
16. Manchester City	38	55:54	41
17. FC Everton	38	45:57	39
18. Leicester City (N) *	38	48:65	33
19. Leeds United *	38	40:79	33
20. Wolverhampton Wand. (N) *	38	38:77	33

Aufsteiger: Norwich City, West Bromwich Albion, Crystal Palace
Pokal-Endspiel: Manchester United – FC Millwall 3:0

FRANKREICH

1. Olympique Lyon (M)	38	64:26	79
2. Paris Saint-Germain	38	50:28	76
3. AS Monaco	38	59:30	75
4. AJ Auxerre (P)	38	60:34	65
5. FC Sochaux	38	54:42	63
6. FC Nantes	38	47:35	60
7. Olympique Marseille	38	51:45	57
8. RC Lens	38	34:48	53
9. Stade Rennes	38	56:44	52
10. OSC Lille	38	41:41	51
11. OGC Nizza	38	42:39	50
12. Girondins Bordeaux	38	40:43	50
13. RC Straßburg	38	43:50	43
14. FC Metz (N)	38	34:42	42
15. AC Ajaccio	38	33:55	40
16. FC Toulouse (N)	38	31:44	39
17. SC Bastia	38	33:49	39
18. En Avant Guingamp *	38	36:58	38
19. UC 72 Le Mans (N) *	38	35:57	38
20. Montpellier HSC *	38	41:74	31

Aufsteiger: AS Saint-Etienne, SM Caen, FC Istres
Pokal-Endspiel: Paris St. Germain – LB Chateauroux 1:0

GEORGIEN

Vorrunde

1. Dynamo Tiflis (M, P)	22	49:8	50
2. WIT Georgia Tiflis	22	38:15	42
3. Sioni Bolnissi	22	31:18	40
4. FC Tiflis	22	41:26	35
5. Lokomotiwi Tiflis	22	32:24	34
6. Dila Gori	22	28:20	34
7. Torpedo Kutaissi	22	27:26	34
8. Dynamo Batumi	22	26:28	32
9. Kolcheti Poti	22	18:35	24
10. FK Mtscheta (N)	22	25:55	20
11. Spartaki-Lazika Sugdidi (N)	22	14:47	16
12. Mertschali Osurgeti (N)	22	18:45	10

Meisterrunde

1. WIT Georgia Tiflis	10	10:3	41	(21)
2. Sioni Bolnissi	10	14:5	41	(20)
3. Dynamo Tiflis (M, P)	10	15:10	40	(25)
4. FC Tiflis	10	12:8	32	(18)
5. Lokomotiwi Tiflis	10	6:11	25	(17)
6. Dila Gori	10	2:22	19	(17)

Abstiegsrunde

7. Torpedo Kutaissi	10	19:12	34	(17)
8. Kolcheti Poti	10	14:6	33	(12)
9. FK Mtscheta (N) *	10	14:5	31	(10)
10. Dynamo Batumi	10	6:14	25	(16)
11. Spartaki Tiflis (N) *	10	18:11	24	(8)
12. Mertschali Osurgeti (N) *	10	4:27	6	(5)

(In Klammern Bonuspunkte aus der Vorrunde)

Entscheidungsspiel: WIT Georgia Tiflis – Sioni Bolnissi 2:0
Aufsteiger: FK Kobuleti, Samgurali Tchaltubo, Gorda Rustawi – Spartaki-Lazika Sugdidi in der Winterpause in Spartaki Tiflis umbenannt.
Pokal-Endspiel: Dynamo Tiflis – Torpedo Kutaissi 2:1

GRIECHENLAND

1. Panathinaikos Athen	30	62:18	77
2. Olympiakos Piräus (M)	30	70:19	75
3. PAOK Saloniki (P)	30	47:27	60
4. AEK Athen	30	57:32	55
5. Aigaleo Athen	30	37:26	52
6. Panionios Athen	30	40:29	47
7. PAE Chalkidona (N)	30	40:39	45
8. Iraklis Saloniki	30	40:39	42
9. Ionikos Nikaia	30	33:43	33
10. Skoda Xanthi	30	28:42	30
11. OFI Kreta	30	27:44	29
12. GS Kallithea	30	37:42	27
13. Aris Saloniki	30	24:46	27
14. Akratitos Liosiu *	30	31:69	23
15. Paniliakos Pirgos (N) *	30	28:56	21
16. Proodeftiki Nikaia *	30	26:56	20

Aufsteiger: AO Kerkyra, Apollon Kalamarias, Lyttos Ergotelis
Pokal-Endspiel: Panathinaikos Athen – Olympiakos Piräus 3:1

ISRAEL

1. Maccabi Haifa	33	54:25	63
2. Maccabi Tel Aviv (M)	33	35:22	57
3. Maccabi Petah Tikva	33	49:35	56
4. Hapoel Beer Sheva	33	48:36	55
5. Hapoel Tel Aviv	33	48:37	49
6. Bnei Yehuda Tel Aviv	33	34:42	45
7. MS Ashdod	33	47:49	42
8. Hapoel Petah Tikva	33	46:52	42
9. Beitar Jerusalem	33	32:42	39
10. Hapoel Bnei Sachnin (N)	33	31:38	35
11. Maccabi Netanja *	33	28:52	31
12. Maccabi Ahi Nazareth (N) *	33	40:62	27

Aufsteiger: Hapoel Haifa, Hapoel Nazrat-Ilit
Pokal-Endspiel: Hapoel Bnei Sachnin – Hapoel Haifa 4:1

ITALIEN

1. AC Mailand (P)	34	65:24	82
2. AS Rom	34	68:19	71
3. Juventus Turin (M)	34	67:42	69
4. Inter Mailand	34	59:37	59
5. AC Parma	34	57:46	58
6. Lazio Rom	34	52:38	56
7. Udinese Calcio	34	44:40	50
8. Sampdoria Genua (N)	34	40:42	46
9. AC Chievo Verona	34	36:37	44
10. US Lecce (N)	34	43:56	41
11. Brescia Calcio	34	52:57	40
12. FC Bologna	34	45:53	39
13. AC Siena (N)	34	41:54	34
14. Reggina Calcio	34	29:45	34
15. AC Perugia *	34	44:56	32
16. FC Modena *	34	27:46	30
17. FC Empoli *	34	26:54	30
18. Ancona Calcio (N) *	34	21:70	13

Aufsteiger: US Citta di Palermo, Cagliari Calcio, ASC Livorno, FC Messina, Atalanta Bergamo, AC Florenz – Die Liga spielt 2004/05 mit 20 Klubs.
Pokal-Endspiele: Lazio Rom – Juventus Turin 2:0, 2:2

KROATIEN

1. Hajduk Split (P)	32	63:24	78
2. Dinamo Zagreb (M)	32	77:25	76
3. NK Rijeka	32	36:41	42
4. NK Osijek	32	50:57	39
5. Varteks Varazdin	32	33:42	38
6. NK Zadar	32	46:71	32
7. Kamen Ingrad	32	45:36	46
8. Inker Zapresic (N)	32	40:38	42
9. Slaven Belupo	32	37:39	40
10. NK Zagreb	32	33:41	36
11. Cibalia Vinkovci *	32	39:53	31
12. Marsonia Slav. Brod (N) *	32	32:64	25

Nach einer Doppelrunde (22 Spiele) spielten die ersten sechs Mannschaften um die Meisterschaft, die letzten sechs gegen den Abstieg.

Aufsteiger: Pula 1856, Medimurje Cakovec
Pokal-Endspiele: Varteks Varazdin – Dinamo Zagreb 1:1, 0:0

LIECHTENSTEIN

Keine eigene Meisterschaft – die Liechtensteiner Klubs spielen in Schweizer Ligen.

Pokal-Endspiel: FC Vaduz – FC Balzers 5:0

LUXEMBURG

Vorrunde

1. Jeunesse Esch	22	56:13	58
2. F91 Düdelingen	22	52:19	46
3. Etzella Ettelbrück (N)	22	56:29	44
4. CS Grevenmacher (M, P)	22	47:33	36
5. Spora Luxemburg (N)	22	49:48	36
6. US Luxemburg	22	31:21	32
7. Swift Hesperingen	22	28:41	25
8. Victoria Rosport	22	32:38	24
9. Avenir Beggen	22	20:46	20
10. US Rümelingen	22	28:55	18
11. FC Monnerich	22	24:52	18
12. FC Wiltz '71	22	20:48	18

Meisterrunde

1. Jeunesse Esch	28	70:23	68
2. F91 Düdelingen	28	62:26	59
3. Etzella Ettelbrück (N)	28	63:41	48
4. Grevenmacher (M, P)	28	56:44	43

Abstiegsrunde, Gruppe A

1. Spora Luxemburg	28	56:57	44
2. Swift Hesperingen	28	34:47	32
3. Avenir Beggen	28	28:54	28
4. FC Monnerich *	28	32:58	27

Abstiegsrunde, Gruppe B

1. US Luxemburg	28	44:31	39
2. Victoria Rosport	28	38:50	31
3. FC Wiltz '71	28	31:54	28
4. US Rümelingen *	28	37:66	26

Aufsteiger: Alliance Luxemburg, CS Petingen
Pokal-Endspiel: F91 Düdelingen – Etzella Ettelbrück n. V. 3:1

MALTA

Vorrunde

1. Sliema Wanderers (M)	18	37:15	41
2. FC Birkirkara (P)	18	41:18	35
3. Hibernians Paola	18	31:25	34
4. FC Marsaxlokk	18	30:22	31
5. FC Floriana	18	33:26	27
6. Pieta Hotspurs	18	28:25	27
7. FC Valletta	18	27:29	23
8. Balzan Youths (N)	18	22:37	18
9. Msida St. Joseph (N)	18	18:35	10
10. Hamrun Spartans	18	11:46	4

Meisterrunde

1. Sliema Wanderers (M)	28	61:27	43	(21)
2. FC Birkirkara (P)	28	59:30	39	(18)
3. Hibernians Paola	28	47:38	35	(17)
4. FC Marsaxlokk	28	46:39	27	(16)
5. Pieta Hotspurs	28	40:40	23	(14)
6. FC Floriana	28	41:51	18	(14)

Abstiegsrunde

7. FC Valletta	24	41:33	27	(12)
8. Msida St. Joseph (N)	24	32:42	18	(5)
9. Balzan Youths (N) *	24	28:51	15	(9)
10. Hamrun Spartans *	24	16:60	3	(2)

(In Klammern Bonus-Punkte aus der Vorrunde)

Aufsteiger: St. Patrick FC, Lija Athletic
Pokal-Endspiel: Sliema Wanderers – FC Marsaxlokk 2:0

MAZEDONIEN

1. Pobeda Prilep	33	78:42	71
2. Sileks Kratovo	33	67:32	66
3. Vardar Skopje (M)	33	66:39	60
4. Rabotnick Skopje	33	58:40	58
5. Sloga Skopje	33	69:36	57
6. Madzari Solid. Skopje (N)	33	44:30	50
7. Cementarnica Skopje (P)	33	48:41	45
8. Bashkimi Kumanovo (N)	33	44:54	43
9. Napredok Kicevo	33	51:52	41
10. Belasica Strumica	33	37:55	36
11. Tikves Kavadarci *	33	25:62	19
12. Bregalnica Delcevo *	33	20:124	7

Aufsteiger: Bregalnitsa Shtip, Shkencija '79 Tetovo
Pokal-Endspiel: Sloga Skopje – Napredok Kicevo 1:0

MOLDAWIEN

1. Serif Tiraspol (M)	28	50:16	65
2. Nistru Otac	28	47:26	57
3. Zimbru Chisinau (P)	28	40:23	49
4. FC Tiraspol	28	32:22	45
5. Dacia Chisinau	28	26:28	35
6. Tiligul Tiraspol (N)	28	21:26	29
7. Unisport Chisinau (N)	28	29:52	23
8. Agro Chisinau *	28	14:66	5

Aufsteiger: Steaua Chisinau
Pokal-Endspiel: Zimbru Chisinau – Serif Tiraspol 2:1

NIEDERLANDE

1. Ajax Amsterdam	34	79:31	80
2. PSV Eindhoven (M)	34	92:30	74
3. Feyenoord Rotterdam	34	71:38	68
4. SC Heerenveen	34	45:35	58
5. AZ Alkmaar	34	65:42	57
6. Roda JC Kerkrade	34	60:41	53
7. Willem II Tilburg	34	47:54	49
8. FC Twente Enschede	34	56:53	48
9. NAC Breda	34	58:55	46

10. FC Utrecht (P)	34	42:52	46
11. RKC Waalwijk	34	47:55	40
12. RBC Roosendaal	34	34:47	40
13. FC Groningen	34	38:53	37
14. NEC Nimwegen	34	44:62	34
15. ADO Den Haag (N)	34	36:61	34
16. Vitesse Arnheim	34	39:56	28
17. FC Volendam (N) *	34	31:79	27
18. FC Zwolle *	34	27:67	26

Aufsteiger: FC Den Bosch, De Graafschap Doetinchem
Pokal-Endspiel: FC Utrecht – FC Twente Enschede 1:0

NORDIRLAND

1. FC Linfield	30	67:16	73
2. FC Portadown	30	71:22	70
3. Lisburn Distillery	30	45:30	55
4. FC Coleraine (P)	30	48:36	51
5. FC Glentoran (M)	30	48:27	50
6. Ballymena United (N)	30	41:35	47
7. Limavady United (N)	30	41:44	41
8. FC Ards	30	36:46	38
9. FC Crusaders	30	33:38	36
10. Dungannon Swifts (N)	30	36:48	36
11. FC Institute	30	38:53	34
12. Newry Town	30	35:53	33
13. Omagh Town	30	37:58	31
14. FC Larne (N)	30	42:51	29
15. FC Cliftonville	30	27:45	26
16. FC Glenavon *	30	24:67	16

Aufsteiger: FC Loughgall
Pokal-Endspiel: FC Glentoran – FC Coleraine 1:0

ÖSTERREICH

1. Grazer AK	36	62:32	72
2. Austria Wien (M, P)	36	63:31	71
3. SV Pasching	36	59:41	63
4. Rapid Wien	36	50:47	57
5. Schwarz-Weiß Bregenz	36	47:58	45
6. VfB Admira/Wacker Mödling	36	42:49	42
7. Austria Salzburg	36	44:48	38
8. SV Mattersburg (N)	36	39:61	37
9. Sturm Graz	36	39:52	35
10. FC Kärnten *	36	36:62	32

Aufsteiger: FC Wacker Tirol
Pokal-Endspiel: Grazer AK – Austria Wien n. V. 3:3, Elfmeterschießen 5:4

POLEN

1. Wisla Krakau (M, P)	26	73:30	65
2. Legia Warschau	26	56:19	60
3. Amica Wronki	26	47:25	48
4. Groclin Grodzisk	29	57:31	46
5. Wisla Plock	26	41:39	38
6. Lech Posen	26	43:34	37
7. Gornik Zabrze	26	26:33	33
8. Gornik Leczna (N)	26	22:38	33
9. Odra Wodzislaw	26	27:40	28
10. GKS Katowice	26	20:42	26
11. Polonia Warschau	26	25:40	25
12. Gornik Polkowice (N) *	26	17:37	23
13. Swit Nowy Dwor (N) *	26	21:42	22
14. Widzew Lodz *	26	25:52	19

Aufsteiger: Pogon Szczecin, Zaglebie Lubin, Cracovia Krakau
Pokal-Endspiele: Lech Posen – Legia Warschau 2:0, 0:1

PORTUGAL

1. FC Porto (M, P)	34	63:19	82
2. Benfica Lissabon	34	62:28	74
3. Sporting Lissabon	34	60:33	73
4. Nacional Funchal	34	56:35	56
5. Sporting Braga	34	36:38	54
6. Marítimo Funchal	34	35:33	48
7. FC Rio Ave (N)	34	42:37	48
8. Boavista Porto	34	32:31	47
9. FC Moreirense	34	33:33	46
10. União Leiria	34	43:45	45
11. SC Beira Mar	34	36:45	41
12. FC Gil Vicente	34	43:40	40
13. Académica Coimbra	34	40:42	38
14. Vitoria Guimarães	34	31:40	37
15. Belenenses Lissabon	34	35:54	35
16. FC Alverca (N) *	34	33:49	35
17. FC Pacos de Ferreira *	34	27:53	28
18. Estrela Amadora (N) *	34	22:74	17

Aufsteiger: GD Estoril-Praia, Vitoria Setubal, FC Penafiel
Pokal-Endspiel: Benfica Lissabon – FC Porto n. V. 2:1

RUMÄNIEN

1. Dinamo Bukarest (P)	30	71:30	70
2. Steaua Bukarest	30	60:20	64
3. Rapid Bukarest (M)	30	51:32	55
4. Universitatea Craiova	30	38:34	44
5. Otelul Galati	30	30:26	43
6. Apulum Alba Iulia (N)	30	32:47	41
7. National Bukarest	30	36:39	39
8. Poli-AEK Timisoara	30	30:40	39
9. Farul Constanta	30	39:42	37
10. Arges Pitesti	30	31:35	36
11. FC Brasov	30	40:42	36
12. Gloria Bistrita	30	36:48	35
13. FCM Bacau	30	29:43	31
14. Ceahlaul Piatra Neamt *	30	34:50	30
15. Petrolul Ploiesti (N) *	30	38:55	27
16. Bihor Oradea (N) *	30	38:50	24

Aufsteiger: Poli Unirea Iasi, Sportul Studentesc Bukarest, CFR Cluj
Pokal-Endspiel: Dinamo Bukarest – Otelul Galati 2:0

SAN MARINO

Gruppe A

1. Pennarossa Chiesanuova	21	41:20	46
2. Juvenes/Dogana Serravalle	21	49:18	44
3. Cailungo Borgo Maggiore	21	43:22	40
4. Libertas Borgo Maggiore	21	29:20	33
5. Tre Penne Galazzano	21	22:35	23
6. SS San Giovanni	21	23:37	22
7. La Fiorita Montegiardino	21	24:33	21
8. Folgore Falciano	21	15:58	7

Gruppe B

1. SP Domagnano (M, P)	20	39:23	41
2. SS Murata	20	32:14	41
3. Virtus Acquaviva	20	48:24	38
4. Tre Fiori Fiorentino	20	35:20	35
5. SC Faetano	20	23:28	21
6. Cosmos Serravalle	20	15:48	11
7. Montevito Fiorentino	20	16:54	6

Meisterschafts-Play-off

1. Runde (Zweite – Dritte):
SS Murata – SP Cailungo 2:1
Juvenes/Dogana – SS Virtus 1:3

2. Runde (Erste – Sieger 1. Runde):
SS Pennarossa – SS Murata 5:3
SP Domagnano – SS Virtus n. V. 2:1

3. Runde (Verlierer 1./2. Runde):
SP Cailungo – SS Virtus 4:2
Juvenes/Dogana – SS Murata 1:3

4. Runde (Sieger 2./3. Runde):
SS Pennarossa – SP Domagnano n. V. 1:4
SP Cailungo – SS Murata 3:1

Halbfinale:
SS Pennarossa – SP Cailungo 3:0

Endspiel:
SS Pennarossa – SP Domagnano n. V. 2:2, Elfmeterschießen 4:2

Pokal-Endspiel:
SS Pennarossa – SP Domagnano 3:0

SCHOTTLAND

1. Celtic Glasgow	38	105:25	98
2. Glasgow Rangers (M, P)	38	76:33	81
3. Heart of Midlothian	38	56:40	68
4. Dunfermline Athletic	38	45:52	53
5. Dundee United	38	47:60	49
6. FC Motherwell	38	42:49	46
7. FC Dundee	38	48:57	46
8. Hibernian Edinburgh	38	41:60	44
9. FC Livingston	38	48:57	43
10. FC Kilmarnock	38	51:74	42
11. FC Aberdeen	38	39:63	34
12. Partick Thistle *	8	39:67	26

Nach einer Dreifachrunde (33 Spiele) spielten die ersten sechs Mannschaften um die Meisterschaft, die letzten sechs gegen den Abstieg.

Aufsteiger: Inverness Caledonian Thistle
Pokal-Endspiel: Celtic Glasgow – Dunfermline Athletic 3:1

SCHWEIZ

1. FC Basel (P)	36	86:32	85
2. Young Boys Bern	36	75:48	72
3. Servette Genf	36	61:62	52
4. FC Zürich	36	58:52	50
5. FC St. Gallen	36	54:57	50
6. FC Thun	36	51:57	49
7. Grasshopper-Club Zürich (M)	36	62:74	41
8. FC Aarau	36	57:69	38
9. Neuchatel Xamax	36	46:63	36
10. FC Wil *	36	37:73	29

Aufsteiger: FC Schaffhausen
Pokal-Endspiel: FC Wil – Grasshopper-Club Zürich 3:2

SERBIEN UND MONTENEGRO

1. Roter Stern Belgrad	30	59:13	74
2. Partizan Belgrad (M)	30	48:20	63
3. Zeleznik Belgrad	30	48:20	58
4. OFK Belgrad	30	36:31	51
5. Sartid Smederevo (P)	30	43:36	49
6. Obilic Belgrad	30	42:29	46
7. FK Zemun	30	27:29	41
8. Sutjeska Niksic	30	38:36	40
9. Vojvodina Novi Sad	30	33:33	40
10. Hajduk Kula	30	28:29	38
11. Zeta Golubovci	30	38:41	36
12. Borac Cacak (N)	30	30:41	35
13. Buducnost Banatski Dvor (N) *	30	30:49	34
14. Napredak Krusevac (N) *	30	28:46	25
15. Radnicki Obrenovac *	30	18:47	24
16. Kom Podgorica (N) *	30	21:67	14

Aufsteiger: Radnicki Belgrad, Hajduk Belgrad, Cukaricki Belgrad, Buducnost Podgorica
Pokal-Endspiel: Roter Stern Belgrad – Buducnost Banatski Dvor 1:0

SLOWAKEI

1. MSK Zilina (M)	36	62:35	64
2. Dukla Banska Bystrica (N)	36	58:36	6

3. SCP Ruzomberok	36	53:47	55
4. Spartak Trnava	36	46:46	53
5. AS Trencin	36	37:43	48
6. ZTS Dubnica	36	41:42	46
7. Inter Bratislava	36	38:44	45
8. Artmedia Petrzalka	36	43:44	44
9. Matador Puchov (P)	36	34:54	39
10. Slovan Bratislava *	36	37:58	29

Aufsteiger: FC Rimavska Sobota
Pokal-Endspiel: Artmedia Petrzalka – Steel Trans Licartovce 2:0

SLOWENIEN

1. ND Gorica	32	55:29	56
2. Olimpija Ljubljana (P)	32	56:39	55
3. NK Maribor (M)	32	41:34	54
4. NK Koper	32	41:32	50
5. Mura Murska Sobota	32	53:54	49
6. Primorje Ajdovscina	32	59:36	48
7. NK Domzale (N)	32	47:53	41
8. NK Smartno *	32	43:48	40
9. Publikum Celje	32	61:52	39
10. NK Ljubljana	32	38:53	39
11. Drava Ptuj (N)	32	34:60	28
12. NK Dravograd *	32	35:73	24

Nach einer Doppelrunde (22 Spiele) spielten die ersten sechs Mannschaften um die Meisterschaft, die letzten sechs gegen den Abstieg.

Aufsteiger: Bela Krajina Crnomelj, NK Zagorje – NK Smartno Zwangsabstieg aus finanziellen Gründen.
Pokal-Endspiele: NK Maribor – NK Dravograd 4:0, 3:4

SPANIEN

1. FC Valencia	38	71:27	77
2. FC Barcelona	38	63:39	72
3. Deportivo La Coruna	38	60:34	71
4. Real Madrid (M)	38	72:54	70
5. Athletic Bilbao	38	53:49	56
6. FC Sevilla	38	56:45	55
7. Atletico Madrid	38	51:53	55
8. FC Villarreal	38	47:49	54
9. Real Betis Sevilla	38	46:43	52
10. FC Malaga	38	50:55	51
11. RCD Mallorca (P)	38	54:66	51
12. Real Saragossa (N)	38	46:55	48
13. CA Osasuna	38	38:37	48
14. Albacete Balompie (N)	38	40:48	47
15. Real Soc. San Sebastian	38	49:53	46
16. Espanyol Barcelona	38	48:64	43
17. Racing Santander	38	48:63	42
18. Real Valladolid *	38	46:56	41
19. Celta Vigo *	38	48:68	39
20. Real Murcia (N) *	38	29:57	26

Aufsteiger: UD Levante, FC Getafe, CD Numancia
Pokal-Endspiel: Real Saragossa – Real Madrid n. V. 3:2

TSCHECHIEN

1. Baník Ostrava	30	60:25	63
2. Sparta Prag (M)	30	48:24	58
3. Sigma Olomouc	30	43:24	55
4. Slavia Prag	30	43:24	52
5. Synot Stare Mesto	30	43:37	48
6. Slovan Liberec	30	38:27	46
7. FK Zlin	30	31:39	41
8. SK Ceske Budejovice	30	38:38	40
9. FK Teplice (P)	30	32:32	39
10. FK Jablonec	0	27:32	38
11. Marila Pribram	30	33:37	37
12. SFC Opava (N)	30	34:55	31
13. Chmel Blsany	30	34:54	30
14. 1. FC Brünn	30	33:43	30
15. Viktoria Zizkov *	30	18:34	27
16. Viktoria Plzen (N) *	30	23:53	19

Aufsteiger: FK Mlada Boleslav, 1. FK Drnovice
Pokal-Endspiel: Sparta Prag – Baník Ostrava 2:1

TÜRKEI

1. Fenerbahçe Istanbul	34	82:41	76
2. Trabzonspor (P)	34	60:38	72
3. Besiktas Istanbul (M)	34	65:45	62
4. Gaziantepspor	34	52:51	57
5. Denizlispor	34	52:43	55
6. Galatasaray Istanbul	34	56:47	54
7. Samsunspor	34	46:47	46
8. Malatyaspor	34	51:40	45
9. MKE Ankaragücü	34	48:53	45
10. Gençlerbirligi Ankara	34	56:52	44
11. Konyaspor (N)	34	53:54	44
12. Diyarbakirspor	34	44:54	43
13. Akçaabat Sebatspor (N)	34	45:53	42
14. Caykur Rizespor (N)	34	37:53	42
15. Istanbulspor	34	46:45	41
16. Bursaspor *	34	40:40	40
17. Adanaspor *	34	38:73	22
18. Elazigspor *	34	37:79	22

Aufsteiger: Sakaryaspor, Erciyesspor, BB Ankaraspor
Pokal-Endspiel: Trabzonspor – Genclerbirligi Ankara 4:0

UKRAINE

1. Dynamo Kiew (M, P)	30	68:20	73
2. Schachtjor Donezk	30	62:19	70
3. Dnjepr Dnjepropetrowsk	30	44:23	57
4. Metalurg Donezk	30	51:34	52
5. Tschernomorez Odessa	30	38:33	45
6. Obolon Kiew	30	34:35	41
7. Borisfen Borispol (N)	30	25:29	41
8. Ilyichevets Mariupol	30	34:36	40
9. Arsenal Kiew	30	38:44	37
10. Krivbas Krivoj Rog	30	26:41	36
11. Metalurg Saporoschje	30	26:40	32
12. Tavria Simferopol	30	22:28	32
13. Volin Luzk	30	25:44	29
14. Vorskla Poltava	30	26:49	27
15. Karpaty Lwow *	30	22:39	26
16. Zirka Kirovograd (N) *	30	16:43	14

Aufsteiger: Zakarpattja Uschgorod, Metallist Charkow
Pokal-Endspiel: Schachtjor Donezk – Dnjepr Dnjepropetrowsk 2:0

UNGARN

1 Ferencvaros Budapest (P)	32	44:30	57
2 Debreceni VSC	32	51:32	56
3 Ujpest Budapest	32	48:29	56
4 Balaton Siofok	32	34:24	50
5. Matav Sopron	32	53:42	48
6. MTK Hungaria Budapest (M)	32	42:40	44
7. Videoton Szekesfehervar	32	55:51	40
8. Pecsi MFC (N)	32	36:37	40
9. Zalaegerszegi TE	32	45:47	39
10. FC ETO Györ	32	36:54	36
11. EFC Békéscsaba	32	36:50	32
12. Haladas Szombathely (N)	32	19:63	23

Nach einer Doppelrunde (22 Spiele) spielten die ersten sechs Mannschaften um die Meisterschaft, die letzten sechs gegen den Abstieg.

Aufsteiger: Honved Budapest, Vasas Budapest, Kaposvari Rakoczi, Diosgyöri VTK – die Liga spielt 2004/05 mit 16 Klubs. Das Lizenzierungsverfahren war bei Redaktionsschluss noch nicht abgeschlossen.
Pokal-Endspiel: Ferencvaros Budapest – Honved Budapest 3:1

WALES

1. Rhyl FC	32	76:26	77
2. TNS Llansantffraid	32	77:28	76
3. Haverfordwest County	32	40:23	62
4. Aberystwyth Town	32	59:39	59
5. Caersws FC	32	63:41	55
6. Bangor City	32	72:47	54
7. Cwmbran Town	32	51:44	48
8. Connah's Quay	32	58:55	42
9. Caernarfon Town	32	65:65	42
10. Newtown AFC	32	43:50	41
11. Port Talbot Town	32	41:51	39
12. CPD Porthmadog (N)	32	41:55	36
13. Cefn Druids	32	44:59	35
14. Afan Lido FC	32	31:54	32
15. Welshpool Town	32	35:71	25
16. Carmarthen Town	32	28:69	20
17. Barry Town (M, P) *	32	30:77	16

Aufsteiger: Airbus UK, Llanelli AFC – die Liga spielt 2004/05 mit 18 Klubs.
Pokal-Endspiel: Rhyl FC – TNS Llansantffraid n. V. 1:0

ZYPERN

1. APOEL Nicosia	26	56:20	65
2. Omonia Nicosia (M)	26	68:29	62
3. Apollon Limassol	26	50:23	49
4. AEL Limassol	26	52:26	49
5. Anorthosis Famagusta (P)	26	57:35	48
6. Ethnikos Achnas	26	51:37	38
7. AE Paphos	26	41:36	38
8. EN Paralimni	26	40:36	36
9. AEK Larnaca	26	50:52	32
10. Olympiakos Nicosia	26	45:44	31
11. Digenis Morphou	26	27:38	28
12. Anagennisi Derynia (N) *	26	17:44	18
13. Onisilos Sotira (N) *	26	22:63	13
14. Doxa Katokopia (N) *	26	18:111	7

Aufsteiger: Nea Salamina Famagusta, Aris Limassol, Alki Larnaca
Pokal-Endspiel: AEK Larnaca – AEL Limassol 2:1

Arsenals Vieira gegen Chelseas Terry.

Dritte Liga – die Vorstufe zum Profifußball

Lange Jahre waren sie in der Versenkung verschwunden, die Traditionsvereine RW Essen, Dynamo Dresden, RW Erfurt und der 1. FC Saarbrücken. Aber mit Beharrlichkeit haben sie die Rückkehr in den bezahlten Fußball geschafft.

Meister RW Essen total torhungrig – Absteiger Leipzig bricht alle Rekorde

Am Ende stand er da mit versteinerter Miene, kaum eines Wortes fähig. Nach der Niederlage in Münster am letzten Spieltag der Saison 2003/04 war die SG Wattenscheid 09 abgestiegen, der Lebenstraum von Hannes Bongartz zerstört.

Zwei Tage danach trat der Trainer zurück, freiwillig, wollte einem umfassenden Neuaufbau »seines« Klubs nicht im Wege stehen. So unspektakulär und geräuschlos wie in Wattenscheid ging es jedoch nicht überall ab, gleich acht Vereine tauschten ihre Übungsleiter vorzeitig aus: In Kiel wurde Gerd-Volker Schock Nachfolger seines Nachfolgers Hans-Werner Moors, um später von Peter Vollmann ersetzt zu werden. Dieser wiederum flog bei Preußen Münster vorzeitig – Nachfolger: Moors. Neumünster holte Ex-Profi Antoine Hey für Bernd Gerulat, das Saisonende aber erlebte auch der Ex-Profi nicht im hohen Norden. Den lange als Absteiger feststehenden Aufsteiger führte schließlich Ramon Berndroth in die Oberliga. Zwei Jobs bekleidete Harry Pleß. Für Jürgen Raab und später Hans-Jörg Leitzke in Leipzig in der Verantwortung, erlebte er den Saisonbeginn noch in Essen. Da sich kein Erfolg einstellte, gab's die Papiere. Einen besonderen Vertrag handelte Nachfolger Holger Fach mit einer Ausstiegsklausel

Das Endspiel gegen den Abstieg: Münsters Thomas Piorunek prüft Wattenscheids Keeper Joswig. Wattenscheids Niederlage in Münster führte zum Abstieg, Preußen schaffte den Klassenerhalt.

aus – die wohl gemerkt nur für Mönchengladbach galt. Und, welch Zufall, genau dort landete Fach nach der optimalen Bilanz von neun Punkten in drei Partien. Nachfolger: Jürgen Gelsdorf. Doch es lohnt ein Blick zurück nach Leipzig: Nach Raab und Pleß kam wieder Raab. Alles klar? Nein, auch der zweite Versuch misslang, Nico Quade musste ran. Vergleichsweise ruhig ging es dafür bei den anderen Klubs zu: Braunschweig ersetzte Uwe Reinders durch Michael Krüger, St. Pauli Franz Gerber durch Andreas Bergmann. In Uerdingen bezahlte Pele Wollitz seinen Flirt mit dem VfL Osnabrück mit dem Job, Teamchef Wolfgang Maes rückte auf.

Der KFC Uerdingen, erst dank eines finanziellen Kraftaktes mit der Lizenz gesegnet, ist auf anderem Gebiet ganz weit vorn: Markus Feldhoff sicherte sich den Titel des besten Torschützen. 22 Treffer reichten zum Erfolg, auf Platz zwei landete mit Alexander Löbe (19 Tore, Wattenscheid) ein weiterer Routinier. Beide wechseln nun den Verein – Feldhoff soll Osnabrück wieder nach oben führen, Löbe endlich Paderborn in die Zweite Liga schießen. Insgesamt wurden 850 Tore in 306 Spielen erzielt, was einem Schnitt von 2,78 pro Partie entspricht.

Als treffsicherstes Team entpuppte sich dabei Rot-Weiß Essen, das den gegnerischen Torhüter gleich 77 Mal düpierte und mit plus 51 auch die beste Tordifferenz aufzuweisen hat. Besonders machte dabei Benjamin Köhler auf sich aufmerksam: 237 Sekunden reichten dem Stürmer für seinen rekordverdächtigen Hattrick beim 3:0-Erfolg von Rot-Weiß Essen gegen Sachsen Leipzig. Leipzig wiederum ist neben dem VfR Neumünster das Team, das in 34 Saison-Begegnungen lediglich vier Siege zu Stande brachte. Prompt folgte für den Aufsteiger wieder der Gang in die Oberliga – genauso wie für Neumünster, Wattenscheid und die Amateure von Schalke 04.

Die »Königsblauen« sicherten sich dafür eine schier unglaubliche Bestmarke, setzten insgesamt 45 Akteure ein. Mit mehr als vier kompletten Mannschaften hätten die Schalker locker ihre eigene Mini-Liga aufmachen können. Jeweils 22 Spieler reichten unterdessen Preußen Münster und Dynamo Dresden, um über das Jahr zu kommen. Für Dynamo endete dieses mit einem wahren Feier-Marathon: Neben Rot-Weiß Essen gelang den Sachsen der Sprung in die Zweite Liga Trotz Mini-Kaders, trotz diverser schwerer Verletzungen von Leistungsträgern speziell in der zweiten Saisonhälfte.

Für Unmut sorgten derweil wieder einmal die Amateurmannschaften der Profiklubs. Gleich fünf fanden sich im Spielbetrieb der Nordstaffel, in der kommenden Saison werden es sogar deren sieben sein, trotz des Schalker Abstieges. Dafür kommen Hertha BSC Berlin, Arminia Bielefeld und der VfL Wolfsburg neu hinzu. Arme Regionalliga. Nur gut, dass nach dem Aufstieg von Essen und Dresden mit Fortuna Düsseldorf immerhin ein Traditionsverein das Feld verstärkt, für Zuschaueraufkommen sorgen wird. Die höchste Besucherzahl bei einer einzelnen Begegnung fand sich übrigens bei der Eröffnung des neuen Leipziger Zentralstadions mit 28 075 ein. Ansonsten kann einem ziemlich Angst und Bange werden. Man nehme nur den Hamburger SV: 205 (!!!) Fans wurden während der Partie gegen die Werder-Amateure per Hand gezählt. Peinlich, zumal man sieht, dass es auch anders gehen kann. 295 670 Zuschauer begrüßte der FC St. Pauli zu seinen Heimspielen. Der Kiez bleibt Kult, im Schnitt machten 17 392 Fans das Millerntor zur Partystätte.

Axel Heiber

Kapriolen nach oben und unten – kurioses Double von Siegen

Zwei Amateurvereine gaben der Liga oben und unten einen stabilen Rahmen, dazwischen purzelten alle anderen mal nach oben, mal nach unten – und beides mehr oder minder steil.

Aufstiegsfreude in Erfurt: Rot-Weiß-Trainer Rene Müller, ehemaliger DDR-Auswahlkeeper, bedankt sich bei den treuen Fans.

Nahezu jeder Klub roch zumindest kurzfristig einmal an die Aufstiegsplätze heran, fast alle blickten vorübergehend dem Abstiegsgespenst ins Auge. Die Kapriolen der Liga verdeutlicht das Beispiel der Stuttgarter Kickers. Der finanzschwache ehemalige Erstligist verzichtete darauf, die Lizenz für die Zweite Liga zu beantragen. Kostet ja Geld, und schließlich stand man zur Winterpause auf dem 16. Rang, der die Viertklassigkeit bedeutet hätte. Ein kräftiges Zwischenhoch führte im Frühjahr in Regionen, in denen andere von dem ganz großen Wurf träumten. Die »Stukis« drohten zum Gespött zu werden, schließlich hatte man beim DFB ja nicht um die Lizenz gebeten. Am Ende setzte es noch die eine oder andere Niederlage, und es blieb Rang neun. Gnädiges Mittelmaß.
Vorne zogen die Bayern-Amateure einsam ihre Kreise, gingen als ungeschlagener Tabellenführer in die Winterpause. Dem Höhenflug tat es keinen Abbruch, dass Trainer Hermann Gerland ständig die Formation wechseln musste, weil Abstellungen zu den eigenen Profis oder zu verschiedenen Auswahlmannschaften das kickende Personal immer wieder kräftig durcheinander wirbelte. Doch die Qualität des Münchner Kaders um Routinier Thorsten Fink war auch in der Breite einfach zu groß für die Konkurrenz. Selbst Nachrücker von den A-Junioren bestätigten die hervorragende Jugendarbeit des Nobelklubs. Mit Paulo Guerrero und Zvjezdan »Zwetschge« Misimovic teilten sich zwei Bayern die Torjägerkrone, beide erzielten 21 Treffer.
Am Ende standen konstant die Amateure des 1. FC Kaiserslautern, an denen die Querelen in der eigenen Profiabteilung nicht spurlos vorüber gingen. Obwohl immer wieder nominelle Unterstützung von oben kam – die sich aber auf dem Platz meist nicht als solche erwies – hatte der FCK keine reele Chance. 41 Spieler setzten die Pfälzer ein; Ligarekord. Geholfen hat es nicht.
Die beiden Aufstiegsplätze zwei und drei – Meister Bayern München war als Amateurmannschaft die Zweite Liga automatisch verwehrt – belegten am Ende Rot-Weiß Erfurt und der 1. FC Saarbrücken. Die Ostdeutschen schafften es, mit dem neuen Trainer René Müller nach bewegten Jahren mit viel Chaos in allen Bereichen wieder Ruhe einkehren zu lassen. Ohne große Stars dominierte das »Wir-Gefühl«. Diese Politik wurde, verbunden mit dem sportlichen Erfolg, im Umfeld begeistert aufgenommen. Zum entscheidenden Heimspiel gegen Saarbrücken kamen 20 000 Zuschauer, »Uns hat ein ungeheurer Teamgeist ausgezeichnet. Das vorentscheidende Spiel gegen Saarbrücken war typisch für uns. Der Gegner war spielerisch besser, doch wir haben am Ende triumphiert, weil wir mit großer mannschaftlicher

Geschlossenheit aufgetreten sind«, zog Kapitän Rudi Zedi ein Gesamtfazit.
Beim damaligen Gegner und Mitaufsteiger von der Saar sah es dagegen anders aus. Dort standen die Turbulenzen im Vordergrund. Erst gefeiert, dann gefeuert – so lautete das Motto für Horst Ehrmantraut. Im November 2003 beurlaubte der Verein den Trainer und ersetzte ihn durch Eugen Hach. Im April stand der Arbeitsgerichtsprozess an, doch kurz zuvor war nun Hachs Ende gekommen, und Ehrmantraut beerbte seinen eigenen Nachfolger. Doch damit noch nicht genug der Kuriositäten. Durch den Aufstieg verlängerte sich Hachs Vertrag automatisch um ein Jahr bis 2006, während der des aktuellen Coaches auslief. Da kamen schnell Spekulationen auf, Hach könne erneut Ehrmantraut beerben. Doch dann wurde mit dem Aufstiegstrainer doch verlängert. Um ein Jahr, bis 2005. Zwölf Monate weniger, als die Vereinbarung mit Hach noch gilt. Alles klar??!! »Es war eine sehr turbulente Situation«, gab Horst Ehrmantraut zu, »aber wir haben uns vor der Runde zwei Ziele gesetzt. Den Aufstieg in die Zweite Liga und die Qualifikation für die erste Hauptrunde im DFB-Pokal. Beides haben wir geschafft. Deswegen bin ich mächtig stolz auf die Mannschaft.«
Kurios, aber schon gewohnt, verlief das Saisonfinale für Siegen. Wie schon im Vorjahr landeten die Sportfreunde auf einem Abstiegsplatz, aber zum zweiten Mal konnten sie durch ein Hintertürchen wieder in die Liga schlüpfen. Zwölf Monate zuvor hatte der DFB dem SSV Reutlingen die Lizenz für die Dritte Liga verweigert, dieses Mal erwischte es den FC Schweinfurt 05. Weil außerdem mit Jahn Regensburg nur ein Absteiger von oben in die Süd-Staffel kam, musste lediglich Aufsteiger Eschborn den 1. FCK begleiten. *Thomas Roth*

Jubel beim 1. FC Saarbrücken: Gunter Thiebaut (li.) beglückwünscht den Torschützen Christian Stuff am letzten Spieltag gegen Schweinfurt 05 – der Aufstieg ist perfekt.

RL NORD 2003/04	Rot-Weiß Essen	Dynamo Dresden	SC Paderborn 07	Wuppertaler SV	Werder Bremen Am.	Eintr. Braunschweig	KFC Uerdingen 05	FC St. Pauli	Hamburger SV Am.	Bor. Dortmund Am.	Chemnitzer FC	Holstein Kiel	Preußen Münster	1. FC Köln Am.	SG Wattenscheid 09	FC Schalke 04 Am.	Sachsen Leipzig	VfR Neumünster	Heimbilanz / Auswärtsbilanz g.	u.	v.	Tore	Pkt.	Gesamt Tore	Punkte
1. Rot-Weiß Essen **	K	2:0 0:0	3:1 1:2	5:2 0:2	1:1 0:2	1:0 0:1	0:2 2:0	1:0 2:1	4:0 4:0	3:1 1:0	5:0 4:1	1:0 3:4	1:0 3:1	0:0 2:2	4:2 0:0	4:0 7:0	3:0 2:0	5:1 3:0	14 9	2 3	1 5	43:10 34:16	44 30	77:26	74
2. Dynamo Dresden **	0:0 0:2	I	2:1 1:1	3:0 1:1	2:0 4:0	1:0 2:3	1:0 0:1	1:0 2:2	1:1 1:1	3:1 1:1	2:0 1:0	3:0 1:1	0:0 2:2	3:0 0:2	4:2 1:0	2:1 1:2	1:0 3:1	1:0 0:0	14 4	3 8	0 5	30:6 21:20	45 20	51:26	65
3. SC Paderborn 07	2:1 1:3	1:1 1:2	C	0:0 3:0	1:1 3:3	2:1 0:2	1:1 3:2	2:1 0:2	0:0 1:1	1:3 1:0	4:0 2:1	3:1 1:1	2:2 1:3	2:0 1:0	3:2 1:1	3:1 4:2	2:1 0:0	1:0 3:1	10 7	6 5	1 5	30:16 26:24	36 26	56:40	62
4. Wuppertaler SV	2:0 2:5	1:1 0:3	0:3 0:0	K	1:0 1:0	1:1 1:0	3:1 3:0	3:0 2:1	2:0 1:0	1:1 2:1	1:2 2:1	2:1 1:1	2:1 1:1	3:0 0:4	0:1 2:0	1:1 2:0	4:0 0:4	1:1 1:2	9 9	5 3	3 5	28:14 21:23	32 30	49:37	62
5. Werder Bremen Am.	2:0 1:1	0:4 0:2	3:3 1:1	0:1 0:1	E	4:2 1:2	0:1 1:1	1:0 0:1	0:2 2:1	2:1 1:2	0:0 1:2	2:1 3:1	4:3 2:0	1:1 0:2	4:2 6:1	3:1 0:0	2:1 2:1	2:1 4:1	10 6	3 4	4 7	30:24 25:20	33 22	55:44	55
6. Eintr. Braunschweig	1:0 0:1	3:2 0:1	2:0 1:2	0:1 1:1	2:1 2:4	R	5:1 0:3	3:2 0:1	5:2 0:1	0:1 1:0	1:0 2:0	1:1 1:0	1:3 2:0	2:3 1:1	2:1 2:0	2:2 1:3	1:0 1:1	1:1 2:2	10 5	3 4	4 8	32:21 17:21	33 19	49:42	52
7. KFC Uerdingen 05	0:2 2:0	1:0 0:1	2:3 1:1	0:3 1:3	1:1 1:0	3:0 1:5	S	2:1 1:1	0:1 2:0	2:1 0:1	1:2 0:2	3:3 3:0	1:2 1:1	2:1 3:5	0:3 0:1	4:1 1:1	2:1 0:0	3:0 2:1	8 5	2 5	7 7	27:25 19:23	26 20	46:48	46
8. FC St. Pauli	1:2 0:1	2:2 0:1	2:0 1:2	1:2 0:3	1:0 0:1	1:0 2:3	1:1 1:2	P	3:0 0:1	1:1 2:0	1:0 2:1	1:2 5:0	1:1 0:2	4:0 0:4	2:2 1:1	2:0 2:1	1:1 1:2	1:1 1:0	7 5	7 1	3 11	26:15 18:25	28 16	44:40	44
9. Hamburger SV Am.	0:4 0:4	1:1 1:1	1:1 0:0	0:1 0:2	1:2 2:0	1:0 2:5	0:2 1:0	1:0 0:3	O	1:1 0:2	1:0 0:0	1:1 0:2	1:1 0:1	2:0 0:0	2:3 3:2	3:2 3:2	1:1 1:0	2:2 1:0	5 6	7 4	5 7	19:22 14:24	22 22	33:46	44
10. Bor. Dortmund Am.	0:1 1:3	1:1 1:3	0:1 3:1	1:2 1:1	2:1 1:2	0:1 1:0	1:0 1:2	0:2 1:1	2:0 1:1	R	0:2 2:0	2:0 1:3	1:1 2:0	0:4 2:2	0:2 0:3	5:0 2:0	4:4 1:0	1:2 2:1	5 7	3 4	9 6	20:24 23:23	18 25	43:47	43
11. Chemnitzer FC	1:4 0:5	0:1 0:2	1:2 0:4	1:2 2:1	2:1 0:0	0:2 0:1	2:0 2:1	1:2 0:1	0:0 0:1	0:2 2:0	T	1:0 0:3	1:0 0:1	0:0 2:1	2:0 2:1	0:6 0:2	1:1 2:0	3:1 3:1	6 7	3 1	8 9	16:24 15:25	21 22	31:49	43
12. Holstein Kiel	4:3 0:1	1:1 0:3	1:1 1:3	1:1 1:2	1:3 1:2	0:1 1:1	0:3 3:3	0:5 2:1	2:0 1:1	3:1 0:2	3:0 0:1	M	2:1 1:2	5:2 1:1	0:1 2:4	4:2 1:1	3:1 1:1	4:0 2:1	9 2	3 6	5 9	34:26 18:30	30 12	52:56	42
13. Preußen Münster	1:3 0:1	2:2 0:0	3:1 2:2	1:1 1:2	0:2 3:4	0:2 3:1	1:1 2:1	2:0 1:1	1:0 1:1	0:2 1:1	1:0 0:1	2:1 1:2	A	0:4 1:2	1:0 1:1	1:3 2:0	3:1 0:0	2:2 0:0	7 3	4 8	6 6	21:25 19:20	25 17	40:45	42
14. 1. FC Köln Am.	2:2 0:0	2:0 0:3	0:1 0:2	4:0 0:3	2:0 1:1	1:1 3:2	5:3 1:2	4:0 0:4	0:0 0:2	2:2 4:0	1:2 0:0	1:1 2:5	2:1 4:0	G	0:1 4:2	1:2 2:5	1:1 1:1	1:2 2:2	6 4	6 5	5 8	29:19 24:34	24 17	53:53	41
15. SG Wattenscheid 09 *	0:0 2:4	0:1 2:4	1:1 2:3	0:2 1:0	1:6 2:4	0:2 1:2	1:0 3:0	1:1 2:2	2:3 3:2	3:0 2:0	1:2 0:2	4:2 1:0	1:1 0:1	2:4 1:0	A	1:4 2:2	2:3 4:2	3:0 0:0	4 7	4 3	9 7	23:32 28:28	16 24	51:60	40
16. FC Schalke 04 Am. *	0:7 0:4	2:1 1:2	2:4 1:3	0:2 1:1	0:0 1:3	3:1 2:2	1:1 1:4	1:2 0:2	2:3 2:3	0:2 0:5	2:0 6:0	1:1 2:4	0:2 3:1	5:2 2:1	2:2 4:1	Z	1:1 2:0	1:1 3:2	4 6	6 2	7 9	23:32 31:38	18 20	54:70	38
17. Sachsen Leipzig *	0:2 0:3	1:3 0:1	0:0 1:2	4:0 0:4	1:2 1:2	1:1 0:1	0:0 1:2	2:1 1:1	0:1 1:1	0:1 4:4	0:2 1:1	1:1 1:3	0:0 1:3	1:1 1:1	2:4 3:2	0:2 1:1	I	3:1 1:2	3 1	6 6	8 10	16:22 18:34	15 9	34:56	24
18. VfR Neumünster *	0:3 1:5	0:0 0:1	1:3 0:1	2:1 1:1	1:4 1:2	2:2 1:1	1:2 0:3	0:1 1:1	0:1 2:2	1:2 2:1	1:3 1:3	1:2 0:4	0:0 2:2	2:2 2:1	0:0 0:3	2:3 1:1	2:1 1:3	N	2 2	5 6	10 9	16:30 16:35	11 12	32:65	23

**) = Aufsteiger in die 2. Bundesliga – *) = Absteiger in die Oberligen. Aufsteiger aus den Oberligen: Fortuna Düsseldorf, Arminia Bielefeld Am., VfL Wolfsburg Am., Hertha BSC Berlin Am. Dazu kommen aus der 2. Bundesliga: VfB Lübeck, 1. FC Union Berlin, VfL Osnabrück – Die Liga spielt 2004/05 mit 19 Klubs.

Auf den Händen getragen: Dynamo Dresdens Aufstiegs-Trainer Christoph Franke.

Frauen-Bundesliga

Meister: TURBINE POTSDAM

1. Turbine Potsdam	22	96:17	61
2. 1. FFC Frankfurt (M, P)	22	68:19	57
3. Heike Rheine	22	64:37	43
4. FCR Duisburg	22	57:38	35
5. Bayern München	22	53:36	34
6. Hamburger SV (N)	22	47:34	34
7. SC Bad Neuenahr	22	40:48	28
8. VfL Wolfsburg	22	35:55	27
9. FSV Frankfurt	22	29:53	21
10. SC Freiburg	22	34:51	20
11. FFC Brauweiler-Pulheim *	22	30:57	15
12. 1. FC Saarbrücken (N) *	22	7:115	1

Aufstiegsrunde

1. SG Essen-Schönebeck **	3	5:3	6
2. TSV Crailsheim **	3	4:1	5
3. TuS Niederkirchen	3	2:3	4
4. Tennis Borussia Berlin	3	2:6	1

M = Meister des Vorjahres
P = Pokalsieger des Vorjahres
N = Neuling
* = Absteiger
** = Aufsteiger

RL SÜD 2003/04	Bayern München Am.	Rot-Weiß Erfurt	1. FC Saarbrücken	FC Augsburg	TSG Hoffenheim	VfR Aalen	SV Wehen	1. SC Feucht	Stuttgarter Kickers	SC Pfullendorf	VfB Stuttgart Am.	SV Elversberg	Kickers Offenbach	FSV Mainz 05 Am.	1. FC Schweinfurt 05	Spfr. Siegen	1. FC Eschborn	1. FC K'lautern Am.	Heimbilanz Auswärtsbilanz g.	u.	v.	Tore	Pkt.	Gesamt Tore	Punkte
1. Bayern München Am.	K	2:0 3:0	1:1 1:1	0:0 0:1	6:2 2:2	3:3 6:1	1:0 0:0	0:2 2:1	0:2 1:1	5:1 1:0	1:0 3:1	1:1 2:2	3:1 4:0	2:2 3:0	0:1 2:0	4:1 2:2	1:1 2:2	3:0 4:1	8 9	6 7	3 1	33:18 38:15	30 34	71:33	64
2. Rot-Weiß Erfurt **	0:3 0:2	I	2:1 1:2	1:0 1:1	2:0 0:0	4:0 1:4	2:0 6:1	2:2 1:1	1:0 0:2	1:2 1:2	2:1 0:3	0:0 1:1	1:0 2:0	1:1 2:0	5:0 1:1	2:1 3:2	1:1 2:3	2:1 1:1	11 4	4 6	2 7	29:13 23:26	37 18	52:39	55
3. 1. FC Saarbrücken **	1:1 1:1	2:1 1:2	C	2:3 0:3	2:1 0:2	5:1 1:1	3:1 1:1	1:1 1:1	1:0 2:1	3:2 1:0	1:1 0:0	3:1 2:2	1:1 3:2	0:3 0:1	2:1 1:1	2:0 2:3	3:0 1:1	1:1 3:3	10 3	5 9	2 5	33:19 20:25	35 18	53:44	53
4. FC Augsburg	1:0 0:0	1:1 0:1	3:0 3:2	K	3:0 1:0	1:1 1:2	2:0 3:3	3:1 1:4	2:2 1:2	3:1 1:3	3:0 1:1	2:1 0:1	1:2 1:3	1:0 0:1	0:1 2:2	0:2 0:2	4:2 6:0	3:0 3:0	11 4	3 4	3 9	33:14 24:27	36 16	57:41	52
5. TSG Hoffenheim	2:2 2:6	0:0 0:2	2:0 1:2	0:1 0:3	E	1:0 4:1	2:0 1:1	2:2 1:1	3:1 0:3	2:1 2:1	3:0 2:1	1:0 1:3	2:2 2:1	2:2 0:4	4:3 0:4	2:0 1:3	1:3 1:2	2:2 4:1	10 5	5 2	2 10	32:19 22:39	35 17	54:58	52
6. VfR Aalen	1:6 3:3	4:1 0:4	1:1 1:5	2:1 1:1	1:4 0:1	R	0:0 3:1	3:1 3:0	3:2 0:2	1:1 0:2	5:2 2:4	0:1 1:1	2:2 1:1	3:2 3:1	3:1 2:2	2:0 2:3	3:2 3:1	0:3 2:1	9 5	4 5	4 7	34:30 27:33	31 20	61:63	51
7. SV Wehen	0:0 0:1	1:6 0:2	1:1 1:3	3:3 0:2	1:1 0:2	1:3 0:0	S	2:2 2:2	1:1 1:4	4:0 0:0	1:0 0:0	2:1 1:0	2:1 2:1	2:0 3:1	1:1 0:2	2:1 3:3	2:0 4:0	2:2 2:1	7 5	8 5	2 7	28:23 19:24	29 20	47:47	49
8. 1. SC Feucht	1:2 2:0	1:1 2:2	1:1 1:1	4:1 1:3	1:1 2:2	0:3 1:3	2:2 2:2	P	1:0 1:1	2:3 0:0	2:0 1:2	5:0 0:1	0:3 0:0	2:1 2:3	2:0 5:2	4:2 1:5	3:1 5:1	3:0 2:2	9 3	4 8	4 6	34:21 28:30	31 17	62:51	48
9. Stuttgarter Kickers	1:1 2:0	2:0 0:1	1:2 0:1	2:1 2:2	3:0 1:3	2:0 2:3	4:1 1:1	1:1 0:1	O	3:1 2:3	1:4 1:2	2:0 0:1	0:0 0:1	1:0 1:1	3:2 1:1	3:2 0:4	1:1 1:0	2:0 1:2	11 2	4 4	2 11	32:16 15:27	37 10	47:43	47
10. SC Pfullendorf	0:1 1:5	2:1 2:1	0:1 2:3	3:1 1:3	1:2 1:2	2:0 1:1	0:0 0:4	0:0 3:2	3:2 1:3	R	2:0 2:0	1:1 1:2	2:0 1:3	1:1 2:0	3:1 0:1	2:0 0:0	0:2 3:1	1:3 1:1	8 5	4 3	5 9	23:16 22:32	28 18	45:48	46
11. VfB Stuttgart Am.	1:3 0:1	3:0 1:2	0:0 1:1	1:1 0:3	1:2 0:3	4:2 2:5	0:0 0:1	2:1 0:2	2:1 4:1	0:2 0:2	T	3:0 4:1	0:1 0:1	2:0 0:1	2:0 2:1	0:0 0:1	3:0 2:0	0:1 4:0	8 5	4 1	5 11	24:14 20:26	28 16	44:40	44
12. SV Elversberg	2:2 1:1	1:1 0:0	2:2 1:3	1:0 1:2	3:1 0:1	1:1 1:0	0:1 1:2	1:0 0:5	1:0 0:2	2:1 1:1	1:4 0:3	M	2:2 3:2	1:1 0:2	1:2 1:1	0:0 2:0	3:0 2:3	2:0 3:1	7 4	7 4	3 9	24:18 17:29	28 16	41:47	44
13. Kickers Offenbach	0:4 1:3	0:2 0:1	2:3 1:1	3:1 2:1	1:2 2:2	1:1 2:2	1:2 1:2	0:0 3:0	1:0 0:0	3:1 0:2	1:0 1:0	2:3 2:2	A	1:1 0:1	0:5 2:2	5:2 2:0	1:3 2:2	1:0 2:2	6 5	3 7	8 5	23:30 24:23	21 22	47:53	43
14. FSV Mainz 05 Am.	0:3 2:2	0:2 1:1	1:0 3:0	1:0 0:1	4:0 2:2	1:3 2:3	1:3 0:2	3:2 1:2	1:1 0:1	0:2 1:1	1:0 0:2	2:0 1:1	1:0 1:1	G	2:0 0:1	1:1 0:4	4:4 2:1	0:2 1:0	8 3	3 6	6 8	23:23 17:25	27 15	40:48	42
15. 1. FC Schweinfurt 05 *	0:2 1:0	1:1 0:5	1:1 1:2	2:2 1:0	4:0 3:4	2:2 1:3	2:0 1:1	2:5 0:2	1:1 2:3	1:0 1:3	1:2 0:2	1:1 2:1	2:2 5:0	1:0 0:2	A	5:1 1:4	2:2 1:1	3:1 2:2	6 4	8 3	3 10	31:23 22:35	26 15	53:58	41
16. Spfr. Siegen	2:2 1:4	2:3 1:2	3:2 0:2	2:0 2:0	3:1 0:2	3:2 0:2	3:3 1:2	5:1 2:4	4:0 2:3	0:0 0:2	1:0 0:0	0:2 0:0	0:2 2:5	4:0 1:1	4:1 1:5	Z	1:2 1:1	2:5 0:2	9 1	3 4	5 12	39:26 14:37	30 7	53:63	37
17. 1. FC Eschborn *	2:2 1:1	3:2 1:1	1:1 0:3	0:6 2:4	2:1 3:1	1:3 2:3	0:4 0:2	1:5 1:3	0:1 1:1	1:3 2:0	0:2 0:3	3:2 0:3	2:3 3:1	1:2 4:4	1:1 2:2	1:1 2:1	I	4:1 0:1	4 4	4 5	9 8	23:40 24:34	16 17	47:74	33
18. 1. FC K'lautern Am. *	1:4 0:3	1:1 1:2	3:3 1:1	0:3 0:3	1:4 2:3	1:2 3:0	1:2 2:2	2:2 0:3	2:1 0:2	1:1 3:1	0:4 1:0	1:3 0:2	2:2 0:1	0:1 2:0	2:2 1:3	2:0 5:2	1:0 1:4	N	3 5	6 2	8 10	21:35 22:32	15 17	43:67	32

**) = Aufsteiger in die 2. Bundesliga – *) = Absteiger in die Oberligen. Aufsteiger aus den Oberligen: TSV München 1860 Am., FC Nöttingen, SV Darmstadt 98, TuS Koblenz. Dazu kommt aus der 2. Bundesliga: Jahn Regensburg. Dem 1. FC Schweinfurt 05 wurde die Regionalliga-Lizenz für 2004/05 verweigert.

Nordmeister Victoria Gersten nahm nicht an der Aufstiegsrunde teil.

Aufsteiger:
SG Essen-Schönebeck, TSV Crailsheim

2. Frauen-Bundesliga

Die 23 Klubs der neuen Zweiten Bundesliga

GRUPPE NORD

Hamburger SV II (Hamburg)
Victoria Gersten (Niedersachsen)
MTV Wolfenbüttel (Niedersachsen)
SuS Timmel (Niedersachsen)
SG Wattenscheid 09 (Westfalen)
FC Gütersloh 2000 (Westfalen)
SG Lütgendortmund (Westfalen)
FFC Brauweiler-Pulheim * (Mittelrhein)
SpVgg Oberaußem-Fortuna (Mittelrhein)
Tennis Borussia Berlin (Berlin)
Turbine Potsdam II (Brandenburg)
Jahn Calden (Hessen)

* = Bundesliga-Absteiger

GRUPPE SÜD

Wacker München (Bayern)
SV Jungingen (Württemberg)
VfL Sindelfingen (Württemberg)
Karlsruher SC (Baden)
1. FFC Frankfurt II (Hessen)
SC Sand (Hessen)
1. FC Saarbrücken * (Saarland)
FSV Jägersburg (Saarland)
USV Jena (Thüringen)
Erzgebirge Aue (Sachsen)
1. FC Lokomotive Leipzig (Sachsen)

Frauen-DFB-Pokal

Pokalsieger: TURBINE POTSDAM

Qualifikation:
Bayern München II – Jahn Calden 1:0

1. Runde
TuS Niederkirchen II – TuS Ahrbach 4:1
Viktoria Jägersburg – FSV Frankfurt 1:3
FSV 02 Schwerin – FCR Duisburg 0:10
TuS Niederkirchen – Bayern München 2:4
Bayern München II – 1. FC Saarbrücken 1:3
Karlsruher SC – USV Jena n. V. 3:5
TSV Schilksee – FFC Brauweiler-Pulh. 0:6
Tennis Borussia Berlin – Hamburger SV 0:1
SpVgg Oberaußem-F. – VfL Wolfsburg 0:4
Alemannia Altdöbern – Turb. Potsdam 0:14
1. FFC Recklinghausen – Vict. Gersten 1:7
Hertha Zehlendorf – Magdeburger FFC 0:3
SC Freiburg II – SC Bad Neuenahr 0:2
TSV Crailsheim – SC Freiburg 1:3
SG Jößnitz – 1. FFC Frankfurt 1:20
FC Oberneuland – Heike Rheine 0:20

Achtelfinale
VfL Wolfsburg – FCR Duisburg 0:6
Hamburger SV – Turbine Potsdam n. V. 1:2
Bayern München – 1. FFC Frankfurt 0:1
USV Jena – FSV Frankfurt 0:1
Magdeburger FFC – Heike Rheine 0:6
Victoria Gersten – FFC Brauweiler-Pulh. 0:5
TuS Niederkirchen II – SC Freiburg 1:3
1. FC Saarbrücken – SC Bad Neuenahr 0:4

Viertelfinale
FCR Duisburg – Heike Rheine n. V. 2:3
1. FFC Frankfurt – SC Freiburg 3:0
Turbine Potsdam – SC Bad Neuenahr 3:0
FFC Brauweiler-Pulheim – FSV Frankfurt 2:1

Halbfinale
1. FFC Frankfurt – Heike Rheine 4:1
FFC Brauweiler-Pulh. – Turbine Potsdam 0:3

Endspiel am 29. Mai in Berlin:
Turbine Potsdam – 1. FFC Frankfurt 3:0

18

Anmut, Finesse und Stärke

Der Frauenfußball hat sich längst etabliert. Der Weltmeistertitel des Jahres 2003 war die vorläufige Krönung. Doch auch die Bundesliga hat sich durchgesetzt, auch wenn die Zuschauerzahlen noch hinter den Erwartungen blieben.

Turbine Potsdam – Wachablösung statt Langeweile

Die Frage erschien so spannend wie ein leeres Blatt Papier: Wer wird Meister in der Frauen-Bundesliga? Die letzten drei Jahre lautete die Antwort immer gleich: 1. FFC Frankfurt.

Zwei Pokale als Ausdruck der Dominanz: Potsdams' Conny Pohlers mit der Meister-Trophäe und dem DFB-Pokal.

Dies verbreitete, ohne die Leistung der Hessinnen schmälern zu wollen, eine gewisse Langeweile in der Liga. Seit der Vereinsgründung 1998 (früher SG Praunheim) holte die Mannschaft von Trainerin Monika Staab vier Mal den Meistertitel (1999, 2001–2003), wurde gar fünf Mal DFB-Pokalsieger (1999–2003) und schaffte den UEFA-Cup-Triumph (2002). Nichts, rein gar nichts deutete vor Saisonbeginn darauf hin, dass es in diesem Jahr anders werden sollte. Und doch kam alles ganz anders ...

Dabei begann es wie immer: Am ersten Spieltag siegte der 1. FFC Frankfurt glanzlos mit 1:0 gegen die durchaus ambitionierte Mannschaft von Heike Rheine. Doch auch Turbine Potsdam, Vizemeister des Vorjahres, setzte mit dem 6:1 gegen Freiburg ein erstes Ausrufezeichen und ließ weitere folgen: 8:1 gegen den FC Bayern, 9:1 in Wolfsburg, 5:1 gegen den FSV Frankfurt und 8:0 gegen Bad Neuenahr.

Diese Ergebnisse verdeutlichten ganz klar: Hier spielte ein Team attraktiven und erfolgreichen Offensivfußball; Potsdam brachte es im Saisonverlauf schließlich auf 96 Treffer, der 1. FFC gerade mal auf 68. »Viele Tore« fordert Turbines Trainer Bernd Schröder vor jeder Begegnung von seiner Mannschaft, »wir wollen Werbung für den Frauenfußball betreiben«. Mit diesem Anspruch hat der 61-Jährige seine Mannschaft aufgebaut, drei Spitzen schickte er in der Regel aufs Feld. Kein Wunder also, dass in Conny Pohlers (18 Tore), Petra Wimbersky (15) und Anja Mittag (15) am Ende gleich drei Potsdamerinnen unter den ersten Zehn der Torjägerinnen-Liste vertreten waren. Frankfurt konnte in Birgit Prinz (19 Tore) gerade mal eine Stürmerin aufbieten.

Und dennoch – trotz aller Bemühungen sah es am 7. März 2004 so aus, als hätte der 1. FFC Frankfurt wieder einmal alle Trümpfe auf seiner Seite. Potsdam und Frankfurt hatten bis dato im Gleichschritt gesiegt, Frankfurt sich gerade mal ein Remis erlaubt. An diesem Märzsonntag also spielten die Konkurrentinnen erstmals in dieser Saison gegeneinander – und das Team von Monika Staab setzte sich auswärts souverän mit 3:0 durch. Alles schien endgültig zu laufen wie immer: Potsdam spielt gut, Frankfurt in den entscheidenden Partien einen Tick besser.

Doch diesmal kam's anders. Der Belastung eines Tanzes auf den drei Hochzeiten DFB-Pokal, UEFA-Cup und Meisterschaft zeigten sich Prinz und Co. nicht gewachsen. Neben den Langzeitverletzten Steffi Jones und Nia Künzer (jeweils Kreuzbandriss) musste Staab drei Monate lang auch Renate Lingor (Sprunggelenk-Verletzung) ersetzen. Das »Herzstück« fehlte den Frankfurterinnen an allen Ecken und Enden. Hinzu kamen Verletzungsprobleme bei Bianca Rech, Katrin Kliehm und Patrizia

Barucha – so viele Ausfälle konnte auch der Deutscher Meister auf Dauer nicht kompensieren.
Die Vorentscheidung in der Meisterschaft fiel kurioserweise – im Pokalfinale. Frankfurt gegen Potsdam hieß die Begegnung am 29. Mai in Berlin, und Turbine führte den Gegner und Titelverteidiger zum ersten Mal überhaupt regelrecht vor. 3:0 servierten die Brandenburgerinnen den Abonnementsieger aus Hessen ab.
Von diesem Schock erholte sich die Staab-Truppe nicht mehr. Am letzten Bundesliga-Spieltag hätte dem FFC ein Heimsieg gegen Potsdam gereicht, um den Tabellenführer noch abzufangen. Nur, die Ostdeutschen dominierten die Partie wie nie zuvor, spielten spritziger, aggressiver, ja, einfach viel, viel stärker und gewannen am Ende mit 7:2. Bernd Schröder erklärte sichtlich beeindruckt: »Ich bin stolz auf diese Mannschaft.« Mit erfrischendem Angriffsfußball hatte sich Turbine verdient den ersten Deutschen Meistertitel in der Vereinsgeschichte gesichert, Frankfurt stand nach verlorenem UEFA-Cup-Endspiel gegen den schwedischen Vertreter Umea IK erstmals seit der Vereinsgründung mit leeren Händen da.
Positiv überrascht haben in der abgelaufenen Saison aber auch Heike Rheine und der HSV. Rheine entwickelte sich zum Spitzenteam, wurde am Ende Tabellendritter und stellte mit Nationalspielerin Kerstin Garefrekes (26 Tore) die Torschützenkönigin. Die Aufsteigerinnen aus Hamburg etablierten sich nicht nur in Liga eins, sondern feierten immerhin zehn Siege und schließlich Tabellenplatz sechs. Traurig dagegen die Entwicklung in Brauweiler: Der Traditionsklub – Pokalsieger 1991, 1994 und 1997 sowie Vizemeister 1992, 1994 und 1995 – verabschiedete sich nach nur drei Siegen, aber 13 Niederlagen in die Zweitklassigkeit.

Jana Wiske

Das Meisterfoto: Turbine Potsdam nach dem entscheidenden Spiel beim FFC Frankfurt. Hinten in der Mitte: Turbines Meistertrainer Bernd Schröder.

Zweikampf um den Titel: Potsdams Omilade (re.) gegen die Frankfurterin Renate Lingor.

Ein strahlender WM-Triumph und die Folgen

Der Moment der Entscheidung: Nia Künzer köpft das »Golden Goal« gegen den Endspielgegner Schweden.

Es war ein sonniger Sonntag, der 12. Oktober 2003. Strahlendes Wetter über Kalifornien, strahlende Siegerinnen auf dem grünen Rasen von Carson, Los Angeles. Und es war ein strahlender, ein alles überstrahlender Augenblick für den deutschen Frauenfußball.

Die Mannschaft von Bundestrainerin Tina Theune-Meyer hatte soeben den Weltmeistertitel erobert, zum ersten Mal überhaupt. Das entscheidende Tor beim 2:1 im Endspiel gegen die Schwedinnen köpfte Nia Künzer, ein Golden Goal in der Verlängerung (98. Spielminute). Ein platzierter Kopfball also versetzte die deutschen Spielerinnen, das Team drumherum und viele Frauenfußball-Anhänger in einen Freudentaumel.
Doch es war auch ein Achtungszeichen. Aufmerksamkeit und Respekt gab es endlich auch von denen, die die Damen vorher eher belächelt hatten. »Unheimlich stolz« war dann auch Gerhard Mayer-Vorfelder, der dem Finale live vor Ort beiwohnte. Der DFB-Präsident erhoffte sich nun, »dass noch mehr Mädchen den Weg in den Fußballverein finden«. Doch einen regelrechten Boom

des Frauenfußballs hier zu Lande erwartete er ebenso wenig wie Trainerin Theune-Meyer, aber immerhin: »Es ist wieder ein kleiner Schritt nach vorne.«

Dies wurde auch bei der Ankunft der Weltmeisterinnen in Frankfurt deutlich: Gut 8000 Fans säumten den Platz vor dem Römer, feierten ihre Heldinnen überschwänglich. Einzigartig bei den weiblichen Kickern bis dahin. Die Euphorie schwappte kurzzeitig auf die Bundesliga über, die einen nie dagewesenes Zuschauerinteresse verzeichnen konnte. Da sahen auf einmal gut 1500 Fans die Partien Brauweiler gegen 1. FFC Frankfurt oder Heike Rheine gegen Bad Neuenahr.

Ja, jeder wollte Birgit Prinz, Nia Künzer, Kerstin Stegemann oder Torfrau Silke Rottenberg ein Mal live bewundern. Hochkarätige Sponsoren wurden auf das DFB-Team bzw. einzelne Spielerinnen aufmerksam. Am meisten davon profitiert hat zweifellos Nia Künzer. »Das goldene Köpfchen« kann dank lukrativer Verträge mit Wirtschaftsunternehmen vom Fußball leben. Dabei war Künzer bei der WM »nur« Ersatzspielerin. Nur wenige Minuten zuvor eingewechselt, stand die 24-Jährige im Finale jedoch zur richtigen Zeit am richtigen Ort und überzeugte auch außerhalb des Spielfeldes mit ihrem Auftreten. Ein gutes, weibliches Aussehen machte die Voraussetzungen für ihre erfolgreiche Vermarktung perfekt. Nur gut Fußballspielen reicht bei den Frauen eben nicht.

Mittlerweile hat sich die Euphorie rund um die Weltmeisterinnen gelegt. Die Bundesliga-Zuschauerzahlen pendelten sich wieder bei durchschnittlich 400 pro Spiel ein. Auch wenn die Auftritte der Spielerinnen fernab vom Fußballfeld zugenommen haben, sie bleiben, verglichen mit Ballack und Co., die Ausnahme. Auch die Gehälter in der Liga haben sich nicht entscheidend verändert, keine Akteurin kann von diesem Geld allein leben. Die Nachfrage nach den Frauen-Länderspielen aber ist weiterhin groß. Gleich nach dem Triumph beim Weltturnier sorgten die Frauen im November 2003 für ein ausverkauftes Stadion in Reutlingen (13 500 Zuschauer), wo sie Portugal 13:0 in der EM-Qualifikation abservierten. Auch im mittelfränkischen Fürth spielten Prinz und Co. am 4. März 2004 vor eindrucksvoller Kulisse vor: Über 12 000 Besucher feuerten die deutschen Frauen im Playmobilstadion an.

Vergeblich, denn China – weitaus stärker als die Portugiesinnen – setzte sich im Freundschaftsspiel mit 1:0 durch. Dabei präsentierten sich die Weltmeisterinnen wenig überzeugend. Immer deutlicher wurde auch in der folgenden Begegnung gegen Italien (1:0 am 31. März 2004) das Fehlen von Bettina Wiegmann und Maren Meinert.

Beide Kreativ-Spielerinnen hatten nach der WM ihren Rücktritt erklärt – zum Leidwesen von Tina Theune-Meyer, die beide für »fast unersetzlich« hielt.

Entsprechend schwer tut sich das deutsche Team beim Neuaufbau im Mittelfeld. Renate Lingor (1. FFC Frankfurt) wäre die Idealbesetzung, laborierte aber Monate an einer hartnäckigen Sprunggelenk-Verletzung, kommt nicht richtig in Tritt. So fehlt bis dato eine fitte, erfahrene Ideengeberin als Dreh- und Angelpunkt im deutschen Spiel. Für die Qualifikation zur Europameisterschaft 2005 in England hat es trotzdem gereicht. In der Gruppe vier setzte sich die DFB-Mannschaft gegen Tschechien, Schottland, Ukraine und Portugal durch. Deutschland feierte bislang sieben Siege in sieben Spielen und war schon vor der letzten Partie gegen Tschechien im September vorzeitig qualifiziert. Strahlende Aussichten also auch fürs neue Jahr!

Jana Wiske

Das Weltmeister-Foto: Die Frauen-Nationalmannschaft als Stolz des DFB – Präsident Gerhard Mayer-Vorfelder war natürlich dabei (ganz rechts).

Die »Jungen Wilden« sind das Kapital der Zukunft

Die EURO in Portugal erlebte die Heerschau der Stars des alten Kontinents. Die Zeichen setzten jedoch nicht diejenigen, deren Namen eigentlich für Qualität bürgen, sondern neue Gesichter, die mit der Unbekümmertheit der Jugend ganz Europa begeisterten.

Im Vorfeld des sportlichen Höhepunktes der Saison waren es die üblichen »Verdächtigen«, die das Turnier prägen sollten. Die Hochkaräter der europäischen Fußball-Bühne trafen sich zum Stelldichein. Alle führenden Nationen waren vertreten beim Turnier zwischen Porto und Faro. Die Titelverteidiger aus Frankreich, die stolzen Spanier mit der stärksten Liga im Rücken, die Engländer, die Italiener, die Deutschen, die Griechen und last but not least die Gastgeber Portugals.
Von Figo und Deco, von Zidane und Henry, von Totti und Vieri, von Raul und Morientes und von Scholes und natürlich Beckham wurde ein Feuerwerk zündender Ideen erwartet. Doch am Ende verzauberten junge Fußballer die Fans und Experten, die kaum einer auf der Rechnung hatte. Wayne Rooney (England, FC Everton), Milan Baros (Tschechien, FC Liverpool), Cristiano Ronaldo (Portugal, Manchester United), Zlatan Ibrahimovic (Schweden, Ajax Amsterdam), Arjen Robben (Holland, PSV Eindhoven) und Georgios Seitaridis (Griechenland, Panathinaikos Athen) hießen die Protagonisten einer neuen Generation.
Die »Jungen Wilden« waren das herzerfrischende

Viel versprechendes Talent: Bayerns Jungstar Bastian Schweinsteiger gehört zu den Hoffnungsträgern für die Zukunft.

Element eines hochklassigen Turniers. Sie brachten gewachsene Hierarchien ins Wanken. Sie zeugten von dem schier unerschöpflichen Reservoir an Talenten, welches der Fußball immer wieder an die Oberfläche spült. Diese zahllosen, zuvor fast namenlosen Talente, sind das Elixier des Fußballs. Immerhin hatten sie das Glück und natürlich auch die Qualitäten, dass sie sich schon frühzeitig ins Rampenlicht der Auswahlteams spielen konnten. Sie rechtfertigen das Vertrauen, dass ihre Trainer in sie gesetzt hatten, nachhaltig. Eine absolut positive Entwicklung auf höchster Ebene. Eine Entwicklung, die für die Zukunft Mut machen sollte. Die Jugend ist das Kapital der Zukunft.

Selbst bei der schon in der Vorrunde gescheiterten deutschen Mannschaft sorgten ausgerechnet die Jüngsten für die wenigen positive Akzente. Philipp Lahm, Bastian Schweinsteiger und selbst ein Nesthäkchen wie der gerade 19-jährige Lukas Podolski; sie imponierten mit ihrer mutig, forschen Spielweise. Sie sprühten vor Tatendrang, den man auch von den so genannten Etablierten gern gesehen hätte. Dass auch die Jüngsten schließlich nichts an der Tatsache änderten, dass die deutsche Mannschaft jetzt schon seit acht Jahren bei EURO-Endrunden auf einen Sieg wartet, darf man nicht den so fidelen Nachwuchsleuten ankreiden. An ihnen lag das erneut ernüchternde Aus in der Vorrunde am allerwenigsten. Frisch und forsch haben sie sich in ihren Bundesliga-Teams etabliert, schneller als es ihnen überhaupt jemand zugetraut hatte. Der Münchner Lahm musste erst den Umweg über den VfB Stuttgart nehmen, weil ihm bei den Bayern offensichtlich niemand, zumindest bei den Verantwortlichen, diesen Sprung zutraute. Der oberbayrische »Lausbub« Schweinsteiger verdrängte hoch gehandelte Konkurrenz im Bayern-Team und sprang ebenso im letzten Moment bei Völler auf wie der Kölner Podolski. Der konnte zwar mit seinen Toren den Bundesliga-Abstieg nicht verhindern, schoss sich aber kometengleich in die Herzen der Fans und schließlich auf die EURO-Bühne nach Portugal.

»Junge Wilde« selbst im deutschen Team, die für die Zukunft Mut machen sollten. Die aber vor allem die Trainer der Bundesliga-Klubs nachdenklich machen sollten. Sie sitzen ebenso wie die Manager auf der »Anklagebank«: Statt vielfach zweitklassiger Ausländer sollte die Bundesliga lieber auf den Nachwuchs setzen, wenn er dann die Qualität besitzt. Ein typisches Beispiel: Lukas Podolski spielte während der Trainer-Zeit eines Friedhelm Funkel noch bei den A-Junioren. Funkels Nachfolger, der Schweizer Marcel Koller, holte den damals 18-jährigen Torjäger direkt in den Bundesliga-Kader, warf ihn ins kalte Becken und Podolski schwamm sich frei.

Der Shooting Star Lukas Podolski spielte dann beim 1. FC Köln die Rolle, die eigentlich dem Ukrainer Andrej Voronin oder dem Zweitliga-Torjäger Matthias Scherz zugedacht war. Auch wenn die zehn Bundesliga-Tore eines Lukas Podolski dann nicht für den Klassenerhalt der Kölner reichten – er ist wieder einer, mit denen sich die Fans identifizieren. Eine harte Phase der Lehrzeit in der »Knochenmühle« der 2. Bundesliga wird den Jungstar nicht umwerfen. Dort wird auch Fußball gespielt – und zwar kein schlechter.

Die »Jungen Wilden« – sie machen wenigstens Hoffnungen in den Zeiten der Depression des deutschen Fußballs. Gerade im Hinblick der nahenden Weltmeisterschaft 2006 im eigenen Land. Niemand sollte dennoch so vermessen sein, dass die Lahms, Schweinsteigers und Podolskis schon in zwei Jahren den Welt-Fußball bestimmen. Ohne ein paar Überbleibsel der inzwischen beendeten Völler-Ära wird auch der neue Bundestrainer dann nicht auskommen. Es ist die alte Fußball-Weisheit: Die Mischung macht's! Diese Maßgabe nahmen sich in den vergangenen Jahren alle Erfolgstrainer zu Herzen.

Dennoch führt jetzt kein Weg mehr an der Tatsache vorbei: Die Jugend ist das Kapital der Zukunft. Und daran sollten alle Entscheidungs- und Verantwortungsträger intensiv, im Sinne des Fußballs, dran arbeiten. Die EURO in Portugal setzte in dieser Beziehung wichtige Zeichen. Auch der deutsche Fußball sollte diese Signale nicht übersehen.

Hardy Hasselbruch

Redaktionelle Konzeption:
Hardy Hasselbruch

Autoren:
Jean-Julien Beer, Christian Biechele, Oliver Bitter, Thomas Böker, Michael Ebert, Uli Gerke, Martin Gruener, Hardy Hasselbruch, Axel Heiber, Thomas Hennecke, Harald Irnberger, Harald Kaiser, Sebastian Karkos, Hans-Günter Klemm, Jan Lustig, Thiemo Müller, Manfred Münchrath, Jürgen Nöldner, Michael Richter, Steffen Rohr, Thomas Roth, Johann Strotkötter, Wolfgang Tobien, Stephan von Nocks, Andreas Werz, Karlheinz Wild, Hubert Winklbauer, Jana Wiske, Sebastian Wolff

Schlussredaktion:
Hardy Hasselbruch

Statistik:
Gerd Heuser, Robert Hohensee, Marie-Luise König, Ulrich Matheja, Wolfgang Riedel

Bildredaktion:
Peter Dworschak, Michael Beims

Titelfoto: SVEN SIMON
Abbildungen Innenteil:

Bildnachweis:
Hauptband Umschlag: Sven Simon
Hauptband Innenteil: Baader, Bongarts, Camera 4, Contrast, dpa, firo, Getty Images, Imago, Uwe Kraft, Nordfoto, Sportimage, Sven Simon, Team 2, Ulmer, Wende, Werek, Witters

Begleitheft Umschlag: Sven Simon
Begleitheft Innenteil: Imago

Redaktionsschluss: 15. Juli 2004

Lektorat: Pierre Sick

Produktion, Satz und Layout:
VerlagsService Dr. Helmut Neuberger
& Karl Schaumann GmbH, Heimstetten

Reproduktion:
Tausend Premedia GmbH, München
www.tausend.biz

Gesamtherstellung: Stiebner, München.
www.copress.de
Printed in Germany
ISSN 0941-3375
ISBN 3-7679-0808-5

goool
BVB
09

T··Com